洞 见 人 和 时 代

论世衡史
— 丛书 —

走进明朝

从严峻冷酷到自由放任

方志远 著

四川人民出版社

图书在版编目（CIP）数据

走进明朝：从严峻冷酷到自由放任／方志远著.--
成都：四川人民出版社，2025.1
（论世衡史／谭徐锋主编）
ISBN 978-7-220-13208-7

Ⅰ.①走… Ⅱ.①方… Ⅲ.①中国历史—研究—明代
Ⅳ.①K248.07

中国国家版本馆CIP数据核字(2023)第249648号

ZOUJIN MINGCHAO: CONG YANJUN LENGKU DAO ZIYOU FANGREN
走进明朝：从严峻冷酷到自由放任
方志远　著

出 版 人	黄立新
策划统筹	封　龙
责任编辑	邓泽玲　戴黎莎
封面设计	周伟伟
版式设计	张迪茗
责任印制	周　奇
出版发行	四川人民出版社（成都市三色路238号）
网　　址	http://www.scpph.com
E-mail	scrmcbs@sina.com
新浪微博	@四川人民出版社
微信公众号	四川人民出版社
发行部业务电话	（028）86361653　86361656
防盗版举报电话	（028）86361661
照　　排	四川胜翔数码印务设计有限公司
印　　刷	成都东江印务有限公司
成品尺寸	145mm×210mm
印　　张	12.25
字　　数	270千
版　　次	2025年1月第1版
印　　次	2025年1月第1次印刷
书　　号	ISBN 978-7-220-13208-7
定　　价	82.00元

■版权所有·侵权必究
本书若出现印装质量问题，请与我社发行部联系调换
电话：（028）86361656

目 录

引　言 / 001

明朝百年启示录 / 009
　　一、两个皇朝两种结局 / 009
　　二、三个阶段三个中心 / 012
　　三、多元社会多种问题 / 015
　　四、双重立场双重眼光 / 019

"刑用重典"与明太祖的角色转换 / 021
　　一、时代符号和永久记忆 / 022
　　二、律、诰"重典"及各类禁令 / 030
　　三、刑用重典的实施：富民与贪吏 / 043
　　四、刑用重典的升级：勋臣与文人 / 054
　　五、以"民"为本与以"明"为本 / 061

明代苏松江浙人"毋得任户部"考 / 077
　　一、"毋得任户部"的渊源和由来 / 078
　　二、苏松重赋与"毋得任户部" / 088
　　三、苏松江浙的"民风"与"吏风" / 099
　　四、东南财赋与西北防务 / 111

"冠带荣身"与明代国家动员
——以正统、景泰、天顺时期赈灾助饷为中心 / 123
- 一、从"旌异优免"到"冠带荣身" / 124
- 二、怪异的"旌表""冠带"数字 / 131
- 三、数字背后的国家形象与国家强制 / 138
- 四、"国家动员"遭遇的人心冷暖 / 146
- 五、从"冠带荣身"到"纳米入监" / 158
- 六、国家权力与社会财富 / 165

"传奉官"与明成化时代 / 178
- 一、成化时期的"传奉升授"及其结局 / 179
- 二、传奉官的社会身份与职业特征 / 190
- 三、传奉官与成化时代的社会需求和价值观念 / 207
- 四、成化时代与后成化时代 / 224

"山人"与晚明政局 / 238
- 一、问题的提出 / 238
- 二、影响晚明政局的几桩"山人"公案 / 240
- 三、"山人"与"山人运动" / 259
- 四、山人"气场"与晚明死局 / 282

明末购募西炮葡兵始末考 / 300
- 一、明廷购募西炮葡兵之背景 / 300
- 二、耶稣会士在华传教与赴澳购募西炮葡兵 / 316
- 三、徐光启等精兵精器之主张与赴澳购募经过 / 327
- 四、登州之变与明末购募西炮葡兵之终结 / 354

引 言

中国历史经历过许许多多的朝代更替，每个朝代特别是持续时间相对长的朝代，随着时代的推进，社会都会发生诸多的变化。但是，这些变化到底属于"貌相"的变化还是"实质"的变化？虽然貌相的变化在一定程度上可以反映实质的变化，但看似"天翻地覆"般的某些貌相变化，是否表明实质的变化也在"天翻地覆"？抑或犹如一场风雨之后，曾经掀起惊涛骇浪的湖面重新回归平静，虽然接纳了一些新的雨水、流失了一些旧的积水，但湖还是原来的湖、水质还是原来的水质，貌相又回归到原来的貌相、实质自然也是原来的实质？

带着这样的问题，我曾经和许多朋友交流；也有许多朋友，带着类似的问题和我交流。在这种交流中，我们共同"走进明朝"，讨论明朝的政治、经济、文化、军事，以及社会思潮、市民生活、乡村自治、对外交流，等等。十分自然的是，我们在讨论这些问题、在走进明朝的同时，也在关心现实、走进"当下"。

2011年12月8日晚上，应北京大学"赣文化交流学会"的邀请，我以"明朝百年启示录"为题，为大约300名本科生、硕士生、博士生做了一次两个小时的学术演讲（十分凑巧的是，就在写下这段文字的时候，一位当时负责组织工作的北京大学博士研究生和我建立了微信联系）。演讲结束后，进入互动环节。一位本科同学提出：老师能否就"为学术而学术"说说自己的看法。

这位同学的提问是具有挑战性的。第一，我那天说的题目，带有一定的"现实关怀"色彩，看似并非纯粹的"为学术而学术"；第二，一年前（2010年），北京大学汤一介先生接受《羊城晚报》记者的采访，重新倡导"为学术而学术"。我当时感觉到，这位同学是在问，您今天的演讲和汤先生的倡导是否代表两种学术理念？

我当时好像是这样回答：首先，需要明白什么是"为学术而学术"。根据我的理解，"为学术而学术"应该有两层境界。第一层境界是心无旁骛地关注正在学习或研究的对象，把当下的学习或研究做到就专业要求而言、就自己能力而言可能达到的极致。当你正处于学士、硕士或博士学位的学习阶段时，必须在这层境界为学术而学术，否则，你就进入不了学术。但是，当你的学术做到一定的程度，你得进入为学术而学术的第二层境界，也是更高的境界。那么，一个学者所追求的"为学术而学术"的更高境界是什么？不同的学科可能各有不同。以历史学而言，我认为应该是两千多年前司马迁所说的："究天人之际，通古今之变。"尽管我们无法真正做到"究天人之际"，我们最终也许只是自以为"通古今之变"，但是，我们又必须带着深切的现实关怀和通达的历史胸怀朝着这个方向努力，这才是历史学"为学术而学术"的更高境界。当然，一旦到了这层境界或者追求这层境界，看似已经不是单纯的为学术而学术，因为学术和心智已经融为一体，也就没有必要再强调"为学术而学术"了。由第一层境界的"为学术而学术"进入第二层境界的"为学术而学术",可以说是由学术的"必然王国"进入学术的"自由王国"。但是,如果没有经历第一个层面的境界而直奔第二个层面的境界,必然陷入"六经注我"的怪圈。我想,这应该是汤一介先生重新倡导"为学术而学术"的用意所在。①

说到这里,我想起更早发生的一件事情。2005年10月,应李治安教授的邀请,出席南开大学历史学院召开的"中国古代史理论与实践学术会"。2005年10月16日晚,由南炳文教授安排,厦门大学陈支平教授、东北师范大学赵轶峰教授和我一道,与明清史研究所的硕士、博士生们进行学术交流,当时有一位博士生提问,希望我说一说史学研究的理论与方法。

为了把有些严肃的话题说得轻松一些,我没有引经据典,而是说到两本"畅销小说"。第一本是美国作家马里奥·普佐的《教父》,另一本是中国香港作家金庸的《倚天屠龙记》。

《教父》有一个细节:考利昂教父因为拒绝毒品交易,被土耳其人索洛佐雇凶重伤。在后来的一次秘密谈判中,考利昂教父的儿子迈克尔用一支微型手枪,将土耳其人以及收受土耳其人贿赂参与谋害父亲的警察击毙。这支微型手枪的特点是,子弹直径只有2.2毫米,打进人体时只有针孔大小的洞眼,但进入人体之后迅速扩大创口,炸开极大的窟窿。小小的入口、大大的出处,这就叫"小处入手,大处着眼",正是历史学研究的基本方法。我和在场的硕士、博士们说,正在写作的一篇论文《"传奉官"与明成化时代》,用的就是这种方法。

《倚天屠龙记》编了一段"天鹰教"教主殷天正的女儿殷素素

---

① 按:记者对汤一介先生的这篇采访,题为《为学术而学术方可产生大师》,刊载在2010年4月19日《羊城晚报》。

和"武当二侠"俞莲舟的对话。殷素素问:"武当七侠"之中,谁的武功最高?俞莲舟顾左右而言他,从大师兄宋远桥一直说到七师弟莫声谷,唯独不说自己。但是,当殷素素说江湖传言,"武当七侠"之中,以俞二侠武功最高时,俞莲舟谦虚说道:"勉强说来,师父的本门武功,算我练得最刻苦勤恳些。"就中国历史学而言,什么是"本门武功"?无疑是史料学、考据学。如果一位学者真正对史料学、考据学这样的"本门武功"有深厚的造诣,完全可以成为某一领域的"顶尖高手"。但是,在整个《倚天屠龙记》中,武功最高的是张无忌。因为张无忌有三门武功:九阳真经、乾坤大挪移、武当拳剑。当时我对在场的硕士、博士们说,如果将其引申到历史学科,被称为"九阳真经"的内功,犹如我们的"史料学",这是一切历史研究者的"内功修为"。傅斯年先生说,"史学即是史料学",虽然有些矫枉过正,但"史料学"毫无疑问是史学的"内功"。这门功夫修炼到家,就是学者充充沛沛、用之不竭的"九阳真经"。而"乾坤大挪移",则是合理运用各种史料,包括口述史料、文献史料、实物史料、音像史料、网络史料,并将各种理论和方法融为一体的基本理论和方法,那就是辩证唯物论和历史唯物论。至于张三丰传授给张无忌并且要求当场忘记的"武当拳剑",则可以视为包括中国传统的考据学方法,以及当今国内外的各种理论与方法,政治学的、经济学的、社会学的、人类学的、心理学的、文艺学的,等等。如果没有深厚的史料学功夫、没有"九阳真经",那就修炼不成"乾坤大挪移",辩证唯物论和历史唯物论就只能当标签唬人,更无法真正纯熟地运用各种理论和方法。而对于各种理论与方法,都需要以广博的胸怀去接纳、去领悟、去融会贯通,争取达到了无痕迹的境界。

至今感谢那位南开大学博士生和北京大学本科生，因为他们的提问，使我更多地思考学术研究的方法问题、思考"为学术而学术"的问题，进而思考学术的生态与生态链、思考学术研究的"问题意识"与"非问题意识"的问题、思考辩证唯物论历史唯物论和中国"传统家法"及当代西方的种种理论与方法的关系问题。这本书收录的论文，正是这些思考及实践的产品。

我在《明代国家权力结构及运行机制》的"导论"中说："随着学术的推进和时势的发展，某些历史问题往往会在一个特定的时期引起众多学者的关注。"①进入21世纪，有众多的学者从不同角度关注明代的社会进程和社会变革。其中，商传、毛佩琦、万明、赵轶峰、陈宝良、田澍及卜正民诸教授的成果令我受益匪浅，感觉是在共同"走进明朝"。

商传教授有着当代学者少见的"贵族"气质。而且，这种气质不是故作出来而是自然生成的。大概也正是这种气质，使他对晚明有比他人更深的感悟。对于明朝的诸多貌相，我和商传之间有一种默契，也常常在与他的讨论中得到启示。商传在《略论晚明的人文主义与社会转型》中断言："晚明时期随着商品经济的发展与专制统治的松动，社会发生了较为明显的变化。王阳明的'心学'为这种变化提供了思想基础。中国早期人文主义萌芽由此而产生。但是长期形成的官僚体制与小农经济的基础，使这种以追求个性化而表现的人文主义思潮转变为社会纵欲思潮。一个本应成为人文主义发生与发展的时代，却成为一个人文精神缺失的时代。缺乏人文精神的

---

① 方志远：《明代国家权力结构及运行机制》，科学出版社，2008，第16页。

时代是不可能完成社会转型历史使命的。"①这种酣畅淋漓的叙述，与我在《"山人"与晚明政局》的认识极其吻合。当然，中国没有能从晚明的"传统社会"进入"近代社会"，缺乏的不仅仅是"人文精神"。但商传却提出了一个问题：一个"本应"成为人文主义发生与发展的时代，为何却成为一个人文精神"缺失"的时代？

毛佩琦教授有与生俱来的"名士"风骨。酒至酣时，引吭高歌，言至畅时，百无禁忌，身边常带印章，兴情所至，不管有无润笔，皆挥毫泼墨。发挥得好，可上九天揽月；发挥欠佳，也可下五洋捉鳖。也许正是这种个性，使他对明朝有着非同一般的感情，对明朝的评价也不无溢美之词。但是，"明朝在衰败中走向开放，清朝在强盛中走向封闭"②观点的提出，尽管引起不少争论，却指出了一个基本事实。同时也对明清史研究、对中国史研究提出了一个严峻的问题：为何一定要等到衰败才走向开放、为何强盛中却一定走向封闭？或者说：为何开放可能走向衰败、封闭却可能成就强盛？这是中国社会发展的内在逻辑，还是人们对衰败、强盛的认识产生了偏差？

相对来说，万明教授对晚明的评价更为积极："这正是中国传统社会向近代社会转型的过程……历史记载给晚明社会发生的重大变化提供了详尽的证据，晚明社会的基本特征是'变'，而晚明社会最为显著的变化，标志着近代的开启。"③万明的上述结论，也曾经是我的认识，我在《"传奉官"与明成化时代》中，以这样一句话作为结束语："如果不是明末的种种意外，更大的社会变革也未必

---

① 商传：《略论晚明的人文主义与社会转型》，《江西社会科学》2013年第7期。
② 毛佩琦：《从明到清的历史转折：明在衰败中走向活泼开放，清在强盛中走向僵化封闭》，《明史研究论丛》第六辑。
③ 万明：《晚明社会变迁：问题与研究·绪论》，商务印书馆，2005，第27页。

不可能发生。"①但是，晚明的这些"变化"真的标志着"近代的开启"吗？"明末的种种意外"，难道真是"纯属意外"吗？不仅我自己在反思，文章发表之后，有位署名为"孤独的湖"的网友也提出了疑问。我在网上回复了这位朋友，说文章发表之后，我也有新的认识，这些认识将在后续论文中发表（这篇文章就是本书收录的《"山人"与晚明政局》）。这也是我第一次在网上回复读者的疑问。

赵轶峰教授、陈宝良教授、田澍教授关注的许多明代课题和我不谋而合，比如明代的"山人"问题、"市民"问题，明代的"人生百态""政治文化""经济变革""社会思潮"问题，等等。所以，虽然空间距离遥远，并不时时相见，面对面的交流也不多，但从他们的著作和论文中读出了"同道"之谊。②

卜正民教授对明代商业与文化的讨论，使我得到不少的启发。但坦率地说，卜教授对于明代社会特别是晚明社会的解读，并不像一些国内学者特别是"业外"人士褒扬的那样"到位"。这并不是卜教授自身的问题，而是因为既是"老外"又身居国外，难以真正感受中国社会发展的脉搏跳动。③

20世纪80年代，黄宗智教授以他的《华北小农经济与社会变迁》及其他著作，成为我们这一代历史学者的示范。我一直在学习

---

① 方志远：《"传奉官"与明成化时代》，《历史研究》2007年第1期。
② 如赵轶峰：《明代的变迁》，三联书店上海分店，2008；《明清帝制农商社会研究》，科学出版社，2017。陈宝良：《明代社会生活史》，中国社会科学出版社，2004；《明代社会转型与文化变迁》，重庆大学出版社，2014。田澍：《嘉靖革新研究》，中国社会科学出版社，2002；《正德十六年：大礼议与嘉隆万改革》，人民出版社，2013。
③ 卜正民：《纵乐的困惑：明代的商业与文化》，生活·读书·新知三联书店，2004。

他的著作并向学生推介,他则在偶然中读到我的一篇文章(《学术研究的"问题意识"与"非问题意识"》),认为这篇文章"打通了你我貌似完全不同的学术道路",并且将文章收入他的《实践社会科学研究指南》中,使我对"为学术而学术"的理解有了更大的信心,也更加以相对"自由"的心态,解读"自然"的明代社会,兴盛自有兴盛的道理,衰亡也有衰亡的缘由。

感谢谭徐锋小友,我们至今尚未谋面。本书呈献给读者的是专题论文集,一共有七篇论文,前面六篇,是我在"走进明朝"的过程中,对明朝社会进程的认识和描述(其中,《明代苏松江浙人"毋得任户部"考》与李晓方合作、《"刑用重典"与明太祖的角色转换》与施睿哲合作);第七篇,是我的硕士导师欧阳琛教授对其在西南联大时期的硕士论文进行整理的成果,嘱我删繁就简、再行整理,收录此书,既是因为它展示了一个庞大的政权面临困境时的艰难选择,也是对先师的怀念,对自己和学生的激励,当年的青年学者,是如何对待学术的。[1]

若干年前,胡平兄和我一道做过一篇近四万字的访谈录:《一段历史、一方水土与一方人——走进明朝的江西》。[2]"走进明朝"与这个论文集的内容比较贴近;而明代社会,则有一个由洪武、永乐时期的冷峻冷酷,到成化、弘治时期的自由开放,再到隆庆、万历时代的任性放纵,以至不得不亡的过程。于是以此为书名:"走进明朝:从严峻冷酷到自由放任"。

---

[1] 这些文章发表时,由于版面的限制和版式的要求,都做了一定程度的删节,本书收录的,都是未经删节"原稿",更能代表我当时的认知。
[2] 方志远、胡平:《一段历史、一方水土与一方人——走进明朝的江西》,《粤海风》2004年第1期。

明朝百年启示录

一、两个皇朝两种结局

在中国历史上，有两个朝代我认为需要特别加以关注。一个是西汉，一个是明朝。

民国时期的明清史专家孟森从"道义"的角度出发，说汉朝和明朝"得国最正"。理由是，汉高祖刘邦和明太祖朱元璋，都没有任何家庭背景，都没有入仕前朝为臣，全凭着自己的人格、自己的本领、自己的运气，投身于农民战争，前者推翻了"暴秦"、后者驱逐了"胡虏"，建立起汉人的王朝。这是孟森先生的思考角度。

我的认识是，无论是汉朝还是明朝，都是发育比较完整的朝代，它们都有一个比较长时间的自我发育过程，有一个主要通过社会内部的变化从凋敝走向繁荣但最终不得不衰亡的过程。历史学最基本的功能，是为现实提供借鉴。所以司马光编撰的那部伟大历史著作，就取名为《资治通鉴》。而他的前辈司马迁写《史记》，宗旨则是"究天人之际，通古今之变"。我正是从这个角度出发，认为汉、明这两个朝代特别需要我们关注，特别需要认真加以研究。

西汉建立之后，经过对吕氏势力的制裁，其实是通过一场宫廷政变，进入正常的发展轨道。又通过对异姓藩王和同姓藩王的打击，建立起比较完整的中央集权国家体制。在经历了"文景之治"和汉武帝的开疆拓土后，西汉进入极盛。但在这个过程中，各种社会矛盾、社会问题也逐渐积累、逐渐暴露，并且迅速发展。

十分有趣的是，当时的统治者几乎都看到了这些问题，都在试图解决这些问题。伟大的汉武帝甚至低下高贵的头，向全国人民下"罪己诏"，并且相应调整了各方面的政策。但是，问题并没有得到解决，社会矛盾继续深化。于是，在"阴阳五行说"的推导下，上演了一场"禅让"的喜剧，由王莽建立"新"朝，取代汉朝。这是当时的"有知之士"为解决社会矛盾共同开出的药方。他们希望通过更换招牌的方式，让刘氏汉朝做替罪羊，避免天下大乱，以维护既得利益者的利益。

但是，这个事情没有做成功，反倒是王莽成了刘氏的替罪羊。绿林、赤眉起义，推翻了新莽，由刘秀建立了东汉，代表着汉朝的"中兴"。"王莽改制"遂成历史笑柄。平心而论，后人其实没有任何理由嘲笑王莽以及和他一起演出这场喜剧的人。因为他们的大方向是对的，他们的目的是为着解决社会矛盾，只是没有认清社会的症结所在，没有把事情做好。因为社会问题积累得太深，而所有的既得利益者又都不愿意放弃自己的利益。这就不是仅仅可以靠改革、靠改良可以解决的，必须通过一场革命，通过一次大的破坏，重建新的社会秩序，重新分配社会利益。

明朝建立之后，经过明太祖的"重典"治理、经历了成祖的"靖难"（其实是一场扩大了的宫廷政变），又经过短暂的"仁宣之治",国家也进入正常的发展轨道。尽管有一个"土木之变",数十万明军土崩瓦解,英宗被蒙古人俘虏,但并没有从根本上损伤明朝的元气。恰恰相反,明朝正是从这个时候开始,逐渐进入多元化社会。

明朝多元化社会的主要特征是:一是社会价值标准由单一的官本位向仕途、财富、精神文化多元标准演变,从而导致官道、商道、精神文化的相互渗透。二是北京集政治、经济、文化多元中心于一体的地位受到严峻挑战,苏州—南京上升为新的文化中心,苏州、松江、江西、浙江形成大经济中心;经济中心和文化中心相互依托,与政治中心北京分庭抗礼。三是由政府意志主导社会思潮,演变成思想家、文学家、在野"清流"派的思想及小说戏剧所表现的价值观构成多元化的社会思潮。四是随着西方近代势力的渗入,中国传统"天朝"中心的理念开始受到挑战,"师夷之长技"在晚明成为先进知识分子为解救王朝危机开出的新药方。

从世界近代化演进的过程看,多元化社会的形成是时代进步的表现。但在中国历史上,与多元化社会共生的,总是因财富积累而导致贫富不均、因国家承平而导致因循守旧、因自由过度而导致的规矩丧失、因社会开放而导致涣散动荡,以及国家主导作用的日渐缺失和对外防御能力的急剧下降。中国历史上但凡有一定规模并且持续相当时间的朝代,大抵上都在一遍又一遍地演绎着这个乐极生悲的故事。由于统治时期相对较长,使得明朝将这个故事演绎得更为充分,因而也更具有典型意义。

如果把明朝作为一个个案,那么,这个个案向我们显示的是:不是通过改朝换代,而是在一个政府的统治下,社会多元化和社会转型是如何在经济、文化发展的推动下，在与政治权力相互作用下自发地产生。而在这个社会多元化的过程中，国家主导作用是如何逐渐弱化并最终缺失，致使社会多元化没有能够使明代社会转型到更高的发展阶段，却导致了社会涣散和国家败亡？是哪些因素导致明朝政府在多元化社会形成之时"以不变应万变"，并一步一步陷于被动？

二、三个阶段三个中心

明代从洪武至正统时期（公元1368—1449，明朝的前80年），虽然也有过"小阳春"，但大抵上属严峻冷酷的时期。经过元末长时间的全国性战争，社会经济遭受严重的破坏。经济需要复苏，社会需要稳定，国家权力强势控制社会。在此期间，发生过明太祖的严惩贪官、滥杀功臣，以及对与明朝持不合作态度的文人实施打击；也发生过明成祖在"靖难之役"后对建文旧臣的持续镇压，还发生过明英宗时期对小说、戏曲的禁止。而且，在洪武、永乐两朝，通过强制性迁徙，将农民起义时期的"杀富济贫"演绎为"夺富济国"。在实施打击的同时，重开科举，招揽读书人，征求广泛的社会支持。从此，科举成为军功之外通向仕途的正道。这可被视为明朝君主集权制国家建立后，民众对政权认同的重要标志。在当时，谁能考取进士、谁的官做得大，谁就有价值。所以，读书人的出路只盯住一条：举业。这才是最有效、最体面、最符合国家意志的展示自我价值的方式，"仕途"和"官本位"也成了民众公认、国家倡导的最基本的社会价值标准。

正统至成化时期（1436—1487，50年，距明朝建国约70—120年），严峻冷酷的政治气氛开始化解。随着社会经济的渐次复苏，社会财富开始积累，各地城市趋向繁荣，人们对物质财富的占有欲变得强烈起来，统治者的构成也由流氓无产者演变成了社会财富的控制者，国家权力对民众的控制开始松解。于是出现了第二种价值标准，财富。谁能够看准时机发财，那也是本事。于是，弃学经商开始大量出现。这种价值标准的发生及被社会逐渐认同，成为明代社会经济发展特别是商品经济发展的重要动力。正是在这种价值标准的推动下，徽商、晋商、江右商、闽商、粤商等"大十商帮"以及其他地域性商人活跃起来，影响了中国五百年的经济社会发展。在这个过程中，当国家财政和国家救济发生困难时，明朝政府开始向"富人"寻求帮助，并通过授予"义民""冠带"等荣誉称号，以及给予国子监的入学资格，作为奖励或交换。这既可以视为国家承认私人财产合法化的标志，也可视为社会财富得到国家和社会认可的重要契机。从此，明朝进入仕途、财富双重社会价值标准的时代。①

成化至正德时期（1465—1521，60年，距明朝开国约100—150年），随着国家的长治久安和经济的持续发展，文化消费的需求也逐渐加强，人们对精神的享受有了更多的追求。在这方面，上层与下层、贵族与大众有着共同的喜好和需要，用马克思的话说，"人所固有的我无不具有"。大众需求推动了上层需求、上层需要刺激着下层需求，文化产品、精神产品与物质产品一道，构成明代社会

---

① 参见拙文：《"冠带荣身"与明代国家动员》，《中国社会科学》2013年第12期。

的基本需求和财富来源。于是,第三种价值体系开始出现:文化。不少读书人通过诗文、书画、民歌时曲、说唱词话、通俗小说,不少能工巧匠、名医名卜,以及精通或粗通堪舆、星相、占卜、房中术、黄白术等各种术数的人们,通过他们的技艺,获得了社会地位、政治身份或经济收益。而成化、弘治、正德三朝发生的"传奉官",弘治、正德、嘉靖年间发生的"山人",成为显示这一社会价值标准的典型现象。

多重价值标准的依次出现及并存,标志着明代多元化社会开始形成。然而,明代多元化社会的形成,不仅仅表现在仕途、财富、文化三种价值标准的并存,还表现在至嘉靖、万历时期,已经形成了三大中心的并存:政治中心北京、经济中心苏松江浙及周边地区、文化中心南京—苏州。

明朝迁都北京,以南京为留都,本用以控制江南,这个政治目的确实达到了。但与此同时,却生产出了一个文化"异己"。南京和苏州,本来分别是朱元璋和张士诚两个政治对手的统治中心,朱元璋以军事力量摧毁了张士诚,苏州却以文化力量征服了南京,并和南京一起,成为明代中后期的文化中心。而其依托,则是以苏松杭嘉湖为核心,以徽州、扬州、常州、镇江、绍兴、宁波为外围,包括南直江南地区及浙江、江西、福建、湖广在内的大经济圈。这个经济圈大致相当于南宋的主要统治区,是当时中国经济的命脉所在。经济中心与文化中心联为一体,一方面支持作为政治中心的北京,另一方面又对北京构成经济上和文化上的压制。北京固然可以凭借国家权力进行政治统治,南京和苏州则可以利用它的文化力量凝聚人气、营造气场,更以大江南的经济实力为基础,在文化层面上俯视北京。而且，经济越是发达，社会财富越是积累，社会越是趋于多元化，文化的影响力也越是压制着政治的影响力。

明代多元化社会的形成，是与社会需求的多元化特别是社会财富控制的多元化相伴而来的。景泰以后特别是成化以后，拥有社会财富或者说拥有一定数量可供自由支配财富的，已经不再限于皇室、藩府、富商及各级政府衙门。作为个体的各级各类官员、吏员，包括文官、武官和宦官，以及他们的家属、部属，大大小小的商人、手工业者、农民，僧寺、道观的各层人物，乃至樵夫渔父、贩夫走卒各色人等，虽然程度不一样，却在以各种方式成为社会财富的拥有者，因而同时也可能成为文化产品、精神产品的购买者。明廷此时已经很难通过国家强制的手段而只能通过社会动员或出卖功名的方式获取民间财富，这也直接导致了物质财富和精神产品对国家权力的挑战乃至干预。

这可以说是明代建国100年前后所发生的多元化社会进程的基本状况。但是，随着多元化社会的继续演进，问题也随之产生。

三、多元社会多种问题

第一，三重价值标准相继出现的过程，也是三重价值体系相互渗透的过程。国家权力的控制者开始积极寻求社会财富、文化地位，社会财富的控制者也积极寻求国家权力的倾斜和保护、寻求获得文化地位，文化产品的创造者同样在谋求政治权力、谋求社会财富。社会的多元化侵蚀着传统道德的底线，腐败痼疾开始持续侵蚀着明代官场并愈演愈烈。王守仁倡导的"问道德者不计功名，问功名者不计利禄",正是为解决这一问题开出的药方。但这一倡导几乎没有得到任何响应,明朝政府也几乎没有任何针对性的防范措施,更没有建立起各种社会角色保持相对独立性的体制。这成为明代多元化社会重复历代所发生的故事、偏离正常轨道的开端。而此时的王门学者包括王守仁本人,以及后来的东林党人,也没有能够承担起道德实践者的责任。不仅如此,竟然闹出大学士误解"拔一毛而利天下"赠语的笑话。①

第二,社会的多元化推动着社会思潮的多元化,国家的舆论引导机制难以建立,政府的影响力日渐消退。明代自成化、弘治以后,也就是随着文化成为社会价值标准,以南京、苏州及江南地区为主要发源地,思想家、文学家、在野"清流"派官员,以及小说、戏曲、歌谣等形形色色的文学作品,逐渐成为社会舆论的主要策动者和表现形式,并推导着社会思潮的多元化。但是,这些社会思潮及其推导者是可以不对后果承担责任的。顾宪成和王锡爵关于"庙堂是非"和"天下是非"的讨论,集中反映了在社会思想多元化过程中"国家认同"或"政府认同"出现的危机。②除了动用暴力,明廷对社会舆论、社会思潮的挑战完全没有应对办法,直接导致了信任危机和思想涣散。这一状况在中国历史上其实反复出现过。由于宗教的世俗化,中国的传统宗教和外来宗教难以起到教化

---

① 王应奎《柳南随笔》载:崇祯初,大学士钱龙锡在入阁前曾向名士陈继儒请教国是,陈赠一句:"拔一毛而利天下。"钱不解其意。适袁崇焕请斩毛文龙疏至,方大悟:"此眉公教我者耶?"
② 谷应泰:《明史纪事本末》卷六六《东林党议》载:万历二十年前后,王锡爵为首辅,顾宪成以吏部郎中为清流代表。锡爵责之曰:"庙堂之是非,天下必欲反之。"宪成答曰:"天下之是非,庙堂必欲反之耳。"

作用，中国的官员一直需要以双重身份对民众施加影响，一是权力的象征，二是道德的示范，而一旦后者发生故障，前者的权威也受到挑战。

第三，明朝以农业为立国之本，受现实和理念的双重制约，经济上实施一元化重农政策，严重忽略渔业、牧业特别是海上贸易、西北边贸，并且对商业集团的形成始终带有警惕和畏惧。东南"禁海"，西北"禁茶"，内地"禁矿""禁盐"，成为明朝的基本经济政策。其结果是，经济的多元化发展冲击了单一的农业经济，而政府的政策不但阻碍了外贸的发展、隔绝了与海外的联系，而且没有能够及时地由几乎单一的农业税转化为真正意义上的多种税收并举，从而切断可能得到的财源，国家财政陷入困境。与此同时，商人和实权派官员、吏员却在这场经济游戏中谋求利益，贫富差距扩大。一方面，社会多元化带来经济社会形势发生急剧变化；另一方面，由于明朝的皇帝从成化开始大抵不接见大臣、不对重大决策承担责任，拘于传统理念和明太祖的"祖制"，文官们只能在"不争论"中对经济政策进行"微调"。于是，一方面是财源的继续流失，另一方面是传统的农业税难以建立起国家救助体系、国家安全体系。明朝与其说是亡于农民起义、亡于清朝的入主，倒不如说亡于长期无法解决的财政困难。

第四，国家对多元化社会和社会转型的应对态势，决定于政策决定者的立场、观点和对时局的认识，并与其切身利益息息相关。明朝的国家决策主要依靠文官集团，文官皆由科举而进，儒家学说为科举的基本科目。同时，明朝也是继两宋之后又一个以汉族官员为基本构成的朝代。这就造成了来自传统农业地区的官员、吏员成为执政主体，来自江南经济文化发达地区的官员越来越多地掌握着话语权。虽然内廷宦官多来自北方，但当权者大抵被改造成"文化人"，而且是带有北方传统农业习性的文化人。明朝政策决定者的这种地域构成和民族构成，使得明朝决策层难以制定出保护、发展海外贸易、边境贸易乃至境内工商业发展的国家财政政策，也无法制定出对经济欠发达地区、对非农业地区、对边疆地区海疆地区、对少数民族地区的保护政策。"屁股决定脑袋"乃天下之通理，官员的身份和地域结构、民族结构导致政府的决策多以汉人区、农业区、经济文化发达区为坐标。而在一般的情况下，文化越是生产出社会价值，其带来的阶层之间、地域之间的贫富差距就越大，社会财富也就越向发达地区集中。这样，当经济文化发达区为争得更多的政治、经济份额欢欣鼓舞时，经济文化欠发达地区却在悄然改变国家的最终命运。东北的女真—满族政权，西北的农民起义，夹击着明朝早已缺乏应对大规模战争的军事力量，明朝的灭亡也就不可避免。

第五，思想的涣散、官场的腐败，必然导致军队战斗力的下降。由于特殊的地位，军队一旦腐败，其程度就非外人所知。"养兵千日，用兵一时"，说容易，做实难。表面上是国家养着数十万乃至上百万的军队，但军费严重不足，军官谋求私利、士兵自谋生计。"土木之变"其实揭示了一个真相：明朝的军队可以比较轻松地打击没有组织的民众，可以比较吃力地镇压有组织的农民反抗，甚至可以艰难地抗衡来自外部的有组织的军事势力，但它绝对无法抵御来自外部的强有力的军事集团，甚至也无法对抗已经强大起来的农民武装，更何况内忧外患并生、阶级矛盾民族矛盾交错。随着西方殖民者东来和传教士进入内地,带来了新宗教、新理念、新技术,在士大夫中激发起了新的社会思潮,"师夷之长技以御虏"的思想不仅产生,而且付诸抗击女真的战争之中。但是,"外援"从来没有真正解决过中国内部的社会问题,中国的问题最终需要中国人自己解决,明朝也如此。

四、双重立场双重眼光

多元化社会的形成在任何一个政权的统治下,都是社会发展的必然趋势,虽然形式不同、表现各异,但都是社会进步的标志,是社会转型的重要表现和推动力量。但是,在这一过程中,作为公共权力的国家,必须因势利导、与时俱进,不断调整执政主体的结构、修正各项经济政策、完善社会救助体系、建立舆论引导机制,成为正确引导和推动社会发展的主导力量。任何理论、任何成法、任何个人和小团体的利益,在社会发展和国家利益、民众利益面前,都应该经受考验、接受改造。也就是说,必须在多元化的同时,有一体化。作为公共权力,政府应该承担起这个一体化的责任。

我们的前人只是为我们提供了历史的教训,也展示了他们为化解矛盾、推进社会的种种努力,但他们最终没有能够解决他们那个时代发生的问题。所以中国历史上才演绎着一个又一个乐极生悲的故事。西汉的故事特别是明朝的故事,已经给我们提供了当代启示。既然是这样,我们就不能全指望借助古人的智慧、指望倡导古人的精神来解决现实的问题。必须用现代的眼光来剖析当代的问题，必须吸收当代人类的全部智慧，制定出真正符合中国国情的方针和政策，不断化解和解决经济发展过程中产生的社会问题和社会矛盾，维护国家的长治久安、保持经济社会的持续发展。

原载《吉林大学社会科学学报》2012年第5期

"刑用重典"与明太祖的角色转换

前辈学者孟森对汉高祖刘邦、明太祖朱元璋两位布衣出身的开国君主给予高度评价："中国自三代以后，得国最正者，惟汉与明。匹夫起事，无凭藉威柄之嫌；为民除暴，无预窥神器之意。"[①]相对于家境富裕并做过"亭长"的刘邦，朱元璋则是家境"赤贫"，真正来自社会底层。[②]投身红巾军之时的朱元璋，且不说"预窥神器"，连"为民除暴"也说不上，是完全意义的被逼无奈，只是希望在天下大乱之际，有一个栖身之处、有一个保命之方。这既是元末红巾军，也是历代投身农民起义的绝大多数民众的共同心态和普遍境地。[③]本文希望揭示的是，这样一位不但出身底层而且时时提醒自己来自底层、处处以"淮右布衣"自居的明太祖朱元璋，其治国理念，如何由"刑新国用轻典"转为"刑乱国用重典"？其为民

---

① 孟森：《明史讲义》，上海古籍出版社，2002，第16页。
② 朱元璋自撰《皇陵碑》及危素撰《皇陵碑》对朱元璋的家境做了回顾，前者见《御制文集》卷一四，张德信、毛佩琦主编《洪武御制全书》，黄山书社，1995，第190页；后者见郎瑛《七修类稿》卷七，上海书店出版社，2001，第71页。
③ 朱元璋《道德经注》："朕本微寒，遭胡运之天更、值群雄之并起，不得自安于乡里，遂从军而保命。"见张德信、毛佩琦主编《洪武御制全书》，第292页。

除暴的"本心",如何在"刑用重典"的实施过程中为传之万代的"私心"所取代?而其本人,也随着大明政权的建立、随着新的社会矛盾的激化,不由自主地由底层民众代表向集权皇朝帝王的转化、由"农民领袖"向"专制君主"转型。二者之间,发生了什么互动?

一、时代符号和永久记忆

关于明太祖的"刑用重典",当时的人们就在不断用不同的方式质疑或批评。洪武四年(1371),刘基致仕,明太祖手书问天象。刘基在做出详细陈条后提出:"霜雪之后,必有阳春。今国威已立,宜稍济以宽大。"①刘基此说,自然有针对性,一方面是明朝统治正在巩固,一方面是"刑用重典"正在升级。明太祖对刘基的陈条做了答复:"元以宽失天下,朕救之以猛。"②可见,君臣二人的治国理念正在发生重大分歧。洪武九年(1376),山西平遥训导叶伯巨因天变应诏上疏,指责政令过于随意:"令下而寻改,已赦而复收,天下臣民,莫之适从。"③洪武十八年(1385),刚通过会试的练子宁在廷试"对策"中直言用刑过度、不惜人才:"天之生材有限,陛下忍以区区小故,纵无穷之诛,何以为治?"④三年之后,新

---

① 《明史》卷一二八《刘基传》,中华书局,1974,第3781页。
② 夏燮:《明通鉴》卷四《明太祖纪四》,中华书局,2009,第245页。原文见刘基:《刘基集》附录五《御书、颂表·洪武元年十一月十八日赐臣基皇帝手书》,浙江古籍出版社,1999,第657—658页,夏燮《明通鉴》对这段话做了简化。
③ 《明史》卷一三九《叶伯巨传》,第3993页。
④ 《明史》卷一四一《练子宁传》,第4022页。

科进士解缙上封事批评法网严密、刑罚严酷："国初至今，将二十载，无几时不变之法，无一日无过之人。尝闻陛下震怒，锄根翦蔓，诛其奸逆矣；未闻褒一大善，赏延于世、复及其乡，终始如一者也。"①

对于开国勋臣刘基的委婉劝诫，明太祖作书以答，四年后刘基病逝，有被中书省右丞相胡惟庸遣人下毒的传言。叶伯巨之疏所言有三事，一为分封太侈，二为用刑太繁，三为求治太速（上文所录为其三）。明太祖斥其离间父子骨肉，下狱致死。对于不谙世事的年轻人，明太祖表现出一定程度的气度，不仅没有惩治练子宁，反倒将其定为会试一甲第二名，对于解缙，更是一而再，再而三地给予包容。

洪武二十年（1387）正月，明太祖做出了一个令人意外的决定：下令焚毁锦衣卫刑具，该卫"诏狱"所系囚犯，皆送刑部审理。②洪武二十八年（1395）六月，明太祖御奉天门，敕谕文武群臣，就废除酷刑、罢设宰相及宗室待遇三大问题，做了带遗嘱性的交代，并将其收入《皇明祖训》。其中，关于废除酷刑的敕谕如下：

> 朕自起兵，至今四十余年，亲理天下庶务，人情善恶真伪，无不涉历，其中奸顽习诈之徒，情犯深重、灼然无疑者，特令法外加刑，意在使人知所警惧，不敢轻易犯法。然此特权

---

① 《明史》卷一四七《解缙传》，第4115页。
② 《明太祖实录》卷一八九，洪武二十年正月癸丑，台湾"中研院"史语所校勘本，上海书店出版社，1982，第2722—2723页。

时处置，顿挫奸顽，非守成之君所用常法。以后嗣君，统理天下，止守《律》与《大诰》，并不许用黥刺、剕劓、阉割之刑。盖嗣君宫生内长，人情善恶，未能周知，恐一时所施不当，误伤善良。臣下敢有奏用此刑者，文武群臣即时劾奏，处以重刑……①

虽然如此，"刑用重典"已经成为洪武时的时代符号和明朝人的永久记忆，并且对明清两代统治造成不可忽视的潜在影响。

《明史》记载了一个流传很广的故事："吴人严德珉，由御史擢左佥都御史，以疾求归。帝怒，黥其面，谪戍南丹。遇赦放还，布衣徒步，自齿齐民，宣德中犹存……有教授与饮，见其面黥，戴敝冠，问：'老人犯何法？'德珉述前事，因言：'先时国法甚严，仕者不保首领，此敝冠不易戴也。'乃北面拱手，称'圣恩圣恩'云。"②

严德珉由监察御史擢都察院左佥都御史、以疾求归而受黥刑之事，发生在洪武二十八年（1395）二月，几个月后，明太祖宣布废止包括黥刑在内的酷刑。20多年过去，严德珉仍然心有余悸。除了明太祖在敕谕中说要废除的黥刺、剕劓、阉割等，百年之后，祝允明《野记》列举人们记忆尚存的洪武时期的其他酷刑，如刷洗、称竿、抽肠、剥皮、挑膝盖，等等，并且历数当时编撰的"政刑"之书："太祖平乱国用重典，当时政刑具有成书，及辑古事劝惩诸王、百官，往往今人少见之，如《彰善瘅恶录》《奸臣录》《清教

---

① 《明太祖实录》卷二三九，洪武二十八年六月己巳，第3477—3478页。
② 《明史》卷一三八《严德珉传》，第3971页。

录》《永鉴录》《省躬录》《志戒录》《世臣揔录》等甚多。"①"刑用重典"并没有随着明太祖的去世中止,而是被通过"靖难之役"夺取皇位的成祖朱棣变本加厉地继承。永乐时期,不仅恢复锦衣卫北镇抚司掌管"诏狱",又设置东厂,与锦衣卫互为表里,以报复、威慑建文旧臣。正统后期英宗、王振君臣一度恢复的高压统治及屡施之于大臣的"枷号",以及从成化开始成为常刑并在正德、嘉靖时期频频使用的"廷杖"等,实则继承了洪武时期法外用刑、刑用重典的遗风。②时至嘉(庆)、万(历),"后七子"领袖王世贞说起洪武时期的刑用重典,仍然发出"士生于斯,亦不幸哉"的感叹。③

但是,对于洪武时期"刑用重典"的记忆,明朝人的心态是矛盾的。既不能过于指责太祖高皇帝的不是,又不能让后世君主效法。随着"百年承平"与社会多元化的到来,人们逐渐摆脱了严峻冷酷政治气氛的恐怖,开始根据明太祖自己的说法,将"刑用重典"的动机归结为对元朝法度废弛的矫枉、讨论"刑用重典"的合理性和不得已处,以及明太祖强调的"世轻世重",作为对后世法制废弛的警示。

由于元末曾为张士诚集团所据,苏州、松江是洪武年间重点打压的地区,"苏松重赋""苏松江浙人毋得任户部"更为当地人们所诟病。但是,成化、弘治年间,苏州籍学者、曾任兵部职方司郎中的陆容率先对"刑用重典"进行褒扬:"国初惩元之弊,用重典以

---

① 祝允明:《野记》,中华书局,1985,第28页。
② 《明史》卷三〇八《奸臣·陈瑛传》,第7912页;卷三〇四《宦官一·王振传》,第7772页。
③ 王世贞著,罗仲鼎校注:《艺苑卮言校注》卷六,齐鲁书社,1992,第290页。

新天下，故令行禁止，若风草然。"①活跃在嘉靖、隆庆时代的松江名士何良俊亦称，"我太祖立国之初，当元季法度废弛，专用重典以肃天下，而人始帖服"，并对时下的苟且风气提出警告，"今承平二百余年，当重熙累洽之后，士大夫一切行姑息之政，而祖宗之法已荡然无遗。苟不以重典肃之，天下必至于丛脞而不可为矣。则所谓'纠之以猛'，孔子岂好为苛刻者哉"？②在民间以"清官"著称的海瑞，甚至公开呼吁恢复传说中的"剥皮塞草"，以肃清吏治。③进入真正"乱国"的崇祯时期，工科给事中顾光祖极力赞赏洪武时期的"刑用重典"，又对后世的"姑息之政"进行猛烈抨击："我太祖首严墨吏，法用重典，累朝相承，征贪无赦，故人人自爱，良吏为多。迨后法轻人玩、阿堵薰心，忍于损廉耻而不忍于损功名，敢于触法网而不敢于触津要……何怪乎秽垢者肩摩踵接，穷民皆鬻妻易子，绿林多亡命啸聚也。"④刘辰《国初事迹》记有明太祖亲自处理的两个案子。其一，有艺人张良才，明太祖令其说平话，得意之余，擅自做了一个"省委教坊司"的广告，张贴在坊市门柱之上，被有"侦刺"职责的锦衣卫校尉发现，明太祖命将其直接绑缚，投于水中；其二，两位著名将领的妻子，受女尼蛊惑而崇信"邪教"，明太祖命人将蛊惑者和受蛊惑者均投于水中。刘辰只是客观地记载当时的见闻，200年后，来自浙江嘉兴的沈德符大为赞赏，

---

① 陆容：《菽园杂记》卷一〇，中华书局，1985，第122页。
② 何良俊：《四友斋丛说》卷一三，中华书局，1959，第107页。
③ 《明史》卷二二六《海瑞传》："举太祖法剥皮囊草及洪武三十年定律枉法八十贯论绞，谓今当用此惩贪。"（第5932页）
④ 汪楫：《崇祯长编》卷三五，崇祯三年六月甲戌，台湾"中研院"史语所校勘本，上海书店出版社，1982，第2136—2137页。

认为如此处置，"直捷痛快"。①这些认识，形成一种舆论，并且影响到小说家的创作，周楫《西湖二集·忠孝萃一门》记王祎事直称："洪武爷"行重典，"只因要革元朝姑息之政"。②

在这个过程中，符号仍然是那个时代的符号，记忆则在不断的解读中重塑，遂使由明入清并在康熙时曾经供职南书房、参与编修《明史》的朱彝尊，充满着对明太祖洪武年间曾经发生的君臣唱和的向往，并隐晦地表达对正在开始的清朝"文字狱"的不满："孝陵不以马上治天下，云雨贤才，天地大文，形诸篇翰……韵事特多，更仆难数。惟其爱才有及，因之触物成章。宜其开创之初，遂见文明之治。江左则高、杨、张、徐，中朝则詹、吴、乐、宋，五先生蜚声岭表，十才子奋起闽中，而三百年诗教之盛，遂超轶前代矣。"③明清易代之际历事三个政权，始为"大明"刑科都给事中、继为"大顺"四川防御使、再为"大清"都察院左都御史的孙承泽，认为正是因为明太祖的"驭下用重典"，所以官员"居职惴惴，常恐不能奉法恤民以称塞上意，故当时之民，出水火而藉衽席"。④

明朝人以及入清遗民关于"刑用重典"记忆的解读及重塑，对清修《明史》产生重要影响，遂成以下"定论"：一是明太祖之刑用重典，乃惩元朝法度"纵弛"而行，属"治乱国用重典"；二是明太祖之刑用重典，乃一时"权宜"，后世不可复用；三是明朝

---

① 沈德符：《万历野获编》卷二七《释道·女僧投水》，中华书局，1959，第681页。
② 周楫：《西湖二集》卷三一《忠孝萃一门》，江苏古籍出版社，1994，第532页。
③ 朱彝尊：《静志居诗话》卷一《明太祖》，人民文学出版社，1990，第1页。
④ 孙承泽：《春明梦余录》卷三四《吏部》，北京古籍出版社，1992，第530页。

立国百年，人民安乐，寻根溯源，乃因明太祖刑用重典带来的"吏治澄清"所致。所以，《太祖纪》称："太祖以聪明神武之资，抱济世安民之志，乘时应运，豪杰景从，戡乱摧强，十五载而成帝业。崛起布衣，奄奠海宇，西汉以后所未有也。惩元政废弛，治尚严峻。"①《刑法志》言："太祖惩元纵弛之后，刑用重典。然特取决一时，非以为则。后屡诏厘正，至三十年始申画一之制，所以斟酌损益之者，至纤至悉，令子孙守之。群臣有稍议更改，即坐以变乱祖制之罪。"②《循吏传》云："明太祖惩元季吏治纵弛，民生凋敝，重绳贪吏，置之严典……一时守令畏法，洁己爱民，以当上指，吏治焕然丕变矣。下逮仁、宣，抚循休息，民人安乐，吏治澄清者百余年。英、武之际，内外多故，而民心无土崩瓦解之虞者，亦由吏鲜贪残，故祸乱易弭也。"③

对于明太祖"刑用重典"的这一时代符号和永久记忆，后世学者进行了持续讨论，主要关注的是：一是刑用重典的表现及对象；二是刑用重典的立法原则和执法尺度。孟森认为，明太祖的刑用重典，主要表现在《大诰》及胡惟庸、蓝玉、郭桓、空印四案，打击的对象是勋贵和官吏，并不滥及平民，故云："太祖之好用峻法，于约束勋贵官吏极严，实未尝滥及平民，且多惟恐虐民，是以谨于守法而致成诸案。"④或许受孟森影响，吴晗《朱元璋传》发表了类似看法："朱元璋以猛治国，以严刑处理统治阶级的内部斗争。"⑤杨

---

① 《明史》卷三《太祖纪三》，第56页。
② 《明史》卷九三《刑法一》，第2279页。
③ 《明史》卷二八一《循吏传》，第7185页。
④ 孟森：《明史讲义》，第74页。
⑤ 吴晗：《朱元璋传》，人民出版社，2008，第265页。

一凡对明代法制进行了持续研究,通过梳理洪武年间对平民法外用刑和镇压民众反抗的情况得出结论:民众因反抗明王朝被杀戮的人数,远比朱元璋诛杀的贪官污吏、勋贵功臣多得多。所以,那种认为明太祖的峻法酷刑不及平民并且否定明初重典治民的观点,是不能成立的。①

其实,"刑用重典"固然不只是施于勋贵官吏或统治阶级内部,其施之于民,也并非只是针对反抗朝廷者。作为一个时代符号、永久记忆的明太祖时期的"刑用重典",既是立法精神,也是司法实践,针对的是全社会的各个阶层,所以,不仅表现在明令废除的黥刺等酷刑,也表现在明太祖宣称"止守"的《大诰》乃至《大明律》;不仅表现在律诰条文及实施案例,也表现在各项政治、经济、文化、外事政策之中;既表现在立法思想、司法实践,也表现在因个性和风格所导致的随意和任性,故而充满不可预测性。

---

① 杨一凡:《洪武朝峻令、重刑禁例和法外用刑补考》,《明代立法研究》,中国社会科学出版社,2013,第125、122页。通过发掘《大明律》及三编《大诰》《大诰武臣》等文献,杨一凡对明代法律、法制及明太祖的"刑用重典"进行了持续研究,并且取得了一系列成果。参见氏著:《明初重典考》(湖南人民出版社,1984)、《明〈大诰〉研究》(社会科学文献出版社,2016)及《明〈大诰〉初探》(《北京政法学院学报》1981年第1期)、《明大诰与朱元璋的重典治吏思想》(《学习与探索》1981年第2期)、《论明初的重典治吏》(《求是学刊》1982年第6期)等多篇论文。此外,罗冬阳、姜晓萍则对明太祖"刑用重典"的特征做了比较深入的分析。罗冬阳认为,研究洪武时期的法治问题离不开礼治的一面,即"非礼无法,专法非法",明太祖的法治思想贯彻在礼治思想之中,在礼法制定与运用的实践中往往是礼法结合、刑教并用。(《明太祖礼法之治研究》,高等教育出版社,1998,第5、8、12页)姜晓萍指出,明太祖的法律意识中存在十分明显的二重性,集中体现为既坚持以法立999,又大搞法外用刑,既主张恤刑、慎刑,又大搞重典治吏,既重视礼的教化作用,又强调法的威慑力。(《朱元璋法律意识二重性心理探析》,《史学集刊》1996年第2期)

二、律、诰"重典"及各类禁令

明太祖要求恪守的《大明律》,始成于吴元年(1367)十二月,当时有律285条、令145条,共430条,所以称为"大明律令"。明太祖为修订律令所定原则是:"立法贵在简当,使言直理明,人人易晓。"①故在律令编成之后,命大理卿周祯等人将其中和民众日常生活相关的条令,"类聚成编,直解其义,颁之郡县,使民家喻户晓",取名《律令直解》。当然,这只是明朝编纂律令的开始。此后小的调整不断,大的修订有三次,始按《唐律》12篇的体例,后据中书省被废除、六部为最高行政机构的现实,开创了"名例"加"六部"的新体例。《大明律》最终定为7篇、30卷、406条,附以"大诰"条目及摘要,名为《大明律诰》,于洪武三十年(1397)颁示天下,仍以《大明律》名世,"令"则融于"律"中。明太祖为《大明律诰》作序:

朕有天下,仿古为治,明礼以导民,定律以绳顽,刊著为令,行之已久。奈何犯者相继,由是出五刑,酷法以治之,欲民畏而不犯,作《大诰》以昭示民间,使知所趋避,又有年矣。然法在有司,民不周知。特敕六部、都察院官将《大诰》内条目撮其要略,附载于律,其递年一切榜文、禁例,尽行革去。今后法司只依《律》与《大诰》议罪。合黥刺者,除党逆

---

① 《明太祖实录》卷二六,吴元年十月甲寅,第389页。

家属并律该载外,其余有犯,俱不赦刺。杂犯死罪并徒、流、笞、杖等刑,悉照今定赎罪条例科断。编写成书,刊布中外,使臣民知所遵守。①

对于这部反复修订了30年的《大明律》,《明史·刑法志》的评价是:"视唐简核,而宽厚不如宋。"②"贵在简当"是明太祖立法的基本思想,"简核"正是这种思想的体现。但"简"则简矣,在后世研究者看来,"当"则未必。真正对《大明律》进行比较深入研究的是晚清律家薛允升、沈家本。薛允升著有《唐明律合编》,对唐、明二律做了十分细致的比对,得出这样的认识:"(明律)依照唐律者固多,而增减者亦复不少,且有删改失当者。他不具论,即'大辟'罪名,已增多二十余条。"③沈家本同样对唐、明二律做了比对,认为明律不仅"宽厚不如宋",而且重于唐:"太祖惩元之时法度纵弛,刑用重典,故明律往往重于唐,其大诰诸峻令尤出乎律之外。"④

唐、明之间相隔数百年,历经朝代更替、兴衰治乱,又有民族矛盾、民族交融贯穿其中,明律与唐律的不同,正是时代发展的表现。薛允升、沈家本站在唐律的立场上进行褒贬,并不公允,但明律不仅宽厚不如宋,而且重于唐,则是事实。

---

① 朱元璋:《御制大明律序》,《大明律》,法律出版社,1999年,第1页。按:此序与洪武三十年五月《大明律诰》成,明太祖御午门谕群臣略同,《明太祖实录》卷二五三,洪武三十年五月甲寅,第3647—3648页。
② 《明史》卷九三《刑法一》,第2284—2285页。
③ 薛允升:《唐明律合编序》,《唐明律合编》,法律出版社,1999,第1页。
④ 沈家本:《寄簃文存》卷六《序·重刻明律序》,《历代刑法考》中华书局,1985,第4册,第2209页。

明律之重于唐律，首先在于律文本身。虽然沿袭唐律，以笞、杖、徒、流、死五刑列为"名例"之首，死刑定为绞、斩二等，但律文在斩、绞之外，有多条"凌迟"；明太祖洪武二十八年（1395）明令废止的"黥刺""阉割"等刑，也在洪武三十年（1397）颁布的律文多有保留。所以，明太祖为《大明律》作"序"时，也并不讳言以"刺"入律："合黥刺者，除党逆家属并律该载外，其余有犯，俱不黥刺。"

《大明律》有关"凌迟"的律文有11条，都是针对罪在"十恶"之列者：一是"十恶"第一条、第二条的"谋反""谋大逆"，二是"十恶"第四条"恶逆"，三是"十恶"第五条"不道"。

《大明律》对"谋反""谋大逆"的解释是："谋危社稷""谋毁宗庙山陵及宗庙"，即图谋颠覆政权，以及图谋通过毁坏皇家祖庙、祖陵及危害皇帝本人，以达到颠覆政权目的的犯罪。根据明律，所有被指控并认定是谋反、谋大逆者，只要是参与共谋，不分首从，皆凌迟处死。不仅如此，其祖父、父亲、儿子、孙子、兄弟及所有同居之人（无论同姓异姓），以及伯父、叔父、兄弟及其子，不论是否同在户籍，也不论身体状况如何（包括残疾），凡年十六岁以上者，统统斩首。年十五以下者，以及当事人母亲、女儿、妻妾、姊妹，儿子的妻妾，均发功臣之家为奴。[①]正是因为有这样的刑律，所以由中书丞相胡惟庸、凉国公蓝玉而起的"胡案""蓝案"，动辄株连数万人，就不足为怪了。无论是上层的勋贵功臣还是下层的豪强乡绅，只要摊上"谋反""谋大逆"，是真正的

---

① 《大明律》卷一八《刑律一·谋反大逆》，第134页。

株连"三族"。

《大明律》对"恶逆"的解释是:"殴及谋杀祖父母、父母,夫之祖父母、父母;杀伯叔父母、姑、兄、姊、外祖父母及夫者。"这类犯罪之被称为"恶逆",是因为杀害者皆直系、旁系尊亲属及同辈兄、姊,以及妻妾杀夫,这在当时,被认为是以下犯上、灭绝人伦。明律对于此类犯罪,付诸行动的,均予斩首,造成后果的,皆凌迟处死。①参照此条,凡以卑侵尊,奴婢殴家长者皆斩,造成死亡的,皆凌迟处死。②

《大明律》对"不道"的解释是:"杀一家非死罪三人,及支解人,若采生、造畜、蛊毒、厌魅。"这类犯罪所以称为"不道",是因为手段残忍、惨无人道。明律对于此类犯罪中的杀一家非罪三人、支解人、采生即切除人体器官者,皆凌迟处死。造畜、蛊毒、厌魅等,皆予斩首。③

凌迟是中国古代的"极刑",为《唐律》所废,但《明律》予以恢复,这既是薛允升、沈家本认为明律重于唐的重要依据,也是明太祖"刑用重典"在立法上的重要体现,既用以维护"大明"政权,也用以维护传统伦理和人性共识。

与"凌迟"用于重罪不同,"刺字"主要用于中刑或轻罪,从《大明律》的条款看,几乎都是用作"五刑"的附加刑,而且主要用于惩罚盗窃,既是一种标识和警示,也是对人格的侮辱。

---

① 《大明律》卷一九《刑律二·谋杀人·谋杀祖父母、父母》、卷二〇《刑律二·谋杀人·殴祖父母、父母》,第150—151、167页。
② 《大明律》卷二〇《刑律三·斗殴·奴婢殴家长》,第164—165页。
③ 《大明律》卷一九《刑律二·谋杀人·杀一家三人(及支解人)、采生拆割人、造畜蛊毒杀人(及造厌魅符书咒诅)》,第150、152—153页。

《大明律》的"名例律"有三条关于"免刺字"的律文，一是军官军人，以及军丁、军吏、校尉犯罪，按律该徒、该流者，免刺字；二是工匠、乐户及其妻子犯罪应施杖刑者，免刺字；三是因枉法罪、盗窃罪而杖一百、流三千里者，免刺。虽然是"免刺字"，但本意是"应刺字"但被赦免而已。① 实施刺字的，则是偷盗官、私财物。

偷盗官物最为严重的是偷盗大祀诸物，《大明律》定：凡偷盗用于大祀的神祇、祭器、帷账及各类物品者，皆斩首；但未能进入大祀场所，或者所偷盗的器物属已经用于祭祀者，杖一百、徒三年，情节较重的，罪加一等，并刺字。② 此外，偷盗各衙门官文书、关防印记及仓库门钥匙者，各杖一百，并刺字。③ 偷盗私人财物，实施偷盗却没有获取财物的，笞五十，免于刺字；获取财物的根据财物多少论处，同时刺字。④ 所以说，在《明律》中，"刺字"并不单独实施，而是作为"五刑"的附加刑。《大明律》同时规定，初犯者在右小臂上刺"窃盗"二字，再犯者刺左小臂。有了这两次的刺字为根据，三次犯上述偷盗罪者处以绞刑。⑤ 同时，刺字也作为当地官府、军卫管理偷盗者的依据。《大明律》规定：凡盗贼曾经刺字者，即有偷盗前科者，俱发原籍，以便管理。在服徒刑者，役满后充警，在服流刑者，于流所充警。如果私自消除刺字痕

---

① 《大明律》卷一《名例·军官军人犯罪免徒流、工乐户及妇人犯罪、称与同罪》，第6—7、10、21—22页。
② 《大明律》卷一八《刑律一·盗大祀神御物》，第135—136页。
③ 《大明律》卷一八《刑律一·盗敕书、盗印信、盗城门钥》，第136—137页。
④ 《大明律》卷一八《刑律一·窃盗》，第141页。
⑤ 《大明律》卷一八《刑律一·窃盗》，第141页。

迹者，杖六十，再补刺。①

凌迟、刺字，以及带枷、阉割诸刑在《明律》中频频出现，却不在"五刑"之列，所以薛允升质疑《大明律·名例律》的名不副实："唐律无凌迟及刺字之法，故不载于五刑律中。明律内言凌迟、刺字者指不胜屈，而名例律并未言及，未知其故。刺字之法，即肉刑内之墨刑，《尚书》之所谓黥刑也。肉刑不用而独用此，且有用枷号者，亦未知其故。今则又有阉割之法矣。是皆在名例五刑之外者。"②沈家本也有类似的质疑："《明律》承唐，以笞、杖、徒、流、死列入五刑之目。而律文中有凌迟若干余，条例中有枭首若干余，又别有充军之法，是皆轶于五刑之外者。"③与此同时，沈家本对"大诰"中的峻令进行归并分类，列有41目，其中，可以视为峻令中之峻令的有族诛、凌迟、枭令、墨面文身并挑筋去指、剁指、断手、刖足、阉割为奴、斩趾枷令、全家抄没等。④祝允明在《野记》中历数当时人们记忆中洪武时的酷刑，多在《大诰》中得到印证。

可见，虽然明太祖明令"不许用黥刺、剕劓、阉割之刑"，并将其收入"祖训"，但在《大明律》中，仍然保留着这些酷刑。《大诰》的诸峻令，更出乎律条之外，而且多含"以牙还牙"的意气用事。《大诰三编》收有《医人卖毒药》一案，医人王允坚的本业是卖药以救人，却为了利益而卖毒药。明太祖的处置办法是，命锦衣卫校尉让其将自己卖的毒药吃下，并在这个过程中询问王允坚是何

---

① 《大明律》卷一八《刑律一·起除刺字》，第148页。
② 薛居正：《唐明律合编》卷一《名例》，法律出版社，1999，第6页。
③ 沈家本：《明律目笺一·五刑》，《历代刑法考》，第1784页。
④ 沈家本：《明大诰峻令考》，《历代刑法考》，第1899页。

滋味，是否害怕死亡、眷恋家人？王允坚泪流满面，表示忏悔。一直等到毒发无法忍受，才给其解毒，又在第二天将其枭首示众。此案可以看出草莽出身的明太祖的行事风格，法内与法外并举，庙堂和江湖并用，国家与丛林同步，理性与野性同在。

由于酷刑入律，所以明律并非只是"严"于唐律，更是"酷"于唐律。对修订30年才最终颁布的《大明律》，明太祖本人极为看重："至纤至悉，令子孙守之。群臣有稍议更改，即坐以变乱祖制之罪。"而当这部宽厚不如宋、严酷甚于唐的《大明律》携带着《大诰》（《大明律诰》）运用于各种政策之中，而执法者又常常不是刑部及地方各级衙门，而是直接对皇帝负责的锦衣卫，加上"诏狱"的诸般拷讯，故而更加令人恐怖。这些政策，涉及经济、文化、外事乃至日常生活的方方面面。

明太祖是出身于底层的农家子弟，对于衣食的匮乏、农事的艰辛，以及天灾的肆虐、人祸的逼迫，有着深刻的感受和认识。所以，一切被认为有碍农事、影响衣食的行为，都被视为损害民众的生计、损害国家的稳定，皆予禁止；对内禁盐、禁茶、禁金银交易，对外禁海，遂为洪武时期乃至整个明朝的基本国策。

盐、茶既为民生所需、财政所出，洪武时期更将其与边事捆绑在一起，所以管控更甚于历代。商人经营盐、茶皆凭"引"即官府批文，支盐有指定盐场、行销有划定地区，茶亦如此，对"私盐""私茶"的打击不遗余力。① 《明史·食货志》称："鬻盐有定

---

① 参见方志远《明清湘鄂赣地区的食盐销售与输入》《明清湘鄂赣地区的淮界与私盐》，分见《中国经济史研究》2006年第3期、《中国社会经济史研究》2021年第4期。

所，刊诸铜版，犯私盐者罪至死，伪造引者如之，盐与引离，即以私盐论。""引及茶引相离者，人得告捕。置茶局批验所，称较茶引不相当，即为私茶。凡犯私茶者，与私盐同罪。私茶出境，与关隘不讥者，并论死。"①《大明律·户律》于此有相关条例："凡犯私盐者杖一百、徒三年，若有军器者加一等，诬指平人者加三等，拒捕者斩，盐货车船头匹并入官；引领牙人及窝藏寄顿者杖九十、徒二年半，挑担驮载者杖八十、徒二年。"此外，凡盐场灶丁人等，除正额盐外夹带余盐出场及私煎货卖者，凡盐商及相关官军、官吏有夹带私盐者，皆杖一百、徒三年。对于买食私盐者，亦杖一百，如购买私盐又转手卖者杖一百、徒三年。所有查获私盐，皆没入官府。②犯私茶、私矾者，同私盐法论罪。③

货币是商品流通不可或缺的媒介。国内、国际贸易的繁荣以及回族商人的参与，使元朝成为中国历史上第一个也是唯一一个在全国范围内通行纸钞的皇朝。废除元制、恢复唐宋旧制，是明太祖的"初衷"，当年的"北伐纲领"即是"驱逐胡虏、恢复中华，立纲陈纪、救济斯民"。这一"初衷"表现在理财上，是设置宝源局，铸造"大中通宝""洪武大中通宝"，和唐、宋一样，将铜钱作为明朝的通行货币。但是，受元朝商品流通方式的影响，"商贾沿元之旧习用钞，多不便用钱"。有鉴于此，明太祖于洪武七年（1374）命设"宝钞提举司"，从第二年开始印造"大明宝钞"，题额为"大明通行宝钞"，其下有文："中书省奏准印造大明宝钞与铜钱通行使

---

① 《明史》卷八〇《食货四·盐法、茶法》，第1935—1936、1947页。
② 《大明律》卷八《户律五·课程·盐法》，第77—79页。
③ 《大明律》卷八《户律五·课程·私茶、私矾》，第80页。

用，伪造者斩，告捕者赏银二十五两，仍给犯人财产。"印造"大明宝钞"的同时："禁民间不得以金银物货交易，违者治其罪，有告发者就以其物给之。"洪武三十年（1397），再次重申不得用金银交易的禁令。①为了保证"大明宝钞"的流通，《大明律》专列"钞法"，特别警示，大明宝钞、大中通宝与历代铜钱相兼并行，适用于民间买卖及诸色课程，如果商家或官府有拒绝接受者，皆杖一百。为了防范伪钞，《大明律》要求，如果用宝钞交纳课税，相关衙门须认真验收，并在宝钞背面记下钞主姓名，以识别伪钞，否则，皆杖一百，加倍追赔；民间交易中，也鼓励私记姓名，作为发生纠纷或发现伪钞时的证据。②但正如人们所知道的那样，明太祖及其子孙，以及前后的理财官员，都有着根深蒂固的以农立国、以农为本的理念，以及"量出制入"的传统理财思想，并不熟悉商品流通特别是纸币发行的一般规律。从这个角度说，明朝的理财相较于元，不是进步，而是倒退。所以，"钞法"从一开始就举步维艰，并以失败告终，白银也最终取代纸钞，与铜钱一道，成为明朝的通行货币。虽然如此，却有无数人因为"钞法"、因为私自金银交易而获罪。

禁盐、禁茶、禁金银交易的同时是禁海。

明朝的禁海始于洪武四年（1371）十二月。此前，有浙江舟山"兰秀山民"袭击明朝军队，并一度攻陷象山县城。这批"兰秀山民"有方国珍遗失的元朝枢密院印，既可以号召江南地区的元朝

---

① 《明太祖实录》卷九八，洪武八年三月辛酉，第1670页；《明史》卷八一《食货五·钱钞》，第1962页。
② 《大明律》卷七《户律四·钞法、钱法》，第67—68页。

残余势力，也可以与退居塞外的"北元"遥相呼应。"兰秀山民"退出象山县城之后，远遁海外，在位于中国黄海东北边缘连接日本诸岛和朝鲜半岛的济州岛上，建立据点，被称为"岛寇"。这类"岛寇"在舟山群岛、在整个东部沿海还有不少。他们或商或盗、亦商亦盗，对一心要把整个明朝统治得如铁桶一般的明太祖朱元璋构成严重的威胁。而在国内战争中失败的日本武士，以及商人、浪人，从元末开始，就在中国沿海活动，时时骚扰劫掠，被称为"倭寇"。洪武二年（1369），有一股倭寇在中国海盗的引导下，多次深入崇明及距京师南京不远的苏州太仓一带，杀掠居民，劫夺货财，仅被太仓卫守御指挥佥事翁德所部俘虏的就有数百人之多。① 这一事件发生在"兰秀山民"事件之后不久，即使二者之间没有任何联系，明太祖也必然将它们联系在一起。何况，中国沿海的"海盗"或"岛寇"，与"倭夷"的相互勾结早已不是一朝一夕之事。在当时，凡是沿海地区发生的"倭变"，几乎都有"海盗"为引导；凡是有大股的"海盗"活动，也多有"倭寇"参与其中。逃散的"兰秀山民"不但在济州岛建立了据点，还是明朝有记载的第一批冒牌的"倭寇"。② 为此，明太祖命靖海侯吴祯籍方国珍所部及温、台、庆元三府军士，以及兰秀山无田粮之民曾充船户者，共11万余人，隶各卫为军，以加强海防，同时"禁濒海民不得私出海"，禁海由此而起。③ 但是，沿海民众及商人的谋生之道全在海上，违令出海者屡禁不止，所以到洪武三十年（1397）再次重申："人民无得擅出

---

① 严从简：《殊域周咨录》卷二《东夷·日本国》，中华书局，1993，第51页。
② 关于这一事件的本末，台北"中研院"《中国海洋发展史论文集》第一辑所载曹永和先生的《试论明太祖的海洋交通政策》一文作了翔实的叙述。
③ 《明太祖实录》卷七〇，洪武四年十二年丙戌，第1300页。

海与外国互市。"①

为配合"禁海令",《大明律》有"私出外境及违禁下海"条,对相关事项做了比较明确的规定:"凡将马牛、军需铁货、铜钱段疋䌷绢丝绵私出外境货卖及下海者,杖一百;挑担驮载之人减一等,物货船车并入官。于内以十分为率,三分付告人充赏。若将人口、军器出境及下海者绞,因而走泄事情者斩,其拘该官司及守把之人通同夹带或知而故纵者,与犯人同罪。失觉察者减三等,罪止杖一百,军兵又减一等。"②《明会典》则有"事例":"凡官民人等,擅造二桅以上违式大船,将带违禁货物下海入番国买卖、潜通海贼同谋结聚,及为向导劫掠良民者,正犯处以极刑,全家发边卫充军。若止将大船雇与下海之人,分取番货,及虽不曾造有大船而纠通下海之人接买番货,或探听番货到来私买贩卖,若苏木、胡椒至一千斤以上者,俱问发边卫充军,番货入官。"可见,明太祖的禁海,并非像传说的那样,"片板不许下海",而是给民众保留了一些谋生的余地:"若小民撑使小船,于海边近处捕取鱼虾、采打柴木者,巡捕官兵不许扰害。"③但是,在执行的过程中,当地官府及官军,则宁可矫枉过正、严厉打击,也不敢网开一面,更毋论将禁海及其他禁令作为敛财手段。洪武二十五年(1392)七月,两浙盐运司上言,说商人赴浙江温州和盐场支盐,必须经涉海洋,"然著令军民不得乘船出海,故所司一概禁之,商人给盐不便"。明太祖奇怪:

---

① 《明太祖实录》卷二五二,洪武三十年四月乙酉,第3640页。
② 《大明律》卷一五《兵律三·关津·私出外境及违禁下海》,第119—120页。
③ 正德《明会典》卷一一〇《兵部五·镇戍·事例》,文渊阁《四库全书》,上海古籍出版社,1987,第618册,第71—72页。

"海滨之人多连结岛夷为盗,故禁出海。若商人支盐何禁耶?"①这一事件正说明,无论禁海还是禁盐、禁茶或禁止金银交易,执行过程中的矫枉过正乃普遍现象。

日常生活也多有禁令。

如住行服饰之禁。洪武三年(1370)八月,明太祖谕廷臣:"汉高初兴,即有衣锦绣绮縠操兵乘马之禁,历代皆然。近世风俗相承,流于僭侈,闾里之民,服食居处,与公卿无异。而奴仆贱隶,往往肆侈于乡曲,贵贱无等,僭礼败度。此元之失政也。"所谓"僭侈",重点不在"侈"而在"僭"。为了重新构建上下尊卑的观念,命中书省对房屋、服饰"明立禁条",官员从一品到九品,房屋、车舆、器用、衣服,皆定等差。至于庶民,房屋不得超过三间、不得用斗拱彩色,而其服饰,不得用金绣锦绮纻丝绫罗,止用䌷绢素纱,首饰钏镯不得用金玉珠翠,止用银靴,不得裁制花样,金线装饰。②

如戏文之禁。洪武六年(1373)二月,诏礼部申禁教坊司及天下艺人,不得以历代先圣明君、忠臣义士入戏,违者罪之。理由是"胡元"之时,戏文杂剧之中,往往拿圣贤名人开涮,以博得人们的开心。在明太祖看来,这是对先圣的"亵渎",有失伦理。③

如称谓之禁,洪武三年(1370)五月,明太祖谕中书省:"今人于书札,多称顿首、再拜、百拜,皆非实礼……又小民不知避忌,往往取先圣先贤、汉、唐、国、宝等字为名字,宜禁革之。"

---

① 《明太祖实录》卷二一九,洪武二十五年七月己酉,第3218页。
② 《明太祖实录》卷五五,洪武三年八月庚申,第1076页。
③ 《明太祖实录》卷四九,洪武六年二月壬午,第1440页。

于是，礼拟定了更为复杂的书面用语，又令凡名字中有天、国、君、臣、圣、神、尧、舜、禹、汤、文、武、周、汉、晋、唐等国号相犯者，统统改名。①

嘉靖《太平县志》对当时的禁令做了回顾："国初……惩元季政偷，法尚严密，百姓或侈逾度、犯科条，辄籍没其家，人罔敢虎步行。丈夫力耕稼、给徭役，衣不过细布土缣，仕非达官，员领不得辄用纻丝。女子勤纺绩蚕桑，衣服视丈夫子。士人之妻，非受封不得长衫束带。"②禁令越多，犯者越众。

站在明太祖的主观立场，"刑用重典""好用峻法"，以及各种禁令的颁布，为的是让民众、让社会各阶层的人们知法、畏法、守法，所以在为《大明律》作序时强调："欲民畏而不犯，故作《大诰》以昭示民间，使知所趋避。"颁布《大明律》，也是因为"法在有司，民不周知"。③有鉴于此，所以孟森认为明太祖"惟恐虐民"。但客观事实却是，禁令越多，犯者越众，法令越严，惩治越重，造成的气氛就越恐怖。沈德符《万历野获编》特别指出："（国初）以重典刑乱国，良民多坐微眚隶斥籍。"④

所以说，明太祖的"刑用重典"，针对的是所有的社会阶层和社会群体，并且造成普遍性严峻冷酷的政治气氛。但相对而言，"刑用重典"最集中的表现，乃是对富人、贪吏、勋臣、文人四个重点群体的打击，以及对苏（州）、松（江）、江（西）、浙（江）四个

---

① 《明太祖实录》卷五二，洪武三年五月癸巳，第1011—1012页。
② 嘉靖《太平县志》卷二《地舆志下》，天一阁藏明代方志选刊，第17册，第19—20页。
③ 朱元璋：《御制大明律序》，《大明律》，第1页。
④ 沈德符：《万历野获编》卷一七《兵部·恩军》，第428页。

重点地域的压制。明太祖角色的转换及"本心"的变化，也在对这四个群体、四个地域的打击和压制中展现出来。

三、刑用重典的实施：富民与贪吏

明太祖"刑用重典"首先打击的重点群体，是富民与贪吏。这和明太祖出身社会底层，对富人欺压穷人、官吏欺压民众有着深刻感受直接相关，所以，表现出来的是底层民众和皇朝君主的双重立场，既是维护底层民众的利益，也是维护大明政权的利益。

《明史·食货志》十分简洁地概括了明太祖的立法特点："惩元末豪强侮贫弱，立法多右贫抑富。"①至少在明朝前期，压制"巨室"、保护"细民"，打击富民、扶植小农，是十分明显的政策倾向。打击富民的重要手段，是在"刑用重典"高压之下的大规模迁徙。

洪武三年（1370）二月，明太祖问户部官员："天下民孰富、产孰优？"户部官员以苏州为例，给出一个十分明确的答复：税粮100—400百石的富民有490户、500—1000石的富民有56户、1000—2000石的富民有6户、2000—3000石的富民有2户，共计554户，岁输粮15万石。②如果按照当地民田每亩田粮五升／一斗计，上述"富民"中的最富者，即有田粮2000—3000石的"极富"之民，占田当有400／200—600／300顷，田粮最少的100石者，占田

---

① 《明史》卷七八《食货二·赋役》，第1880页。
② 《明太祖实录》卷四九，洪武三年二月庚午，第966页。

也有20／10顷。①户部在苏州以有田20／10顷作为"富民"的起点，比起此后以有田7顷作为天下"富民"的起点，标准应该说定得比较高。明太祖为此发出感慨："富民多豪强，故元时此辈欺凌小民，武断乡曲，人受其害。"于是，陆续召见苏州及江南各府富民，谕之曰：

> 汝等居田里，安享富税（按："税"当为"贵"）者，汝知之乎？古人有言，民生有欲，无主乃乱。使天下一日无主，则强凌弱、众暴寡，富者不得自安，贫者不能自存矣。今朕为尔主，立法定制，使富者得以保其富，贫者得以全其生。尔等当循分守法，能守法则能保身矣。毋凌弱，毋吞贫，毋虐小，毋欺老，孝敬父兄，和睦亲族，周给贫乏，逊顺乡里。如此则为良民。若效昔之所为，非良民矣。②

这番告谕，表明了明太祖对富民的总体认识，那就是凌弱、吞贫、虐小、欺老，而"非良民"三个字，是对"富民多豪强"基本印象具体阐释。所以，从受其欺凌的"小民"的立场出发，明太祖对富民特别是苏州、松江、浙江、江西四地富民进行了持续的大规模强制迁徙。洪武建元的前一年即吴元年（1367）十月，在平灭张

---

① 按：这一估算是以这批富人田亩的性质为"私田"作为前提，存在一定的不确定性。洪武年间，苏州税田数量为900多万亩，按这个估算，554户富人的田产占总数的三分之一。参见梁方仲《中国历代户口、田地、田赋统计》，上海人民出版社，1983，第334页。
② 《明太祖实录》卷四九，洪武三年二月庚午，第966页。

士诚集团、占领苏州之后,徙苏州富民"田"濠州,^①由此拉开了打击富人特别是经济文化发达地区富人的序幕。洪武三年(1370)六月,在陆续召见苏州及江南各府富民的同时,徙苏、松、嘉、湖、杭五府"逐末利"者即工商人口4000余户"开种"临濠;^②洪武五年(1372),为配合营建中都凤阳,徙江南民14万"田"濠州;^③洪武十九年(1386),命吏部选取直隶应天及苏、松等府州县富民子弟1460人赴南京补吏;^④二十四年(1391)七月,徙"天下富民"特别是苏、松、杭、嘉、湖五府富民共5300户"实"南京。^⑤与此同时,徙江西民户填充湖广,推动了持续数百年的"江西填湖广""湖广填四川"的移民潮。又徙"山后"及山西之民实北平、山东,"大槐树"移民的传说也由此而起。^⑥洪武三十年(1397),根据明太祖的旨意,户部在编制"黄册""鱼鳞图册"的基础上,籍得直隶应天、苏州等18府州及浙江、江西等9个布政司有田7顷以上的富民共14341户。^⑦几年后即永乐元年(1403)八月,明成祖根据这个名单按图索骥,命徙直隶江南的苏州等10个府州及浙江等9个布政司富民于北平及周边各府县,又发"流罪以下"囚徒往北平垦田,同时,征南京及浙江3000工商户实宛平、大

---

① 《明太祖实录》卷二六,吴元年十月乙巳,第383页。
② 《明太祖实录》卷五三,洪武三年六月辛巳,第1053页。
③ 《明史》卷一二七《李善长传》,第3771页。
④ 《明太祖实录》卷一七九,洪武十九年八月辛卯,第2704页。
⑤ 《明太祖实录》卷二一〇,洪武二十四年七月庚子,第3128页。
⑥ 参见谭其骧《湖南人来由考》、张国雄《明清两湖地区的移民》、曹树基《中国移民史·明时期》、方志远《明清湘鄂赣地区的人口流动与城乡商品经济》。
⑦ 《明太祖实录》卷二五二,洪武三十年四月癸巳,第3643页。

兴二县，为迁都作准备。①

对这一系列的强制迁徙富民事件，《明会典》记载了其中的两次："洪武二十四年（1391），令选取各处富民，充实京师。永乐元年，令选浙江、江西、湖广、福建、四川、广东、广西、陕西、河南，及直隶苏、松、常、镇、扬州、淮安、庐州、太平、宁国、安庆、徽州等府无田粮并有田粮不及五石殷实大户，充北京富户，附顺天府籍，优免差役五年。"②《明史·食货志》也对这两次迁徙做了记载："（太祖）尝命户部籍浙江等九布政司、应天十八府州富民万四千三百余户，以次召见，徙其家以实京师，谓之富户。成祖时，复选应天、浙江富民三千户，充北京宛、大二县厢长，附籍京师，仍应本籍徭役。"③这里，洪武时的"京师"指的是南京，永乐时的"京师"指的是北京。但是，《明史·食货志》《明会典》都发生了记载上的失误。

《明史·食货志》的失误，是把发生在洪武二十四年（1391）徙富民"实京师"与三十年（1397）户部上富民名册混淆在一起。据《明太祖实录》，洪武二十四年（1391）七月，明太祖谕工部："昔汉高祖徙天下豪富于关中，朕初不取。今思之，京师天下根本，乃知事有当然，不得不尔。朕今亦欲令富民入居京师，卿其令有司验下产殷富者，分遣其来。"于是，工部徙天下富民5300户

---

① 《明太宗实录》卷二二，永乐元年八月甲戌，第415页；《明史》卷六《本纪六·成祖二》，第80页。
② 正德《明会典》卷二一《户部六·事例》，文渊阁《四库全书》，第617册，第256页。
③ 《明史》卷七七《食货一·户口》，第1880页。

至京师（南京）。^①也就是说，洪武二十四年（1391）"实京师"的富民，不是1.43万余户而是5300户。《明太祖实录》又载，明太祖曾谕户部尚书郁新、吏部侍郎张迪等："人有恒产，斯有恒心。今天下富民，生长田里之间，周知民事，其间岂无才能可用者？其稽诸户籍，列名以闻，朕将选用焉。"经过各地的搜罗，户部于洪武三十年上富民名册，全国13个布政司，除了云南、四川、广东、广西，其余浙江、江西、湖广、福建、山东、河南、山西、陕西、北平9个布政司，以及直隶应天等18个府州，"田赢七顷者，万四千三百四十一户"，这才是所谓的14341户，只是有统计，并没有迁徙。②

《明会典》的失误，是把永乐初迁往北京的富民与富户混淆在一起。永乐元年（1403）开始迁往北京的富人实有两种，一是浙江、江西等9个布政司，苏州、松江等18个府州的"富民"，即拥有7顷以上田地的地主；一是应天、浙江等地"无田粮并有田粮不及五石殷实大户"。③前者是地主，"实"的是"京师"即后来的"北直隶"；后者是工商户，"实"的是"京城"，是在北京"附廓"的宛平、大兴二县充当"厢长"或"厢户"。《明会典》把二者混淆在一起。"实京城"的这三千"殷实大户"所产生的后遗症，一直延续到万历时期。万历元年（1573）十一月顺天府尹施笃臣上言："厢户

---

① 《明太祖实录》卷二一〇，洪武二十四年七月庚子，第3128页。
② 《明太祖实录》卷二五二，洪武三十年四月癸巳，第3643页。赵翼《廿二史札记》亦沿《明史》之误，见卷三二《明初徙民之令》，第746页。
③ 按：以上述苏州"富民"100石税粮起步计，应天、浙江等地的这些"无田粮并有田粮不及5石殷实大户"完全算不上"殷实"，唯一的解释是城市中的工商户。

之设，始自永乐初。钦取江南富民三千户，填实京师，分派宛、大两县寄籍，至弘治间止有二百余户。以勾稽烦扰，奏免金解，每户岁征银五两，尽给存户为津贴安家盘费……今两县仅存厢民五户，每岁置办家伙，冗费丛杂，难以悉举。"①明朝前期一直纷纷扰扰的"富户"，研究者们所关心的"逃户"，指的主要是这些工商户。他们被强制迁徙到北京，不是充实农业人口，而是充实城市人口，并且仍然承担着原籍的差役，加上当时北京城市的繁荣程度远不及苏松杭嘉湖，所以不断逃回。

明太祖及其继承者通过刑用重典的"抑富"是全方位的。一方面，对作为富民的个体及群体进行打击，主要措施是"徙其家"，对富民实施强制迁徙，其影响所及，湖南至今流行一个说法，要辨别哪些人口是当年江西移民的后裔，只需将双手背到身后，两只大拇指能并拢的即是，传说当年江西人口就是反绑着两个大拇指押送而来的。②而人们熟知的所谓"自从出了朱皇帝，十年倒有九年荒"的所谓"凤阳花鼓"，③不可能出自明太祖的真正凤阳老乡，大概率来自强制迁徙的苏松江浙的富民及其后代。另一方面，对盛产富民的经济文化发达区进行抑制，迁徙富民的同时，加重赋役、禁止入职户部，具体地说，就是苏、松及浙江嘉兴、湖州，江西南昌、瑞州、袁州等七府的重赋，及苏、松、江、浙人"毋得任户部"。以及对两浙、江西多次的榜文警示。④

---

① 《明神宗实录》卷一九，万历元年十一月甲申，第533—534页。
② 此说源自湖南省社会科学院原副院长王晓天教授。
③ 徐珂：《清稗类钞·音乐类·打花鼓戏》，中华书局，1984，第5068页。
④ 参见方志远、李晓方：《明代苏松江浙人"毋得任户部"考》，《历史研究》2004年第6期。

明太祖"刑用重典"打击富人并压制经济文化发达地区的同时，打击欺压、盘剥民众的贪官污吏。愤世嫉俗的李贽对此举大加赞叹，说明太祖从起兵到建国、到去世，凡五十余年，"无一日而不念小民之依""自其托身皇觉寺之日，已愤然于贪官污吏之虐民，欲得而甘心之矣"。①《明史·循吏传》也说："明太祖惩元季吏治纵弛，民生凋敝，重绳贪吏，置之严典。"②但明太祖对官员的治理，开始也是教育、警示、惩治并举的。

洪武元年（1368）正月三十日，"天下来朝"的府州县官员在参加完明太祖的登基大典并接受第一轮考察之后，集体向皇帝"陛辞"。明太祖郑重训诫："天下初定，百姓财力俱困，譬犹初飞之鸟，不可拔其羽，新植之木，不可摇其根，要在安养生息之。"③民众特别是小农，是国家的本根，对他们的保护，就是对大明的维护，否则就是动摇本根，这也是明朝前期的基本施政方针和吏治思想。洪武二年（1369）二月，明太祖以自己的亲身感受，告诫群臣：

> 尝思昔在民间时，见州县官吏多不恤民，往往贪财好色，饮酒废事，凡民疾苦，视之漠然，心实怒之。故今严法禁，但遇官吏贪污蠹害吾民者，罪之不恕。卿等当体朕言，若守己廉而奉法公，犹人行坦途，从容自适。苟贪贿罹法，犹行荆棘中，寸步不可移，纵得出，体无完肤矣，可不戒哉。④

---

① 李贽：《续焚书》卷二《开国小叙》，中华书局，1990，第332页。
② 《明史》卷二八一《循吏传》，第7185页。
③ 《明太祖实录》卷二九，洪武元年正月辛丑，第505—506页。
④ 《明太祖实录》卷三九，洪武二年二月甲午，第800页。

这种持续不断的严厉警示，是明太祖在位时的常态。洪武二十五年（1392），明太祖颁布亲自审定的《醒贪简要录》，和官员算细账。除去水旱蝗疫不计，一个农民一年可以生产出多少粮食、一亩土地一年可以生产出多少粮食，一个知县、一个知府，一年的俸禄是多少？接着提醒：尔等一年的俸禄，需要多少个农民一年之劳作、需要多少亩土地一年之产出？①明太祖希望通过算细账，唤起官员们的良知。洪武三十年（1397）二月，年届古稀的明太祖继续与群臣论民间事，再次谆谆教导："四民之业，莫劳于农。观其终岁勤劳，少得休息。时和岁丰，数口之家犹可足食。不幸水旱，年谷不登，则举家饥困。朕一食一衣，则念稼穑机杼之勤。尔等居有广厦，乘有肥马，衣有文绣，食有膏粱，当念民劳。大抵百姓足而后国富，百姓逸而后国安，未有民困穷而国独富安者。尔等其思佐政裕民之道，庶几食禄无愧。"②

但是，尽管有众多的官员在传统道德的培育下、在家族教育的熏陶下、在严酷法律的威慑下，遵纪守法、恪守廉洁，希望能够做到"食禄无愧"，仍然有大量官员由于各种原因，对明太祖的教育、警示乃至惩治置若罔闻，由小而及大，把仕途当利途，甚者图一夜暴富，对于"食禄"，不仅"无愧"，反倒认为不足挂齿，所以贪腐之事，时有发生，甚至发生串案、大案。

洪武十一年（1378）三月，明太祖命吏部定"考绩"之法，各地官员朝觐之时，察其言行，考其才能，课其殿最，分为三等，

---

① 《明太祖实录》卷二二〇，洪武二十五年八月，第3228—3229页。
② 《明太祖宝训》卷三《勤民》，台湾"中研院"史语所校勘本，上海书店出版社，1982，第227页。

区别对待。这一事件,被《明史》称为"此朝觐考核之始"①。此后,明朝官员的"考绩"分为考满、考察,二者相辅而行。考满是考核官员规定时间里的任职情况,分为称职、平常、不称职三等;考察则是在此基础上,对不称职的官员进行分类,情况有八:贪、酷、浮躁、不及、老、病、罢、不谨。②洪武十八年(1385)正月,吏部和都察院对来自全国各地的4117名布政司、按察司及府、州、县朝觐官进行考绩,结果是:称职者435人、平常者2897人、不称职者471人、贪污者171人、阘茸者143人。根据这个考绩结果,称职者升、平常者留任、不称职者降,贪污者付法司治罪,阘茸者免为民。③这一次的考绩及处置,成为明朝此后对地方官员进行考绩及处置的定例。

能力有高下,态度有勤惰,但贪污决不轻贷。所以,"不称职者"是降职,仍然给予改过的机会;"阘茸者"革职为民,以免尸位素餐。而"贪污者"不但革职,还要受到法律制裁。《大明律》定:凡官吏受财者,计赃科断,首先是除名即开除公职,然后再处以刑法。分"枉法"与"不枉法"两类,赃以"大明宝钞"计,接受钱财并枉法者:1贯以下杖70,1贯至5贯杖80,10贯杖90,15贯杖100;20贯杖60、徒一年,25贯杖70、徒一年半,30贯杖80、徒二年,35贯杖90、徒二年半,40贯杖100、徒三年,45贯杖100、流2000里,50贯杖100、流2500里,55贯杖100、流3000里。接受钱财但不枉法者,分别减一等,如:1贯以下杖60,1贯之上至10贯杖70

---

① 《明太祖实录》卷一一七,洪武十一年三月丁丑,第1916页。
② 《明史》卷七一《选举三》,第1721页。
③ 《明太祖实录》卷一七〇,洪武十八年正月癸酉,第2583页。

等；50贯杖60、徒一年，60贯杖70、徒一年半，至120贯，罪止杖100、流3000里。对于中间说和请托、拉官员下水的"无禄人"，明太祖更深恶痛绝，如果受贿120贯及以上，直接处以绞刑，其他则分别处以笞、杖、徒、流等处罚。

这些，都在《大明律》的框架中进行"依法"处置。而连续不断而且触目惊心的贪腐，大大超出明太祖的认知。出于对贪腐的痛恨和本人的个性，明太祖的惩治力度迅速升级，很少受《大明律》的限制，而是直接法外加刑、刑用重典，又将案例收入《大诰》及续编、三编，以及《大诰武臣》之中，略举数例。

浙江湖州府官吏刘执中等，将籍没的凌说山场所产木材，肆意砍伐近30万株，止解2万余株至京，其余则与推官吕惟贤等串通作弊，卖给周边府县。又有兵部侍郎王志，为勾捕逃军等事，受赃22万（一说12万），太祖亲自审问："尔贪何若是？"对曰："财利迷其心，虽君亲亦忘之。"又问："今如何？"答曰："臣临刑方觉，悔不及矣。"明太祖为此叹曰："呜呼，财利之迷人，非正人君子、至贤之士，不可得而免矣？呜呼，免何难哉，其不用心尔。"审理结果，刘执中、吕惟贤、王志等及相关人员，皆被追索赃物、赃款，并处以极刑。[①]

鉴于官吏的扰民、侵民，明太祖明确要求官吏不得擅自下乡，违者严惩："往常官吏不时亲自下乡，扰吾良民，非止一端，数禁不许，每每故违不止。"并且在洪武十七年（1384），将违禁下乡的福建布政司右布政陈泰拿赴京师，斩首于市。敕法司行下诸司，毋得

[①] 分见《大诰》：《凌说山场竹木第十一》《谕官无作非为第四十三》，张德信、毛佩琦主编《洪武御制全书》，第754、768页。

再犯。但是,"有等贪婪之徒,往往不畏死罪,违旨下乡,动扰于民。今后敢有如此,许民间高年有德耆民,率精壮拿赴京来"。① 因为违法下乡,可将从二品的地方大吏"斩首于市"。官吏、皂隶下乡,当地"耆民"可根据皇帝的诏旨精神,率"精壮"将其拿解进京。

这些是对具体案例的"个案处理",对官员的"批量性"处理,更显示明太祖"刑用重典"的随意和任性。

洪武七年(1374),鉴于有官员屡教不改、贪污成性,明太祖一怒之下,将上万名犯有各种罪与过的官吏,不问罪、过的大小,统统发往凤阳屯田。当时就有官员对此质疑,说是情不问轻重、事不问公私、罪不问大小,一体谪屯,是为"小子之幸、君子殆矣",好过了真正的贪官,却让不少好官陪着受罚。②明太祖在做出这个决定之后,也觉得不妥,于是自己找台阶下,说是念这些官吏经过屯田的艰苦,应能自行改过,让中书省、御史台选年过四十、才堪任用者,重新起用,年不及四十者,仍旧屯田,其中品优才高的,取回南京为官。③不仅是罚屯田,洪武十八年(1385),又下诏逮多年以来官吏为民害者,一并赴京师筑城。这同样也是不问青红皂白。有福州知府朱季用上任才五个月,正在病中,因前任的遗留问题,也被押往南京筑城。其子欲上疏"诉枉",父亲制止,因为在这之前,已经有三位"诉枉"者被发往极边戍守,更有四位"诉枉"者被处以极刑。儿子认死理,仍然具状叩阙,没想到竟然得到

---

① 分见《大诰续编》:《官吏下乡》《民拿下乡官吏》,《洪武御制全书》,第805页。
② 《明史》卷一三九《韩宜可传》,第3983页。
③ 《明太祖实录》卷九四,洪武七年十一月壬午,第1639页。

明太祖的宽恕，朱季用不但被免罪，而且还复官。① 但是，无论是因为"诉枉"而赦罪复官，还是被发往极边，都在明太祖的一念之间。所以有传言说："时京官每旦入朝，必与妻子诀，及暮无事，则相庆以为又活一日。"②

《大诰》及续编、三编，《大诰武臣》等，本是"法外用刑"，但明太祖一度将其地位上升到法律之上，而对于贪官污吏的处理，也多据《大诰》而不是《大明律》。所以《明史·刑法志》说："太祖开国之初，惩元季贪冒，重绳赃吏……凡官吏有犯，宥罪复职，书过榜其门，使自省。不悛，论如律。累颁犯谕、戒谕、榜谕，悉象以刑，诰示天下。及十八年《大诰》成，序之曰：'诸司敢不急公而务私者，必穷搜其原而罪之。'凡三《诰》所列凌迟、枭首、种诛者，无虑千百，弃市以下万数。"③ 虽然明太祖在洪武二十八年明确废除黥刺、劓劓、阉割诸酷刑，但酷刑仍然保留在《大明律》中，《大诰》条目则附于《大明律》之后，为后世执法的依据。

四、刑用重典的升级：勋臣与文人

"刑用重典"打击更为严厉的群体，是对皇权构成威胁的勋贵功臣，以及对官府持不合作态度的文人。

对于功臣，特别是对功臣中勋臣的打击，有两类情况。一是为

---

① 《明史》卷二九六《孝义一·朱煦传》，第7591页。
② 赵翼著，王树民校证：《廿二史札记》卷三二《明祖晚年去严刑》，第744页。赵翼注明出自叶子奇《草木子》，王树民校证《草木子》无此说，而是见于《稗史汇编》。
③ 《明史》卷九四《刑法二》，第2318页。

了维护社会秩序、维护明太祖视为"本根"的民众的利益，对严重违法乱纪的功臣特别是勋臣进行诛杀，这些属于个案。二是出于维护君主的绝对权威、铲除一切显现和潜在对皇权构成的危险因素，通过两个所谓"谋反"案即胡党、蓝党，对勋贵功臣进行群体性诛杀。

个案的勋臣诛杀，朱亮祖具有典型性。朱亮祖是与凤阳毗邻的庐州六安（安徽今市）人，元末大乱时，聚乡兵自保，由于作战勇敢，被元朝授予"义兵元帅"。朱亮祖曾与朱元璋军抗衡，"为所获者六千余人……常遇春被创而还，诸将莫敢前"，明太祖喜其勇悍，虽然降而复叛、叛而复降，仍然"壮而释之"。其后，朱亮祖从下南昌、九江，战于鄱阳湖，又下武昌、破张士诚李伯升部，所至有功。在攻取浙江台州、温州及福建的过程中，朱亮祖居功最多，又从攻广东、广西、四川，与傅友德镇北平，洪武三年（1370）十一月大封功臣，朱亮祖封永嘉侯。和大多数勋臣一样，朱亮祖是勇悍善战，却既不知学，也不知礼，他们善于破坏却难于守法。朱亮祖镇广东、驻番禺，无视国家法度，与当地土豪多有交通，又纵容家奴欺压乡民，触犯法律。番禺知县道同制裁其家奴，朱亮祖多方阻挠。无奈之下，道同将朱亮祖诸违法事写成奏疏上陈，但朱亮祖斥责道同"讪傲无礼"的奏疏却先到。明太祖正在以重典治吏，见朱亮祖所陈，勃然大怒，下旨诛杀道同。前旨发出不久，道同疏到。明太祖顿时醒悟，道同地位卑微，敢于弹劾勋臣，应该是骨鲠之臣，立即遣使赦免。后使到时，道同已被前使所杀。道同虽为蒙古族官员，却受当地以汉民为主体的民众的爱戴，被冤杀后，县民祭祀于家，奉为神明。①这些信息，通过各种渠道为明太祖所知。第二年，明太祖将朱亮祖召到南京，历数其在广东违法及诬告道同之罪，与其子府军卫指挥使朱暹一并鞭死。同时念其有功，御制墓志，以侯礼葬之，作为勋臣之戒。②

对勋臣的群体诛杀，则是由胡惟庸案而起的"胡党"和因蓝玉案而起的"蓝党"，前者以族诛3万余人，后者族诛1.5万余人。

据《明史·功臣世表》，洪武三年（1370）十一月大封功臣时，封了六国公、二十八侯、二伯，共36位；此后陆续封了二国公（不含追赠）、二十四侯、二伯，共28位。对于这64位洪武年间所封勋臣的结局，分类如下（后面的数字者为洪武三年十一月第一次大封功臣时36位开国功臣的排序号）：

正常死亡及死于战场：魏国公徐达（2）、鄂国公常遇春（3）、卫国公邓愈（6）、信国公汤和（7，初为侯）、淮安侯华云龙（11）、济宁侯顾时（12）、临江侯陈德（14）、巩昌侯郭兴（15）、六安侯王志（16）、江阴侯吴良（19）、靖海侯吴祯（20）、南安侯俞通源（23）、广德侯华高（24）、营阳侯杨璟（25）、蕲国公康茂才（26，大封时已卒，追封公，其子袭爵为蕲春侯）、东平侯韩政（30）、宣宁侯曹良臣（32，以上洪武三年十一月所封）。西平侯沐英、黔国公沐晟、凤翔侯张龙、安陆侯吴复、雄武侯周武洪、东川侯胡海、武定侯郭英、航海侯张赫、海西侯纳哈出、东莞伯何真、乐浪公濮英（追封）、永定侯张铨；永城

---

① 《明史》卷一四〇《道同传》，第4008页。
② 《明史》卷一三二《朱亮祖传》，第3860页。

侯薛显（追坐胡党，除爵）、宣德侯金朝兴（追坐胡党，其子金傁除爵）。

死于"胡党"：韩国公李善长（1）、延安侯唐胜宗（8）、吉安侯陆仲亨（9）、荥阳侯郑遇春（17）、平凉侯费聚（18）、南雄侯赵庸（21）、宜春侯黄彬（31）、汝南侯梅思祖（33）、河南侯陆聚（34），卫国公邓愈子邓镇（坐李善长亲党）、淮安侯华云龙之子华中、临江侯陈德之子陈镛、巩昌侯郭兴之子郭振、六安侯王志之子王威、靖海侯吴祯之子吴忠、营阳侯杨璟之子杨通（以上洪武十三年十一月所封），靖宁侯叶升。

死于"蓝党"：东平侯韩政之子韩勋、宣宁侯曹良臣之子曹泰（以上洪武三年十一月所封）。凉国公蓝玉（谋反，初为侯）、永平侯谢成、怀远侯曹兴、景川侯曹震、会宁侯张温、普定侯陈桓、鹤庆侯张翼、舳舻侯朱寿、徽先伯桑敬世、海西侯纳哈出子察罕、东莞伯何真之子何荣、全宁侯孙恪（追封燕山侯孙兴祖之子）、乐浪公濮英之子濮玙（封西凉侯）。

因故或无故处置、处死者：曹国公李文忠（4）、宋国公冯胜（5）、鄂国公常遇春子郑国公常茂、江夏侯周德兴（10）、德庆侯廖永忠（22）、永嘉侯朱亮祖（27）、颖国公傅友德（28，初为侯）、临川侯胡美（29）；忠勤伯汪广洋（33）、诚意伯刘基（34），济宁侯顾时之子顾敬、康茂才之子蕲春侯康渊（以上为洪武三年十一月所封），定远侯王弼、崇山侯李新。

其他结局：长兴侯耿炳文（13，永乐二年自杀）、江阴侯吴良之子吴高（永乐时以罪免）、德庆侯廖永忠之子廖权（死因不明）、越巂侯俞渊（削爵归里）。

始封的36位，自然死亡及死于战争的17位、死于"胡党"的9位、因故处置或处死的9位。但是，自然死亡及死于战争的17位中，有1位死后追坐胡党，8位的儿子被定为胡党、2位的儿子连坐蓝党；另外3位，1位的儿子因事、2位无子，共14位除爵。所以，本人善终并且爵位能够终洪武一朝的，只有徐达、汤和、吴良、耿炳文四位，硕果仅存的耿炳文则在永乐二年（1404）因"靖难之役"事自杀。

后封的28位，自然死亡及死于战争的14位（其中2位死后追坐胡党、3位因儿子坐蓝党而爵除）、死于胡党的1位、死于蓝党的10位、因故处置或处死的2位、其他原因死亡的1位。

明太祖"杀功臣"，其株连之广、用刑之酷，杀戮之随意，通过明朝人的野史笔记和后世历史著作的记叙，更通过艺术作品的演绎和传播，成为当代人的"明朝记忆"。

勋臣和文人，本是两个没有太多交集的群体，但文人的本性使其对勋臣的遭遇产生同情，并通过自己的方式传播，明太祖的"右贫抑富""刑用重典"，更引起部分文人特别是受到打击的苏、松、江、浙文人的不满，而不少的知名文人，同时也就是被打击的富豪。钱穆、郑天挺等前辈学者都指出一个客观事实，明初江南大户及文人普遍"怀念"元朝，郑克晟教授更专文讨论这一现象。[①]由于不满，有人便写诗文冷嘲热讽，有人则公开拒绝合作。清人陈田有《明诗纪事》，其"序"曰：

---

① 郑克晟：《明代政争探源》，故宫出版社，2014，第7—10页。

凡论明诗者，莫不谓盛于弘、正，极于嘉、隆，衰于公安、竟陵，余谓莫盛明初。若犁眉（刘基）、海叟（袁凯）、子高（刘崧）、翠屏（张以宁）、朝宗（汪广洋）、一山（李延兴）、吴四杰（高启、杨基、张羽、徐贲）、粤五子（孙蕡、黄哲、王佐、李德、赵介）、闽十子（林鸿、王恭、王偁、高廷礼、陈亮、郑定、王褒、唐泰、周玄、黄玄）、会稽二肃（唐肃、谢肃）、崇安二蓝（蓝仁、蓝智），以及草阁（李晔）、南村（陶宗仪）、子英（袁华）、子真（张适）、虚白（胡奎）、子宪（刘绍）之流，以视弘、正、嘉、隆时，孰多孰少也？①

陈田列举出洪武年间最为著名的35位文人，指出："明初诗家各抒心得，隽旨名篇，自在流出，无前后七子相矜相轧之习，温柔敦厚，诗教固如是也。"如果以这35位文人为"抽样"，其中的32人主动投奔或被动征辟，进入明朝的体制之内，有9人被杀或死于非命（刘基、汪广洋、高启、张羽、徐贲、谢肃、黄哲、王偁、王祎），3位因事得罪（杨基、唐肃、刘崧）。其中，名气最大、地位最高的是中书省右丞相、忠勤伯汪广洋和御史中丞、诚意伯刘基，诗名最盛的则是"吴四杰"高启、杨基、张羽、徐贲（即朱彝尊历数洪武气象时首先列举的"江左则高、杨、张、徐"），竟无一幸免。

"刑用重典"造成的政治气氛的严峻冷酷，以及著名文人的

---

① 陈田：《明诗纪事·序》，上海古籍出版社，1993，第1页。

大批罹难，一定程度上造成了王世贞所说的"士不乐仕"。其实，并不需要等到洪武年间。明朝建立前夕，侍奉明太祖近10年而且受命为国子学第一任博士、祭酒的许存仁，便在明太祖即将称帝时告退，因此获罪，下狱而死。①对于许存仁的这一举动，时人多不理解。许存仁之求退，大概率是因为看到明太祖对待文人的态度正在发生变化，由当初的谦逊和礼遇，到此时的傲慢和蔑视，以及可以预见到的未来的冷漠乃至杀戮，打算及早脱身。所以《明史·隐逸志》说："明太祖兴礼儒士，聘文学，搜求岩穴，侧席幽人，后置'不为君用'之罚，然韬迹自远者亦不乏人。"②

此时的明太祖朱元璋，已经容不得对官府持不合作态度、对自己有任何不敬的文人，将其一概视为自外于朝廷。许存仁死后多年，江西贵溪县夏伯启叔侄二人，为了躲避官府的征用，不惜将拇指砍去。明太祖大怒，连同屡征不出的"苏州人才"姚润、王谟，均枭其首而籍其家："去指不为朕用，是异其教而非朕所化之民。尔宜枭令，籍没其家，以绝狂夫愚夫仿效之风。"③"寰中士夫不为君用"之峻令，由此而起，而吴元年的许存仁事件，已现此峻令之端倪。李诩《戒庵老人漫笔》记载了一个带有普遍性意义的事情："（苏州常熟人黄钺）日游市肆中，见书，不问古今，即借观之，

---

① 《明太祖实录》卷一九，丙午三月戊戌载，朱元璋与许存仁等论用人，存仁对曰："主上圣智神武，天生不世之资，以平祸乱。今群贤毕出，佐隆大业。稽之于历，自宋太祖至今，当五百年之数，定天下于一，斯其时矣。"（第273页）但《明史·宋讷附许存仁传》，朱元璋称帝前夕，许存仁告归，同僚国子司业刘承直劝阻："主上方应天顺人，公宜稍待。"（卷一三七，第3953—3954页）存仁不听，下狱而死。
② 《明史》卷二九八《隐逸传》，第7623页。
③ 朱元璋：《御制大诰三编·秀才剁指、苏州人材》，《洪武御制全书》，第897、901页。

或竟日不还。是时天下新定，重法绳下，士不乐仕，人文散逸。诏求贤才，悉集京师。铗父见其子好学甚，恐为郡县所知，数惩之不能止。"①李诩出生比王世贞早20年，和王世贞同样指出："重法绳下，士不乐仕。"

好学便是招祸，喜欢读书都唯恐郡县得知，谱曲作词，则可能自招灾祸。一切娱乐，几乎都予以禁止，因为在明太祖看来，娱乐和淫词艳曲一样，只会使人好逸恶劳、败坏道德，并造成社会的不稳定。

五、以"民"为本与以"明"为本

《周礼》有"三国三典"之说：刑新国用轻典，刑平国用中典，刑乱国用重典。②《尚书》也有类似的说法：轻重诸罚有权，刑罚世轻世重，以齐非齐，有伦有要。③《左传》则直言，为政之道在宽猛相济：政宽则民慢，慢则纠之以猛。猛则民残，残则施之以宽。宽以济猛，猛以济宽，政是以和。④明太祖治国的显著特点是，既"仿古为治"，不断学习传统经典，从中学习前人智慧，作为自己的决策依据，同时根据时势的变化（主要是自我感觉的时势变化），进行政策上的调整。所以人们看到，在"刑用重典"的推进过程中，明太祖常常在"时轻时重""世轻世重"之间纠结和反复、在"重典""轻典"之间徘徊。

---

① 李诩：《戒庵老人漫笔》卷三《黄叔扬传》，中华书局，1982，第106—107页。
② 郑玄注，贾公彦疏：《周礼注疏》，北京大学出版社，1999，第903页。
③ 孔颖达：《尚书正义》，《十三经注疏》，上海古籍出版社，2007，第788页。
④ 杨伯峻：《春秋左传注》，中华书局，1990，第1421页。

就其"本心"而言，明太祖并非一开始就热衷于"刑用重典"。①从濠州南下取金陵并在此建立政权的过程中，冯国用、李善长、陶安等人不断向其灌输"不嗜杀"的思想，朱元璋也不断宣称除暴安民的宗旨，并时时强调为政司法的"宽"与"简"。至正十八年（1358）三月，命提刑按察司佥事分巡各郡县录囚，要求做到：凡笞罪者释之、杖罪者减半，重囚杖七十、有赃者免征；有司有所稽迟，重者从轻典，轻者原之；武将征讨，有过者皆宥之。这当然是为着传播"仁政"、争取民心的需要。左右提出疑问："去年释罪囚，今年又从末减，用法太宽，则人不惧法，法纵弛无以为治。"朱元璋有自己的看法："用法如用药，药本以济人，不以毙人，服之或误，必致戕生。法本以卫人，不以杀人，用之太过，则必致伤物。百姓自兵乱以来，初离创残，今归于我，正当抚绥之，况其间有一时误犯者，宁可尽法乎？大抵治狱以宽厚为本，少失宽厚，则流入苛刻矣。所谓治新国用轻典，刑得其当，则民自无冤抑，若执而不通，非合时宜也。"②这时强调的是"宽"，是"治新国用轻典"。吴元年（1367）修律令，朱元璋重申："立法贵在简当，使言直理明，人人易晓。若条绪繁多，或一事而两端，可轻可重，使奸贪之吏得以夤缘为奸，则所以禁残暴者反以贼良善，非良法也。务求适中，以去烦弊。夫网密则水无大鱼，法密则国无全民。"③这里强调的是"简"，并体现在初定的律令之中，特别提出

---

① 关于"本心"，《明太祖文集》有"青山白云"诗四首，其三曰："青山云霭雪凝枝，画作长生太古诗。猿鹤自如崖谷迥，出尘野老本心知。"（朱元璋：《明太祖文集》卷二〇《七言绝句》，文渊阁《四库全书》，第1223册，第230页）
② 《明太祖实录》卷六，戊戌年三月己酉，第63—64页。
③ 《明太祖实录》卷二六，吴元年十月甲寅，第389页。

了"网密则水无大鱼、法密则国无全民"的观点。

值此之时,首先提出"刑用重典"的,并非明太祖本人,而是明太祖一度打算让其取代中书省丞相李善长位置的杨宪,以及与杨宪有一定私交、政见略同的刘基。吴元年(1367)十月,明太祖与中书省臣李善长、傅瓛及杨宪等人讨论律令的修订。时为中书省参政的杨宪提出:"先王用刑,世轻世重。自元政姑息,民轻犯法,非重治之,则犯者益众。"但杨宪的看法被时为"吴王"的明太祖朱元璋断然否定:"民之为恶,譬犹衣之积垢,加以瀚濯,则可以复洁。污染之民,以善导之,则可以复新。夫威以刑戮而使民不敢犯,其为术也浅矣。且求生于重典,是犹索鱼于釜,欲其得活,难矣。"①两个月后,洪武元年(1368)正月初九日,明太祖在早朝之后,与御史中丞刘基、章溢之间有一段微妙的交流。明太祖感叹:"朕起义淮右,以有天下。战阵之际,横罹锋镝者多,常恻然于怀。今民脱丧乱,犹出膏火之中,非宽恤以惠养之,无以尽生息之道。"刘基对曰:"元氏法度纵弛,上下相蒙,遂至于乱。今当维新之治,非振以法令不可。"如同此前否定杨宪一样,明太祖也否定了刘基:"不然,夫经丧乱之民,思治如饥渴之望饮食。创残困苦之余,休养生息犹恐未苏,若更驱以法令,譬以药疗疾而加以鸩,将欲救之,乃反害之。且为政非空言,要必使民受实惠。若徒事其名而无其实,民亦何所赖焉?"在场的章溢立即表态:"陛下深知民隐,天下苍生之福也。"②杨宪、刘基可以说分别代表着中书省、御史台对行政和司法的看法,也是在明朝建国前后首先将元朝之亡归

---

① 《明太祖实录》卷二五,吴元年九月戊寅,第362页。
② 《明太祖实录》卷二九,洪武元年正月庚辰,第489页。

于"法度纵弛"、主张明朝以法制乃至以重典治天下的官员代表。明太祖朱元璋则主张以宽、以简治天下，并得到文人气息更浓的章溢的支持。①

但是，明太祖一方面在公开讨论时否定杨宪、刘基"刑用重典"的建议，另一方面，"刑用重典"的行动则通过徙苏州富民"田"濠州、杀国子学祭酒许存仁而悄然展开。其行政、立法思想，也开始发生变化并公诸于众。这一变化首先见于洪武二年（1369）正月与前元旧臣马翼的一番对话。明太祖向马翼咨询元政的得失，马翼对曰："元有天下，以宽得之，亦以宽失之。"明太祖对此予以纠正："以宽得之，则闻之矣。以宽失之，则未之闻也。夫步急则蹶，弦急则绝，民急则乱。居上之道，正当用宽。但云宽则得众，不云宽之失也。元季君臣，耽于逸乐，循至沦亡。其失在于纵弛，实非宽也。大抵圣王之道，宽而有制，不以废弃为宽。简而有节，不以慢易为简。施之适中，则无弊矣。"②在这一次对话中，明太祖再一次声明了对"宽政"的认同，但提出"宽"是有尺度的，超过这个尺度便是纵、便是弛。在这个基础上，明太祖第一次公开采纳了杨宪、刘基的看法，提出元朝之失，非失于"宽"而是失于"纵弛"，可见，杨宪、刘基们的影响和改造正在发生作用。接着，是洪武四年（1371）明太祖和刘基之间通过"手

---

① 刘基、章溢虽然均来自浙江处州，一为青田、一为龙泉，又同在御史台任御史中丞，《明史》也同卷立传，但二人的行事风格、执政理念各异。刘基在御史台，以整肃纪纲为己任，"令御史纠劾无所避"；章溢认为御史台为"百司仪表"，职责是"养人廉耻，岂恃搏击为能哉"。（《明史》卷一二八《刘基传》《章溢传》，第3780、3791页）
② 《明太祖实录》卷三六，洪武二年正月庚子，第759—760页。

书""陈条"对"刑用重典"的讨论。前后只有三年,二人的主张发生了易位:已经是"大明"开国君主的明太祖由主张"轻典"而转为"重典",正在被权力中心边缘化的刘基则由主张"法令"转为"宽大"。

那么,是什么原因使得明太祖放弃了自己原有的主张,由"刑新国用轻典"转变为"刑乱国用重典",成为杨宪、刘基主张的继承者?根本原因在于明太祖自身的角色转换,由底层民众代表演变为集权皇朝帝王、由农民领袖转变为专制君主。这是典型的"立场决定观点"。虽然转变的全过程是渐进的,但在某些阶段则是突变的,这个突变,始发于吴元年(1367)十月到洪武元年(1368)正月明太祖建号称帝的前后,继发于洪武十三年(1380)的胡惟庸案,三发于洪武二十五年(1392)太子朱标去世、立朱允炆为皇太孙。

站在底层民众的立场,带着"仇富"的心态,明太祖开始了第一轮对富人的迁徙,即徙苏州富民"田"濠州。但是,在此后的过程中,明太祖并没有继续站在底层民众的立场上,持续"农民领袖"的角色,杀富济贫,将富民的田地全部或部分分配给原来的佃户,而是站在国家的立场上,行使"专制君主"的角色,夺富济国,将富民的田地收归官府所有,其性质由富人的"私田"变为官府的"官田"乃至"没官田",原来的富户佃户,遂为国家佃户。

《明史·食货志》言:"太祖定天下官、民田赋,凡官田亩税五升三合,民田减二升,重租田八升五合五勺,没官田一斗二升。惟苏、松、嘉、湖,怒其为张士诚守,乃籍诸豪族及富民田以为官田,按私租簿为税额。而司农卿杨宪,又以浙西地膏腴,增其赋,亩加二倍。故浙西官、民田视他方倍蓰,亩税有二、三石者。"①《明史·周忱传》说,苏州府一年277万石田粮中,有262万石出自"官田"。《明史·食货志》也说:"苏州一府,秋粮二百七十四万六千余石,自民粮十五万石外,皆官田粮。"虽然"传"与"志"的数字略有出入,但苏州田粮的90%以上来自官田、没官田并无疑问。

顾氏家族世居苏州昆山,于苏松重赋,有切齿之痛。顾炎武根据当年况钟的奏疏,特别指出:"是一府之地土,无虑皆官田,而民田不过十五分之一也。且夫民田仅以五升起科,而官田之一石者……是则民间之田一入于官,而一亩之粮化而为十四亩矣。此固其极重难返之势,始于景定,讫于洪武,而征科之额,十倍于绍熙以前者也。"②私田转变为官田特别是没官田,田税立时增加10多倍。这固然与籍没张士诚"功臣子弟"庄田有关,但更多是明太祖以"重典"之势,强制迁徙富民的成果。这个成果就是,当富人田地性质发生变化后田地的税收,由"民田"的五升/一斗,变为"官田"的一斗/二斗、变为"没官田"的一石到一石五斗乃至两石。所以说,刑用重典迁徙富民,并非简单的从"狭乡"迁往"宽乡",也并非简单的为穷人张目惩治富人,而是明太祖父子持续进

---

① 《明史》卷七八《食货二·赋役》,第1896页。
② 顾炎武著,陈垣校注:《日知录校注》卷一〇《苏松二府田赋之重》,第584页。顾炎武此处的分析,发生了一个逻辑性错误。苏州之"官粮"即官田所纳田赋,固为"民粮"即民田所纳田赋的15倍,但并不说明"官田"及"没官田"也是"民田"的15倍。如果按照况钟的奏疏和顾炎武的分析,此时苏州的民田与官田、没官田的数量,应该是大体相当,也正是因为大体相当,所以官田田赋的总量才是民田的10多倍。如果官田、没官田是民田的15倍,所交田粮,则应是民田的150—200倍了。

行的夺富济国的行为。

相对于上文所说的屯田凤阳、筑城南京，明太祖以"刑用重典"惩治贪腐最具有震慑性的案件，是"空印案"和"郭桓案"。《明史·刑法志》说"空印案"："每岁布政司、府州县吏诣户部核钱粮、军需诸事，以道远，预持空印文书，遇部驳即改，以为常。及是，帝疑有奸，大怒，论诸长吏死，佐贰榜百戍边。"①又说"郭桓案"："郭桓者，户部侍郎也。帝疑北平二司官吏李彧、赵全德等与桓为奸利，自六部左右侍郎下皆死，赃七百万，词连直省诸官吏，系死者数万人。核赃所寄借遍天下，民中人之家大抵皆破。"②所谓的"空印案"，乃明太祖对宋元以来形成并沿用已久的财务报表及审核的"潜规则"不了解而发生的"疑似"案例。当时有浙江宁海士人郑士利上疏讼其冤，虽然明太祖因为碍于面子并未放过涉案人员，但郑士利也没有受到太过严厉的处治，可见明太祖自己对此案已有认识。③郭桓案同样迷雾重重，从某种意义上说，也是因"疑"立案并强制推进。明太祖在《大诰》中专列"郭桓造罪"条，惩治力度，前所未有，致死者数万人。如果说"空印案"的处理尚有以"民"为本的遗意，"郭桓案"则完全是以"明"为本了，以"疑"立案并强制推进，结果是"中人之家大抵皆破"，而官府追赔数则多达2400万石（以精米折算）。在一定意义上说，"郭桓案"和强制富民迁徙类似，是一起以冤案剥夺"中人之家"、增加国库收入的杀贪济国乃至夺民济国的事件。

---

① 《明史》卷九四《刑法二》，第2318—2319页。
② 《明史》卷九四《刑法二》，第2318页。
③ 方孝孺：《逊志斋集》卷二一《传·叶伯巨郑士利传》、卷二二《志·郑处士墓碣铭》，文渊阁《四库全书》，第1235册，第608—609、645—647页。

对于诛杀勋臣，明太祖有着感情与道义的纠结。勋臣特别是"淮右勋贵"，与明太祖不但有人缘、地缘，有些更有血缘。面对昔日同生共死的战友，明太祖开始还是希望很好地保全、希望建立起一个以朱氏皇族为核心的贵族集团，共享富贵。所以，长子朱标的太子妃是已故开平王常遇春的女儿、次子秦王朱樉的次妃是卫国公邓愈的女儿、三子晋王朱㭎的王妃是永平侯谢长的女儿、四子燕王朱棣的王妃是魏国公徐达的女儿、五子周王朱橚的王妃是宋国公冯胜的女儿，等等，又有多位功臣之子为驸马。但是，历朝历代的教训不可忽视。所以，明太祖一面大封功臣、给功臣"铁券"，一面又立"铁榜"，申诫公侯。在给功臣的"铁券"中，历数其功、免其二死，所以民间称为"免死铁券"。如给魏国公徐达的"铁券"说："尔达起兵以来，为朕首将，十有六年，廓清江汉淮楚，电扫两浙，席卷中原。威声所振，直连塞外。其间降王缚将，不可胜数。"①给韩国公李善长的"铁券"说："此上天以授朕……比之于尔，萧何未必过也。"②但在申诫功臣的"铁榜"中，则要求功臣特别是功臣中的勋贵，"谨守其身、严训于家"，特别要管束好家人奴仆，不得"习染顽风、冒犯国典"。③给功臣的铁券，大多是本人免二死、子免一死。但是，所有"免死"的前提，是不得谋反、谋大逆，不得做可能威胁到大明及皇帝本人的事情，强调的是"谋逆不宥"。所以，一旦明太祖认为涉及皇帝本人及朱氏江山的安稳，一

---

① 焦竑：《国朝献征录》卷五《魏国公徐公达》，周骏富编《明代传记丛刊·综录类26》，明文书局，1991，第144页。
② 雷礼：《国朝列卿纪》卷一《中书省左右丞相行实》，周骏富编《明代传记丛刊·名人类7》，明文书局，1991，第111—112页。
③ 《明太祖实录》卷七四，洪武五年六月乙巳，第1379页。

切人缘、地缘、血缘的感情与道义，皆为乌有。

胡惟庸事件的发生，完全可以被视为中国历史上屡屡发生的皇权与相权之间的矛盾在明朝建国之后的表现，只是明太祖以其杀伐果断的个性，做出了极端的处理，不但以"谋反"罪杀胡惟庸、废中书省，而且在胡惟庸被杀、中书省被废、五府六部分理军政事务的新体制确定之后多年，旧事重提，以"胡党"为由，同时对以韩国公李善长为首，包括延安侯唐胜宗、吉安侯陆仲亨、平凉侯费聚、南雄侯赵庸、荥阳侯郑遇春、宜春侯黄彬、河南侯陆聚在内的以"淮右"勋贵为主体的勋臣进行群体诛杀，并追坐已故营阳侯杨璟、济宁侯顾时等为"胡党"。①如此"一网打尽"，除了为日后继位的太子朱标扫清障碍，很难找到其他理由。而"蓝党"之起，固然是因为蓝玉等人的张狂和不守法纪，但安上"谋反"的罪名进行群体诛族，则是明太祖为日后皇长孙朱允炆政权的稳定铲除障碍、排除隐患。

明太祖所行之事，从来都是理直气壮、堂堂正正。"胡狱"之后有《昭示奸党录》三卷，洪武二十三年（1390）布告天下；"蓝狱"之后有《逆臣录》五卷，洪武二十六年（1393）二月布告天下。二录皆附胡、蓝诸人的"狱词"。②但也有多位既未列入胡党，也未纳入蓝党，只是因为存在潜在的不安定性，便行诛杀的，其

---

① 《明史》卷一二七《李善长传》、卷一三一《陆仲亨传》。（第3772、3851页）铲除的手段，既有御史的交章弹劾，更有家奴的卖主举报。如举报李善长的，是家奴卢仲谦，举报陆仲亨、唐胜宗、费聚、赵庸等人的，是陆仲亨的家奴封贴木。
② 《明史》卷三《太祖纪三》、卷九七《艺文二》，第47、2398页。另见《明史》卷三〇八《奸臣传》、卷一三二《蓝玉传》，第4908、3866页。

中声名最著的是宋国公冯胜、颍国公傅友德、定远侯王弼,分别于洪武二十八年(1395)二月及二十七年(1394)十一月、十二月被杀,《明史》于此只用了三个字:"坐事诛。"《明太祖实录》只有一个字,"卒"。与傅友德、王弼不同的是,《明太祖实录》给冯胜附了一个一千多字的传记,这应该是明成祖朱棣念冯氏兄弟之情做出的表示。赵翼《廿二史札记》直指胡、蓝二狱是明太祖为身后之虑,故"一网打尽","此可以推见其心迹也"。①当然,随着元功宿将及其后人的杀戮殆尽,爵位革除,国家财政可以节省大笔支出,当地民众也少了一份欺压,这应该是诛杀勋臣的"附加值"。

明太祖的由"刑新国用轻典"到"刑乱国用重典"的转变,反映出其身份或角色转变,而"刑用重典"的不断升级和加码,则是其以"民"为本、为民除暴的"本心",向以"明"为本、欲将大明皇朝传之万代的"私心"的转变。薛允升在对唐明律进行比对后特别指出明太祖的这一"私心":"虽历代典章,不相沿袭,而律为民命攸关,必当详慎周密,方可垂诸永久。事不师古,而私心自用,非良法也。"②这个"私心",也就是赵翼说的"心迹"。

明太祖随着身份或角色的转变,其以"民"为本、为民除暴的"本心"向以"明"为本、传之万代的"私心"的转变,表现是全方位的,既表现在从"刑新国以轻典"到"刑乱国以重典"的治国理念的变化特别是"刑用重典"的不断升级,也表现在对包括中央及地方权力在内的国家制度的改造,更表现在分封制早已被摒弃的14世纪,建立以血缘为纽带的"诸王"体系,先后三批分封23个儿

---

① 赵翼著,王树民校证:《廿二史札记》卷三二《胡蓝之狱》,第742页。
② 薛居正:《唐明律合编序》,《唐明律合编》,第1页。

子和1个侄孙为王,分驻各地津要,"以外制内"捍卫定都在南京的大明政权;又建立起庞大的宦官系统,"以外制内"地制约外廷的文官,形成内廷宦官与外廷文官的双轨制的权力制衡。

虽然后来的人们对明太祖"刑用重典"进行了记忆上的改造或重塑,认为"刑用重典"使得吏治澄清,但有一个事实却无法否认:因为刑用重典而导致的政治气氛的恐怖,使得人们噤声禁言,明明看到决策的错误,却任其颁布、任其推行。如分封诸王,人人皆知其非,但除了边陲小吏叶伯巨上疏公开批评之外,几乎无人置喙。再如陆容指出洪武时期已经发生、直到后洪武时代却无人敢于纠正的四大问题:一是"洪武钱",政府全力推进,民间全然不用,只是作为废铜处理;二是"大明宝钞",虽然官府千方百计推进钞法,但面值一贯,仅值银三厘或钱二文,民间得之,置之无用;三为"大诰",虽然法司拟罪,有持"大诰"减刑之说,但无论官府还是民间,早已不见"大诰"的踪影;四为"洪武韵",洪武韵是对唐韵的改造,是明太祖特别看重的"文化建设",但随着明太祖的故去,无论朝野,人们仍然沿用唐韵。[①]如此等等,不一而足。

当然,在"刑用重典"记忆的重塑之中,以讹传讹也就不可避免。

如明太祖刑用重典惩治贪吏乃至因此而发生诸多冤案,是客观存在的事实。但是,流传甚广的"剥皮塞草",并没有看到具体实例。赵翼《廿二史札记·重惩贪吏》条云:"案《草木子》,记明祖

---

① 陆容:《菽园杂记》卷一〇,第122—123页。

严于吏治,凡守令贪酷者,许民赴京陈诉,赃至六十两以上者,枭首示众,仍剥皮实草。府州县卫之左,特立一庙以祀土地,为剥皮之场,名曰皮场庙,官府公座旁各悬一剥皮实草之袋,使之触目警心。"①但是,叶子奇《草木子》并无此说。王树民校证指出,此说出自《稗史汇编》。明人关于对贪官"剥皮塞草"的说法,始见于祝允明《野记》:"有剥皮,剥赃酷吏皮置公座,令代者坐,警以惩,有数重者。"②何良俊猜测,"太祖剥皮楦草之刑",乃专为钱粮作弊者设。③沈德符则说:"太祖驭内官极严,凡阉人娶妻者,有剥皮之刑。"④但都是"风闻",未见实例。所以沈德符推测:"按太祖初制,亦偶一行耳。所谓古有之,而不可行于今者,此类是也。"⑤而所谓的"皮场庙",实为宋代一些祭祀场所,如东京汴梁惠庙,又称皮场庙。⑥南渡之后,在杭州的西湖边建了皮场庙(又称惠应庙),"其威灵不减汴都"。⑦无论是开封还是杭州的皮场庙,并不是人们所谓的明太祖"剥皮塞草"的场所。⑧

再如由于明太祖对文人的打击和制裁,"文字狱"之说遂起,其中,赵翼《廿二史札记》可以说是"始作俑者"。赵翼采撷明朝

---

① 赵翼著,王树民校证:《廿二史札记校正》卷三三《明史·重惩贪吏》,中华书局,1984,第764页。
② 祝允明:《野记》,第29页。
③ 何良俊:《四友斋丛说》卷一四《史十》,第117页。
④ 沈德符:《万历野获编》卷六《内监·对食》,第158页。
⑤ 沈德符:《万历野获编》卷一一《吏部·堂官笞属官》,第280—281页。
⑥ 吴自牧:《梦粱录》卷一四《祠祭》,商务印书馆,1939,第127页。
⑦ 潜说友:《咸淳临安志》卷九三《遗事五·纪事》,文渊阁《四库全书》,第490册,第980页。
⑧ 按:有说剥皮场"土地庙"者,应该是受到"剥皮场"的影响。马端临:《文献通考》卷九〇《郊祀考·杂祠淫祠》:徽宗建中靖国元年,封皮场土地庙神为灵贶侯,其后累封明灵昭惠王。(中华书局,1986,第824页)

景泰、天顺以后的笔记野史，搜罗其中的相关事例，遂有"明初文字之祸"的说法，后人所谓明洪武时期的"文字狱"，由此而起。在罗列了《朝野异闻录》中的12条文致祸的例子之后，赵翼特别引用《闲中今古录》的记载，并加上自己的判断：

> 杭州教授徐一夔贺表，有"光天之下，天生圣人，为世作则"等语，帝览之大怒曰："生者僧也，以我尝为僧也；光则薙发也；则字音近贼也。"遂斩之。案是时文字之祸，起于一言。时帝意右文，诸勋臣不平，上语之曰："世乱用武，世治宜文，非偏也。"诸臣曰："但文人善讥讪，如张九四厚礼文儒，及请撰名，则曰士诚。"上曰："此名亦美。"曰："孟子有'士，诚小人也之'句，彼安知之？"上由此览天下章奏，动生疑忌，而文字之祸起云。①

种种传说不胫而走，虽然是真假相间，得祸之人，确实有不少是因为"文字"，人们遂将清代"文字狱"的概念，移植到明朝。但赵翼根据野史得到的信息，失误者实多。即以徐一夔为例，《明史·文苑传》有《徐一夔传》："徐一夔，字大章，天台人。工文，与义乌王祎善。洪武二年（1369）八月诏纂修礼书，一夔及儒士梁寅、刘于、曾鲁、周子谅、胡行简、刘宗弼、董彝、蔡深、滕公琰并与焉。明年书成，将续修《元史》，祎方为总裁官，以一夔荐……（一夔以书辞，未行而）用荐署杭州教授。召修《大明日

---

① 赵翼著，王树民校证：《廿二史札记校证》卷三二《明史·明初文字之祸》，第740—741页。

历》，书成，将授翰林院官，以足疾辞，赐文绮遣还。"①是作为杭州儒学教授的徐一夔，不但没有因为所谓"光天之下，天生圣人，为世作则"的贺表而被杀，却被召修《大明日历》，书成后因足疾辞归。

赵翼的《廿二史札记》被称为清代三大"考史"著作之一，又是三大"考史"著作中唯一一部涉及《明史》者，所以对修明史者影响范甚大。赵翼既是明太祖"刑用重典"诸多传闻的"以讹传讹"者，又对明太祖晚年就"刑用重典"的调整给予极高评价："帝未尝不慎重刑狱，盖初以重典为整顿之术，继以忠厚立久远之规，固帝之深识远虑也。"②这说明太祖以重典为"整顿之术"不假，但说此后的焚锦衣卫刑具、表示废除黥刺等酷刑便是"以忠厚立久远之规"则是未必，更难说是二者之间是早已谋划的"深识远虑"。由"刑由重典"到其不断升级，再到公开表示废弃酷刑，"止守"《大明律诰》，只是因为认为该铲除的都已经被铲除、该安排都已经安排好，只要后世子孙能够恪守"祖训"，大明江山便可传之万代。

如果说明太祖真有"以忠厚立久远之规"的"深识远虑"，那就是随着身份或角色的转变，以"民"为本、为民除暴的"本心"也在向以"明"为本、欲将大明皇朝传之万代的"私心"的转变，但在"坐天下"期间，其"打天下"时的种种对民众的庇护及政策上的"右贫抑富"，并没有发生根本性变化。无论是在"本心"还

---

① 《明史》卷二八五《文苑一·徐一夔传》，第7322—7323页。
② 赵翼著，王树民校证：《廿二史札记校正》卷三二《明史·明祖晚年去严刑》，第745页。

是在"私心",在明太祖看来,民众始终是大明的本根,富豪、贪吏对民众的盘剥、欺压,就是挖"大明"的本根。和富豪、官吏一样对民众造成灾难的是天灾,积极御灾赈灾及在赈灾过程中对官员的处置,实则奠定了明太祖站在底层民众与国家政权双重立场上制定的应对灾荒的基本国策。《明史·食货志》记:"太祖之训,凡四方水旱辄免税,丰岁无灾伤,亦择地瘠民贫者优免之。凡岁灾,尽蠲二税,且贷以米,甚者赐米布若钞。又设预备仓,令老人运钞易米以储粟……且谕户部:'自今凡岁饥,先发仓庾以贷,然后闻,著为令。'"对于隐瞒灾情、赈灾延时的官员,用"重典"治之:"荆、蕲水灾,命户部主事赵乾往赈,迁延半载,怒而诛之。青州旱蝗,有司不以闻,逮治其官吏。旱伤州县,有司不奏,许耆民申诉,处以极刑。"①

类似的"国策"或制度,保证了民众的基本生存条件。所以,尽管在"刑用重典"的过程中,无论是对勋贵功臣、贪官污吏、各地富人及持不合作态度的文人,还是对经济文化发达地区的苏、松、江、浙等地,以及对普通民众,都有矫枉过正的伤害,却没有伤及明朝的"本根"。同时,不能排除明太祖内心深处的一种理想,那就是希望将大明江山治理得像传说中的"尧舜"时代,一旦现实与理想发生矛盾,种种情绪化的举措也就不断发生。而在600年前,在生产生活方式没有发生根本性变化的时代,底层民众的代表、农民起义的领袖的最成功标志,就是成为开国帝王、成为专制君主,而其为民除暴的"本心"为传之万代的"私心"所取代,就

---

① 《明史》卷七八《食货二·赋役》,第1908页。

是一种历史的必然，只是与历代君主相比，明太祖朱元璋在这两个方面，都几乎做到极致。

"刑用重典"在洪武时期的实施，有三个前提或条件：第一，元末明初20多年的大规模战争，导致人口锐减、经济凋敝；第二，由战争机器转化为国家机器的明朝，对社会有强大的控制力；第三，由战争统帅转化为开国君主的明太祖朱元璋，有高度的权威和杀伐果断的性格。随着经济的恢复与发展、人口的增长和流动、城市的繁荣与财富的积累，特别是随着明代社会的多元化及明朝国家治理方式的转变，前提和条件不复存在，"刑用重典"及由此导致的严峻冷酷的政治气氛，自然也随着明太祖的逝去而成为那个时代的符号，即使在一些特定时段（如正统后期）发生逆转，却回归不到洪武时代，"刑用重典"也只能在人们的记忆中不断修正和重塑。

原载《中国社会科学》2024年第2期

明代苏松江[①]浙人"毋得任户部"考

明初废中书省,以六部分理天下庶务。六部之中,吏部位最尊,户部权最重。对于户部官员的任命和吏员的参拨,明太祖曾作出重大决定:直隶苏州、松江二府和浙江、江西二布政司之人不得为户部官,其吏不得为户部吏,即在任用户部官员和吏员时实行地域(苏松江浙)回避、在任用苏松江浙人时实行部门(户部)回避。这一制度几乎与明朝相始终,为中国历代政治制度中的不二现象。学术界于此虽然多有关注[②],然未遑作深入探索,故有关这一制度的基本情况一直没有得到澄清。本文将讨论这一制度的发生及其社会政治背景、制度的实施及变化,以及其他相关问题,并希望通过这一讨论,对明代国家制度有更为深入的认识。

---

① 此处之"江"指江西而非江苏。在明代文献中,作为省区简称的"江"一般都指江西而非江苏,"江浙"一般也都指江西、浙江而非江苏、浙江。关于这一问题,详见拙稿《"江浙"辨》,载《争鸣》1988年第5期。
② 白寿彝为总主编的《中国通史》第九卷《中古时代·明时期(上)》第1051页(上海人民出版社,1993),杜婉言、方志远著《中国政治制度通史·明代卷》第436页(人民出版社,1996),以及许大龄著《明清史论集》(北京大学出版社,2000)中的《明朝的官制》一文,都涉及这一问题。牟复礼、崔瑞德编《剑桥中国明代史》第210页(中国社会科学出版社,1992)也有论述,但误认为只禁户部尚书一职。

一、"毋得任户部"的渊源和由来

弘治《明会典》载:"凡户部官,不得用浙江、江西、苏松人。"又载:"凡江西、浙江、苏松吏,洪武二十六年奏准不许于户部内用。"①

万历《明会典》载:"凡户部官,洪武二十六年奏准,不得用浙江、江西、苏松人。""凡户部吏,洪武二十六年奏准,不许用江、浙、苏松人。"②

《明史·职官志》载:"(洪武)二十六年,令浙江、江西、苏松人毋得任户部。"③

这是有关明代任用户部官员和吏员实行地域回避制度的三条权威性记载。三条记载基本相同,但也存在差异。正是这些被忽略的差异,掩盖着这一制度的形成过程和实质内容。

差异首先表现在制度的发生时间上。弘治《会典》将苏松江浙吏不得任户部系于洪武二十六年,而于苏松江浙人不得为户部官,却没有说明发生的时间。《明史》和万历《会典》则将二者均系于洪武二十六年。

---

① 弘治《明会典》卷二《吏部一·事例》、卷九《吏部八·事例》。(《四库全书》本)
② 万历《明会典》(《万有文库》本,下同)卷五《吏部·选官》、卷八《吏部·吏役参拔》。另见佘梦鲤《大明会典抄略·吏上》:"凡户部官,洪武间奏准,不得用浙江江西苏州人。……凡户部吏,洪武年奏准不许用江浙苏松人。"(齐鲁书社《四库全书存目丛书》本)
③ 《明史》卷七二《职官志一》。(中华书局标点本)

其次表现在制度的发生方式上。在弘治《会典》中，苏松江浙吏不得用于户部的发生方式是"奏准"，苏松江浙人不得为户部官的发生方式虽未明言，但从行文来看，应该是"诏""谕""制"之类。而万历《会典》记载的发生方式均为"奏准"，《明史》记载的发生方式均为"令"。

再次表现在制度的限制对象上。弘治《会典》明言，苏松江浙之人不得为户部官，苏松江浙之吏不得为户部吏，其间有"人"与"吏"的区别。而万历《会典》和《明史》均记为苏松江浙"人"，扩大了限制的范围。

万历《会典》及《明史》通过对弘治《会典》的修正，达到了形式上的整齐划一，于是时间划一为洪武二十六年、方式划一为"奏准"或"令"、限制对象划一为苏松江浙"人"。

但弘治《会典》的不划一，正有其不划一的理由。其编撰《凡例》定："事类纲目，一依《诸司职掌》。……以年月先后次第书之。或岁久卷籍不存，不能详考者，则止书年号（原注：如洪武初之类）；又不能详，则止书曰'初'、曰'后'。……其无所考见者，不敢臆说，宁阙而不备。"又定："事例出朝廷所降，则书曰'诏'，曰'敕'；臣下所奏，则书曰'奏准'，曰'议准'，曰'奏定'，曰'议定'；或总书曰'令'。"①

万历《会典》也有其编撰凡例："《会典》旧列诸司职掌于前、历年事例于后，然职掌定于洪武二十六年，而洪武事例，有在二十六年之前者，不无先后失序。今皆类事编年，凡《职掌》旧

---

① 万历《明会典·弘治间凡例》。

文,俱称洪武二十六年定。"①

两部《会典》均说到《诸司职掌》。陆容有这样一段记载:

> 《诸司职掌》是唐、宋以来旧书,本朝因而损益之者。尝见书坊小本,户部所属民、度支、金、仓四部,刑部所属宪、比、司门、都官四部,盖唐制也。洪武二十三年,改户、刑二部所属皆为浙江等十二部。后又改六部,子部为清吏司。然今衙门名目,制度改革,官员品秩,事体更易,又多与国初不同,亦多该载未尽者。②

是洪武时所编的《诸司职掌》,只是在唐、宋旧书的基础上,根据本朝的官制改编而成。弘治《会典》于《诸司职掌》,也只是将其作为事类纲目,以便将历年事例分类编排。由于苏松江浙人不得任户部之事,弘治《会典》所依据的《诸司职掌》及其他各书均未见记载,《明太祖实录》也只字不提③,《明史·列传》的编撰者

---

① 万历《明会典·重修凡例》。
② 陆容:《菽园杂记》卷一一。(中华书局标点本)
③ 沈德符《万历野获编》卷一《列朝·国初实录》记:"本朝《太祖实录》修于建文中,王景等为总裁。后文皇帝靖难,再命曹国公李景隆监修,而总裁则解缙,尽焚旧草。其后永乐九年复以为未善,更命姚广孝监修,总裁则杨士奇,今所传本是也。然前两番所修,则不及见矣。"(中华书局标点本)是《明太祖实录》历经三修,二修时焚初修本,三修时又焚二修本,前二本俱不可得见。建文初修时的主持者王景是浙江人,二修、三修的主持者非江(解缙、杨士奇)即浙(李景隆、姚广孝)。由于建文二年二月命苏、松人仍得官户部,所以,不得官户部的"祖制"或者在初修时已被抹去,二修、三修时自然也没有必要重新补上。从而导致清修《明史·列传》时,史官竟称此事"不知何据"。但是,虽然苏松江浙人不得任户部的制度在《实录》中被抹去,作为选官任官衙门的吏部、一直非苏松江浙籍官员们任职的户部,以及专门代皇帝"批红"的主要来自北方各省的司礼监秉笔太监们,却是不会忘记的。

甚至说"不载他书，俱无可考，史不知何据"①，所以根据凡例，于苏松江浙人不得为户部官的时间以及这一禁令发生的方式，"宁阙而不备"。其态度是严谨的。而万历《会典》也根据自己的凡例，将"不能详考"且《诸司职掌》所未载的苏松江浙人不得为户部官的时间草率地系于洪武二十六年，并同样草率地冠以"奏准"二字。差错正由此而出。《明史》的错误是对万历《会典》的继承，但将具体的"奏准"改为笼统的"令"，这一变动则比万历《会典》更为明智。

其实，在明人著述中，关于这一制度也并非全无记载。王世贞《弇山堂别集》列有"苏松江浙人户部带衔"专条。②谢肇淛《五杂组》记："户部一曹，不许苏松及浙江、江右人为官吏。"③沈德符《万历野获编》则记："以浙江及苏松二府为财赋之地，江西士风谲诡，遂禁此三处士人，不得官计曹。"④

应该说，洪武时所定苏松江浙人不得任户部的禁令不仅是事实，而且也尽人皆知，只是文字记载语焉不详而已。以《弇山堂别集》为例，其文如下：

> 苏松江浙人户部带衔。高皇帝制：直隶苏、松二郡人不得官户部。永乐中，皇太子监国，请以江西人给事中王高为户

---

① 《四库全书》本《明史》卷一五三《周忱传·考证》："周忱传，再以九载满进户部尚书，寻以江西人不得官户部。"史官方炜按："江西人不得官户部，傅维鳞、邓元锡《明书》《今献备遗》《名臣志钞》俱不载。他书俱无可考，史不知何据。谨识阙疑。"
② 王世贞：《弇山堂别集》卷七《苏松江浙人户部带衔》。（中华书局标点本）
③ 谢肇淛：《五杂组》卷一五《事部三》。（民国《国学珍本文库》本）
④ 沈德符：《万历野获编》遗补卷三《历法·算学》

部侍郎,不许。正统末,吉水周忱拜户部尚书,仅数日而改工部。以后虽巡抚衔亦避之。惟内阁学士不论。……又吾郡(按:指苏州)滕思勉、顾礼,衢州徐恢,皆实拜户部,盖洪武中未定之制也。①

这段记载指出了三个事实:(一)苏松人不得"官"户部是以"制"的方式发布的;(二)除了内阁学士之外,苏松江浙人不仅不得在户部任实职,而且不得带衔户部;(三)在"洪武中"未定制之前,苏松江浙人是任过户部实职的。但这段记载也遗留了一个问题,即"洪武中"是与"洪武初""洪武末"相对应的时段性概念,还是一般意义上的"洪武时""洪武间"的笼统性概念?而其矛盾处则更显而易见。题名为"苏松江浙人户部带衔",且列举了江西人王高、周忱为例,起始句却只说"苏松二郡"。但这一表面上的矛盾却掩盖了或许是因为时人尽知而毋须说明的事情的真相,即苏松人不得官户部和浙江、江西人不得官户部的禁令并非一次性发布。

郑若曾《苏松浮赋议》在讨论苏松重赋时说到苏松人不得官户部的缘由:

> 我太祖高皇帝乘乾御宇,定天下田赋,官田起科每亩五升三合五勺,民田每亩三升三合五勺。……嗣因张士诚负固坚守,苏松久攻不下,怒民附寇,遂没豪家,征租私簿,准作税

---

① 王世贞:《弇山堂别集》卷七《苏松江浙人户部带衔》。

额，一时增加，有一亩征粮至七斗以上者。于是苏州府共计二百八十余万石，松江府共计一百三十余万石，并著令苏松人不得官户部。洪武七年，知民弗堪，诏苏松嘉湖等府田如每亩起科七斗五升者减半。①

这段记载有两处与《弇山堂别集》相吻合，也使问题更为明确：（一）最早关于不得官户部的禁令是专门针对苏州和松江二府士人的，并不涉及浙江和江西。（二）苏松人不得官户部是以"著令"或"制"的形式发生的，即弘治《会典·凡例》所说的，是"朝廷所降"而非"臣下所奏"。同时也指出，苏松人不得官户部是与苏松重赋紧密联系在一起的，发生的时间，在洪武七年以前。

《明史·食货志》说："初，太祖定天下官、民田赋。……惟苏、松、嘉、湖，怒其为张士诚守，乃籍诸豪族及富民田以为官田，按私租簿为税粮。而司农卿杨宪又以浙西地膏腴，增其赋，亩加二倍。故浙西官、民田视他方倍蓰，亩税有二三石者。大抵苏最重，松、嘉、湖次之，常、杭又次之。"②是明初的重赋地不仅仅是苏松，还有嘉兴、湖州，以及杭州和常州。

虽然严重程度不如苏、松、嘉、湖，江西的南昌、瑞州、袁州也同样为重赋地。而且，其成为重赋地的原因也与苏松等地相似。

清乾隆二年九月，乾隆帝诏建世宗雍正帝的"圣德神功碑"，碑文有这样一段文字："自元季张士诚据苏、松、嘉、湖，陈友谅据

---

① 郑若曾：《郑开阳杂著》卷一一《苏松浮赋议》。(《四库全书》本）
② 《明史》卷七八《食货志二·赋役》。关于苏松重赋，一直是明史学界关注的重要问题，由于它与苏松人不得官户部密切相关，所以稍有涉及，但并非本文的主题，故不作深入讨论。

南昌、袁、瑞，与明太祖苦战于江东西，横敛以给军，终明之世，故籍未改。特命永除数郡浮粮，著为令典。"①

这段碑文所记有不确切处。如上引《明史·食货志》所说，苏松重赋并非只是根据张士诚的"故籍"，而是在"故籍"的基础上"增其赋，亩加二倍"。另如正德《瑞州府志》说："三县（按：指瑞州府所属高安、上高、新昌三县）粮额，国初凭宋、元旧籍，民生稍遂。继而高安老人黎伯安希冀爵赏，以伪汉刘王所征正副米数献，太祖高皇帝受之。洪武十四年乃丈量田地，倍增正粮如今额。后悟其殃民，肆伯安于市，而粮额竟不及改。"②是江西瑞州府的重赋虽为陈友谅的"故籍"，但明初已行废止，洪武十四年据"伪汉"数复旧。

尽管如此，碑文却揭示了一个事实：南直苏、松，浙江嘉、湖，江西南、瑞、袁，七府重赋，都与元末群雄并起、互争雄长有关。这些地区都曾经是张士诚或陈友谅占领过的地区，当地的民众曾为张、陈出过力，明太祖"怒其负固"。张、陈曾经加过的赋，予以维持或恢复，如瑞州府；张、陈加过的赋，不仅维持，而且再行增加，如苏、松、嘉、湖诸府。③

既然是由于政治的原因而加赋，则必须通过政治的手段予以维护。苏松人不得官户部的禁令是在这样一种背景下发生的，江西、浙江不得官户部，也是因为同样的原因。专门针对江西、浙江的一

---

① 《清高宗实录》卷五一，乾隆二年九月壬辰。（中华书局影印本）
② 正德《瑞州府志》卷三《财赋志·贡献》。（上海古籍出版社《天一阁藏明代地方志选刊续编本》）
③ 参见业师郑克晟《明代重赋出于政治原因说》，载郑著《明清史探实》，中国社会科学出版社，2001。

道榜文对于揭示这一问题应该是有帮助的。

洪武十五年十一月,明太祖命户部将如下榜文"颁于浙江、江西二布政司及府州县,永为遵守":

> 为吾民者当知其分,田赋、力役出以供上者,乃其分也。能安其分,则保父母妻子,家昌身裕,斯为忠孝仁义之民,刑罚何由而及哉。近来两浙、江西之民,多好争讼,不遵法度,有田而不输租,有丁而不应役,累其身以及有司,其愚亦甚矣。曷不观中原之民,奉法守分,不妄兴词讼,不代人陈诉,惟知应役输租,无负官府。是以上下相安,风俗淳美,共享太平之福。以此较彼,善恶昭然。特谕尔等,宜速改过从善,为吾良民,苟或不悛,不但国法不容,天道亦不容矣。①

这道榜文将浙江、江西、苏松(属浙西)作为一个大的区域来看待,是因为这些地区有着相同或类似的"恶习":"多好争讼、不遵法度。"这种恶习不仅影响着社会稳定,而且导致"有田不交粮、有丁不服役",使国家在这里的管理职能受到挑战、财政收入无法保证。但这道榜文又只是颁布于浙江和江西,而没有颁布于同属"两浙"的苏州和松江,其针对性是明确的。由于最高统治者将江西、浙江与苏松视为同类同习,故针对苏松的政策也沿用于江、浙。这道榜文发布于洪武十五年,上引正德《瑞州府志》所载明太祖令于江西瑞州府丈量土地、"倍增正粮"之事发生在洪武十四年,

---

① 《明太祖实录》卷一五〇,洪武十五年十一月丁卯。(台北"中研院"校勘本)

江西、浙江人不得官户部的禁令，或者就在这段时间。

笔者根据《明史》《明书》《罪惟录》《弇山堂别集》等的记载，对有明一代历任户部尚书、侍郎进行了分区统计。从洪武十三年始到崇祯十七年止[①]，255年间的96位尚书、220位侍郎（均指实授，戴衔者不计），各省区的分布见下表。

明代户部尚书、侍郎分区统计表

数量(个) 官名 省区	苏松	江西	浙江	南直	北直	山东	山西	河南	陕西	四川	湖广	福建	广东	广西	云南	贵州	合计
尚书	0	1	2	17	18	15	7	11	6	3	12	2	1	0	1	0	96
侍郎	2	1	7	45	39	19	19	19	23	7	17	17	4	1	0	0	220
合计	2	2	9	62	57	34	26	30	29	10	29	19	5	1	1	0	316

上表显示，从洪武十三年至明末，出任户部尚书最多的省份依次是：北直隶、南直隶（不含苏州、松江二府，下同）、山东、湖广、河南，分别占总数的18.8%、17.7%、15.6%、12.5%、11.5%。出任户部侍郎最多的省份为南、北二直隶及陕西，分别占总数的20.5%、17.7%、10.5%。这些省区士人在户部的任职均超过该省乡试数额及进士数量在全国的比重。与此形成鲜明对照的是，浙江、

---

① 洪武十三年正月废中书省之前，六部为其下属，只有执行权而无决策权，所以《明史》的《七卿年表》只从洪武十三年始列，其"序"明言："明太祖十三年罢丞相，政归六部，部权重也。"赵翼《廿二史札记·明吏部权重》也说："明初六部属中书省，权轻，多仰丞相意旨，洪武十三年，中书省革，部权乃专。"

江西、苏松进士数量占全国的32.89%，[①]但出任户部尚书和侍郎者分别仅占全国的3.1%和4.6%。此外，《明史》中有记载的曾任户部郎中者44人、员外郎18人，无一人为苏松江浙籍；曾任户部主事者126人，苏松江浙籍仅4人。

以苏松江浙地区经济的繁荣和科举的发达，出任户部的官员竟如此之少，自然是苏松江浙人不得官户部禁令发布的结果。

从具体时间看，曾任户部尚书的苏松人有两位，一是苏州吴县籍滕德懋，洪武三年任，本年免；一是苏州昆山籍顾礼，洪武十二年任，本年免。均在洪武十三年以前，故上表未予列入。洪武十三年以后，苏松人无一任户部尚书。曾任户部尚书的江西、浙江人，除明末倪元璐外，全在洪武十五年以前，他们是：江西吉水籍周肃，洪武七年任、八年忤旨死；江西鄱阳籍费震，洪武十一年任、十二年免；江西丰城籍徐铎，洪武十三年正月任，旋坐党逆而免；浙江常山籍徐恢（辉），洪武十四年二月"试"尚书，年底除名。[②]

这一现象与郑若曾、王世贞所记相印证，更可支持上述结论：苏松江浙人不得任户部的禁令并非一次性颁布，而是逐步实行；最初只是苏松，时间应是郑若曾所说的洪武七年之前，最迟不超过洪武十三年；然后及于江西、浙江，时间在洪武十五年前后。

---

① 其中，浙江15.16%、江西12.03%、苏松5.70%。关于明代乡试举额和进士分区数量，参见拙著《明代城市与市民文学》（中华书局，2004）表2—1"明代乡试各省名额变化表"、表2—2"明代进士分布表"。
② 参见《明史》卷一一一《七卿年表一》、卷一一二《七卿年表二》，王世贞《弇山堂别集》卷四八《户部尚书表》。

二、苏松重赋与"毋得任户部"

洪武后期,也就是万历《会典》和《明史》所说的"洪武二十六年"前后,随着严峻冷酷政治环境的一度宽松,苏松江浙人不得官户部的禁令也发生了松懈,于是有浙江鄞县陈宗礼(洪武二十三年)、苏州吴江莫礼(二十八年)、浙江慈溪钟永(二十九年)、浙江长兴严良奇(三十年)等人接踵为户部侍郎。这既说明苏松江浙人不得官户部的禁令绝不可能发生在洪武二十六年,也在客观上为建文时废除苏松江浙人不得官户部的禁令提供了法律上和实践上的依据。

《明史》记载了建文二年二月所下诏书:"国家有惟正之供,江浙赋独重,而苏松官田悉准私税,用惩一时,岂可为定则。今悉与减免,亩毋逾一斗。苏松人仍得官户部。"①

建文二年二月减免苏松田赋及苏松人仍得官户部的诏令,也见于郑若曾《苏松浮赋议》:

> 建文二年下诏曰:"国家有惟正之供,田赋不均,民不可得而治。江浙赋独重,而苏松准私租起税,特以惩一时顽民耳,岂可为定则,以重困一方。宜悉与减免,照各处起科,亩不得过一斗。田赋既均,苏松人仍任户部。"成祖文皇帝革除后,尽反建文君之政,苏松赋额遂不得终邀蠲免之恩。②

---

① 《明史》卷四《本纪第四·恭闵帝纪》。
② 郑若曾:《郑开阳杂著》卷一一《苏松浮赋议》。

朱鹭《建文书法拟》所记诏书内容与上文完全相同:

> 建文二年二月,诏均江浙赋,人得官户部。诏曰:"国家有惟正之供,田赋不均,民不可得而治。江浙赋独重,而苏松准私租起税,特以惩一时之顽民耳,岂可为定则,以重困一方。宜悉与减免,照各处起科,亩不得过一斗。田赋既均,苏松人仍任户部。"①

可见建文诏书在苏松一带流传之广、得民心之深。值得注意的是:(一)苏松重赋的减免和苏松人仍任户部都是以"诏"的方式发布的,由此可以推论,洪武时之禁令也应该是用类似的方式发布。(二)建文二年的诏书是将苏松重赋和苏松人不得官户部联系在一起的:苏松重赋,苏松人不能任户部;苏松均赋,苏松人则可以官户部。苏松重赋乃禁止苏松人官户部的直接原因。

按建文诏书起于苏州史仲彬之疏。仲彬洪武三十一年十一月以明经除翰林院侍书,其《致身录》云:

> (建文)二年春三月(按:上引各书为二月),疏均江浙赋役,从之。时建文帝正值更制,彬乃上疏曰:"国家有惟正之供,赋役不均,非所以为治。浙江本赋重,而苏松嘉湖又以籍入沈万三(松江)、史有为(嘉兴)、黄旭(苏州)、纪定(湖州),准租起税。此以绳一时之顽,岂得据为定则?乞

---

① 朱鹭:《建文书法拟·正编下》。(《续修四库全书》据上海图书馆藏明万历刻本影印)

悉减免,以苏民困。窃照各处起科,亩不过斗,即使江南地饶,亦何得倍之?奈有重至石余者!臣往年面奏先帝,赋敛太重,蒙旨嘉劳。特以臣本苏人,而史有为又臣之族属也,恐坐以私,未敢尽言。幸皇上明圣,每事从宽,敢竭愚忠,伏听采择。"疏上,诏可,苏松准各处起科,苏松人仍官户部。①

由于江西、浙江人不得官户部的原因与苏松相同,所以,建文二年二月诏均苏松赋、苏松人仍得任户部,谈迁《国榷》便自然记载为:"建文二年二月乙丑,诏江西、浙江、苏松人仍得官户部。"②查继佐《罪惟录》也记为:"(建文二年)二月,许江浙人得官户部。命均江浙赋役。"③上引朱鹭《建文书法拟》也直言"诏均江浙赋,人得官户部"。因为在他们的印象中,浙江、江西人不得官户部和苏松人不得官户部本来就是一回事,甚至后者为因、前者为果,既然苏松人仍得官户部,则浙江、江西人自然也得官户部。但也因此容易造成错觉,以为苏松人不得官户部和江浙人不得官户部的禁令同时发生。

史仲彬以当时人记当时事,明言苏松重赋乃"绳一时之顽",而苏松人不得官户部与此相关。其影响所及,不仅仅是建文诏书,凡明人提及苏松重赋及苏松江浙人不得官户部,碍于明太祖的祖制,不敢明言事情的不合理,遂均称只是"绳一时之顽",而不应为"永制"。弘治时祝允明说得比较委婉:"吴中自昔繁雄,迨钱氏

---

① 贺复征:《文章辨体汇选》卷六二六《录二》。(《四库全书》本)
② 谈迁:《国榷》卷一一。(中华书局标点本)
③ 查继佐:《罪惟录》卷二《惠宗帝》。(浙江古籍出版社标点本)

奢靡，征敛困弊。及俶纳土，宋人沈其赋籍于水，王方贽更定税法，悉亩出一斗，民获其惠。蒙古礼堕政庞，民富而僭，汰溃不经，其后兼并益甚。太祖愤其城久不下，恶民之附寇，且受困于富室而更为死守，因令取诸豪族租佃簿历付有司，俾如其数为定税，故苏赋特重。盖征一时之弊，后且将平之也。"①万历时郑若曾则愤然抱怨："籍曰：太祖怒吴民不即归附，故以加赋示罚。一罚至二百余年，抑亦不忍言矣！"②清顺治时江西巡按吴赞元则称："窃照江西一省于天下为至贫，而南、瑞、袁三府于江右为尤苦。何者？以土瘠而粮重也。"③

所有这些类似言论，其实都在强化最高统治者的这样一个印象：如果来自苏松江浙地区的官员主持户部，很有可能对重赋地的田赋进行减免。事实证明，这一情况确实反复发生。建文二年苏松均赋和苏松人得官户部，出自苏州史仲彬的提议，当时的主政者是南直齐泰、浙江方孝孺、江西黄子澄及练子宁。而影响深远的宣德时减免苏州逋赋，起主要作用的，是江南巡抚江西吉水周忱、苏州知府江西奉新况钟。但苏松重赋得以坚持，非苏松江浙籍官员尤其是北方籍户部官员却起着十分重要的作用。《明史·食货志》载：

> 宣宗即位，广西布政使周干巡视苏、常、嘉、湖诸府还，（言赋重民逃，请减赋）……帝命部议行之。宣德五年二月诏："旧额官田租，亩一斗至四斗者各减十之二，四斗一升至

---

① 祝允明：《野记一》，载《国朝典故》卷三一。（北京大学出版社标点本）
② 郑若曾：《郑开阳杂著》卷一一《苏松浮赋议》。
③ 台北"中研院"《明清史料》己编第一本《江西巡按吴赞元揭帖》。（顺治四年五月，中华书局影印本）

一石以上者减十之三。著为令。"于是江南巡抚周忱与苏州知府况钟,曲计减苏粮七十余万,他府以为差,而东南民力少纾矣。忱又令松江官田依民田起科,户部劾以变乱成法。宣宗虽不罪,亦不能从。而朝廷数下诏书,蠲除租赋,持筹者辄私戒有司,勿以诏书为辞。帝与尚书胡濙言:"计臣壅遏膏泽。"然不深罪也。①

周忱与况钟减免苏州田赋七十万石,是通过"曲计"即非正常手段完成的,已经引起户部的不满,但来不及作反应;一旦再行之于松江,户部立即指斥其"变乱成法"。仁宗和宣宗虽然一再下诏书蠲除租赋,户部却能够顶着不办。这既有财政上的原因,也可见仁、宣二宗的态度。宣宗对礼部尚书、南直常州武进人胡濙说"计臣壅遏膏泽",显然是对江南士大夫的敷衍。洪武初年在苏松加赋的,是应天府上元县人杨宪。虽然都在江南,但应天府一带的繁华程度远非苏松可比。此时主持户部的,则是河南武安(今属河北)人郭资②。《明史》本传载:郭资为洪武十八年进士,累官北平左布政使,阴附于成祖。成祖起兵时,郭资率先拥护,呼"万岁"。"靖难"之役的三年中,郭资辅世子(按:即仁宗高炽)居守北平,主给军饷,使兵不乏粮,与成祖、仁宗有极深的君臣之谊。"(永乐时)营城郭宫殿,置官吏及出塞北征,工役繁兴,资举职无废事。……宣德四年复起户部尚书,奉职益勤。……(卒后)官其子

---

① 《明史》卷七八《食货志二》。此事载于《明宣宗实录》,顾炎武《日知录》卷一〇《苏松二府田赋之重》全文转录。(上海书店《日知录集释》影印本)
② 杨荣:《赠汤阳伯谥忠襄郭公资神道碑》记:"公讳资,字存性,姓郭氏,河南武安人。"载焦竑《献徵录》卷二八《户部一·尚书》。(上海书店影印本)

佑户部主事。资治钱谷有能称。仁宗尝以问杨士奇，对曰：'资性强毅，人不能干以私。然蠲租诏数下不奉行，使陛下恩泽不流者，资也。'"①可见，阻格蠲租并斥周忱变乱成法的，作为户部尚书的郭资是主要人物。但其背后却是整个国家的财政利益，以及最高统治者、明皇朝的历代君主。所以，即使是深受仁、宣二宗信任的内阁大学士江西泰和籍杨士奇，在这个关键性问题上也只能发表议论而已。

洪武时期，由于遭受长时间的战争破坏，社会经济尚在恢复过程之中，商品匮乏、城市萧条，国家财政主要依靠田赋和丁役；即使在成化、弘治以后商品经济趋于发展、城市趋于繁荣时，以农为本、以农立国的思想仍然没有改变，田赋和丁役在国家财政中仍然有十分重要的地位。对于国家的财政收入来说，浙江嘉、湖二府，特别是江西南、瑞、袁三府的意义远不如苏松，但明政府关注的是作为整体的浙江、江西，因为这两个省份和苏、松二府一样，既是人口稠密之地，又是财富聚集之处，二省二府共同构成国家财政的重要来源。

---

① 《明史》卷一五一《郭资传》。此事首见于杨士奇《三朝圣谕录中》：上（按：指仁宗）御思善门，选用东宫官，命户部尚书郭资为太子太师，仍兼尚书。蹇义、夏原吉力言资偏执妨事，且多病，请令致事。上意未可，召臣士奇，语以二人之意，且曰："先帝初举义，一切军需粮饷皆出资调度，吾时居守，竭诚佐辅，甚得资力。今出危履安，吾嗣大位，乃遂弃之，吾诚不忍。"臣对曰："故旧无大故不弃，此皇上圣仁。"上问臣："资为人果如何？"对曰："资强毅人，不得干以私。但性偏执，甚至沮格，恩泽不流于下。"上问其故，对曰："诏勅数下，蠲免灾伤租税，资不听开除。必责有司依岁额征纳，此其过之大者。然耿介能守廉，非众所及。"上曰："吾在此，又有原吉与之同事，当不复偏执矣。"乃不从二人言。无几，蹇、夏又数言资偏执妨事，不去资，仁政必为所格。上强从之，命资以太子太师户部尚书致事，玺书褒谕，赐银钞彩币甚厚。（载《国朝典故》卷四六）

以洪武二十六年在册户口计，苏州2355030口、松江1219937口、江西8982481口、浙江10487567口，合计23045015口，占全国在册人口数的38.06%。①人口多，劳役也多。更何况来自苏松江浙的劳役多为技术型工人，如张瀚《松窗梦语》所记："今天下财货聚于京师，而半产于东南，故百工技艺之人亦多出于东南。江右为伙，浙、直次之，闽粤又次之。"②可见苏松江浙的工匠对于京师工程营建及城市工商业发展的重要意义。

以洪武二十六年税粮计，苏州府实征米麦2810490石、松江府1219896石、江西2664306石、浙江2752727石，合计9447419石，③占全国的32.11%。其中，苏、松二府占全国的13.70%，江西和浙江分别占全国的9.06%和9.36%。但是，这组数字仅仅是事情的一个方面。当时北方的主要粮食品种为小麦、小米，品种粗劣，苏松江浙及其腹地湖广所产的则是大米，品质优良；北方各省水旱虫蝗灾害不断，国家的蠲免也不断，苏松江浙农业生产的条件更为优越，国家在这一地区的田赋收入更有保障。而且，南京特别是迁都后北京的中央各部门粮食供应、西北诸边的军饷供给，也大多来自这一地区，其地位就更显重要。④

为了确保苏松江浙持续成为国家财政的主要供给地，同时也作

---

① 据万历《明会典》卷一九《户部六·户口一》。何炳棣《明初以降人口及其相关问题（1368—1953）》（三联书店，2000）认为明代的人口实为纳税单位，且不论其立论是否真实可靠，但只要是标准一致，就不影响各省区间的人口比较。
② 张瀚：《松窗梦语》卷四《百工纪》。（中华书局标点本）
③ 据万历《明会典》卷二四《户部十一·会计一》、卷二五《户部十二·会计二》。
④ 参见卜国群《试析明代苏松地区的田赋量》、范金民《明清江南重赋问题述论》，分载《中国经济史研究》1987年第4期、1996年第3期。

为对建文时史仲彬、齐泰、黄子澄、练子宁，宣德时周忱、况钟等人行为的反拨，明廷对苏松田赋给予了更多的关注，苏松江浙人不得官户部的禁令也得到重申并更为严格地被遵守。

洪武三十五年（即建文四年）七月初一（壬午），成祖即位。即位诏中明言："建文以来，祖宗成法有更改者，仍复旧制。"①次年即永乐元年正月，又特别责成礼部督查落实："昔我太祖高皇帝立纲陈纪，礼乐制度咸有成规。建文中率皆更改，使臣民无所遵守。朕即位以来，首诏诸司必遵旧制。尚恐奉行不逮，尔礼部其申明之。"②

不难看出，成祖的复制是全面、彻底并且变本加厉的（唯一的例外是继承建文时的政策，继续削夺诸王权力），而户部任职的地域回避也自然包括在内。此后，苏松江浙人任户部的权利在法律上再度失去。③

在苏松江浙人不得任户部的问题上，有两个实例曾经引起过广泛的关注：正统时的周忱、崇祯时的倪元璐。《明史》卷一五三《周忱传》载：正统十四年八月，周忱以九年考满，进户部尚书，"寻以江西人不得官户部，乃改工部，仍巡抚"。卷二六五《倪元璐传》载：崇祯十五年九月，诏起元璐为兵部右侍郎兼侍读学士。次年

---

① 《明太宗实录》卷一〇（上），洪武三十五年七月壬午。
② 《明太宗实录》卷一六，永乐元年正月己丑。
③ 当然，在具体贯彻执行中，也有个别例外，上文所说的严良奇、王钟即是。但也都有其特殊原因。严良奇的复任是因为他有理财的经历，而永乐初尤需这方面的人才。王钟则于"靖难"有功。焦竑《献征录》载："（王钟）洪武中起家为掾，坐事戍辽东，用荐授行太仆寺典簿，进燕府纪善。上举义南向，钟侍世子守北京，恭慎小心，夙夜不懈，甚为世子所重。"且"为人端厚沉静，从容详雅，临事无留滞，僚吏多服其能"（卷三〇《户部侍郎·王钟传》），但也仅此二人而已，时间也都在永乐元年。

春，元璐抵京师，"陈制敌机宜，帝喜。""五月，超拜户部尚书兼翰林院学士，仍充日讲官。祖制，浙人不得官户部。元璐辞，不许。"

周忱以工部左侍郎进户部尚书事，发生在正统十四年八月二十二日（己巳）。其时英宗"陷虏"，皇太后诏立皇长子见深为皇太子，英宗异母弟郕王祁钰为辅政，"代总国政"。①但在这段时间真正起决策作用的，是内阁学士陈循、吏部尚书王直、礼部尚书胡濙、兵部侍郎于谦等。这几乎又是一个江浙人的决策班子。②而当时理财无出周忱之右者，所以周忱由工部左侍郎为户部尚书，虽然属"超擢"，却也是顺理成章的事情。但七天之后，八月二十九日，周忱就由户部改为工部。③对于这一改任，《实录》没有作任何解释。虽然人们普遍认为周忱的改任是因为有苏松江浙人不得官户部的"祖制"，但周忱的户部尚书并非实任，而是"戴衔"，即以户部尚书的身份、行使江南巡抚的职责。同时"戴衔"户部尚书的还有另外一位江西人，内阁学士陈循。正统十年十月，陈循由翰林学士为户部右侍郎，正统十四年八月二十三日（庚午）即周忱"戴衔"的第二天，陈循升户部尚书。对于陈循，没有人提出江西人不得官户部的问题。因为他仅仅是"戴衔"，真正的职责是内阁学士。但同样是"戴衔"，周忱却改了工部，应该还有其他原因。原因有二：其一，周忱为江南巡抚期间，不仅为减免苏松重赋大声疾呼，并且以"曲计"付诸行动，这就使他犯了忌讳，当时的户部尚

---

① 《明英宗实录》卷一八一，正统十四年八月己巳。
② 陈循和王直是江西吉安府泰和县人，王直的父亲王伯贞洪武时曾任户部主事；胡濙是南直隶常州府武进县人，于谦则是浙江杭州府钱塘县人。
③ 《明英宗实录》卷一八一，正统十四年八月丙子。

书郭资斥其"变乱成法"。① 其二，周忱与权珰王振关系密切。沈德符《万历野获编》记其结交状：

> 周文襄（忱）之抚江南最久，功最大。三吴人至今德之。然亦正谲兼用。时王振新建私第，文襄密令人规度其厅事内室广狭长短，命松江府织绒地衣以馈。振铺之不爽分寸，因大喜，凡有奏请，其批答无不如意。以此得便宜展布。及振死房中，景帝命籍之，得一金观音，背镂云："孝孙周忱进。"为司籍没御史钱昕所目睹。盖委曲从事，亦豪杰作用，如李德裕之于中尉杨钦义、马存亮也。②

由于周忱在江南兴利除弊、爱民如子，故其结交巨珰，遂被认为是"豪杰作用"，被认为是为了"便宜展布"。查继佐《罪惟录》也说："正统中，珰振弄权，忱善调剂之，以故欲有所张弛，片词辄奉俞旨。"③ 周忱戴户部尚书衔事发生在正统十四年八月二十二日，而籍没王振家产事发生在第二天，即八月二十三日，发现有周忱所进金观音；周忱改衔工部尚书、仍巡抚江南的诏书下于八月二十九日。同一时期两位江西人，陈循以内阁学士戴衔户部尚书，从此

---

① 《明史》卷七八《食货志二》。
② 沈德符：《万历野获编》补遗卷三《督抚·周文襄》。关于周忱向王振献金观音事，谈迁感到无法接受："周文襄生财节用，东南实式赖之。史谓其多费余财结权贵，信任群小。意当时权贵莫逾王振，而籍振家得金人，镌云：'义子周忱百拜。'夫文襄虽借变固位，何至靦丧若此也。或内竖同名氏者。不当以蔑文襄。"但周忱的"附势"却是事实，宣德间中进士、天顺时为内阁首辅的李贤在《古穰集》（《四库全书》本）中也有记载："（周忱）善于附势，中官王振极重之。"（卷三〇《杂录》）
③ 查继佐：《罪惟录·列传》卷一一上《经济诸臣列传上·周忱》。

户部尚书成为内阁次辅的固定衔号①；周忱以江南巡抚戴衔户部尚书，却旋授而旋改。都是戴衔，厚彼薄此。从时间表上看，周忱之改工部，完全是因为与王振关系的因素②，却寻找了一个冠冕堂皇的所谓江西人不得官户部的不成其为理由的理由。这个理由对周忱本人并无大的影响，以户部尚书的身份巡抚江南，与其当初以工部侍郎、后来以工部尚书的身份巡抚江南并无本质上的区别，其实职仍是江南巡抚。但对于恪守苏松江浙人不得官户部的"成法"或"祖制"却是意义重大。由于它的警示作用，保证了在此后二百年间苏松江浙人不仅不得实任户部官，而且还不能"戴衔"户部。

苏松江浙人不得官户部的禁令，经洪武前期的颁布、洪武末年及建文的松弛和废除、永乐初的恢复、正统十四年的重申，遂至延续二百年而不变。倪元璐由兵部右侍郎"超拜"户部尚书，发生在崇祯末年。其时明廷已是风雨飘摇、行将就木，大学士也是朝任夕罢乃至未赴任而已罢，所谓苏松江浙人不得任户部的"祖制"自然也应视为蔑如。但作为浙江人的倪元璐，却对"祖制"念念不忘，反复辞谢："洪武二十六年，着令凡户部官不得用浙江江西苏松人。臣浙人也。皇上恪遵祖宪，事关更革，不容不一奏明，为此徘徊具请，恭候圣裁。"③可见影响之深远。

---

① 参见《明史》卷一〇九、一一〇《宰辅年表一、二》。另见拙稿《明代内阁制度的形成》，载《文史》第三十三辑，中华书局，1990。
② 查继佐《罪惟录·周忱传》透露出信息，说周忱在此事之后即引退，并赞叹说："片词得俞旨，是借（王）振以善其用。必与大忤，安能克襄？而所难景泰之初辄请老。"
③ 倪元璐：《倪文贞奏疏》卷六《奏请祖制疏》（《四库全书》本）按：倪元璐的依据显然是万历《会典》，可见苏松江浙人不得官户部禁令的颁布，明人也已莫明其时了。

三、苏松江浙的"民风"与"吏风"

沈德符《万历野获编》说，由于浙江、苏松是财赋之地，而江西士风谲诡，故明太祖禁苏松江浙人不得任户部。其实，浙江、苏松的民风士习的又何尝不"谲诡"；对于国家财政来说，江西又何尝不是财赋之地。苏松江浙人不得任户部，应该说是由上述两个方面的因素同时促成的。如果需要细分的话，倒不如说，财赋的因素在苏松江浙人不得为户部官的问题上占主导地位，而民风的因素则在苏松江浙吏不得用于户部的问题上显得更为重要。①

洪武十五年发生的"空印案"和十八年发生的"郭桓案"，对于苏松江浙吏不得任户部无疑产生了十分重要的影响。明太祖认为，空印案和郭桓案所以严重，就在于中央户部的主管官员和地方把持财赋的吏员相勾结。他不可能禁天下人都不得为户部官，但既然已经有了苏松江浙人不得任户部官的禁令，那么，苏松江浙吏不得用于户部也就不足为怪了。

洪武十八、十九年间，明太祖连续发布三编《大诰》，对臣民

---

① 按：沈德符说浙江、苏松为财赋之地，江西士风谲诡，代表着当时的普遍看法。从在册人口数量以及向国家交纳的税粮来看，江西与浙江相近，但当时商品经济发展的总体水平，两浙地区明显高于江西，苏、松、杭、嘉、湖更是全国最为繁荣的地区，田赋、丁役之外，商税成为国家在这一地区的重要财源，这是江西所无法比肩的。而江西民风的"刁顽"、江西人的"好讼"，在明代则是朝野关注的社会问题，其影响所及，也非苏松、浙江所能比。由于"诱人刁泼"，致河南布政使上疏请求驱逐所有在河南的江西商人；对于江西官员参与派系斗争，明武宗将其解释为"江西土俗，自来多玩法者"。关于这一问题，参见拙著《明清湘鄂赣地区的人口流动与城乡商品经济》（人民出版社，2001）第三章第二节。拙稿《明清湘鄂赣地区的"讼风"与地域文化的转移》（载《文史》2004年第3期）作了比较详尽的论述。

的不法行为进行惩治。在这些案子中，涉及地方吏员77名，而苏松江浙吏竟有58名，占75.32%，其中又以苏松为甚。其劣迹，当厅殴打者有之，不听约束者有之，起灭词讼者有之，伪造粮册者有之，而最为普遍的，则是瞒上欺下、聚敛钱财。① 下面几个案子的发生和处理，代表了明太祖及当政者对苏松江浙吏的认识。

《大诰·奸吏建言第三十三》说：

> （浙江）绍兴府余姚县吏叶彦彬，父亦在闲之吏，其子邑呼曰"小疾灵"，以黄冠符录印作县印，用使批文，下乡骗民，被弓兵史敬德觉露。本吏贿于有司，虚有罪，实释之。后以吏役起赴京师。其吏心怀旧恨，外名仁义，内包祸心，建言便民事理，中含报仇于弓兵史敬德等二人。……御史王式文，徇情出妄告之罪。……疾灵他犯又将及身，促为所知，畏惧罪责，乃以钞、银、缎、布足，赴通政首。呜呼！人不畏法，有若是欤。……父本老吏，朝廷起取，即推风疾不起。其子赴京，父子俱至。疾灵被获，傍云："父亦在是。"询及疾灵："伊父果来乎？"对曰："归矣。"遣人试捕，就京被获。父子无端，有若是耶。

《大诰·刑余攒典盗粮第十九》说：

> （苏州）龙江卫仓官攒人等，为通同户部官郭桓等盗卖仓

---

① 明太祖：《大诰·折粮科敛第四十》《大诰续编·容留滥设第七十三》《大诰续编·官吏下乡第十七》。

粮。其官攒人等已行墨面文身、挑筋去膝盖，仍留本仓守支。不逾半年，进士到仓放粮，朝发筹二百根，至晚乃收二百三根。进士诘焉。乃是已刑之吏康名远仍肆奸顽，偷出官筹，转卖与一般刑余攒典费佑，盗支仓粮。呜呼！当是官是吏，受刑之时，朕谓斯刑酷矣，闻见者，将以为戒。岂意攒典康名远等肢残体坏，形非命存，恶犹不已，仍卖官粮。此等凶顽之徒，果将何法以治之乎？

"小疾灵"或为"小机灵"，喻其人聪明奸猾。在乡则下乡行骗，在部则公报私仇。而且父子为世吏，奸诈无赖。康名远等人因盗卖官粮而受到墨面文身、挑筋去膝盖的肉刑，却不知悔改，继续干着盗支仓粮的勾当。包藏祸心、狡诈多变、弄虚作假、不惧刑罚，一切为了聚敛财物，这本是历代奸吏的通病，但在明太祖看来，没有比苏松嘉湖更甚者："人不能自生、终于取死者，无如苏、松、嘉、湖四县之吏。"①这些奸吏又有广大的后备军，这就是充斥府、州、县城的"市井之徒"。他们"一业不务，惟务好闲，结构官府"。据当时统计，此类市井之徒，松江一府坊厢中有1350名，苏州有1521名。②从绝对数字看，苏州为甚；就人口比例而论，则以松江为甚。

对于此类市井之徒，明太祖也是深恶痛绝，《大诰续编·市民不许为吏卒第七十五》：

---

① 明太祖：《大诰续编·逃吏更名第四十八》。
② 明太祖：《大诰续编·罪除滥设第七十四》。

今后诸处有司衙门皂隶、吏员、狱卒，不许用市井之民，其市井之民多无田产，不知农业艰难。其良善者将本求利，或开铺面于市中，或作行商出入，此市中之良者也。有等无籍之徒，村无恒产，市无铺面，绝无本作行商，其心不善，日生奸诈。岂止一端，惟务构经官府，妄言民之是非。此等之徒，设若官府差为吏卒，其害民之心那有厌足。……有司仍前用此，治以死罪；市井之徒……若仍前擅应此役及暗构为是，皆死。

而造就这批市井之徒的，是苏松嘉湖地区的物资财富和刁顽民风。谢肇淛《五杂俎》记：

苏虽霸国之余习、山海之厚利，然其人儇巧而俗侈靡，不惟不可都，亦不可居也。士子习于周旋，文饰俯仰，应对娴熟，至不可耐。而市井小人，百虚一实，舞文狙诈，不事本业，盖视四方之人，皆以为椎鲁可笑，而独擅巧胜之名。殊不知其巧者，乃所以为拙也。①

对于江西民风的刁顽，明太祖也同样充满厌恶："天下十三布政司良民极广，其刁顽者虽有，惟江西有等顽民，奸顽到至极之处，变作痴愚。"②

在这些刁民顽吏的浸润诱惑下，"自开国以来，惟两浙、江西……所设有司官，未尝任满一人，往往未及终考。"③为了保证国

---

① 谢肇淛：《五杂俎》卷三《地部一》。
② 明太祖：《大诰三编·代人告状第三十一》。
③ 明太祖：《大诰续编·松江逸民为害第二》。按：所列省区还有两广和福建。

家的财富不受侵害，必须制止这些地区的奸吏进入掌管国家财富的户部。由于苏松江浙赋重，所以苏松江浙人不得为户部官；由于苏松江浙吏刁，所以苏松江浙之吏不得为户部吏，吏部所"奏准"的有关户部禁用苏松江浙吏正由此而来。

但是，虽然苏松江浙人不得为户部官的禁令在明代得到严格的遵守，苏松江浙吏不得用于户部的禁令，却至迟在万历中期已成虚文。谢肇淛《五杂俎》说："今户部十三司胥算，皆吴越人也。"①沈德符《万历野获编》也说："户部胥吏，尽浙东巨奸。"②黄宗羲记其同门陈龙正之语："天下之治乱在六部，六部之胥吏尽绍兴。……故绍兴者，天下治乱之根本也。"③

沈德符记其在京师所见的一次口技表演：

> 一日，同社馆东郊外韦公庄者，邀往宴集，诧谓余：有神技可阅。既酒阑出之，亦一瞽者，以小屏围于座隅，并琵琶不挈，但孤坐其中。初作徽人贩姜邸中，为邸主京师人所赚，因相殴投铺。铺中徒隶与索钱，邸主妇私与徒隶通奸。或南或北或男或妇，其声嘈杂，而井井不乱，心已大异之。忽呈解兵马，兵马又转解巡城御史鞫问。兵马为闽人，御史为江右人，掌案书办为浙江人，反复诘辩，种种曲肖。廷下喧哄如市，诟詈百出。忽究出铺中奸情，遂施夹拶诸刑，纷纭争辩，各操其乡音。④

---

① 谢肇淛：《五杂俎》卷一五《事部三》。
② 沈德符：《万历野获编》补遗三《历法·算学》。
③ 黄宗羲：《明儒学案》卷六二《蕺山学案》。（中华书局标点本）
④ 沈德符：《万历野获编》卷二四《技艺·李近楼琵琶》。

这段口技的精彩，不仅仅在于表演者以一人一口之力，模仿出"或南或北或男或妇，其声嘈杂，而井井不乱"，也不仅仅在于表演者能使所模仿的人物"纷纭争辩，各操其乡音"，还在于表演者将各地的职业特征也充分表现出来：贩姜的商人为徽州人即徽商，坐铺的邸主为京师人即当地人，兵马司官员为福建人，御史为江西人，书办即胥吏则是浙江人。而这种职业的地域特征，恰恰与现实相吻合：在当时的地域性商人中，以徽商影响最大，所以商人用徽州乡音最为合适；江、浙、闽为科举大省，尤以江西为甚，科道官须进士出身，故御史用江西乡音，兵马司则用福建乡音；浙江书办或胥吏在当时已是一大社会现象，故书办用了浙江乡音。文学艺术反映现实的功能在这段口技中得到充分的表现。谢肇淛、沈德符等人关于"户部十三司胥算皆吴越人""户部胥吏尽浙东巨奸"之说，也在这段充满喜剧色彩的艺术表演中得到证实。

万历年间，在浙江，特别是浙江绍兴，谋求吏员的职位，如同江西吉安的科举、南直徽州的经商，①已经成为风气。冯梦龙《醒世恒言》卷三六说：

绍兴地方，惯做一项生意：凡有钱能干的，便到京中买个三

---

① 《明英宗实录》卷二六八，景泰七年七月丙申条载，吉安泰和籍大学士陈循疏称："江西及浙江、福建等处，自昔四民之中，其为士者有人，而臣江西颇多；江西诸府，而臣吉安府又独盛。盖因地狭人多，为农则无田，为商则无资，为工则耻卑其门地，是以世代务习经史，……皆望由科举出仕。"《二刻拍案惊奇》卷三十七说："徽州风俗，以商贾为第一等生业，科第反在次着。凡是商人归家，外面宗族朋友，内面妻妾家属，只看你所得归来的利息多少为重轻。得利多的，尽皆爱敬趋奉；得利少的，尽皆轻薄鄙笑。犹如读书求名的中与不中归来的光景一般。"

考吏名色,钻谋好名色,钻谋好地方,选一个佐贰官出来,俗名唤做"飞过海"。即吏员考满,若依次选,不知要等几年,若用了钱,便可插在别人前面,指日做官。也有独自无力者,四五个合做伙计,一人出名做官,其余坐地分赃。到了任上,先备厚礼,结好堂官,叨揽事管,些小事体,经他衙里,少不得要诈一两五钱。到后觉道声息不好,立脚不住,便逃之夭夭。十个里边,难得一两个来去明白,完名全节。所以天下衙官,大半都出绍兴。

有钱的独力经营,无钱的合伙经营,形成具有地方特色的产业。随着这个地域性色彩极为浓厚的产业或职业的形成,浩浩荡荡的浙江特别是绍兴籍的吏员,便迅速分布于包括户部在内的中央、地方各衙门之中,成为引人关注的社会现象。

苏松江浙人不得为户部官的禁令被遵守,而苏松江浙吏不得用于户部的禁令却成为虚文,究其原因,应有以下数端。

其一,官员的选拔与任命程序严格,吏员的选用和参拨则有较大的随意性。明代文官皆由科举出,由科考到乡试、会试,层层审核,乡贯及出身明明白白。虽然也不免有"冒籍",但总体上说漏洞甚小。吏员则不然,冒名、冒籍者不计其数,籍贯的辨认和控制也更为困难。所以,仅从任官选吏的程序上看,也是限制苏松江浙人为官员易,限制苏松江浙吏为户部吏难。

其二,苏松江浙人不得为户部官和不得为户部吏的两项禁令,法律地位并不相同。如前文所言,弘治《会典》记载苏松江浙之吏不得任户部时,用了"奏准"二字,记载苏松江浙人不得官户部时,却并不用"奏准",而是"诏""制"。按编撰"凡例",二者的区别是明显的：苏松江浙人不得为户部官是以明太祖诏书的方式予以规定（不管诏书由哪位书办代笔），即为"朝廷所降"；苏松江浙吏不得用于户部则是以吏部报告的方式予以确定（不管这个报告是否秉承明太祖的意旨），即为"臣下所奏"。其法律地位的不同是显而易见的。前者属于"祖制"或"成法"，后者则为"成例"。万历《会典》及《明史》的错误，是通过统一用"奏准"或"令"将二者的界限模糊。其实，直至崇祯十六年倪元璐任户部尚书时，仍然念念不忘"祖制"的存在[①]。二者之间法律地位的差异，正可视为二者在执行过程中发生差异的法律上的根源。

也如前文所言，关于户部吏员任用对象的限制，弘治《会典》记载的是苏松江浙"吏"，万历《会典》则改为苏松江浙"人"。从《大诰》《教民榜文》等文献所展示的信息看，明太祖虽然一再指责苏松江浙民风的谲诡，但最深恶痛绝的还是苏松江浙特别是苏州和松江之吏，以及作为吏员后备军的"市井之徒"，禁止为户部吏的主要是他们。虽然万历《会典》的编撰者们将这里的"吏"理解为"人"，这种理解有一定道理，但二者毕竟是有区别的。也正是因为这一区别，如果未曾参充吏职的苏松浙江人在户部任吏，严格说来却并未破坏"成例"。

其三，户部事务的客观需要。明代以科举取士，考试的内容是四书五经，作文的格式是八股时文。由进士出身的官员们从习"举子业"开始，学的就是圣贤道理和祖宗法度，被要求恪守的是"礼"和"义"。但他们所处的却是一个充满利欲的社会，而户部

---

① 倪元璐辞户部尚书之命，其疏名即为《奏请祖制疏》。

管理的恰恰是财和利。户部的主管官员可以用传统的理念理财,具体的财政管理却需要技术,需要筹算,需要理解货币与实物、收入与开支的关系,甚至需要和上下左右进行讨价还价的阴谋诡计。进士出身的官员们普遍不懂算学、缺乏理财的技术和经验,更谈不上对各种社会经济关系的理解,这就给了吏员以广阔的活动空间。沈德符对此深有认识,《万历野获编》说:

> 算学亦书数中要事,而于勾稽钱谷,尤为吃紧。本朝定制,以浙江及苏松二府为财赋之地,江西士风谲诡,遂禁此三处士人,不得官计曹。然户部胥吏,尽浙东巨奸。窟穴其间,那移上下,尽出其手。且精于握算,视官长犹木偶。释褐版曹者,又视簿书为脂地,漫不留意。其在外司民社者,亦持筹不知纵横,任其下为溪壑。皆算学不讲之故也。①

沈德符认为,造成户部胥吏尽是"浙东巨奸"的原因有两个方面:一方面在官员。他们不但"算学不讲"、对于"勾稽钱谷"即理财问题多为门外汉,而且从观念上予以蔑视,"漫不留意""任其下为溪壑"。但理财对于户部衙门乃至一切地方衙门来说,又"尤为吃紧"。另一方面是吏员。来自浙江的胥吏们"精于握算",熟悉业务,适应了户部及其他衙门理财的需要。这样,户部的有关业务,就只能由吏员特别是精通业务的浙江籍吏员来承担。

处于相同或相似的生态环境和经济生活之中,苏松江浙籍的不

---

① 沈德符:《万历野获编》补遗三《历法·算学》。

少官员和吏员一样,也"精于握算",如长期巡抚江南的江西籍官员周忱,以及在洪武初曾任户部尚书的滕德懋等。但由于"祖制"的限定,苏松江浙人不得官户部,这就使苏松江浙人为户部吏有更充足的业务上的理由。任何一种体制的国家机器,其管理层面都离不开技术职员,"精于握算"的浙东胥吏,恰恰是这种技术职员。明代禁苏松江浙吏不得用于户部,本来为的是预防财政管理中可能发生的腐败。但"浙东巨奸"却尽据户部十三司要津,使得吏员控制财政、侵吞盘剥的状况更加严重。晚明民谚说,"随你官清似水,难逃吏滑如油"①,正是这一现实的反映。也正因为这样,刘宗周师徒才有绍兴胥吏为"天下治乱之根本"的感慨,并主张通过"化其父兄子弟"的办法来感化和教育绍兴胥吏,以达到天下大治的目的。②

浙江人之"精于握算",是当地经济特别是商品经济发达的结果。但苏松地区商品经济的发展水平不下浙江,江西也相距不远,其民之精于筹算,或者胜于浙江③。因此,明太祖及此后的当权者

---

① 冯梦龙:《警世通言》卷一五。
② 黄宗羲《明儒学案》卷六二《蕺山学案》载:"先生题魏忠节公主,羲侍先生于舟中,陈几亭以《与绍守书》呈先生。先生览毕,付羲。其大意谓天下之治乱在六部,六部之胥吏尽绍兴,胥吏在京师,其父兄子弟尽在绍兴,为太守者苟能化其父兄子弟,则胥吏亦从之而化矣,故绍兴者,天下治乱之根本也。羲一笑而置之曰:'迂腐!'先生久之曰:'天下谁肯为迂腐者?'羲惕然无以自容。"
③ 谢肇淛《五杂俎》卷四《地部二》:"天下推纤啬者,必推新安与江右。"王士性《广志绎》卷四《江南诸省·江西》:"江、浙、闽三处,人稠地狭,总之不足以当中原之一省,故身不有技则口不糊,足不出外则技不售。惟江右尤甚。而其士商工贾,谭天悬河,又人人辩足以济之。又其出也,能不事子母本,徒张空拳以笼百务,虚往实归,如堪舆、星相、医卜、轮舆、梓匠之类,非有盐商、木客、筐丝、聚宝之业也。故作客莫如江右。"(中华书局标点本,谢肇淛福建人、王士性浙江人)

们在户部任职问题上对苏松、江西的警惕，也丝毫不下于浙江。这就产生了一个问题，户部以及各部吏员为何多为浙江籍而非苏松或江西籍，钻营吏职为何在浙江而非在苏松或江西成为风气？这应该与浙江的习俗相关，至少与浙江人乐为"小唱""娈童""戏文弟子"的习俗有关。谢肇淛《五杂俎》说：

> 京师有小唱，专供缙绅酒席。盖官伎既禁，不得不用之耳。其初皆浙之宁绍人，近日则半属临清矣。故有南北小唱之分。然随群逐队，鲜有佳者。间一有之，则风流诸缙绅，莫不尽力邀致，举国若狂矣。此亦大可笑事也。外之仕者，设有门子，以侍左右，亦所以代便辟也。而官多惑之，往往形之白简。至于娟丽儇巧，则西北非东南敌矣。①

沈德符《万历野获编》也说：

> 京师自宣德顾佐疏后，严禁官妓，缙绅无以为娱，于是小唱盛行，至今日几如西晋太康矣。此辈狡猾解人意。……然诇察时情、传布秘语，至缉事衙门，亦藉以为耳目，则起于近年。人始畏恶之。其艳而慧者，类为要津所据。断袖分桃之际，赍以酒赀仕牒，即充功曹，加纳候选，突而弁兮，旋拜丞簿而辞所欢矣。以予目睹，已不下数十辈。甲辰、乙巳之间（按：即万历三十二、三十三年，1604、1605）小唱吴秀者最

---

① 谢肇淛：《五杂俎》卷八《人部》。

负名,首揆沈四明(一贯)胄君名泰鸿者以重赂纳之邸第,嬖爱专房,非亲狎不得接席。①

陆容《菽园杂记》则有一段著名的关于浙江"戏文弟子"的记载:

> 嘉兴之海盐、绍兴之余姚、宁波之慈溪、台州之黄岩、温州之永嘉,皆有习为倡优者,名曰"戏文弟子",虽良家子不耻为之。其扮演传奇,无一事无妇人,无一事不哭,令人闻之,易生凄惨。此盖南宋亡国之音也,不知浙之人何以悦而尚之。其赝为妇人者名"妆旦",柔声缓步,作夹拜态,往往逼真。②

可见,浙江主要是浙东地区,至少从南宋以来便形成了热衷戏曲的习俗。至明代,海盐腔盛行一时,绍兴更为杂剧和传奇作家及演员的主要产生地③,良家子不以学习"倡优"为耻,反以"戏文弟子"为荣。这种风气,使得容貌俊秀、能歌善舞、善解人意,并在一定程度上取代官妓的浙江(主要是绍兴、宁波)"小唱"遍布南北。他们的服务对象,是官员及其子弟。一旦傍上官府,即"以侍左右""以代便辟",或"缉事衙门""调察时情",或为功曹丞簿、窃据要津。"小唱""娈童",遂成为吏员。他们或许便是洪武时定苏松江浙吏

---

① 沈德符:《万历野获编》卷二四《风俗·小唱》。
② 陆容:《菽园杂记》卷一〇。(中华书局标点本)
③ 参见拙著《明代城市与市民文学》第四章、第五章。

不得用于户部之后，首批进入户部的浙江绍兴或宁波籍吏员。作为浙江嘉兴人，沈德符在万历三十年前后便接触了几十位此类同乡，其中多有充职户部者，故作"户部胥吏，尽浙东巨奸"的感慨。

四、东南财赋与西北防务

明朝统治者对苏、松、嘉、湖、南、瑞、袁七府，或沿用元末群雄的加赋，或在此基础上再加重赋，既是出于政治上的报复和惩罚，也是为了增加中央的财政收入。但从本质上看，则是中国古代社会"杀富济贫"行为在经历了一场大的社会动荡之后的延续，是"不患寡而患不均"的平均主义思想和"取有余而补不足"的治国理念在明初特殊政治环境下的特殊体现。至少在苏松嘉湖地区如此。这种带有普遍性的思想和理念，通过明太祖朱元璋的个性和权威强加于先进地区。苏松江浙人不得官户部的"祖制"，则是希望通过政治体制的方式保证对先进地区进行持久的合法性经济掠夺。

然而，虽然苏松重赋不断引起该地区民众和官员们的反对，但整个社会舆论却表现出不以为然和幸灾乐祸的态度。郑若曾在《苏松浮赋议》中引用了"说者"之言："苏松富饶之乡，货物辐辏，游玩登临，日费不赀。朝廷惟正之供，即多取之而不为虐。"[①]尽管郑若曾们可以解释说，苏松的富人都是外地商人而非本地农民，苏松的高消费者都是商贾胥吏市井之徒而非有田劳作之人，但苏松杭嘉湖的富裕却是天下皆知。正如谢肇淛所说："三吴赋税之重，甲于天

---

① 郑若曾：《郑开阳杂著》卷一一《苏松浮赋议》。

下,一县可敌江北一大郡,破家亡身者往往有之。而闾阎不困者,何也?盖其山海之利,所入不赀;而人之射利,无微不析。真所谓弥天之网、竟野之罘,兽尽于山、鱼穷于泽者矣。其人亦生而辩哲,即穷巷下佣,无不能言语进退者,亦其风气使然也。"[1]

马克思《政治经济学批判导言》有一段颇耐寻思的话:"有一种传统的观念,认为在某些时期人们只靠劫掠生活。但是要能够劫掠,就要有可以劫掠的东西。……而劫掠方式本身又决定于生产方式。"[2]明代的苏松重赋,以及为保证苏松重赋而发生的苏松江浙人不得官户部的"祖制",既是因为苏松"有可以劫掠的东西",也是在特定的生产方式下特殊的"劫掠方式"。

其实,苏、松、嘉、湖、南、瑞、袁七府的重赋,有一个由临时性惩罚到永久性政策的变化,开始是权宜的和临时的,后来才演变为固定的和永久的;它对政府财政的意义,也有一个认识的过程,而这个过程越来越强化了它的固定性和永久性。苏松江浙人不得官户部也当如是观,所以才有洪武前期的定制、洪武后期的松解、建文时的废除、永乐时的恢复、正统时的重申。很难设想在当时的认识水平下,一个政权能够在初始阶段就将所有的事情规划和设计好。

平心而论,国家在富裕地区、在经济发达地区增加税额,本

---

[1] 谢肇淛:《五杂俎》卷三《地部一》。
[2] 马克思:《政治经济学批判导言》,《马克思恩格斯选集》第二卷,人民出版社,1972,第100页。

来无可厚非,①这比在贫困地区征税要容易得多,风险也小得多。前者充其量是引起不满,后者可能发生的则是社会动荡。这已为明末社会动荡的事实所证明。但是,苏松及江浙部分地区的富裕,以及和贫困地区形成的巨大反差,主要并不在于粮食生产,而是在于商品经济的发展,在于城市的繁荣和市民的高消费。明朝政府自始至终在先进地区坚持高额田赋,并坚持这一地区的士人不得任户部官,说明这个政府既缺乏用经济方式解决经济问题的理念,也没有建立新的税收体系来调节社会经济发展的能力,所以只能采用行政措施。其结果,是在一定时期内造成了这一地区部分土地的抛荒和农民的逃亡。然而,它在一定程度上却成为这一地区以下两个现象发生的助力:一是为了求得最大经济效益,以应付国家的税收并增加经营者的收益,苏松杭嘉湖地区的大量粮田改种了经济作物,这一地区城市的粮食消费主要依赖于江西和湖广,而交纳的税粮则大多折合成白银;②二是离开土地的农民大量进入城市和市镇,成为商业、手工业及各类服务行业的从业人员,他们以另外一种方式创造着社会财富。③事实证明,这两个方面都是这一地区商品经济发展和城市繁荣的重要因素。

---

① 关于这一问题,不少明史学者如韦庆远、唐文基、樊树志等已经作了较为充分的论述。见韦庆远《论明初对江南地区的经济政策》(载《明史研究论丛》第三辑,江西古籍出版社,1985),唐文基《明代江南重赋问题和国有官田的私有化》、樊树志《明代江南官田与重赋之面面观》(均载《明史研究论丛》第四辑,江苏古籍出版社,1991)等。
② 参见拙著《明清湘鄂赣地区的人口流动与城乡商品经济》第四章《人口流动与湘鄂赣地区的商品生产》(人民出版社,2001)。另见吴承明《中国资本主义与国内市场》(中国社会科学出版社,1986)、李伯重《江南的早期工业化(1550—1850)》(社会科学文献出版社,2000)。
③ 参见拙著《明代城市与市民文学》第二章《明代城市与市民》。

虽然不断有人提出苏松重赋的不合理,但明末清初松江府士人叶梦珠的一番话,却是对这一政策的极大嘲讽:

> 吾乡(按:指松江府)赋税,甲于天下。苏州一府,赢于浙江全省;松属地方,抵苏十分之三,而赋额乃半于苏,则是江南之赋税,莫重于苏松,而松为尤甚矣。予尝与故老谈隆、万间事,皆云物阜民熙,居官无逋赋之罚,百姓无催科之扰。今日(按:指清康熙年间)之粮,加重于昔,亦有限也。乃有司竭力催征,参罚接踵,闾阎脂膏悉索,积逋日甚。何哉?盖当年之考成甚宽,则郡县之催科亦缓,积久日弛,率从蠲赦,所谓有重粮之名、无重粮之实是也。①

朝廷背了三百年的"重赋"骂名,到头来却是"有重粮之名、无重粮之实"。但即便是有名无实,即便是不合理,自从周忱的减赋被指责为"变乱成法"之后,几乎无人敢于在奏疏中正面重提这一问题。嘉靖时袁袠说:

> 今之天下皆王土也,何独天下之赋皆轻,而苏松独重乎?议者必以变乱成法为言。夫谓变乱者,防奸臣之专权乱法、罔上行私也。今朝野之人,皆知苏松之重赋,法当变通,而莫有言者,畏变乱之律重也。诚使圣天子下明诏集群议以行之,又何变乱之有?无已则减额乎?议者必谓军国之需,一日不可

---

① 叶梦珠:《阅世编》卷六《赋税》。(上海古籍出版社,1981)

缺,加赋且不足,而乃欲减额乎?①

万历时郑若曾更尖锐地责问:

> 将谓祖制不便遽改,故未尽豁免,姑留此以示当年惩创之意。窃见先朝建言、忤旨、禁锢诸臣,新天子嗣服,往往特恩宽释,加以不次之擢。又最甚如靖难时抗节诸人,罔不荷恩褒恤。独此苏松无告之民,何获戾之深而数代以后犹永远禁锢之、惩创之?若是哉,朝廷之上举行一事,动曰法尧舜、法祖宗。上古轻徭薄赋,岂其未之前闻?若遵太祖之法,则初年均定每亩升合之旧章,曷不率由?而一时迁怒所增,顾历世奉为成谟也?②

他们都提到一个"祖制"或"成法"的问题。而他们以及和他们类似的言论,又都有意回避与苏松重赋紧密相关的另一个更为敏感的"祖制",即苏松江浙人不得官户部。《清世祖实录》有这样一段记载:

> 顺治十年正月丙申,上幸内院,阅《通鉴》。至唐武则天事,谓大学士范文程、额色黑、宁完我、陈名夏等曰(中略):"上古帝王,圣如尧舜,固难与比伦,其自汉高以下,明代以前,何帝为优?"对曰:"汉高、文帝、光武、唐太宗、宋太

---

① 袁裒:《世纬》卷下《均赋》。
② 郑若曾:《郑开阳杂著》卷一一《苏松浮赋议》。

祖、明洪武，俱属贤君。"上曰："此数君者，又孰优？"名夏曰："唐太宗似过之。"上曰："岂独唐太宗。朕以为历代贤君，莫如洪武。何也？数君德政有善者，有未尽者，至洪武所定条例章程，规画周详。朕所以谓历代之君不及洪武也。"①

清代的定鼎之君如此推崇明代的开国之君，原因便是其"所定条例章程，规画周详"，而这些所谓的条例章程，不少便是所谓的"祖制"。

明太祖以布衣取天下，处心积虑，立纲陈纪，既建立了一套自以为万无一失的政治体制，又制定了一系列礼制法典，并告诫子孙后代，世守勿替："凡我子孙，钦承朕命，无作聪明，乱我已成之法，一字不可改易。"②可见，对于"祖制"或"成法"，在明代是不能轻言改变的。所以，尽管明代内阁在某种意义上已为事实上的中书省，却只能有宰相之实而不能有宰相之名，因为"祖制"明确规定不得复立宰相；尽管从情理上说，明太祖去世后诸王应该赴南京奔丧，但建文帝一纸诏书，已经在奔丧路上的燕王朱棣只能返回北平，因为"祖制"明确规定如无朝廷宣召亲王不得起程赴阙。同样，尽管苏松江浙人不得官户部弊端种种，却因属"祖制"而无人敢于提出废除。谢肇淛《五杂俎》挖苦说：

> 国朝立法太严……如户部一曹，不许苏松及浙江江右人为官吏，以其地赋税多，恐飞诡为奸也。然弊孔靐窦，皆由胥

---

① 《清世祖实录》卷七一，顺治十年正月丙申。（中华书局影印本）
② 明太祖：《皇明祖训序》，见《洪武御制全书》第387页。

役，官吏迁转不常，何知之有？今户部十三司胥算，皆吴越人也。察秋毫而不见其睫，可乎？祖制既难遽违，而积弊又难顿更，故当其事者默默耳。①

顾炎武也对明代的墨守"祖制"进行了抨击："虽大奸有所不能逾，而贤智之臣，亦不能效尺寸于法之外。相与兢兢奉法，以求无过而已。"②

但是，任何制度和政策都会因时因势而变化。明太祖自己就对皇太孙即后来的建文帝说："吾治乱世，刑不得不重。汝治平世，刑自当轻。"并解释道，这就是"所谓刑罚世轻世重也"，即刑轻刑重并无绝对的标准，当以时局的变化为转移。建文帝即位后也回忆说："《大明律》皇祖所亲定，命朕细阅，较前代往往加重。盖刑乱国之典，非百世通行之道也。"③既然这样，就应该没有不可改变的"祖制"。正如袁袠所说："诚使圣天子下明诏集群议以行之，又何变乱之有？"事实上，如果不发生"靖难"之役后的皇位变更，苏松江浙人不得官户部的"祖制"已在建文二年被废除。况且，一直为文官集团念念不忘的明太祖关于"内臣不得干预政事、预者斩"④的"祖制"，就从来没有认真被遵守过。⑤

可见，苏松江浙人不得官户部的禁令所以能与明代相始终，又

---

① 谢肇淛：《五杂俎》卷一五《事部三》。
② 顾炎武：《日知录》卷九《守令》。
③ 《明史》卷九三《刑法志一》。
④ 《明史》卷三〇四《宦官传一》。
⑤ 业师欧阳琛教授《明代的司礼监》对此有精湛论述。(《江西师大学报》1984年第4期)

不仅仅是因为洪武时太祖的制定"祖制"，也在于永乐时成祖的恢复"祖制"，还在于正统时主政官员的重申"祖制"。也就是说，对于苏松江浙人不得官户部，有一股执着的力量在坚持、有一只无形的手在操纵。

如前所述，苏松江浙人不得官户部的"祖制"虽然是为着保证田赋的经济目的，但一开始就带有浓厚的政治色彩。随着苏松嘉湖地区的繁荣富庶越来越被人们所认识，以及用东南之财养西北之兵的理念日渐成为当政者的共识，①减免苏松"重赋"的呼声已越来越弱。无论哪一地区的官员任于户部，出于国家财政的考虑，都无法也没有必要为苏松减赋。杨士奇《三朝圣谕录》所载与宣宗的一段对话颇耐寻味：

> 宣德七年十月二十八日，上召臣士奇至文华殿，谕曰："忆五年二月，共尔南斋宫论宽恤事，今两阅岁矣，民事不又可恤者乎？"对曰："诚有之。只五年官田减租额一事，圣恩已下，玺书已明，民间已知，户部格而不行，至今仍旧额追征，小民含冤不已。"上怒曰："户部可罪也。"对曰："此循习之弊，永乐末年多如此。往年高煦反，以夏原吉为奸臣之首，诬指此事为说。"上怒稍解。②

---

① 如丘濬《大学衍义补》卷八五《治国平天下之要》即说："我高皇帝定鼎金陵，天下万世之大利也；文皇帝迁都金台，天下万世之大势也。盖天下财赋出于东南，而金陵为其会；戎马盛于西北，而金台为其枢。并建两京所以宅中图治、足食足兵、据形势之要而为四方之极者也。用东南之财赋，统西北之戎马，无敌于天下矣。"

② 杨士奇：《三朝圣谕录下》，载《国朝典故》卷四七。

宣德五年二月减免江南田赋，为户部所格。当时任户部尚书的是河南武安人郭资。而汉王高煦所指责的"奸臣之首"、永乐时坚持江南重赋的户部尚书夏原吉，其祖籍却是江西修水。同是江西人，周忱巡抚江南，则"曲计"减免苏州田赋；夏原吉主持户部，却坚持苏松重赋。这时，地域观念已经淡化，凸现的是职务的本能。周忱身为地方大员，关注的是"民生"；夏原吉主持朝廷财政，关注的则是"国计"。①如果二人易位，其主张可能立即发生变化。但到了晚明时期，由于田赋的拖欠，苏松地区仅有重赋之名而无重赋之实。苏松江浙人不得为户部官的"祖制"的经济意义也就微不足道。因此，"祖制"的被坚持应该还有更深刻的社会政治方面的原因，这就是贯穿于明代的所谓南人与北人的关系问题，以及明廷为了保持地域间的平衡而在政治体制上对经济发达地区的压制。

南人与北人在观念和行为上的隔阂与对立，既有地理环境以及由此而产生的生活习性和经济文化差异的原因，也有着久远的政治原因。在凤阳、北平"龙兴"的明太祖、成祖及其继承者们（唯一的例外就是建文皇帝），一直以"北人"自居，而对"南人"特别是江南经济发达地区表现出抑制的姿态。洪武三十年发生的科场案，②是明太祖在位期间在用人问题上继苏松江浙人不得官户部之后压制南人、扶植北人的又一重大举措。此后经洪熙时的酝酿，制定了科举按南北二卷、此后更按南北中三卷取士的制度，以确保

---

① 类似的情况曾发生在王安石一人身上：当其为江南提点刑狱时，不断减免当地田赋力役；一旦为参知政事、同中书门下平章事，则不断地加赋增役。也就是说，其主政地方时，考虑的是"民生"，主政中央时，考虑的是"国计"。参见拙稿《试论青苗法的推行与效果》。（《南开学报》1988年第6期）
② 见《明史》卷七〇《选举志二》。

"文词质实"的北方士人在科举和任职中的份额。① "靖难之役"以成祖朱棣取代建文帝朱允炆的帝位为结局,在一定意义上说是官僚集团中的北方势力对南方势力的胜利,因而永乐初之革除建文新政恢复洪武旧制,是再自然不过的事情。洪、宣之时,虽然仁宗高炽、宣宗瞻基倚内阁杨士奇、杨荣为腹心,内阁的公开地位也在此时得到迅速提高,但"内阁之拟票,不得不决于内监之批红,而相权转归之寺人"②,即以北人为主体的宦官势力控制以南人为主体的文官势力的格局,也正在形成。正是在这一基础上,英宗祁镇及张太后才能在正统时用以北人王振为首的司礼监来钳制以南人杨士奇、杨荣、杨溥为核心的内阁。天顺复辟后,英宗建立了以"北人"内阁首辅李贤和吏部尚书王翱为首的行政班底,并公开宣称:"北人文雅不及南人,顾质直雄伟,缓急当得力。"③ 召岳正入内阁,也不忘进行"派性"教育:"尔年正强壮,吾北人,又吾所取士,今用尔内阁,其尽力辅朕。"④ 至于南人,英宗只找到一个样板,那就是正统十三年的状元、江西安福人彭时。他明确地告诉大学士李贤:"永乐、宣德中,常选庶吉士教养待用。今科进士中,可选人物端正、语音正当者二十余人为庶吉士。可止选北方人,不用南人。南方若似彭时者方选取。"结果,所选的15人中,"北人"有

---

① 《明英宗实录》卷二〇一,景泰二年二月癸酉条载,户科给事中李侃等人上疏:"江北之人文词质实,江南之人文词丰赡,故试官取南人恒多,北人恒少。洪武三十年,太祖高皇帝怒所取之偏。……洪熙元年,仁宗皇帝又命大臣杨士奇等定取士之额,南人什六、北人什四。"
② 《明史》卷七二《职官志序》。参见拙稿《论明代内阁制度的形成》。(载《文史》第三十三辑)
③ 《明史》卷一七七《王翱传、姚夔传》。
④ 《明史》卷一七六《岳正传》。

12位,"南人"只有3位。三人中,只有张元桢一人来自经济比较发达的江西南昌。① 而经过南北卷的按比例取士,经济文化最为发达的苏松江浙地区,在册人口占全国人口的38.06%,有明一代进士人数仅为总数的32.89%。②

黄仁宇《万历十五年》说:"明朝采取严格的中央集权,施政方针不着眼于提倡扶助先进的经济,以增益全国财富,而是保护落后的经济,以均衡的姿态维持王朝的安全。这种情形,在世界史中实属罕见,在中国历史中也以明代为甚。"③黄仁宇的结论在苏松重赋和苏松江浙人不得官户部的问题上也得到了印证:苏松江浙为经济发达地区,但财政的管理者,必须来自经济非发达区或次发达区。

但黄仁宇又只是从纯经济的角度而没有从政治大局来考虑问题,而中国的问题又必须首先从政治的大局来考虑。自唐开元、天宝间即安史之乱前后,燕山易水一带已是汉族和北方少数民族的杂居区。公元10世纪契丹南下后,北京历经辽、金、元三代,成为以少数民族为核心的北方政权或全国政权的所在地。元朝统治者更将金统治区的汉人称"汉人"(实为"北人"),而将南宋统治区的汉人称"南人"。明朝定鼎江南,进而统治全国,并将都城迁至北京,从某种意义上说,是进行了一场与隋、唐、宋、元逆向而行的统一战争。因此,如何处理好南北关系,特别是如何保护经济文化相对落后而又在国家稳定中起主要作用的北方地区的利益,以维系

---

① 彭时:《彭文宪公笔记》,载《国朝典故》卷七二。
② 参见拙著《明代城市与市民文学》第二章。
③ 黄仁宇:《万历十五年》中华书局,1982,第2页"自序"。

全国形势的稳定和统一,是摆在明朝统治者面前的重大问题。建文朝君臣以书生论道,显然未谙其中的奥秘,故眼光只是盯在江南方寸之地。无怪乎其兴也匆匆、败也匆匆。

通过有意识地扼制"南人"特别是江南经济发达地区的士人,以缩小南北之间的政治、经济、文化差异,达到南北平衡和政权巩固,是明代政治体制和统治方针的基本特征。① 明太祖以降的历代君主对南人的压制,正是这一体制和方针的表现。虽然这种压制以牺牲局部经济发展为代价,但在客观上却保证了政治大局的稳定。而这也是中国历代政府的一贯做法。

宦官不得干预政事的"祖制"从来就没有认真被遵守,苏松江浙人不得官户部的"祖制"却得以与明朝相始终,都是适应了这一体制和方针的需要。

原载《历史研究》2004年第6期

---

① 关于这一问题,拙著《明清中央集权与地域经济》(中国社会科学出版社,2002)、《(明)成化皇帝大传》(辽宁教育出版社,1994)、《明代国家权力结构及运行机制》(科学出版社,2008)作了比较全面的论述。

"冠带荣身"与明代国家动员
——以正统、景泰、天顺时期赈灾助饷为中心①

随着全球性的气候变化和自然灾害的频发,越来越多的学者投入对中国历史上的自然灾害和赈灾救荒的研究。②如果我们站在社会进程的立场上来考察明朝建国60—100年间的赈灾助饷行为,则会发现由此而产生的诸多值得关注的现象和问题:一是尽管此时的明朝政府仍然可以称得上是"责任政府",以"冠带荣身"为中心的系列性赈灾助饷动员在短期内也取得很好的效果,但是,这种效

---

① 本文为作者所承担的国家社科基金项目"明代多元化社会的形成与国家应对"和赫志清教授主持的中国社会科学院重大项目"中国灾害通史"的阶段性成果。
② 以明代而言,赵克生对有明一代荒政中的"奖劝"之法进行了讨论,认为明代的"义民旌表"乃是相对以汉代以来的"入粟补官"为主要方式的"劝分"的根本性变化。(《义民旌表:明代荒政中的奖劝之法》,《史学月刊》2005年第3期)。陈业新以凤阳府的中心,对明代的"劝赈"进行了阶段性研究,指出其作用和局限(《明代国家的劝分政策与民间捐输》,《学术月刊》2008年第8期)。而李华瑞的《劝分与宋代救荒》、张文的《荒政与劝分:民间利益博弈中的政府角色——以宋朝为中心的考察》,则对宋朝的民间救助与国家指导之间的关系进行了讨论(分见《中国经济史研究》2010年第1期、《中国社会经济史研究》2003年第4期)。这些研究对于中国近世救灾过程中社会力量与政府之间的关系进行了有益讨论,对本文的研究也具有重要的参考意义。

果为何无法持续,民众响应国家动员的热情为何也难以得到保护?二是为何越是"崇农务本"地区,民众越是热衷于"冠带荣身"之类的"国家荣誉",而一些经济文化发达区却表现出不同程度的冷漠?三是在这个过程中,政府为何变得越来越"迁就"富人,"社会财富"如何始而被剥夺、被强制,继而被承认、被追逐,并最终在一定程度上"俯视""国家权力"?四是明代的社会价值观,如何在本来完全不相关的"天灾"与"赈灾"的过程中,由单一的"官本位"过渡到"官本位"与"财富本位"共存?本文拟对上述现象和问题进行讨论,希望能够得出一些带有规律性的启示。

一、从"旌异优免"到"冠带荣身"

明英宗正统五年(1440)正月,"行在"①翰林院修撰邵弘誉上疏言四事,其一云:"直隶大名、真定等府水涝,人民缺食。朝廷虽已遣官赈济,然所储有限,仰食无穷。先蒙诏许南方民出谷一千石赈济者,旌为义民。其北方民鲜有贮积,乞令出谷五百石者,一体旌异优免。"②

邵弘誉所说的"南方民"因出谷赈灾被旌为"义民"事,发生在三年之前。《明英宗实录》载:

> 正统二年五月戊午,旌表义民十人:胡有初、谢子宽,吉

---

① 按:尽管明成祖于永乐年间已在经营北京,此后仁宗、宣宗、英宗也均在北京上朝理政,但正式定都北京,却在正统六年。此前,北京各部门均加"行在";此后,南京各部门均加"南京",而北京不再称"行在"。
② 《明英宗实录》卷六三,正统五年正月辛酉。

安府人；范孔孙，浮梁县人；于敏，榆次县人；巩得海，邳州人；张雷，石州人；梁辟、李成、俞胜、徐成，俱淮安人。人各出稻千石有奇，佐官赈济，诏赐玺书旌劳，复其家。①

这个事情在多种明史著作、明人文集及地方史志中都有记载，可见在当时产生了极大影响。②而在此之前，民众获得朝廷"旌表"，主要是道德方面的原因，如"孝子顺孙、义夫节妇""以身许国、忠义报国"等，因纳粮助赈而获得朝廷"旌表"特别是"集体"旌表，在明朝尚无先例。况且，被旌表的十位富民或者说"十大义民"，其纳粮助赈的时间不一，地域不一，但集中进行旌表，其意义更不同寻常。③

在这一事件的示范下，一批又一批富民效法"十大义民"，各出谷千石或千石以上，"助官赈济饥民"，也被旌表为"义民"。邵弘誉为"北方民"请愿就是在这个背景之下发生。作为浙江余姚籍的"南方民"，邵弘誉希望帮助"北方民"在纳粮助赈过程中获得政府的"优惠价"，让他们加入到被"旌表"的行列。④

明廷批准了邵弘誉的请求，并就此定下一个相对统一的"旌

---

① 《明英宗实录》卷三〇，正统二年五月戊午。
② 清代官修《明史》、谷应泰《明史纪事本末》，明代所修吉安、淮安府志及相关省志均记载此事，但多有时间、姓名的错乱。其中《明史》以严谨著称，但其《孝义传》的编撰极其潦草。杨士奇、王直等人的文集可对《实录》起补充作用。
③ 如排在十位"义民"之首的胡有初，其乡人吏部尚书王直撰《墓表》，记其捐粮助赈事发生在甲寅即宣德九年，见王直《抑庵文后集》卷二七《墓表·义民胡有初墓表》。而淮安梁辟、李成、俞胜、徐成捐粮的时间也各异。
④ 按：邵弘誉又为邵宏誉，万历《绍兴府志》卷三三《选举四·进士》记："邵宏誉字德昭……官监察御史，称有风裁。用荐擢翰林修撰，预修宣庙实录，寻升福建按察司副使。"

表"标准：南方富民出谷1000石、北方富民出谷500石，帮助政府赈济灾民，可"一体旌异优免"，即旌表为"义民"并免除其家若干年杂役。①于是，一个本来是富民自发或经地方官员动员而发生的单个的、孤立的行为，遂演变成为通过对助赈富民的集体旌表而进行的普遍性动员，并在全国范围内掀起了纳粮助赈的热潮。

仅就《明英宗实录》所载，正统年间因纳粮1000石以上助赈受到政府"旌异优免"的共有1266人，明朝政府也通过这种方式接受富民捐纳的赈灾粮126万石以上。当然，实际数字要大得多。因为：第一，尽管在邵弘誉的提议下，北方富民纳粮500石可以获得旌表，但除个别例外，《实录》一般只记载纳粮1000石及以上的"义民"，大量纳粮1000石以下者并不在这个数字之内，但纳粮千石以下的人数更多。第二，《实录》的记载都是根据各地官员的报告，由于各种因素的漏报以及《实录》的漏载都在所难免。第三，不少"义民"纳粮在千石以上乃至数千石，但《实录》均记以"千石"或"千石有奇"。这三种情况在各地方志及明人笔记、文集的记载中都大量存在。②

正统十四年（1449）八月"土木之变"的发生，是明朝自"靖难之役"后的又一次政治危机。此前不久，东南有矿徒叶宗留、佃户邓茂七在江西、浙江、福建掀起的动荡，西南有土司思任发、思

---

① 《明英宗实录》卷六三，正统五年正月辛酉。
② 嘉靖《池州府志》卷七《人物·孝义》载：正统年间被旌表为"义民"的有六人，但《实录》所载仅四人。而且，六人中有五人所捐在2000石以上、另一人为1500石。乾隆《江南通志》卷一五八《人物志·孝义二·镇江府》载："值岁饥，诏民出粟及格者予旌，（贾）恺独输粟辞旌……孙玭亦以输粟及格，授承事郎。"而大量"不及格"者是得不到旌表的。

机发父子在云南、缅甸边境地区掀起的动荡。这些事件，显示出明朝立国半个世纪后社会矛盾的新态势。由于多处用兵，特别是水旱连年、地震频发，政治上一旦发生危机，"量入制出"的国家财政便显得困难。

在这种情况下，明廷进行了新一轮更大规模的动员。与正统时期相比，"土木之变"后动员的举措更多、范围更广，特别是由单纯的赈济灾民转变为在赈济灾民的同时充实军饷，在特定的时间内，充实军饷甚至更重于赈济灾民。

当务之急是稳固北部边防。从正统十四年十月至景泰元年七月，明廷连续颁布各项有关赈灾助饷的条例，主要包括：各色罪犯运米赎罪例、召商纳米中盐例、军民运米冠带旌异例、在京办事或听选官吏运米升迁并予冠带例，等等。凡军民人等有能捐纳一定数量的粮食，或者从通州、临清等地官仓运米至京师仓或居庸关、隆庆卫等边仓者，可以获得各种荣誉。荣誉的等级，由"旌异优免"即旌表为"义民"并免其三年至五年杂役，上升为"冠带荣身"即授予一定品级的"冠带"，使其享受朝廷的"功名"。此外，死刑以下罪犯通过纳粮或运米，可以减轻或免除刑罚；候选的低品级官员和吏员纳粮或运米，可以得到升迁并且给予一定品级的冠带。与此同时，针对南方的兵祸和灾害，也采用类似的方式，进行全面动员。[①]

通过这些措施，一定程度缓解了南北用兵及灾荒所带来的粮食供给上的困难。虽然"土木之变"的政治危机很快过去，但景泰君臣却从中得到启示，民间原来有着巨大的人力、财力可供发掘。出

---

① 《明英宗实录》卷一八四——一九四，正统十四年十月—景泰元年七月。

于这种认识，明廷进行了持续的动员，试图保持并提升社会力量的赈灾助饷热情，乃至希望通过这种方式增加政府的财政收入。国家动员的发生也因此而发生根本性变化。正统时期，国家动员富民捐粮助赈，与其说是为了筹集更多的粮食，倒不如说是为了显示国家的号召力，其政治上的意义远大于经济上的意义。但在景泰时期，经济上的意义上升为第一位了。

景泰元年（1450）三月二十七日，户部发布榜文，召募军民客商人等，继续纳粮，以备各处军饷并赈济饥民，并且根据各地的经济和治安状况，分出等级和定额。不用兵处分为四个等级，从低到高分别是：第一级，北直隶顺天等八府及贵州、四川、陕西、山西、辽东，每名纳米400石；第二级，山东、广西、福建、云南，每名500石；第三级，南直隶扬州等府及浙江、江西、湖广、广东、河南，每名1200石；第四级，南直隶苏州、松江、常州及浙江嘉兴、湖州，共五府，每名1500石。用兵处分两个等级：第一级，大同、宣府、贵州，每名150石；第二级，湖广、福建、四川、广东、浙江，每名400石。凡是达到或超过上述定额者，"冠带荣身"；能达到半数者，"旌异优免"。①

这道"榜文"是根据十三道监察御史毕鸾等人的建议颁布的，"旌异优免"和"冠带荣身"的纳粮标准定得比正统时更加具体且看似更合情理。苏松常嘉湖是公认的富庶区，所以定得最高；但将相对贫困的河南和浙江、江西同列一级，相对荒凉的云南和山东同列一级，却又不尽合理。此外，正统时期"旌异优免"的数额是

---

① 《明英宗实录》卷一九〇，景泰元年三月癸未。

"谷",而此时为"米",以当时政府规定的1石谷折合为0.4石米换算,"旌异优免"需要交纳的数量与正统时相当,但如果希望"冠带荣身",纳米的数量则要翻番。①

"榜文"颁布的第二天,又颁布"晓谕",作进一步的动员:南北直隶及河南、山西、山东"富实人民",有在"出满"粳米400石之后,再捐粟米500石,或料豆1500石,或谷草4000束,或禾草6000束,或堪负重之马15匹,或堪负重之驴3000头,或牛35头,并送赴保定府及易州并各驿站缺畜力各处,愿受旌表者可以旌表为义民,愿受冠带者可以给冠带。②这个"晓谕"旨在调动已经纳粮但因数量不足而没有获得旌表或冠带的民众的积极性,同时,把捐纳的范围从粟、米扩大到豆、草、马、驴、牛。

这一系列措施,可以说是明朝政府在当时的情况下,试图调动一切可能调动的社会力量、集中一切可能集中的社会财富,为赈济灾民、充实边饷而进行的新一轮全面动员。

但是,景泰君臣显然高估了民众对国家动员的热情。这一轮"明码标价"式的动员,并没有达到预期效果。同样根据《明英宗实录》的记载,景泰元年被朝廷旌表为"义民"或授予"冠带"的只有4位,纳米、纳草、纳马均有。③景泰二年情况向好的方面发

---

① 《明英宗实录》卷二二〇,景泰三年九月壬子,户部定出则例:"有纳谷麦者,每石准米四斗。"
② 《明英宗实录》卷一九〇,景泰元年三月甲申。
③ 他们是:直隶常州府江阴县民陈安常,河南卫总旗丁许祥,宿州卫小旗张义,陕西巩昌府安定县民王从义。分见《明英宗实录》卷一九三,景泰元年六月壬午、丁酉;卷一九九,景泰元年十二月丁亥。

展,有22位,其中13位纳粮、8位纳布、1位纳银。①但景泰三年的一至七月,又只有3位。②如果和正统五年国家动员后民众纳粮助赈的情况相比,实在惨不忍睹。大张旗鼓、轰轰烈烈的国家大动员,竟然遭受到了意想不到的冷落。

当然,在整体的冷落中,也出现了个别令人感动的事例。如景泰元年六月,南直江阴县民陈安常,先出谷2000石赈济灾民,被旌表为"义民",后备草4000束,被授予"冠带"。接着,又自陈愿备草6000束,请求旌表已故父亲为"义民",并立碑于墓道。③景泰二年十一月,江西临川县民许彦正请求运米350石赴保定州,为其叔父许鹏翔申请"冠带"。④五天后,一位名叫"乌赤"的回民,出米600石助官赈济,但明确表示谢绝朝廷的"冠带",只是请求附籍于南京的佛寺,"焚香诵经"。⑤

由于整体效果欠佳,明廷调整了动员方式。景泰三年九月,分别给正在经受灾荒的南北直隶及山西、山东、福建、广西、江西、辽东等处巡抚发出敕文,要求他们会同巡按监察御史及三司官员,对各地灾情进行核实,按口支给灾民官粮,同时动员富民纳粮助赈,于当地授予冠带,以荣终身,并将获得冠带者的姓名上报朝

---

① 《明英宗实录》卷二〇〇,景泰二年正月丙辰;卷二〇九,十月乙酉;卷二一〇,十一月己未、癸亥;卷二一一,十二月癸酉。
② 《明英宗实录》卷二一六,景泰三年五月癸丑;卷二一八,七月庚申。
③ 《明英宗实录》卷一九三,景泰元年六月壬午。
④ 《明英宗实录》卷二一〇,景泰二年十一月己未。
⑤ 《明英宗实录》卷二一〇,景泰二年十一月癸亥。关于"回民"请求附籍南京佛寺"焚香诵经"事,不得其解,求证于台湾成功大学陈玉女教授。玉女教授研究明代佛教有年,垂示:此事是否与郑和有关?按此时上距同是"回民"的郑和去世并赐葬南京仅十余年。

廷，以行统一旌表。①

这是景泰时期国家动员的一个十分重要的文献，其特点是：（一）改变了动员的方式，由朝廷通过"榜文""晓谕"直接向全社会的动员，落实为由各地巡抚及三司的针对性动员。（二）由过去纳粮者赴京接受旌表或冠带，改为就地接受旌表或冠带，减少了许多旅途的劳顿和费用，但为了保证这一荣誉的权威性，仍然由朝廷统一公布所有旌表、冠带者名单。②

经过种种努力，这一轮的动员获得了成功。从景泰四年九月至景泰五年二月，半年之内，一共有210位富民因为纳粮千石以上而被旌表为"义民"或"冠带荣身"，这个数字超过了正统六年之外的所有年份。

二、怪异的"旌表""冠带"数字

如果对正统、景泰年间"旌异优免""冠带荣身"情况作进一步的分析，展现赈灾助饷数字背后的故事，是很有意思的事情。以下根据《明英宗实录》的记载，对正统二年至十四年"旌异""冠

---

① 《明英宗实录》卷二二〇，景泰三年九月乙未。
② 按景泰二年八月，巡抚广西刑部右侍郎李棠奏："所部军民多有自备稻米输官，例应赐以冠带。然广西去京师万余里，乞免其赴京，就于本处冠带，望阙谢恩。"(《明英宗实录》卷二〇七，景泰二年八月丙子) 这是十分有趣的事情，如果运米去通州，到京受表彰，情理之中。如果在本地交纳却得赴京得冠带，实为荒唐。但在今日看来是荒唐之事，当时的人们却认为是一大荣耀。

带"的批次和人数作一统计①：

表1：正统时期"旌异""冠带"年度统计

正统年	二年	三年	四年	五年	六年	七年	八年	九年	十年	十一年	十二年	十三年	十四年	合计
人/批	20/2	12/1	32/2	46/2	920/12	54/4	133/4	12/1	5/1	8/1	4/2	12/2	8/1	1266/35

资料来源：《明英宗实录》卷三〇——八一，正统二年五月至十四年八月。

从上表可以看出，正统年间明朝国家动员的真正见效时间，或者说民众对国家动员的认同时间，为三至四年，而在第二年即正统六年最富成效。这一年有920名富民分12批受到旌表，占《明英宗实录》所载正统时期受到旌表的全部富民的72.58%。正统九年以后，富民纳粮助赈以及政府的旌表进入"常态"乃至"疲态"。

同样，上述景泰元年的动员尽管受到冷落，但景泰二年即动员的第二年，也出现了小小的高潮，有22位富民因为赈灾助饷受到政府的旌表，仅次于正统四年至八年而高于其它年份。在景泰三年调

---

① 在进行这项统计的同时，笔者试图从各地方志中得到更为翔实的数据。但在对《天一阁藏明代方志选刊》《续编》及清代部分省、府、县志进行检索时，发现这个想法并不现实。第一，以江西南安、吉安二府及南直淮安、徐州为例，所有省志、府志、县志记载的正统时期"义民"数量的总和（除去重复者），都达不到《明英宗实录》记载的数字。第二，一些地方志记载的"义民"，时间上出现大的失误，如乾隆《江南通志》，将正统时旌表义民巩得海、岑仲晖等均入为"正德"；另一些则没有具体的时代，如嘉靖《延平府志》，记有"义官"267人，南平38人、将乐66人、沙县34人、尤溪35人、顺昌53人、永安41人，这个记载应该非常翔实，但没有给出正统、景泰或成化、弘治，无法进行统计。第三，编撰水平差异极大，有些记载十分详细，但有些记载则十分简略。凡此种种，只得放弃，故仍以《实录》为限作为"抽样"。

整动员方式之后的第二年,也就是景泰四年九月至五年二月,再次出现了赈灾助饷的高潮。下表为逐月旌表的数字,几乎每个月的旌表数都超过景泰元年及二、三年全部的数字。

表2:景泰四年九月至景泰五年二月逐月旌表数

景泰年月	四年九月	四年十月	四年十一月	四年十二月	五年正月	五年二月	合计
人/批	44/2	28/2	37/3	41/1	41/2	19/3	210/13

材料来源:《明英宗实录》卷二三三—二三八,景泰四年九月—五年二月。

从上表也可以看出,每当国家动员推出"新招",产生效果的时间并不会持续太长。正统时期持续了三四年,景泰时期只是持续了半年,到景泰五年二月也出现类似正统时的"疲态"。

下面再就接受"旌表""冠带"的富民分布地域进行讨论。

正统二年至十四年间受到旌表的1266位"义民",分布在南北直隶和除了广西、贵州之外11个布政司的83个府、5个州及7个卫所,这是一个各地民众响应国家动员的全国性"大合唱",各直省以数量多寡排列如下:

表3:正统年间"旌表优免"分区统计

地区	南直	江西	山西	湖广	河南	山东	陕西	云南	浙江	北直	广东	四川	福建	合计
人数	215	198	186	166	121	94	75	66	60	25	22	16	12	1266

资料来源:《明英宗实录》卷三〇—一八一,正统二年五月至十四年八月。

从这个数字及其排列可以看出，正统时期特别是正统五、六、七、八年在响应国家动员的"大合唱"中，南直、江西位居前列，处于"领唱"位置。

但实际上，首先响应国家动员的，并非数字居于前两位的南直、江西，也不是人们公认的经济发达区苏、松、常、杭、嘉、湖，而是当时并不富裕、旌表数排在第三位和第五位的山西、河南。

正统五年六月，即明廷采纳邵弘誉建议进行全国性动员不久，河南开封府民薛嵩等20人、彰德府民赵用等6人、卫辉府民王泰等7人，总共33人，率先行动，均因出麦粟千石以上被旌表为"义民"。[①]半年后，正统六年正月，河南开封府民祝俭等3人、汝宁府民刘义等5人，也因出麦粟千石以上被旌表为"义民"。[②]河南用实际行动，成为这场"大合唱"的第一位领唱者。

紧跟河南的是山西。正统六年正月，太原府民杨璟等18人；二月，太原府民陈立等5人、平阳府民卢渊等14人、泽州民宋仕隆等13人；三月，太原府民侯从信等18人、平阳府民崔鼐等26人、泽州民郭谅等22人、潞州民张复旺等45人、沁州民程碧等3人；三个月内，山西的二府三州共174人，因为各出粟麦千石以上受到朝廷的旌表。其中三月二十九日（丙寅）一天的数字为114人。[③]其势头立即盖过河南，成为第二位领唱者。

河南继续努力。正统六年四月，开封府民许信等39人、南阳

---

① 《明英宗实录》卷六八，正统五年六月庚子。
② 《明英宗实录》卷七五，正统六年正月丁卯。
③ 《明英宗实录》卷七五，正统六年正月丁卯；卷七六，六年二月丁酉；卷七七，六年三月丙寅。

府民牛显等15人、彰德府民冯寿等3人、河南府民袁刚等8人、怀庆府民张文献等4人、汝宁府民刘瑾等4人，一共73人，各出粟麦千石以上，同日受到旌表。①虽然在总数上仍然落后于山西，但足以和山西同领风骚，并且形成你追我赶的局面，对激发全局产生了积极作用。

在河南、山西的带动下，其他各省也纷响应政府号召，南直、江西后发制人，在正统六年年底成为"领唱"者。湖广也奋起直追，在数量上超过河南。

与在全国范围内首先积极呼应国家动员的是并不富裕的河南、山西相似，在南直，因纳粮助赈而受到旌表的富民，也主要不是在唐后期以来已经成为中国富庶地区的江南，而是在灾情不断乃至"十年九荒"的江淮。在受到旌表的215名南直隶富民中，竟然有196名出自江淮之间的凤阳、淮安、庐州、扬州四府和徐州。与此形成强烈反差的是，江南十府州受到旌表的富民仅19名，其中最称富庶的苏州，以及常州、徽州，各有二人，松江府竟无一人。以下是南直隶以府、州为单位的被旌表状况。

表4：正统年间南直各府州旌表富民数

江南十一府州：19位				江北八府州：196位			
府、州	旌表数	府、州	旌表数	府、州	旌表数	府、州	旌表数
应天府	4	苏州府	2	凤阳府	27	淮安府	38
松江府	0	常州府	2	扬州府	40	庐州府	32

① 《明英宗实录》卷七八，正统六年四月甲午。

续表

江南十一府州：19位				江北八府州：196位			
府、州	旌表数	府、州	旌表数	府、州	旌表数	府、州	旌表数
镇江府	6	池州府	3	徐州	54	安庆府	4
太平府	0	宁国府	0	滁州	1	和州	0
徽州府	2	广德州	0				

资料来源：《明英宗实录》卷三〇——一八一，正统二年五月至十四年八月。

这样的情况不仅发生在南直隶，同样发生在浙江和江西。

浙江在这一轮纳粮赈灾中，受旌表的富民数在全国仅列第九位，不仅少于毗邻的江西，甚至少于西北的陕西和西南的云南，而与南直隶的江南地区相似。浙江乃至全国最称富庶的杭州、嘉兴、湖州三府，与苏州、常州、徽州一样，每府仅有二人被旌表，另外绍兴有四人、宁波一人。但是，最偏远的台州，却有20人；其次是金华，11人。

江西虽然在这一轮纳粮赈灾中受旌表者位居前列，但省府南昌仅5人，与河南省府开封的62人完全不可同日而语。而最为边远、仅辖三县的南安府竟有64人，成为正统、景泰年间乃至整个明朝响应国家动员最为突出的一个府，创造了以府为单位受到旌表人数的纪录。[①]其次是吉安、饶州，分别为43人、26人。

正统时期地域之间的不平衡已然如此，景泰四年九月至五年二月的半年间所旌表的210名富民的分布更令人诧异：

---

① 《明英宗实录》卷八六，正统六年闰十一月壬辰。这一天的旌表数也同时创造了以天为单位的旌表数的纪录，共183人：浙江台州、处州二府25人；江西南安、吉安、临江、瑞州、南康、饶州等七府158人。

景泰四年九月二十二日，江西南昌府万邦敬等28人、吉安府彭遵等16人，共44人。①

景泰四年十月二十七日，江西瑞州府杨景和等11人、袁州府谢琳等17人，共38人。②

景泰四年十一月二十七日，江西临江府黄汉高等22人、南安府傅伯真等4人、赣州府李宜吉等15人，共41人。③

景泰四年十二月二十一日，江西抚州府汤汝佐等41人。④

景泰五年正月二十三日，江西建昌府管文升等9人、饶州府周仕英等28人，共37人。⑤

景泰五年二月二十六日，江西广信府潘永年等6人、南康府万志谦等4人、九江府汤彦海等4人，共14人；又直隶永平府民许敬等5人。⑥

上述受到旌表的富民，除最后一批直隶永平府5人之外，均来自江西，而且全部被开列出姓名。南昌、吉安、瑞州、袁州、临江、南安、抚州、赣州、建昌、饶州、广信、南康、九江，江西布政司所辖十三府，每月有一至三府的富民因纳粮千石及以上受到旌表，没有重复，也没有遗漏。最多的是抚州府，共41人；最少的是九江、南康、南安三府，各4人。其中，南安府正统时期曾经创造过单府的纪录，此时没有力量和其他地区竞争。当这205位富民的

---

① 《明英宗实录》卷二三三，景泰四年九月乙亥。
② 《明英宗实录》卷二三四，景泰四年十月庚戌。
③ 《明英宗实录》卷二三五，景泰四年十一月己卯。
④ 《明英宗实录》卷二三六，景泰四年十二月癸卯。
⑤ 《明英宗实录》卷二三七，景泰五年正月乙亥。
⑥ 《明英宗实录》卷二三八，景泰五年二月丁未。

名字分散淹没在其他史料之中的时候，不会引起任何关注。但是，如果把这个名单集中在一起，却极其壮观，犹如一支600年前浩浩荡荡的"支前"大军。如果说正统时期响应国家动员是一场"大合唱"，景泰四、五年之际，则是江西一个省的"独唱"。

三、数字背后的国家形象与国家强制

那么，同是国家动员，为何地区之间的差异如此之大？更令人费解的是，为何经济相对欠发达的地区在响应国家动员时有如此大的热情，而传统的经济发达地区却表现出不同程度的冷漠？

宣德五年五月，明朝的地方行政体制在不经意间发生了重要变化。由于"各处税粮，多有逋慢，督运之人，少能尽心，奸民猾胥，为弊滋甚，百姓徒费，仓廪未充"，明廷升"行在"吏部郎中赵新为吏部右侍郎、兵部郎中赵伦为户部右侍郎、礼部员外郎吴政为礼部右侍郎、监察御史于谦为兵部右侍郎、刑部员外郎曹弘为刑部右侍郎、越府长史周忱为工部右侍郎，分往江西、浙江、湖广、河南及山西、北直府县及山东、南直苏松等府县，"总督税粮"、"巡抚地方"。① 正统时期国家动员的成功，很大程度与这一举措直接相关。

先看正统时期率先"领唱"的河南、山西。正德五年被派往这里"总督税粮""巡抚地方"的，是当时的"政坛新星"于谦。于谦为永乐十九年进士，授御史，九年之后即宣德五年"超擢"兵部

---

① 《明英宗实录》卷七〇，宣德五年九月丙午。参见方志远《明代的巡抚制度》，《中国史研究》1988年第3期。

侍郎，巡抚河南、山西二省，时年34岁，至正统十三年离任，巡抚河南、山西二省的时期，前后长达18年。

《明史·于谦传》载其莅任后的作为："（于）谦至官，轻骑遍历所部，延访父老，察时事所宜兴革，即具疏言之。一岁凡数上。小有水旱，辄上闻……三杨（按：指内阁杨士奇、杨荣、杨溥）在政府，雅重谦。谦所奏，朝上夕报可。"另有记载说，于谦每至一地，即立木牌于巡抚院内，一书"求通民情"，一书"愿闻利弊"，故而"二省里老，皆远来迎公"。于谦亲自接待这些来自基层社会却具有重要影响的"父老"，了解民情，并进行现场动员，要求富民和政府一道，帮助灾民渡过难关，"一时富民乐捐，而尚义者甚众"。人们普遍认为，尽管于谦有"匡辅社稷、经世济国"之才，但如果不是这样"虚衷下问、实心采访"，纵有爱民之意，也难施利济之谋。①可见，在动员民众响应国家号召的过程中，政策的执行者在一定时期甚至起着决定性作用。

再看江西。不但正统时期受到旌表的富民数位居各省之首，景泰时期更在赈灾助饷中扮演"独唱"角色，前后巡抚赵新、韩雍同样作用重大。

正统年间历任礼部侍郎、吏部尚书的王直，对正统二年受到旌表的"十大义民"中的第一位、江西吉水县富民胡有初的"善举"进行了过程性描述：

> 岁甲寅（宣德九年）大饥，饥民至操兵为盗。柯遹理县

---

① 倪国琏：《康济录》卷三上《临事之政》。

事，以为忧。公（按：胡有初）曰："勿忧也，此但求食耳，赈之当自定。"首出谷一千石佐县官。柯喜，称公为大丈夫，作诗美之。诸富民稍稍皆出谷以助赈施。吏部侍郎赵公巡抚至县，又于公劝分，公又出五百石。赵公大悦，上其事。天子嘉之，降敕旌为义民，劳以羊酒，复其家。于是公之义声闻天下。天下富民皆化公所为，争出谷以济饥。而义民之旌，亦满天下。[1]

是胡有初的纳粮助赈，受到三个方面因素的推动。一是灾民"操兵为盗"，纳粮助赈，既救人也救己，这是形势所迫。二是知县柯暹的诚恳动员和胡有初的慷慨仗义，这是富民与官员携手合作，共同解决地方问题。三是江西巡抚赵新的亲自接见和动员，这是地方富民对朝廷"钦差"的感谢和支持。

"总督税粮"的江西巡抚赵新的贡献，不仅是动员胡有初再次纳粮助赈，更是将胡有初的事迹上报朝廷，通过朝廷旌表其为"义民"。于是，发生在地方一隅的个人行为，被提升为社会形象，为所有的富民树立起一个榜样。这样的榜样当时并不止一个，明廷一次性就旌表了10位。而在江西，赵新同一时期也树立了多个榜样，除了在"十大义名"中排列第一、二位的胡有初、谢子宽外，吉水县的另一位富民曾希恭、新淦县的富民郑宗鲁也因为纳粮二千石被

---

[1] 王直：《抑庵文后集》卷二七《墓表·义民胡有初墓表》。

旌表为"义民"。①虽然赵新于正统四年离开江西往北京吏部任职,其作为却为此后江西的纳粮助赈奠定了基础。

景泰时期的国家动员在江西所产生的效果,巡抚韩雍居功甚伟。和于谦相似,韩雍是在任御史八年之后,"超擢"为巡抚,其时年仅三十,是一位既负"奇气"又思虑周详的英才。任江西巡抚的当年即景泰二年,江西岁饥,韩雍依据明朝法律,向朝廷"奏免秋粮"。同时,韩雍在江西"父老"中进行了与于谦在河南、山西不同的另一种方式的动员,命江西提学副使韩扬"博采国朝江西诸故老之诗",从洪武一直到正统,凡朝中"大佬"、当地"耆宿",包括正统、景泰年间的内阁首辅杨士奇、陈循,吏部尚书王直等,皆行采录,编成《皇明西江诗选》10卷。②这是当时在国内产生重要影响的江西"形象工程",韩雍亲自为《诗选》作序,对江西的人文风俗大加推崇:

> 我国家统一海宇……人才辈出、声音大振,自公卿大夫以至山林韦布能言之士,皆足以追古作。而西江称文献之邦,艺文儒术之盛甲于天下,作者尤多。若是编之选,其所以吟咏性

---

① 徐三重:《采芹录》卷三:"宣德十年,江西饥,富民鲁希恭、郑宗鲁、胡有初、陈谦等并输粟于官,以助赈济。巡抚赵新上其事,遣行人赍敕赐劳,旌为义民,免其杂徭。"但此处"鲁希恭"为"曾希恭"之误,见雷礼《皇明大政记》卷一一:"正统二年五月,遣行人赍敕旌江西新淦义民郑宗鲁、曾希恭等,复其家,宗鲁等各出粟二千石于官助赈。"而据杨士奇《东里续集》卷一《记·敕书阁记》,曾希鲁实为吉水而非新淦:"敕书阁者,吉水曾希恭尊庋敕书之阁也。希恭尝出谷二千石于官助赈饥岁,县闻于朝,遣行人赍敕劳之,旌为义民,且复其家,此阁之所由建也。"

② 高儒:《百川书志》卷一九《总集·皇明西江诗选》。按《皇明西江诗选》为清末陶福履收录于《豫章丛书》,江西教育出版社整理出版《豫章丛书》,该书收录在《集部》第6册,2007。

情、纪述事物、颂歌太平，虽体制不同，而皆温厚和平，泅泅乎治世之音，有以风俗之美、教化之隆，与夫列圣功德之盛，皆非近世所能及……今斯集所载，固皆老师宿儒之作，兼盛唐诸家体制，而肩摩踵接于今者，视昔尤盛。盖宗三百篇之派而颉颃李、杜居多，岂拘拘山谷、后山而已耶！①

一位来自于苏州的士大夫，赞誉江西"艺文儒术之盛甲于天下"，乃至将杨士奇等人的"台阁诗"抬高到"颉颃李杜"的地位，给足了十分看重门第、看重"面子"的江西缙绅、江西富民面子。投桃报李，江西缙绅、富民们也在纳粮助赈中给足了韩雍面子，景泰四年九月至五年二月江西的"独唱"可以视为一种回报。

不仅如此，尽管明朝官场已经发生各种问题，特别是因为"土木之变"和"权阉"王振，引发了人们对正统政局的种种非议，但有"三杨"（杨士奇、杨荣、杨溥）的辅政和太皇太后的掌控，乃至王振的"恪守祖宗家法"，正统时期的吏治应该说还是相对整饬的，②也出现了大批既恪守道德又能体察民情、廉洁奉公的官员特别是中下级官员，他们代表着朝廷，直面民众。

动员胡有初纳粮助赈的吉水知县柯暹，16岁中举人，曾参与编撰《永乐大典》，因上疏批评朝政缺失，下狱三年，出狱后贬往交

---

① 韩雍：《襄毅文集》卷一一《序·皇明西江诗选序》。在其他的各种场合，韩雍也时时表达类似的褒扬，如《江西乡试小序》再一次重复："江西人物之盛，甲于天下。前辈起家科目、列官中外，以道德文章勋业为时称重者，不可胜数。"（《襄毅文集》卷一〇《序·江西乡试小录序》）
② 参见韦庆远《"三杨"与儒家政治》，《史学集刊》1988年第1期；毛佩琦：《英宗·王振·土木之变》，《明史研究论丛》第七辑，紫禁城出版社，2007。

趾布政司，宣德时为江西永新知州、吉水知县，饱经仕途沉浮、人世沧桑。时人记载其在永新、吉水时："讼牒盈庭，徐折以一二语，唯唯奢服。暇召诸生讲究经史，废修坠举，民不知劳……民隐吏弊，疏剔无遗。"①因任久绩最，由吉水知县"超擢"浙江按察使，"州民思之，如失父母"。②不仅如此，其任永新知州、吉水知县期间所编《教民条约》及"均徭册式"，经江西按察司佥事夏时进呈朝廷，刊刻为令，"人皆便之"。③可见，柯暹不仅仅体察民情，而且善于总结治理地方的经验。这类官员在当地具有强大的号召力。

有64位"义民"同一批受到旌表的江西南安府，正统时期的前后知府，林芊"练达政务，裁决如流，算无滥及，民有实惠"；许南杰"刚敏端恪"，刘琮"多善政，有胆略"；郭诚"关系民事者，罔不修饬，大庾嘉善里有荒原高阜，诚相度地势，开凿沟渠，引水溉田，至今民享其利"。④

正统年间在南直隶各府州中受到旌表最多的徐州，正统、景泰时期的前后知州汤惟坚、章赞、苏璟、任泰等人，也被称为"廉介不污、爱民如子"。⑤山西太原曲沃知县燕云为进行纳粮赈灾的动员，以生日的名义在家中宴请辖内富民，富民为感其情，纳粮恐后，"不劳民而事集"。后为阳曲知县，同样廉洁亲民，经过巡抚于谦等人力荐，升为潞州知州。⑥

---

① 《大明一统志》卷一六《南直隶·池州府》、嘉靖《江西通志》卷二五《吉安府·秩官》、《四库全书总目提要·东岗集（柯暹撰）提要》。
② 《大明一统志》卷五六《江西·吉安府》。
③ 《明史》卷一六一《夏时传》。
④ 嘉靖《江西通志》卷三七《南安府·名宦》。
⑤ 万历《遂安县志》卷三《官师志》、万历《开封府志》卷一八《人物》。
⑥ 《明英宗实录》卷一三七，正统十一年正月辛卯。

如此论列，颇有"举例子"之嫌，因为在任何时候、任何地区，或许都可以罗列出一些勤政亲民的官员，但他们又确实是国家动员取得成效的重要保证。①在灾荒来临之际、在政府需要社会援手之际，国家动员的成功与否，很大程度上决定于民众对地方官员的认同与否。从山西、河南巡抚于谦，到江西巡抚赵新、韩雍，从南安知府郭诚、徐州知州苏璟，到吉水知县柯暹、曲沃知县燕云，以及在赈灾助饷过程中发挥作用的其他地方官员，无疑代表着当时明朝的"国家形象"，是他们在当地的惠政及有效动员，博得了民众对他们的认同并因此而对国家动员的认同。

但是，如果说正统时期国家动员的成功更多是因为"国家形象"，那么，景泰年间则明显辅之以国家强制，至少，"国家强制"与国家形象同样重要。

景泰二年五月，在京各卫及顺天府军民20余人联名上疏，说户部责令其运米边卫，给冠带以奖励，但各家虽然稍有"微赀"，其实十分拮据，无力运米，请求朝廷宽免。景帝为此责备户部："朝廷以得人心为本，边粮转运，听其自愿，安可强之？"②尽管如此，这仍然是一个典型的"强制"运米授"冠带"事件，甚至可以反映了当时国家动员的一般状态。更大范围的强制发生在景泰三年十二月，户部尚书金濂上疏：

---

① 《明英宗实录》卷九九，正统七年十二月丙辰条在记载了已故苏州府知府况钟业绩后，发表了评述："一时与钟同奉玺书为郡者，若松江知府赵豫、常州知府莫愚、杭州知府马仪、吉安知府陈本深、西安知府罗以礼辈，往往能兴利除害，其得民心大率与钟伯仲间。"
② 《明英宗实录》卷二〇四，景泰二年五月辛亥。

臣等切见北京八府、山西、陕西、河南、山东民多凋弊，四川、湖广、两广、福建民亦艰食。惟浙江、江西、直隶苏松等处，古称财赋渊薮，乞敕此数处巡抚并三司卫府，于所管官员及有力军民之家，共选六千名，每名令备米或麦四百石，或粟米五百石，运赴通州上仓，以佐国用，给冠带以荣终身，仍于本里立坊旌之。①

这是专门针对"财赋"重地苏、松、江（西）、浙（江）地区的国家强制。虽然金濂在这个奏疏的最后提出"不愿者勿强"，但既然有六千名的定额，就不可避免地存在着强制性摊派。景泰四年五月，户部对这个事情的结果有了交代："先因国用浩繁，灾伤屡见，劝谕浙江等处殷实之家，有自备米麦四五百石送赴通州交纳者，就给冠带以荣终身……今闻各户运粮将到，宜令该仓如法收受，勿得留难。"②可见金濂关于苏松江浙六千富民"自备米麦"运赴通州给予"冠带荣身"的强制至少部分得到落实。景泰四、五年间，江西十三府无一府遗漏（包括正统时期表现冷漠的南昌、袁州二府）、无一府重复的富民纳粮赈灾并逐府受到旌表，以及韩雍事后上疏朝廷："民间殷实之家，亦已劝谕，纳谷旌异外，再难措置者"③，虽然尚未发现各府的具体定额，但摊派到各府、动员到个人却是十分明显的。

其实，即便在正统年间，于谦、赵新、柯暹等人固然代表

---

① 《明英宗实录》卷二二四，景泰三年十二月丙午。
② 《明英宗实录》卷二二九，景泰四年五月戊辰。
③ 《明英宗实录》卷二五七，景泰六年八月甲寅。

着"国家形象",但他们在进行"国家动员"的过程中,也难免有"国家强制"的成分。吉水知县柯暹以饥民"操兵为盗"之"势"、江西巡抚赵新以钦差大臣之"位"亲自"劝分",使胡有初的纳粮或多或少有"被自愿"的因素。于谦在河南、山西进行纳粮助赈的动员,要点有二:一是行平粜之法,要求富豪之家除去家中必备之粮外,将剩余粮食减价卖给饥民,或捐纳官府,官府根据数量多寡分别立石刻碑、旌表义民、冠带荣身,予以奖励;二是如有不愿者不勉强,但不得抬高粮价出售,否则,严惩不贷。①这是于谦"恩威并济"的"威"之所在,强制也在其中。

四、"国家动员"遭遇的人心冷暖

同样是在正统时代,应天巡抚周忱、苏州知府况钟,也深受民众爱戴,其"国家形象"不逊同时代的于谦、赵新。而二人运用权术的机变,甚至超过于谦、赵新,至被民众奉为神明。

后人追记:"周文襄巡抚(江南)一十八年,常操一小舟,沿村逐巷,随处询访。遇一村朴老农,则携之与俱,卧于榻下,待其相狎,则咨以地方之事。民情土俗,无不周知。"嘉靖初年,赋闲在松江老家的礼部侍郎顾清为周忱修《年谱》,详考其在苏松所定"钱粮补益之法",不禁赞叹:"循之则治,紊之则乱"。②况钟从宣德五年任苏州知府,正统七年卒于任,前后12年。期间因丁母忧,苏州各界民众竟有"上访团"赴北京,"诣阙乞留",况钟被夺情起

---

① 倪国琏:《康济录》卷三上《临事之政》。
② 何良俊:《四友斋丛说》卷一三《史九》。

复；正统六年，"秩满当迁，部民二万余人"向巡按御史张文昌请愿，要求朝廷让况钟留任，结果"诏进正三品俸，仍视府事"。正统七年卒于任时，"吏民聚哭，为立祠"。①

但是，他们在江南地区进行的"国家动员"，却没有像于谦、赵新在山西、河南、江西那样卓有成效，以苏、松、常、杭、嘉、湖为中心的南直隶江南地区及浙江，对于政府的赈灾助饷动员，均表现出不同程度的冷漠，正统时期见于《实录》的被旌表富民，周忱管辖的南直隶江南地区竟然只有19位，况钟为知府的苏州仅二位。而与况钟同时赴任为松江知府的赵豫："尤和易近民，凡百词讼，属老人之公正者剖断。有忿争不已者，则己为之和解。故民以'老人'目之。当时论者以（况）钟为能吏，（赵）豫为良吏。"②但松江在《实录》中被旌表的"义民"或被授予"冠带"者一位也没有。与苏州、松江、常州同属"浙西"经济文化圈的杭州、嘉兴、湖州，也只是各有2位。

这就不仅仅是一种"巧合"，也不能仅从官员的是否亲民，是否廉能，是否具有"国家形象"乃至是否运用"国家强制"来解释各地区"国家动员"的不同效果了。

周忱巡抚江南，和赵新、韩雍巡抚江西，于谦巡抚河南、山西一样，主要职责是"总督税粮"，并在自然灾害来临之际，赈济灾民、减免田赋。作为苏州知府，况钟的基本职责，也和柯暹在永新、吉水，燕云在曲沃、阳曲一样，是保证国家税收在当地的落实，当然更承担着稳定地方的责任。

---

① 《明史》卷一六一《况钟传》。
② 《明英宗实录》卷九九，正统七年十二月丙辰。

但是，周忱、况钟、赵豫在江南、在苏州、在松江，又与于谦、赵新、韩雍等人在山西、河南、江西不同，他们还面临着一个极为棘手的问题，那就是"苏松重赋"。《明史·周忱传》云："太祖平吴，尽籍其（按：指张士诚）功臣子弟庄田入官，后恶富民豪并，坐罪没入田产，皆谓之'官田'，按其家租籍征之，故苏赋比他府独重。官民田租共二百七十七万石，而官田之租乃至二百六十七万石，民不能堪。"①松江、常州及嘉兴、湖州的状况也与此相似。周忱到任后，与苏州知府况钟、松江知府赵豫、常州知府莫愚等，反复计议，"曲算累月"，终于说服朝廷，苏州田赋定额每年减免了72万石，松、常、嘉、湖诸府也有不同程度的减轻。在这种情况下，是难以在江南诸府进行大规模纳粮助赈动员的。周忱、况钟们所做的事情，一方面是代表国家督促完纳属于"正课"的税粮，另一方面则是代表当地民众不断向朝廷请求减轻属于"重赋"的田赋。②

况且，以苏松为中心的江南富裕地区，还有一层在短期内难以抹去的创痛。

明太祖洪武建元的前一年即吴元年（1367）十月，徙苏州富民"实"濠州；③洪武三年（1370）六月，徙苏松嘉湖杭五府"逐末

---

① 《明史》卷一五三《周忱传》。"苏松重赋"既是明朝，也是前些年明史学界讨论热门的话题，各时代的代表性成果有周良霄《明代苏松地区的官田与重赋问题》（《历史研究》1957年第10期）、林金树《试论明代苏松二府的重赋问题》。（《明史研究论丛》第一辑，江苏古籍出版社，1982）、范金民《明清江南重赋问题》（《江南社会经济研究·明清卷》，中国农业出版社，2006，第858—899页）

② 参见伍丹戈《明代周忱赋役制度改革的作用和影响》，《明史研究论丛》第三辑，江苏古籍出版社，1985。

③ 《明太祖实录》卷二六，吴元年十月乙巳。

利"者即工商人口四千余户"开种"临濠；①五年，再徙江南民14万"田"濠州；②十九年，命吏部选取直隶应天及苏松等府州县富民子弟1460人赴南京补吏；③二十四年七月，徙"天下富民"特别是苏松常杭嘉湖富民共5300户至南京。《明太祖实录》卷二一〇，洪武二十四年七月庚子。洪武三十年，根据明太祖的旨意，户部在编制"鱼鳞图册"的基础上，籍得直隶应天、苏州等十八府州及浙江、江西等九布政司有田七顷以上的富民共14341户。④几年后即永乐元年（1403）八月，明成祖根据这个名单按图索骥，命徙直隶江南的苏州等10府州及浙江等9布政司富民于北京，为迁都作准备。⑤

这一系列大规模的强制迁徙，针对的都是"富民"，特别是"浙西"即苏松常杭嘉湖及其周边地区的富民，无论出于何种动机，都是通过国家强制进行的"杀富济国"行为，因为被迁徙富民在原籍的田地，遂由"民田"转变为"官田"乃至"没官田"。

根据明初的田赋定额，"民田"向国家交纳的是"田税"，每亩仅三升三合，而一旦富人私有土地成为"没官田"，田地遂为国家所有，地主的佃户也就转化为国家佃户，"田税"则成为"田租"。而苏松一带的"没官田""田租"，每亩高达五斗至一二石。⑥《明史·周忱传》所说苏州府一年277万石田粮中，竟有267万石属"官田"，固然与籍没张士诚"功臣子弟"庄田有关，但更多的应该是

---

① 《明太祖实录》卷五三，洪武三年六月辛巳。
② 《明史》卷一二七《李善长传》。
③ 《明太祖实录》卷一七九，洪武十九年八月辛卯。
④ 《明太祖实录》卷二五二，洪武三十年四月癸巳。
⑤ 《明太宗实录》卷二二，永乐元年八月甲戌。
⑥ 《明史》卷七八《食货二·赋役》。

这一系列"杀富济国"举措的结果。同时，对"富人"连续的强制迁徙并没收其田地，无疑在向全社会宣告：罪人财产不受国家保护，随时可能遭受国家的无条件剥夺。这一系列的强制移民，前后延续了30多年，其中最后一次即永乐元年的苏松等府、浙江等省富民的强徙北京，距离正统时期的纳粮赈灾动员仅30年。而在正统、景泰年间，被强制迁徙到凤阳、北京的江南富户及其后人，仍然在不断试图逃回原籍。明朝政府也仍然不断在江南地区缉捕逃回的富民及其后人，并且勾籍已经去世或逃亡的富民在江南原籍的亲属。① 况且如上文所述，直至景泰二年，户部的强制性纳粮动员，仍然是以苏松、江、浙为目标。

这些因素既在洪武、永乐时期导致了江南富民对"亡元"的怀念和对"兴明"不满，②也在正统、景泰时期导致了以苏、松、常、杭、嘉、湖为中心的两浙地区在赈灾助饷过程中表现冷漠，其中当然不排除对"露富"的恐惧。比两浙地区更加冷漠的是福建，这里的民众生计多在海上，此时正陷入明太祖"寸板不许入海"的窘迫之中。他们的旌表数成为得到旌表各直省的"殿军"，是完全可以理解的。

即使在响应赈灾助饷动员中十分抢眼的江西，也存在同样的问题。正统年间，作为江西"省府"的南昌府，因纳粮助赈而获旌表

---

① 李东阳等：《(弘治)大明会典》卷二一《户部六·事例》。
② 钱穆《读明初开国诸臣诗文集》云："旧朝已覆，新朝已兴，在当时士大夫心中，亦似乎茫然不知、漠然无动。""何其于亡元之崇重，而于兴明之轻蔑。"（《新亚学报》1964年第6卷第2期）业师郑克晟教授《明代政争探源》于此论列尤详，特别指出故元对江南大族的保护、田赋极轻而劳役极少，与明初形成鲜明的对照。（天津古籍出版社，1988）

的富民仅有四位，袁州府竟无一人。这二府恰恰与苏、松、嘉、湖一样，属"重赋地"。①

可见，积极有积极的原因，冷漠也有冷漠的道理。是明前期对经济发达地区实施的无条件剥夺，"冷却"这里的"民心"，导致了民众对"国家动员"的冷漠态度。要在经历了国家反复剥夺之后的地区，再行强制性摊派，显然更为困难。当然，不同地域的不同文化传统，也在其中发生重要作用。

洪武十五年十一月，明太祖让户部发布榜文：

> 为吾民者当知其分，田赋、力役出以供上者，乃其分也。能安其分，则保父母妻子，家昌身裕，斯为忠孝仁义之民，刑罚何由而及哉。近来两浙、江西之民，多好争讼，不遵法度，有田而不输租，有丁而不应役，累其身以及有司，其愚亦甚矣。曷不观中原之民，奉法守分，不妄兴词讼，不代人陈诉，惟知应役输租，无负官府。是以上下相安，风俗淳美，共享太平之福。②

这是一个带有政治定性色彩的告示。在明太祖的眼中，确切地说，是通过户部的榜文，传递着统治者的基本认识："中原"即以河南为中心的黄河中下游地区，虽然经济相对落后，但民众更好管理；两浙即江南，以及江西，虽然经济相对发达，但更多"刁民"。

---

① 乾隆二年九月，诏建世宗雍正帝"圣德神功碑"，碑文曰："自元季张士诚据苏、松、嘉、湖，陈友谅据南昌、袁、瑞，与明太祖苦战于江东西，横敛以给军。终明之世，故籍未改。"（《清高宗实录》卷五一，乾隆二年九月壬辰）
② 《明太祖实录》卷一五一，洪武十五年十一月丁卯。

所以，明太祖不仅把江南的苏州、松江，浙江的嘉兴、湖州，江西的南昌、瑞州、袁州定为"重赋地"，而且为了预防可能发生的对其政策的修改，命户部不得有苏州、松江及江西、浙江籍的官员和吏员，这就是著名的"苏松江浙人毋得任户部"的禁令。[1]

半个世纪之后，以河南为中心，包括山西、山东、陕西东部、北直南部，以及徐州、凤阳、淮安、庐州等地区在内的"中原之民"，仍然在用纳粮赈灾的热情（虽然不排斥强制），回报明太祖的鼓励。而"两浙"之民，特别是苏松常杭嘉湖之民，乃至江西的南昌、袁州之民，似乎也在用他们的冷漠，继续为明太祖的政治定性提供依据。

但是，和"两浙之民"一起遭受批评的"江西之民"，尽管有南昌、袁州的冷漠，在赈灾助饷的整体表现上，却和"中原"之民一样的积极，或者说更容易"被强制"。因为江西的民风虽然在某些方面与两浙特别是浙西相似，比如"好讼"，[2]但也有重要的区别。关于这一点，无论是"江西之民"还是"两浙之民"，自身的认识都比时时以"北人"自居的明太祖、比在圈外围观的"中原之民"看得更加清楚。

浙江台州籍学者王士性站在"两浙"特别是"浙东"的立场，指出江西与"两浙"特别是"浙西"民风的不同："江右俗力本务啬，其性习勤俭而简朴……其俗善积蓄，技业人归，计妻孥几口之家，岁用谷粟几多，解橐中装籴入之，必取足费。家无囷廪，则床

---

[1] 参见方志远、李晓方：《明代苏松江浙人"毋得任户部"考》，《历史研究》2004年第6期。

[2] 按：江西民风之"好讼"，为两宋元明时期公认的社会现象，参见方志远《明清湘鄂赣地区的"讼风"》，《文史》2004年第3期（总第67期）。

头瓶罂，无非菽粟者，余则以治缝浣、了征输，绝不作鲜衣怒马、燕宴戏剧之用……以故大荒无饥民、游子无内顾。盖忧生务本，俗之至美。"这种"至美"之俗，与明太祖表扬的"中原之民"极为相似。而与此形成鲜明对照，喜作"鲜衣怒马、燕宴戏剧"的，恰恰是浙西的风俗。以杭州为例，王士性指出："杭俗儇巧繁华，恶拘检而乐游旷，大都渐染南渡盘游余习，而山川又足以鼓舞之。然皆勤劬自食，出其余以乐残日。男女自五岁以上无无活计者，即缙绅家亦然……本地止以商贾为业，人无担石之储。然亦不以储蓄为意，即舆夫仆隶，奔劳终日，夜则归市肴酒，夫妇团醉而后已，明日又别为计……其风俗华丽，已入骨髓。"[①]

王士性的这段对比，又在某种程度上为我们揭示了当政府需要民间纳粮助赈时，"江西"在整体上和浙西即苏松常杭嘉湖不同表现的另一层原因：江西以农为本，衣食取足于田地，虽然多有外出谋生从事工商业者，但最终目的却是养家糊口，而不是为了娱乐、不是为了高消费。这种生产、生活方式，其实与中原地区的民众更为接近。或者说，这是中国"中部地区"、内陆粮食生产区民众的共同特点，这一特点和以农业立国、以崇本抑末为国策的朝廷有着更多的默契。

两浙特别是浙西民众虽然也是"勤劬自食"，甚至较江西、中原之民更过之，但由于城镇人口多，特别是自"六朝"以来形成、经宋元时期强化的追逐时髦奢华、喜作"鲜衣怒马，燕宴戏剧"之风，导致了生产生活方式的多元化。所谓"男女自五岁以上无无活计者"，主要不是经营粮食而是经营经济作物、主要不是经营农

---

① 王士性：《广志绎》卷四《江南诸省·江西、浙江》。

业而是经营娱乐业、服务业。所以，即使是"舆夫仆隶"，工作之余，仍然习惯于"夫妇团醉而后已，明日又别为计"。这种生产、生活方式，与明朝的基本立国方针格格不入。一旦遭遇灾荒，就需要"上江"即江西、湖广的粮食救济，否则，"终岁饥馑者十家而七矣"。①这种情况不仅发生在"两浙"的核心地区苏松常杭嘉湖，也发生在南京及其周边地区，发生在一切"弃本逐末"即非粮食生产区。②

与王士性不同，江西泰和籍大学士陈循站在江西的立场上，从另外一个角度比较江西与浙江、福建的异同："江西及浙江、福建等处，自昔四民之中，其为士者有人，而臣江西颇多。江西各府，而臣吉安府又独盛。盖因地狭人众，为农则无田，为商则无赀，为工则耻卑其门地，是以世代务习经史……其风俗如此。其心初皆望由科举出仕，但见解额有限，自度不能皆得，故其就训导保举者愈多也。"③江、浙、闽同为科举大省，但江西特别是其核心文化区吉安、抚州等地，对"举业""功名"有更大的热情，永乐、正统年间，致有"翰林多吉水，朝士半江西"之说。④即使科举无望，通过纳粮赈灾旌为"义民"、获取"冠带"，也是十分体面的事情。

---

① 王士性：《广志绎》卷四《江南诸省·浙江》。
② 顾起元长期生活在南京，其《客座赘语》记："金陵百年来，谷价虽翔贵至二两，或一两五六钱，然不逾数时，米价辄渐平……以仓庾之积贮犹富，而舟楫之搬运犹易也。惟仓庾不发，而湖广、江西亦荒，米客不时至，则谷价骤踊，而人情嗷嗷矣。"（卷二《议籴》）晚明吴应箕则说，家乡南直池州及徽州等地："人多田少，大半取于江西、湖广之稻以足食者也。"（《楼山堂集》卷一二《江南平物价议》）
③ 《明英宗实录》卷二六八，景泰七年七月丙辰。
④ 钱谦益《列朝诗集》乙集卷二《周讲学叙》云："国初馆阁莫盛于江右，故有'翰林多吉水，朝士半江西'之语。"朱彝尊《静志居诗话》卷二《吴伯宗》则云："状元多吉水，朝士半江西。"

胡有初被旌表为"义民",赴京谢恩,在当地被视为极度的荣耀之事,不仅众多江西籍官员为其接风、送行,而且有多位写诗相赠。①在文官及文人中具有极高威望的内阁首臣杨士奇,亲自为这些诗作序,称胡有初"泊然布素,而谨于义利之辨"②。又为胡有初供奉朝廷旌表敕书的"敕书楼"作记,洋洋数百言,称其"能体仰君心""将史册亦有记载""仁山文水之区,草木泉石,咸被照耀于无穷"。③在为另一位"义民"、吉水曾希恭所作的《敕书阁记》中,杨士奇特别强调,纳粮赈灾的义举:"昉见于吉水胡有初,再见于(曾)希恭,而然后见诸四方益多。何也?吉水,吉安属邑;吉安,故文献忠节之邦,仁人君子诗书礼义,流风余泽未已也。"甚至在为淮安罗振所作的《旌义堂记》中,杨士奇也念念不忘地指出:罗振之父罗景泰为"吾郡吉水人,少游淮阴,遂家焉"。并且再一次提醒人们:"今南北之民,以出谷蒙旌褒,往往有之,非一所也。若斯举而权舆,实吾吉水胡有初氏,而后感发于四方。"④对国家荣誉的如此倾心,对"吾郡"(吉安)的认同如此推崇,实为两宋以来江西地方文化传统中的特别个性。

而详细记录大批"义民""冠带荣身"者的《明英宗实录》,一共有四位"总裁"和"副总裁",竟然全部来自江西的吉安府:陈文是吉安府庐陵县人,宣德十年江西乡试解元,正统元年殿试榜眼,成化时以内阁首辅的身份为《明英宗实录》总裁;另一总裁是

---

① 王直《抑庵文后集》卷一八《序·赠义民胡有初诗序》云:"(胡有初)今年谒谢来京师,将归,其亲友之仕于朝者皆作诗送之。"
② 杨士奇:《东里文集》卷五《序·贫乐诗序》。
③ 杨士奇:《东里续集》卷二《记·敕书楼记》。
④ 杨士奇:《东里续集》卷五《记·罗氏旌义堂记》。

次辅彭时,吉安府安福县人,正统十三年殿试状元。两位副总裁,一位是大学士刘定一,吉安府永新县人,正统元年会试会元、殿试探花;①另一位是南京国子监祭酒吴节,吉安府安福县人,宣德五年进士。②暂且不论他们在主持修撰《实录》时的"选择性"程度有多大,但大量因为纳粮助赈受到旌表的富民尤其是江西富民能够在他们主修的国史中留下姓名,也可以看出他们对于国家荣誉的态度。

对"国家荣誉"的重视,又是"江西之民""湖广之民"和"中原之民"更为相近的特点,也可以说是"崇农务本"地区的共同特点。在这个特点中,还隐含着"国家荣誉"在这些地区的"附加值"。富民们获得了"国家荣誉",同时也就获得了在地方事务中的话语权。景泰时期,巡按直隶监察御史杨言指出了一个十分普遍的现象:"天下各府州县纳米旌表义民中,有倚朝廷旌表为由,门立三门,中门常杜人,不令往来。又创立高楼峻阁、刻画龙凤,名为'御书楼''敕书阁',况有酷害良善、暴横乡曲、乘轿引导者。"③如上所述,当年的大学士杨士奇以及其他诸多朝廷"大佬",就曾经为"义民"的"御书楼"、"敕书阁"作记题匾。

相对而言,两浙特别是浙西地区,乃至福建、广东等远离"朝廷"、面向大海的地区,对"国家荣誉"则相对"淡定"。这也应该是"弃本逐末"地区和"崇农务本"地区民众的不同心态。而这种心态的形成,既是因为在这些地区对财富的拥有比对荣誉的获得更

---

① 分见《明史》卷一六八《陈文传》、卷一七六《彭时传》《刘定之传》。
② 过庭训:《本朝分省人物考》卷六五《江西吉安府三·吴节》。
③ 《明英宗实录》卷二五七,景泰六年八月辛未。

具有"实惠",也是因为这里的民众更习惯于通过社会调节而不是政府组织来解决类似于灾荒的社会问题。①

但是,曾经在河南、山西及江西动员民众纳粮助赈的于谦、赵新、韩雍,不仅出自"两浙",而且均是出自两浙的核心地区。于谦钱塘人、赵新富阳人,属"儇巧繁华"的杭州;韩雍则是苏州府的"首县"长洲人。而为"北方民"请命并因此而导致明廷在全国范围内进行纳粮助赈动员的邵弘誉,则是浙江绍兴府余姚人。虽然家乡的人们对于纳粮助饷、对于"国家荣誉"相对淡定,但他们却在中原、在江西,乃至在"国家"层面,动员民众,纳粮助赈,并且取得了显著的成效。而同一时代巡抚江南并带管浙江钱粮的周忱,则来自对于纳粮助赈获得"国家荣誉"更为热衷的江西,其巡抚江南的使命,既是"总督税粮",又是稳定社会,代表朝廷安抚曾经受到伤害的民心。周忱和况钟、赵豫等人在江南,在苏松的经营,虽然没有为朝廷强制到太多的赈灾助饷钱粮,却是在为明朝抚平这一地区民众的"创痛",在培育明朝在江南地区的根基,重建江南民众对明朝的"国家认同"。所以,其"久任江南,与吏民相习若家人父子"。当有人指责其没有像前任胡概那样在江南地区实施"国家强制"时,周忱公开宣称:"胡卿敕旨在祛除民害,朝廷命我但云安抚军民,委寄正不同耳。"②

所以,所谓的"地域特征"又只是相对的概念,在参与明朝的国家管理、建构国家认同的大方向上,并没有明显的"中原"、

---

① 参见森正夫:《十六至十八世纪的荒政和地主佃户关系》(南炳文译),刘俊文主编:《日本学者研究中国史论着选译》第六卷《明清》第26—73页,中华书局,1993;原载《东洋史研究》二十七卷第四号。
② 《明史》卷一五三《周忱传》。

"江西""两浙"之分。随着明初"创痛"的逐渐消退,特别是随着明廷对社会财富政策的变化,两浙地区在成化、弘治以后,将以更加积极的态度参与国家事务并在一定程度上引领明代社会行进的方向。①

五、从"冠带荣身"到"纳米入监"

问题还在于,无论河南、山西及淮安、凤阳等中原之民如何"奉法守分",无论江西之民、湖广之民如何期望得到"国家荣誉",在经历了正统、景泰时期的多轮动员之后,这些地区对待"国家动员"的态度,也和苏松常杭嘉湖及浙江、福建一样,逐渐趋于沉寂。无论官员如何展示"国家形象",也无论官府如何实施"国家强制",在国家反复动员赈灾助饷的过程中,两浙之民并没有像明太祖所号召的那样学习中原之民,倒是中原之民在学习两浙之民。可见,围绕着同一主题,国家动员竟然可一可二,却不可再三再四。民间盛传的"救急不救穷"的理念,竟然同样适用于"国家动员"。动员富民纳粮赈灾或者纳粮助饷,可以是"应急"措施,却不可以是"常规"手段。

由于受到特定时期特定地区纳粮赈灾"大好形势"的鼓舞,户部官员一度对形势、对民心的变化懵然不察,他们认为"旌异优免""冠带荣身"是朝廷给民众的"恩典",却不知民间已经将这套

---

① 参见宫崎市定《明代苏松地方的士大夫和民众》(栾成显译),刘俊文主编《日本学者研究中国史论著选译》第6卷,第229—265页;方志远:《"山人"与晚明政局》,《中国社会科学》2010年第1期。

动员视为政府的"敛财"。直到多轮动员没有达到效果之后，户部才醒悟过来，在各地官员的呼吁之下，不断降低富民获得"冠带"的门槛。

景泰三年十一月，经巡抚朱鉴的争取，山西"冠带荣身"的纳米数，由800石降为500石；经巡抚韩雍的争取，江西"冠带荣身"的纳米数，由1200石米降为640石。①

景泰四年四月，经巡抚李敏的争取，苏州等府"冠带荣身"的价位由1500石降为800石。②

景泰五年七月，经按察使罗箎争取，浙江已经获得"冠带"的富民，九品、八品者再纳米300石，七品、六品者再纳米600石，"俱升一级"。③

景泰六年八月，朝廷自行降价，命江西、浙江军民，有能纳米200石者，即授从九品"冠带"，再纳者每200石递升一级，"俱于本处望阙谢恩，荣耀乡里"。④

景泰七年正月，由于"连年水旱民艰，加以远运军储"，命"湖广军民"有能纳米100石者，即给冠带。有能纳米500石者，授

---

① 《明英宗实录》卷二二三，景泰三年十一月癸亥、乙亥。
② 《明英宗实录》卷二二八，景泰四年四月壬寅。
③ 《明英宗实录》卷二四三，景泰五年七月甲戌。
④ 《明英宗实录》卷二五七，景泰六年八月甲寅。

军职百户，800石者授千户，"俱终其身"。①

这样，短短的四年时间，"冠带荣身"的门槛，由800—1500石降到了100—200石，虽然朝廷一再强调"不支俸、不管事"的底线，但"冠带"的品级却可以加到六品乃至以上，纳米实授军职的情况也越来越多。"国家荣誉"在频频遭遇民众的冷落之后，急剧贬值。

但即使大幅度贬值，"旌表义民"、"冠带荣身"的动员仍然无法达到景泰四、五年间的效果，更无法复制正统时期的辉煌，甚至连景泰二年的状态也颇有不如。在这个形势下，"纳米入监"逆势而上，成为继"冠带荣身"之后一段时间内具有重要意义的赈灾助饷措施。

景泰四年四月，有山东临清县学生员伍铭等人表示，愿纳米800石赈济灾民，条件是入国子监读书，即由地方官学生员而为京师国子监监生。当时在山东救灾的宦官内少监武艮、文官礼部右侍郎邹干联合上疏，认为山东等处正遭遇灾荒，赈济艰难，"乞从其请，以济权宜"。明廷批准了武艮、邹干的奏请，接受伍铭等人的捐纳、允许其入监读书，并且因此定下"则例"：各布政司及直隶府州县，凡有官学生员能纳米800石于临清、东昌、徐州三处赈济

---

① 《明英宗实录》卷二六二，景泰七年正月甲午。在辽东、广西等边陲地区，景泰三年已经以纳米授职进行动员。《明英宗实录》卷二一四，景泰三年三月己未记，命巡抚广西右侍郎李棠，及都布按三司榜谕军民人等："有能出米五百石于广西庆远等府缺粮仓分上纳者，就彼给与冠带，以荣终身。出一千石者，军余舍人授试百户、民授巡检，土人除本县佐；出一千五百石者，军余舍人授副千户、民授县佐，土人除土知县。"卷二一四，景泰三年十二月壬子记，准巡抚辽东左副都御史李纯奏请："召校尉民匠人等，俱许于三万、辽海、铁岭纳米八百石，米豆相兼者授试百户，能加六百石升一级，皆注原籍卫所管事，子孙承袭。"

灾民者,"愿入监读书者听"。①通过这种方式入国子监者,后来被称为"例监",即由纳米入监"则例"而入国子监的监生。②

虽然"则例"出现在景泰四年,但此前已有先例。景泰元年九月,直隶常州府无锡县生员张贤,因纳马获得"冠带荣身",但并不满足,希望能够入监读书。③张贤的要求虽然没有得到批准,却代表着一种愿望,一种向国家提供物质帮助而获得比"冠带荣身"更高待遇的愿望即纳马入监的愿望。景泰二年九月,顺天府房山县学生员傅宁从蒙古逃回,贡献逃回时所获马匹。根据当时的条例,献马是可以获得"冠带"的,但傅宁辞去"冠带",请求入国子监读书,获得批准。④这就开了纳马入监的先例。但这个"先例"还只是一个"特例",而景泰四年四月因为山东赈灾批准伍铭等人纳米入监读书,则由"特例"转变为"则例"。政府可以根据需要,在特定的时间和地点,以入国子监读书为交换条件,接受富民的捐助,门槛为800石大米。一个月之后,明廷主动降低了入监的门槛,纳米数由800石降为500石,"比前例减三百石"。⑤

这一政策在天顺及此后的时间得到延续和推广。

天顺五年(1461)十月,"纳米入监"例由山东临清、东昌及南直徐州三府州,推广到陕西、河南、山西三布政司。当时陕西用

---

① 《明英宗实录》卷二二八,景泰四年四月己酉。伍铭纳米入监并由此产生明代的纳粟入监例,不仅在当时产生重要的影响,清代的一些地方志书也有记载。如乾隆《番禺县志》卷一四、《揭阳县志》卷五、《夏县志》卷七,以及民国《清远县志》卷一〇等。
② 《明史》卷六八《选举志一·学校》说国子监监生的出身:"举人曰举监,生员曰贡监,品官子弟曰荫监,捐赀曰例监。"
③ 《明英宗实录》卷一九一,景泰元年九月己卯。
④ 《明英宗实录》卷二〇八,景泰二年九月丙午。
⑤ 《明英宗实录》卷二二九,景泰四年五月庚申。

兵，缺乏战马，兵部奏请将景泰时期在山东临清等处推行的纳米入监"则例"沿用于陕西、河南、山西，办法是：一是国子监监生有纳马五匹者，不限资格，立即送吏部任命官职；二是府州县学生员有纳马七匹者，即入国子监为监生，"挨次出身"；三是吏员一考以上者纳马六匹、未及一考者纳马八匹，即给冠带，并送吏部免其京考办事；四是军民人等有纳马五匹者，即以冠带，以荣其身。①于是，在纳米入监"则例"和纳马入监"特例"之后，有了纳马入监"则例"。

时隔五年，成化二年（1466）三月，南京参赞机务兵部尚书李宾等人奉敕赈济流民，请令浙江、福建、江西三布政司及南直隶府州县学廪膳生、增广生及南京文武官员军民人等子弟纳粮，送南京国子监读书。事下礼部，遭到礼部尚书姚夔的强烈反对。内阁以皇帝的名义拟旨："祖宗设太学，以教育贤才，非由科贡者不得滥进。今宾等建议，欲令官民子弟出钱谷以赈饥民，补太学生，古无此比。且天下财赋所出，其途孔多，学校岂出钱谷之所哉？"②

但20天后，明廷却批准了总督南京粮储右都御史周瑄的类似报告。周瑄同样因应天、凤阳、淮安等府"饥荒特甚"上疏，请移文江西、浙江及南直隶等处：一是凡府州县学生员，廪膳生能备米100石、增广生能备米150石，并将米运赴上述缺粮地方者，许充南京国子监监生。二是各色人等纳米100石，即于本处司、府、州、县充吏，三考赴京，授予冠带；南京各衙门三考役满吏员，于应天府纳米50石者，即于南京吏部授予冠带办事。

---

① 《明英宗实录》卷三三三，天顺五年十月壬申。
② 《明英宗实录》卷二七，成化二年三月癸亥。

被否决的李宾报告和被批准的周瑄报告，区别只是在于，前者将纳米入监的范围扩大到"文武官员军民人等子弟"，而后者则坚持景泰时期的"儒学廪增生员"，即官学中的廪膳生和增广生，不仅各色人等的子弟不在其列，官学中的附学生也排除在外。而廪膳生和增广生中的资历较深者和学业优秀者，是有机会进入国子监的。也就是说，虽然是通过纳米、纳马而为"例监"，但范围仍然控制在具有入监资格的官学生员。这也就在某种程度上保持了国子监的"纯洁性"。

虽然《明英宗实录》并没有像"旌异优免""冠带荣身"一样，将"纳米入监"及"纳马入监"者的名单载入史册，但据天顺八年十一月南京都察院右佥都御史高明的奏疏披露，纳米纳马入监的"则例"自景泰四年推行以来，10年时间，国子监的"例监"人数已"多至万余"。①

但是，与"冠带荣身"一样，随着时间的推移，富民"纳米入监"的热情也逐渐降温，致使明廷不得不降低入监的门槛，包括数量上的门槛和身份上的门槛。

成化二十年九月，大学士万安等人以山西、陕西饥荒，上救荒十策，其三为"入监"：各处儒学廪、增生员，有愿输粟于陕西缺粮处上纳者，廪膳生80石、增广生100石，即送国子监读书。②虽然较景泰四年的800石、500石，门槛已经极大降低，但响应者并不踊跃。

成化二十一年闰四月，鉴于各地灾荒、纳米困难，户部奏准开"纳银入监"例，生员愿于该部纳银者，廪膳生250两、增广生300

---

① 《明宪宗实录》卷一一，天顺八年十一月庚申。
② 《明英宗实录》卷二五六，成化二十年九月戊子。

两,可入监读书,但报名者仅14人。①

"纳米入监""纳银入监"的动员遇到了"旌异优免""冠带荣身"动员同样的尴尬。

在这个过程中,发生了一件有趣的事情,有直隶大名县王鋐等三名生员,响应国家动员,赴山西纳银并获得了入监的资格。但礼部在审查时发现了他们身份上的问题,三人均为"附学生"而非"廪膳生"或"增广生",因而建议清退。但清退应该是对等的,礼部清退人,户部就得退银,两部因此发生争执。但"礼"毕竟拗不过"银",银子一旦入库,也就无法退还。最后由成化皇帝直接作出处理,各退一步:"违例诈冒入监,本当革退。但既纳银赈济矣,姑容本学为增广生读书,年二十以下者八年、二十以上者五年。满日,有司重给文移,赴部送监。"同时,将这一处理作为可以沿用之"例":"类此者如例行之。"②从此,附学生在纳米入监、纳银入监的问题上,获得了与廪膳生、增广生同样的资格,只是需要比增广生多交若干钱粮,纳米入监的身份门槛也降低了。③

"旌异优免""冠带荣身""纳米入监"的相继推出并不断降低门槛,既反映出民众对明廷"国家动员"同时也是政府公信力的认同变化,也折射出国家权力与社会财富之间态势的变化。直接导致这个变化的,是持续不断的大范围灾荒。

---

① 《明英宗实录》卷二六五,成化二十一年闰四月戊戌。
② 《明英宗实录》卷二八〇,成化二十二年七月癸丑。
③ 不久之后,这个门槛进一步放低。《明史》卷六九《选举一》:"迨开纳粟之例,则流品渐淆,且庶民亦得援生员之例以入监,谓之民生,亦谓之俊秀。"

六、国家权力与社会财富

人类总是在与自然的妥协与抗争中进步。自然提供给人类生存条件,又不断地给人类制造麻烦;人类依靠自然而生存,却不断人为地破坏生存环境。国家及其他公共权力存在的必要性之一,很大程度是协调人与自然的关系,减轻乃至化解自然对人类的危害。所以,国家赈济与社会救助乃是一个永恒的课题,国家动员则是连接二者之间的桥梁,但这座桥梁的建造和维护却是永久的难题。

中国地域辽阔,自然灾害无时不有,西北旱而东南疫,华北涝而西南震,乃是十分平常的事情。但在宣德、正统、景泰年间,明朝却进入到了立国60年以来的自然灾害多发期,灾害持续时间长、涉及地域广乃至水旱蝗震交替而至、重叠发生。

先是宣德二年秋冬及三年春夏,南北直隶、湖广、山东、山西、陕西、河南,几乎整个黄河中下流地区及长江以北,均陷于大旱之中,其中山西、北直尤甚,山西的33个县、北直的26个县,连续八到十个月干旱无雨,"麦苗枯死无收"。[①]旱情结束后,一些地区刚刚补种作物,又遭遇连日大雨。北直顺天、保定、河间等府的40多个州县,"山水泛涨,冲决堤埂,漟没田稼"。[②]湖广各地也在大旱之后遭受大涝,宝庆、长沙等府受到持续七个昼夜的暴雨袭击,"山水骤涨,平地高六七尺,漟没庐舍田稼,漂溺人民"。[③]

---

① 《明宣宗实录》卷四二,宣德三年闰四月壬寅;卷四三,宣德三年五月壬申。
② 《明宣宗实录》卷四五,宣德三年七月丙辰。
③ 《明宣宗实录》卷四三,宣德三年五月丙寅。

接着是宣德八年，黄河流域又一次遭受大范围的旱灾，南北直隶及河南、山东、山西的大部分地区，春夏无雨。明廷为此将宣德七年十二月以前拖欠的"夏秋税粮、户口盐粮，及官军屯种子粒，悉皆停征"。① 但接踵而至的是第二年的春夏时期，长江流域的南直、湖广、江西、浙江及川东地区发生旱灾，"陂塘干涸，农田禾稻皆已焦枯，秋成无望"。② 而湖广、河南、江西及南直的应天、苏州、松江、扬州、凤阳、淮安等府，以及北直部分地区，旱灾之后是水灾，并不同程度发生了蝗灾。③

连续的大范围自然灾害，造成了严重饥荒和大量饥民、流民，不仅各地税粮无法完成，十分有限的粮食储备也在迅速消耗。宣德五年于谦、赵新等人的巡抚河南、山西、江西等处，"总督税粮"，宣德八、九年间胡有初等人的纳粮助赈并在正统二年被集体旌表为"义民"，正是在这一背景下发生。继宣德时期的大灾之后，正统四年夏秋之间，京畿地区连下暴雨，暴雨之后是几个月的"亢阳不雨"，陕西、河南、山西及江西、湖广、南直的部分地区也遭受长达两个月的旱灾。④ 这一轮的灾害，直接促使明廷采纳邵弘誉的建议，在全国范围进行明朝开国以来最大规模的纳粮赈灾动员。

"土木之变"的政治危机，迫使明廷在"旌异优免"的基础上，强化国家动员的力度，推出"冠带荣身"的政策。政治危机刚刚过去，从景泰三年开始，连续三至四年，南北直隶及山东、

---

① 《明宣宗实录》卷一〇一，宣德八年四月戊戌。
② 《明宣宗实录》卷一一二，宣德九年九月己卯；卷一一三，宣德九年十月己酉。
③ 《明宣宗实录》卷一一二，宣德九年八月乙丑。
④ 《明英宗实录》卷三六，正统四年六月戊戌。

山西、浙江、江西、湖广、云南、贵州的部分乃至大部分地区，连遭水旱、地震、虫蝗等灾害。为了赈济灾民，明廷在"旌异优免""冠带荣身"的基础上，连续推行"纳米入监"及纳米为僧道、纳米为吏典等救灾措施。①

客观地说，在自然灾害和政治危机的双重压力下，明朝政府表现出一个"责任"政府应有的态度，无论是正统君臣还是景泰君臣，都在认真对待当时所发生的自然灾害及社会动荡，都在积极探索赈济灾民的办法。正统四年六月，甚至以14岁皇帝的名义发布"敕谕"，对灾害承担责任："今岁以来，灾沴数见，京畿尤甚。兼以各处水旱相仍，军民困苦。洪范咎征，皆由人事，盖朕不德所致也。"②从"人事"的角度来看待"天灾"，固然是中国历代的政治"传统"，甚至是"官样文章"，但并不是所有统治者都能够做到的。孟森先生在80年前曾经对此有过精湛的评述：

> 明之根本，初不以此（按：指土木之变）而甚被摧败，则以祖宗立法之深厚，于"民生"二字，虽至暗之君、至凶之奄（庵），不敢漠视。士大夫稍受荼毒，实无关全国元气，以故君掳而国不摇，人民无离叛之意……时太皇太后专以养民为务，每四方水旱，振济动亿万计，蠲免灾粮或数百万石，间阎

---

① 关于明代特别是宣德、正统、景泰年间的各地水旱蝗虫及地震、海潮、风沙、疫情诸灾，赫志清主编《中国灾害通史·明代卷》（郑州大学出版社，2009）作了详细的统计与分析。
② 《明英宗实录》卷五六，正统四年六月戊戌。这道"敕谕"后收入明人（佚名）所编《皇明诏令》，名为《雨潦修省敕（正统四年六月二十三日）》（卷一〇《英宗睿皇帝上》）；也收入黄光升《昭代典则》卷一五《英宗皇帝》，名为《戒谕南京诸臣修省求直言》。

安乐,虽灾不为害。迨王振用事,悉反初政,惟蠲租振荒,尚仍之不改……盖累朝家法,已成天经地义,官吏可以摧残,惟人民不可扰。①

此时的明朝,也正在发生种种问题,其中既包括由于人口增长、赋役不均而造成的民众流亡,也包括由于政府主导作用缺位而导致的水利失修,以及由于各种原因特别是持续天灾而造成的国家储备不足,等等。这些问题使得一个在自然灾害来临之际、在赈灾与筹饷双重压力下仍然希望有所作为的政府,逐渐感到力不从心。明朝国家权力与社会财富之间的关系,也在这个时候开始发生变化。"旌异优免""冠带荣身""纳米入监"相继成为明朝国家动员的核心政策,正反映出这一变化的过程。

当正统时期朝廷旌表"十大义民",以及采纳邵弘誉的建议,在全国范围内进行纳粮助赈动员之时,国家权力表现出来的是极度的自信,"义民"称号也在许多地区的民众之中享有崇高声誉,况且还有减免三到五年杂役的实惠。正统六、七年间,当富民的纳粮助赈达到高潮时,国家权力进一步傲视社会财富,朝廷只是以省、府为单位公布"义民"的数字以及富民代表的姓名,其他的均被"等"去。如正统六年正月:"河南开封府民祝俭等三人、汝宁府民刘义等五人、山西太原府民杨璟等十八人,各出谷千石有奇赈济,敕奖谕并复其家。"②这一批共旌表"义民"28人,《实录》中留下姓名的仅3人。再如正统六年二月旌表96人、三月旌表124人、

---

① 孟森:《明清史讲义》上册,中华书局,1981,第125—126页。
② 《明英宗实录》卷七五,正统六月正月丁卯。

闰十一月旌表175人,但在《实录》中留下姓名的分别只有八、九人。①此时,人们看到的是一个居高临下的政府。这个政府一面接受富民纳粮助赈,一面向他们授予"国家荣誉",而他们的姓名,大多只能在各地志书中部分得以保留。②

虽然明廷一直希望保持这种居高临下的态势,但连续不断的灾荒和突如其来的"土木之变",迫使其在"旌异优免"的基础上,以"冠带荣身"进行赈灾助饷的动员,而且根据地区的不同分出等级,明码标价,甚至试图将其作为新的财源。这样,国家动员"赈济灾民"的本来意义被削弱,表现出明显的"敛财"倾向,从而导致国家荣誉的不断贬值,也引发了种种批评。徐三重在150年后审视这一事件时认为:"富民自捐粟,非强之也。行人赍敕恩,礼重矣。然止称义民,不加官也。夫民以义称,不为不荣;赐羊酒、免徭役,又非但虚数也。惟不加官阶,亦先朝重慎名器之意,与后日输钱入粟辄与冠带职衔者异矣。"③徐三重高度评价了"旌异优

---

① 《明英宗实录》卷七六、七七、八六,正统六年二月丁酉、三月丙寅、闰十一月壬辰。
② 以太原府为例,《明英宗实录》记载该府正统年间纳粮赈灾而被旌表为"义民"者共53人,但被列出姓名的仅于敏、杨璟、陈立、侯从信、薄贵五人;雍正《山西通志·孝义传》记载的共26人,仅为《实录》的一半,可见就数字的统计来说,地方史志远不如《实录》。但是,这26位"义民"的事迹却都被记载下来。如朱景祥,岢岚人,正统间蠲粟1500石;杜弘付,太谷人,正统间捐赈1500石。(卷一四一《孝义一·太原府》)又如杨璟:"正统间输粟赈荒,玺书褒美,以子清贵封文林郎。"(卷一四四《孝义四·平定州》)这又是《实录》所不具备的。当然,也有府志记载而《实录》失载者。如北直河间府,《实录》记载的正统时期旌表"义民"为4人,但府志却有6人。《明英宗实录》中有姓名的为王伯林、张刚二人,嘉靖《河间府志》虽均无记载,却有张才、赵刚,前者为肃宁县人,后者为吴桥县人(卷二四《人物·高义》),或者是《实录》的修撰者错将二人并为一人。
③ 徐三重:《采芹录》卷三。

免",但对"冠带荣身"提出尖锐批评。虽然"义民"和"冠带"都属于"国家荣誉",但后者却是以朝廷的"职衔"为代价。与徐三重不同,经历过正统、景泰时期的连年灾荒及"土木之变"前后国事艰辛的国子监监生郭佑,对特定时期以"冠带荣身"进行动员表示了理解,但也指出它的问题:"昨以国用耗乏,谋国大臣欲纾一时之急,令民纳粟者赐冠带。今军旅稍宁,而行之如故。夫名以表实、服以彰德。彼农工商贩之徒,不分贤愚,惟财是授,使之骄亲戚、夸乡里,而长其分外之心。"将"冠带荣身"作为权宜之计可以接受,但如果以纳粮助赈之名、行聚敛民财之实,却是自甘堕落。特别是"又有赃污之吏,罢退为民,欲掩乡间之耻,纳粟纳草,尽冠带而归。何前日以财而去职,今日以财而得官?甚非朝廷重惜名爵之意也"。①

国家既不珍惜名爵,民众遂轻视朝廷;民众的善意一旦受到亵渎,国家的权威必然同时受到伤害。胡有初、谢子宽等人先有纳粮助赈的"义举",然后才获得朝廷的旌表;陈安常、许彦正等人因为纳粮纳草,然后被朝廷授予"冠带"。但临清生员伍铭等人,却是在提出入监的要求被应允之后,才行纳米。在这个过程中,民众逐渐由被动纳粮助赈并接受政府的荣誉,转变为以财富为砝码,主动向政府开出对自己有利的条件。虽然明廷一再声称"纳粟贡士,乃救荒权宜之计",但批评者则认为这是比"纳粟拜爵"等"衰世

---

① 《明英宗实录》卷二〇九,景泰二年十月庚寅。

之政"更为荒唐的事情。①

如果说"旌异优免"是政府对富民"义举"的奖励,"冠带荣身"则是政府以国家荣誉和个人财富进行的"明码标价"的交易,而富民在"纳米入监"过程中的讨价还价,更是将财富"待价而沽",颇有"俯视"国家权力之势。根据当时的制度,在京三品以上官员,方得荫子、孙各一人入国子监读书。②于是在子孙"入监读书"的待遇上,在京三品以上之职位,只相当于富民之100石米或250两白银。

如果将视野向前延伸,可以清晰地看出明朝立国100年间国家权力与社会财富之间发生的"异势"。洪武、永乐时代徙苏松江浙之民于凤阳、南京,徙苏、松诸府及九布政司之民于北京,是国家权力对社会财富的"无偿"剥夺;正统、景泰时代的"旌异优免""冠带荣身",虽然带有不同程度的"国家强制",却是"有偿"强制,表现出国家权力公开认可个人拥有社会财富的合法性;而景泰、天顺时代的纳米入监,以及纳米为僧道、纳米为吏典,国家权力和社会财富之间已经是相对意义上的"等价交换"了。

可以说,是国家权力的无偿剥夺,导致了经济发达地区民众对国家动员的冷漠;而带有敛财倾向的反复动员,既损害了国家荣誉

---

① 《明英宗实录》卷二二七景泰四年三月乙丑条所记监察御史左鼎之疏、卷二三一景泰四年七月庚辰条所记河南开封府儒学教授黄鉴之疏,均对纳米入监例进行猛烈抨击。成化十一年十月丙申,有国子监生361人联名上疏,言其时有1500余名生员因为"纳粟实边"入监,而且"冒籍者"甚多,请行审查。(《明宪宗实录》卷一四六)

② 《明宪宗实录》卷四〇,成化三年三月甲午:"命在京三品以上官子、孙各一人入监读书。先是国子监助教李伸上言,欲荫大臣之子。事下廷议,以为爵以待贤,理不可滥;教养之法,义不可阙。宜如旧制,三品以上官子孙,方听一人入监读书。礼部为上其议,故有是命。"

的尊严,也导致了经济欠发达地区民众对国家动员的态度由热情到冷漠。各地民众对于国家动员的态度,共同迫使国家权力向社会财富低头,并重新构建二者之间的关系。

直接导致这些变化的重大契机,竟然只是两个字,"灾荒"。但是,看似因为灾荒而导致的明代国家权力与社会财富之间关系的变化,却有着更为深刻的社会原因,也在一定程度上反映出中国历代社会进程的某些共同轨迹。

明朝前期对社会财富的剥夺和打击,是建立在社会经济遭受元末明初长时期战争的严重摧残,以及由战争机器转化为国家机器的国家政权强势统治社会的基础之上的,明太祖、成祖以其雄才大略和巨大权威,奠定了明朝立国的基本规模,也竭力将人们的生产、生活纳入政府的控制之中。而作为"责任政府"的明廷在灾荒来临、国家赈济发生困难之际,动员并组织民众纳粮助赈,其思路正是继承了"祖宗"从生活、生产方式上控制民众的做法。

但是,随着战争创伤的逐渐愈合和社会经济的日渐复苏,社会财富在积累,人们的价值观念及社会风尚也随之发生变化。正统时于谦巡抚山西、河南,一面千方百计赈济灾民,一面对社会风气的变化痛心疾首:"山西人民,多有乐户。男不耕种、女不纺绩,淫嫚成风,游食度日。不才官吏,往往呼使,歌唱奸淫,因嘱公事,以毒良民。"[①]景泰时因言事得罪遭到贬谪的南京监察御史尚褫,指出另外一种风气:"近年以来,释教盛行,满于京师,络于道路,横于郡县,遍于乡村。聋瞽士民,诱煽男女,廉耻道弃,风俗扫地。"[②]

---

① 《明英宗实录》卷四三,正统三年六月丙寅。
② 《明英宗实录》卷二四八,景泰五年十二月辛卯。

天顺、成化之际，户科都给事中丘弘等人指出："近来京城内外风俗尚侈，不拘贵贱，概用织金宝石服饰，僭拟无度。一切酒席，皆用簇盘糖缠等物。上下仿效，习以成风。"①大学士丘浚则发现："农民无远虑，一有收熟，视米谷如粪土，变谷以为钱，又变钱以为服食日用之需……天下之民，莫不皆然，而淮北山东为甚。"②这些描述虽然不无夸张，却反映出经过半个多世纪的经济恢复和发展，人们对物质生活和精神生活有了新的追求，他们求财求享乐、求福求平安。

虽然于谦、尚褆等人更多的是在谴责民众，但对当时的价值观念和社会风尚起示范作用的，恰恰是朝廷。陆容《菽园杂记》说到一个令歧视宦官的士大夫难以接受的事实：

> 宣德年间，朝廷起取花木鸟兽及诸珍异之好，内官接迹道路，骚扰甚矣。自（王）振秉内政，未尝轻差一人出外，十四年间，军民得以休息。是虽圣君贤相治效所在，而内官之权，振实揽之，不使泛滥四及，天下阴受其惠多矣。此亦不可掩也。③

暂且不论"权庵"王振个人的是非功过，需要指出的是被称为"仁宣之治"的宣德时期，朝廷已经在用自己的行为向民众示范对社会财富、对"服食日用"的追逐。天顺时期司礼监太监富安的一

---

① 《明英宗实录》卷八六，成化六年十二月庚午。
② 丘浚：《大学衍义补》卷二五《治国平天下之要·制国用·市籴之令》。
③ 陆容：《菽园杂记》卷七。

个奏疏,更揭示出当年郑和下西洋的"原动力"及郑和死后朝廷的弥补措施:"永乐、宣德间,屡下西洋收买黄金珍珠宝石诸物。今停止三十余年,府藏虚竭,请遣内官于云南等处,出官库银货收买上纳。"①景泰、天顺及成化时期公开身份为锦衣卫副千户、千户且子孙世袭的屠宗顺,则是专为朝廷筹办"珍珠宝石诸物"的商人。②而北京的巨寺大观,更是皇家投巨资修建的祈福之所,为"释教盛行"的标志性建筑。③

当社会经济尚在复苏、各种信息难以传递的时候,很少有人会与皇室攀比。一旦社会财富积累、人们的物质条件得到改善,各种信息扑面而来的时候,"上行下效""上下仿效"也就顺理成章了。缺口既开,其势就十分迅猛。而这一系列事情的发生,正与明廷不断降低旌表、冠带及入监的门槛同步。可见,"国家动员"越来越得不到民众的认同,效果越来越不如人意,并不完全像江西巡抚韩雍及其他官员指出的那样,是因为民间财力已尽,而是因为随着社会风尚的变化,人们的价值观念已经发生了变化。对财富的追求、对个人享受的追求,已经超过了对于国家荣誉的追求。国家荣誉在经济利益面前,不免苍白无力,而个人财富的拥有,却更加实际。当上上下下都在追逐享受之时,国家动员必然缺乏号召力。既然朝廷可以持续挥霍社会财富,凭什么不断要求富人纳粮赈灾?既然代表"国家形象"的一些"不才官员"正在"歌唱奸淫,因嘱公事",被揭露出来的侵吞赈灾钱粮的案件也时有发生,④又怎能令富人放

---

① 《明英宗实录》卷二八七,天顺二年二月戊申。
② 《明史》卷一八〇《丘弘传》。
③ 参见何孝荣《明代北京佛教寺院修建研究》,南开大学出版社,2007。
④ 参见肖发生、方志远《明前期荒政中的腐败》,《北方论坛》2007年第1期。

心将赈济钱粮交付他们支配?①

那么,国家权力为何不对社会财富再次祭起强制乃至剥夺的法宝?非不欲也,是不能也。不仅太祖、成祖那样的权威不再,更重要的是明朝建立半个多世纪之后,国家权力的构成者大多已经成为"富人",他们或者是世袭军功的旧贵族,或者是科举入仕的新官僚,他们用自己的方式跟随时代的步伐,聚敛钱财,成为社会财富的拥有者,自然不可能对自己进行剥夺、强制。而在各种经济活动中积累起财富的富民,也开始在各地的地方社会中发挥作用,他们及他们的子弟或者因为在各种公益事业中发挥的作用被旌表为义民、被"冠带荣身",或者进入国子监读书乃至进入官场,不但在民众之中树立起威望,也成为地方官府依靠的势力,甚至成为地方官员的"衣食父母",要对他们再行剥夺或强制,也并非易事。②

这一情况的发生,同时造成两个方面的后果。第一,"国家动员"在民众中的号召力,以及国家对社会的控制力开始下降。而此后明代对灾民的赈济,更多是走政府倡导、社会救助的道路(关于这方面的问题,笔者当另文讨论)。第二,个人财产的合法性被政府所承认、社会财富成为公认的价值标准,民众在"仕途"之外,有了"财富"的选择,弃学经商、弃农经商成为诸多读书人或"社

---

① 若干年后,曾经任过南京吏部尚书的王崇庆甚至不相信地方官府能够真正赈济灾民:"有司不为聚敛侵渔,固已幸矣,而又望其给价以及穷民。吾恐其未之能也。"(嘉靖《开州志》卷一〇《杂志·荒政》)
② 如胡有初,据王直《抑庵文后集》卷二七《墓表·义民胡有初墓表》,其经历是一传奇,"人皆惮之",在地方社会已经有极大的势力和号召力,亲民官是其朋友乃至跟班;不惟如此,在上层也有诸多关系,多位官员是其亲戚,所以能搬动杨士奇、王直为其作序、作墓志铭。其他陈谦、曾希恭、罗振等亦皆如此。

会精英"实现自我价值的新出路,明代社会从此进入新的、"官本位"与"财富本位"并存的发展阶段。江南地区在从明朝前期的严峻冷酷中缓过气来之后,苏、松、杭、扬重新成为大众文化、大众娱乐的策源地,并且创造出极大的社会财富,推动了明代多元化社会的形成。

明朝立国后60—100年发生的社会演进过程,即国家权力对社会财富始而仇视、剥夺,继而承认,再而追逐的过程,由国家强势控制社会到这种控制力逐渐下降、其他的公共力量开始对社会产生重要影响的过程,几乎在所有通过农民战争尤其是以"农民领袖"为主体建立的政权都曾经发生。西汉建国之后,"法律贱商人",但几十年后"商人已富贵"。①这是一个自然的过程。明朝本来也应该是自然发展过程,但连续多年的灾荒,却成了这一过程的"加速器"。

"大难兴邦",连续的灾荒加速了明代社会的转型和国家权力与社会财富的"异势"。明代的"社会财富"拥有者或者是通过"国家权力"获取"社会财富",或者是通过"社会财富"购买"国家权力"。紧接着正统、景泰、天顺而至的成化、弘治、正德时代,一部分读书人通过纳米入监获得功名,另一部分掌握着各种技艺的人们,则通过"传奉"的方式挤入仕途。即便是在进入"自由奔放"时代的嘉靖、万历年间,形形色色的"山人",也要千方百计地进入官场至少是接近官场、投靠官场,以获取更多的经济利益。

但是,无论是通过"纳米入监"还是通过"传奉"方式的入仕者,他们所能够获得的职位,大多是文思院、营缮所之类"役

---

① 班固:《汉书》卷二四上《食货志四》。

职",充其量是太常寺、光禄寺之类的"闲曹",进入不了国家权力的"核心"。国家权力的真正"核心"及"载体",内阁、六部、都察院、大理寺、科道及各省巡抚、布按二司、府及重要的州县,乃至司礼监、文书房,它们的主要构成者,仍然是通过"科举"入仕的文官,以及由"读书正途"出身的宦官。尽管人员不断更新,但国家权力对社会财富保持的控制,却是每个通过"正途"进入这个机器的人们所乐意看到的。

从表象上看,通过"科举"或"读书正途"出身的明朝国家权力的构成者们都是传统道德、传统理念的传承者,标榜"义"的恪守而斥责"利"的追求,而一旦受到"利"的驱动,必然置"义"于空谈。他们既需要国家权力维护其既得利益,更需要国家权力为其牟取更多的利益。固然,在社会矛盾激化、国家财政拮据的双重压力下,也时时会出现王安石或张居正,他们为了国家权力的整体利益,又苦于无法开辟新的财源,只得重新启动对社会财富的强制乃至部分剥夺。但这个情况一旦发生,这个政权也就临近结束了。国家权力构成者和社会财富拥有者双重身份的"精英"们,此时面临着两种选择:一是将以强化国家权力或缓和社会矛盾为目的的经济改革或社会改良,引入为既得利益者维护并扩大利益的歧途;二是将抛弃现有政治的躯壳,寻求新的保护人。无论哪一种选择,都是为现存政权敲响丧钟。这在中国历史发展的过程中,同样成为一种反复发生的"现象"。中国古代社会也因此陷入王朝更替的"周而复始",而社会的基本性质却无法发生根本性变化。

原载《中国社会科学》2013年第6期

"传奉官"与明成化时代

明代前期的"严肃冷酷"和后期的"自由奔放"[1]，不仅仅是二十年来学术界关注的热点课题，甚至也成了关心中国历史和现实的人们的大众话题。[2]但是，这两个时代之间的过渡，却一直没有得到应有的重视，致使明代史的研究出现了中期断裂。[3]明宪宗成化时代是一个几乎被研究者遗忘的时代，但恰恰又是明代历史由严

---

[1] 傅衣凌教授《从中国历史的早熟性论明清时代》一文认为："在万历时代是自由奔放的，有较多的新气息。而到了雍乾两朝则严肃冷酷，闻不到人们的笑声。"（《明清史国际学术讨论会论文集》，天津人民出版社，1982，第9页）明前期之严肃冷酷，较之雍乾时期有过之而无不及。

[2] 这些研究具有明显的阶段性。自20世纪70年代末开始，学术界主要关注的是明前期的"严肃冷酷"，有关研究围绕着明太祖建立极端的专制主义中央集权政治制度及"治乱世用重典"的治国理念而展开，中国大陆学者陈高华、陈梧桐，中国台湾学者黄彰健、杨树藩等人的成果具有一定的代表性。吴晗自陈，其著《朱元璋传》的初衷就是揭露其专制的严酷性。自20世纪80年代中期开始，学术界开始将眼光转向晚明，刘志琴、冯天瑜、万明等人的研究成果值得重视。其实，谢国桢先生早年著《晚明史籍考》已开其端，其高足商传教授近年更多有创见。

[3] 这种研究断裂不仅仅发生在明代，至少也发生在清代。当清史研究者正津津乐道康乾盛世时，近代史研究者却在研究鸦片战争前后清朝的衰败。这其中的关联也只是在近年才有学者进行有价值的研究。

肃冷酷到自由奔放的转型时代。①本文所讨论的"传奉官",也是一个被研究者所忽视的问题,但恰恰是这样一个问题,却反映出成化时代的价值观念并在一定程度上预示着明代社会的历史走向。②

一、成化时期的"传奉升授"及其结局

明英宗天顺八年（1464）二月十七日,也就是宪宗成化帝即位的第二十六天,司礼监太监牛玉"传奉圣旨":升工匠姚旺为文思院副使。③这是明代第一位既不由吏部选任也不经大臣举荐更不是皇帝简选,而是通过宦官"传奉圣旨"的方式任命的官员。④"传奉官"之名即由此而来,这一方式也被称为"传奉升授",或简称为"传奉""传升"。

文思院是工部下属的一个机构,掌管制造金银犀玉诸工艺品、

---

① 迄今为止,除拙著《成化皇帝大传》（辽宁教育出版社,1994）外,还未见到其他关于成化时代的专题论文和著作。丁易先生《明代特务政治》涉及了这一时代,有学者撰文讨论了成化时汪直与西厂问题,并抨击了当时的一些社会弊端,但目的都是说明当时的宦官专权问题而不是就这一时代进行讨论。日前蒙何孝荣教授惠赠《论明宪宗崇奉藏传佛教》（台湾成功大学《成大历史学报》第30号,2006年6月版第139—177页）,于成化时期藏传佛教在北京的史实考证颇详。
② 事实上,一些重要的有关明代历史的著作也对成化时期的传奉官给予了一定程度的关注。如孟森《明清史讲义》（中华书局,1982）,牟复礼、崔瑞德主编的《剑桥中国明代史》（张书生等译,中国社会科学出版社,1992）,白寿彝为总主编的《中国通史》第九卷《中古时代·明时期（上）》（上海人民出版社,1993）,张显清、林金树主编的《明代政治史》（广西师范大学出版社,2003）。但限于体例和篇幅,未能进行深入讨论,一些史实也存在错误。这些将在后文进行讨论。
③ 《明宪宗实录》卷二,天顺八年二月庚子。
④ 《明史·宪宗纪一》在记载姚旺传升为文思院副使时,并没有提及具体的人名和衙门,而是直指事件的性质:"始以内批授官。"虽然定性并不准确,却指出了这一事情的重要影响。

金彩绘素等装饰物，以及皇室舆辇器服等。这里集中了大批来自全国各地技艺高超的匠人，所生产的器物构思精巧、做工精致，但机构品级甚低，大使正九品、副使从九品。由于所授为品秩极低的匠官，而工匠授官在永乐、正统时已有先例，①所以，尽管姚旺的传升实际上开了"传奉升授"的先河，其本人也成了明代第一位传奉官，但在当时并未引起任何关注。

八天之后，再次由宦官"传旨"，为太医院御医施安、医士黄瑞等十一人升官加俸。②由于太医院专业性强，历来由医家子弟供职，根据资历和功劳升迁，施安等人都在英宗病重期间出了力，所以虽然一次传升多人，当时也无人在意。

但接下来的一次传升开始引起人们的疑惑。成化元年七月，太监傅恭"传奉圣旨"，升文思院副使李景华、陈敦、任杰三人为中书舍人、御用监书办。姚旺传升的是品官中最低级别的匠官，施安等人则是在本系统内升迁，且只升一至二级。李景华三人则通过传升实现了两个突破。一是由从九品的文思院副使到从七品的中书舍人，一次升了四级。二是文思院副使属"杂职"，为技术匠官，中书舍人是"清要"，为文学侍臣，二者之间不啻天壤。如由吏部铨选，这种事情便难以发生，但经过传奉升授，则"以杂流躐升清华之职"③。

---

① 《明太宗实录》卷一一八，永乐十八年十二月癸亥条载："论营造北京功，授营缮清吏司郎中蔡信为工部侍郎，营缮所副吴福庆等七员为所正所丞，杨青等六员为所副，以木瓦匠金珩等二十三人为所丞。"营缮所也是工部所属机构，所丞为正九品，比文思院副使高一级。又郑晓《今言》卷一之八七记：正统时营建三大殿，授五六名工匠为官。
② 《明宪宗实录》卷二，天顺八年二月戊申。
③ 《明宪宗实录》卷二〇，成化元年七月辛卯。

如果事情到此为止，或许人们仍然不会去关心姚旺、施安乃至李景华们的升迁。但事态的发展，令时人瞠目结舌。

姚旺之后，成化二年（1466）十月，传升工匠徐瑞为锦衣卫所镇抚、朱贵为营缮所所丞。①从此，文思院、营缮所、锦衣卫成为工匠通过"传奉升授"获取职位的三个主要机构或系统，其中又以文思院为甚。成化六年十月，一次传升御用监工匠杨玘等十六人为文思院副使；八年七月，更一次传升工匠张定住等三十人为文思院副使。②工匠的传升成了京师一大奇观。

天顺八年十月，传升道录司左正一孙道玉为真人，并给诰命。③道官的传升由此开始。成化十一年十一月，司礼监太监黄赐"传奉圣旨"，一次升道士胡守信等十五人官，其中既有在道录司任职的道士，也有京师灵济、朝天、延祐等宫观的道士。④成化十二年十一月，又是太监黄赐"传奉圣旨"：升京师大隆善护国寺番僧班卓儿藏卜为灌顶大国师，大能仁寺番僧结瓦领占为禅师、锁南舍辣为右讲经。⑤继工匠之后，番汉僧道官也成了京师奇观。

成化二年十月，多年来在内阁及御用等监为书办官的凌敏、汪容等十一人分别传升为尚宝司卿、光禄寺少卿、大理寺评事等官。⑥成化八年十二月，命儒士杜昌于内府写书；次年十一月，传升杜昌为鸿胪寺序班。⑦传奉升授成了儒士、监生、生员及其他读

---

① 《明宪宗实录》卷三五，成化二年十月丁巳。
② 《明宪宗实录》卷八四，成化六年十月癸酉；卷一〇六，成化八年七月丙午。
③ 《明宪宗实录》卷一二，天顺八年十二月壬辰。
④ 《明宪宗实录》卷一四七，成化十一年十一月丙午。
⑤ 《明宪宗实录》卷一五九，成化十二年十一月癸卯。
⑥ 《明宪宗实录》卷三五，成化二年十月丁巳。
⑦ 《明宪宗实录》卷一二二，成化九年十一月庚子。

书人在科举之外的又一入仕途径。

成化六年十一月,传升司礼监太监怀恩之侄马瑛为锦衣卫百户。① 这是宦官家人传升之始。成化八年五月,传升武骧卫勇士陈逮等三人为试百户,腾骧、锦衣诸卫千百户武海等八人世袭带俸。② 这是军士、军官传升之始。其后均难以遏止。

成化三年七月,传升监察御史章璠为太仆寺少卿。③ 这是"科举正途"官员传奉升授的首例。成化二十年十一月,司礼监太监怀恩"传奉圣旨",同时传升掌管官员选任升授的太子太保吏部尚书尹旻和儒士出身的传奉官中书舍人杜昌,前者为太子太傅、后者为文华殿书办。④ 十天后,又由怀恩"传奉圣旨":升户部尚书殷谦、兵部尚书张鹏、刑部尚书张蓥、工部尚书刘昭、都察院右都御史朱英及礼部三尚书周洪谟、施纯、刘岌为太子少保。⑤ 对传奉授官一直持反对态度的士大夫颜面扫地。

传升之风日盛,传奉官队伍也迅速膨胀。吏部尚书尹旻等人竟"无旬日不赴左顺门候接传奉"⑥,形同吏曹。

成化二十一年正月初一日傍晚,发生了明朝开国以来罕见的一次被称为"星变"的陨石雨。⑦ 星变引起了朝野上下的恐慌。正月初三日,成化帝因星变下诏求直言。应诏言事的吏、礼、兵、工四

---

① 《明宪宗实录》卷八五,成化六年十一月丁丑。
② 《明宪宗实录》卷一〇四,成化八年五月癸卯。
③ 《明宪宗实录》卷四四,成化三年七月丁丑。
④ 《明宪宗实录》卷二五八,成化二十年十一月壬辰。
⑤ 《明宪宗实录》卷二五八,成化二十年十一月壬寅。
⑥ 《明宪宗实录》卷一五九,成化十二年十一月癸卯。
⑦ 《明史·天文志三·流陨》载当时情形:"有火光自中天少西下坠,化白气,复曲折上腾,有声。逾时,西方有赤星大如碗,自中天西行近浊,尾迹化白气,曲曲如蛇行良久,正西轰轰如雷震。"

部及六科十三道不约而同将主要矛头对准了传奉官,称其为"招天变之甚者"。接着,各有关部门对现任传奉官进行了统计,总数近3700人,如果加上传奉官中的勋戚、功升、荫授录用者,总数竟达4300人,其类别见下表。

表1:成化二十一年正月传奉官类别及数量
(勋戚功升荫授录用者600余人除外) ①

类别	传奉文职官* (吏部奏列)	传奉匠官** (吏部奏列)	传奉番汉僧道官及教坊司官*** (礼部奏列)	传奉武职官**** (兵部奏列)	合计
人数(个)	514	1328	1300+	503	3645+

* 其中:太常寺卿至博士36人、通政使及太仆寺卿等官18人、光禄寺少卿及尚宝司卿等官16人、太医院使至御医等官52人、鸿胪寺丞至序班等官179人、工部员外郎及礼部司务等官19人、钦天监司历博士以至天文生63人、中书舍人20人、冠带食粮儒士108人、参议县丞主簿3人。

** 传奉官1328人,建议留下内府各监局及工部匠官其精于艺者1293人,其中:工部33人、内府司礼监79人、御用监379人、尚衣监87人、内官监365人、司设监71人、织染局110人、针工局38人、兵仗局99人、银作局23人、御马监3人、巾帽局5、供用库1人。

*** 其中:大慈恩寺、大能仁寺、大护国隆善寺喇嘛1000余人,法王7人,禅师、国师数十人;汉人僧官98人;道士130余人;教坊司乐官50余人。

**** 其中:勋戚异姓外亲6人、内官弟侄家人120、军民人等66人、为事罢黜妄冒升用者1人、军民人等乞恩升授者9人、技艺工匠260人、其他41人。

---

① 据《明宪宗实录》卷二六〇,成化二十一年正月己巳条;卷二六二,成化二十一年二月己未条。

吏部和礼部所列的传奉官（含匠官）为供职或带俸衙门，兵部所列传奉官则为其出身。对于这近3700名传奉官，成化帝表示将采纳各部门提出的方案进行处置：一是文职记名放回、武职冠带闲住，均待缺取用。二是匠官艺精者留用，支半俸，其余放回。三是法王、佛子、禅师、国师及其他番僧均减一半供给，汉人冒充番僧者革之。①但最终的处理结果却令人沮丧：503名军职传奉官中，"御笔"点留了394名，"冠带闲住"者仅109名。1328名传奉匠官除因"老疾"清退35名外，其余均属"艺精者"，支半俸留用。番僧均支半俸，留慈恩等三大寺供职。清除较多的是文职传奉官，514人中"御笔"只点留了61人，"记名放回"者453人。但舆论抨击最为猛烈的李孜省、邓常恩等人，却均在"点留"之列。②

　　这样，在轰轰烈烈的成化二十一年初因星变而引起的对传奉官的清除中，被清除的文职和武职传奉官只有562人，连同匠官共597人。③但这些人大抵都滞留在京师，等着"取用"。果然，星变的恐

---

① 《明宪宗实录》卷二六〇，成化二十一年正月甲申。
② 按：吏部奏列的除勋戚功升荫授外的514位传奉官似乎并没有包括全部的传奉文职官。《明宪宗实录》卷二六二，成化二十一年二月己未条载："吏部奏列传奉升除者，除勋戚功升荫授用外，通得五百十四人。"又载："吏部又疏传奉官为事妄冒者，御笔点留五人，余免归。"这五人为：上林苑监左监丞李孜省、尚宝司司丞丘伦，太常寺寺丞于宝，中书舍人邹存敬，冠带儒士杨缵。李孜省等"为事妄冒者"似不在514人之内。
③ 如果加上吏部在奏列514名文职传奉官之外提出的"为事妄冒者"，则清退的传奉官当不止597名。《明史·宪宗二》载："成化二十一年二月己未，放免传奉文武官五百六十余人。"这个数字与《实录》所载放免的文武官数量一致。《续文献通考》卷三〇《国用考》沿用了这一说法。但卷五一《职官考》却说："臣等谨按《明实录》……吏部奏汰四百五十四人，兵部奏汰二百一十人。"其中兵部奏汰者比《实录》所载实际数字多了百余人，又与《国用考》相左，不知何据。

慌尚未完全消散,太常寺少卿掌钦天监事康永韶便"进言"说,陕西等处近来发生灾荒,星变已在灾民身上得到应验,不必再为其担忧。康永韶因此被传升为礼部右侍郎,仍掌钦天监事。① 这是星变后第一位得到传升的官员。此后,传奉官被罢黜的大多被起用,降职的大多复原职,减俸的大抵复原俸,又传升了一批新的传奉官。传奉升授的势头甚至比星变前更为迅猛。成化二十二年,见于记载的传升有43例、650人,超过星变前的任何一年。

成化二十三年八月,成化帝去世,弘治帝继位。按惯例,新君即位的第一件大事,便是革除前朝积弊,传奉官再一次成为清算的首要目标。根据吏、礼、兵三部的统计,传奉官数量较前又有增长,见下表。

表2:成化二十三年十月传奉官类别及数量

(勋戚功升荫授录用者除外) ②

类别	文职官	军职官	僧录司官	道录司官	大慈恩等寺法王佛子国师等	大慈恩等寺喇嘛	匠官	合计
人数(个)	564	714	120	133	437	789	1372	4129

与两年前相比,文职、军职传奉官分别多了50人、211人;匠官多了44名;汉人僧官多了22人;番僧中喇嘛减少了,但法王、佛子、国师等却大大增加,即不少喇嘛已升为禅师、国师乃至佛子、

---

① 《明宪宗实录》卷二六四,成化二十一年四月丙辰。
② 《明孝宗实录》卷四,成化二十三年十月丁卯、戊子。

法王，故番僧数未见明显的增减。这样，成化末传奉官的总数达4000余人，比成化二十一年多300余人。若加上文职、军职中的勋戚、功升、荫授录用者600余人，传奉官的数量在4700人以上。

关于弘治初对传奉官的处置，《明史·孝宗纪》记载："成化二十三年九月丁未，斥诸佞幸侍郎李孜省、太监梁芳、外戚万喜及其党，谪戍有差。冬十月丁卯，汰传奉官。罢右通政任杰、侍郎蒯钢等千余人，论罪戍斥。革法王、佛子、国师、真人封号。"《明史·佞幸传》也说："宪宗崩，孝宗嗣位，始用科道言，尽汰传奉官。"但这些记载并不确切，且导致了一定程度的误解。①

当然，误解并非只是清修《明史》而造成。万历时期沈德符就说："传奉官……莫盛于成化间，盖李孜省等为之。至孝宗而鳌革尽矣。"②而此前，《明孝宗实录》载，弘治二年七月吏部奏称："前此传奉官员，本部因科道交章论劾，已奏汰五百六十余员。"③弘治十二年九月吏部又奏："皇上即位之初患京官冗滥，凡革去传奉乞升

---

① 稍后于《明史》编撰的《资治通鉴纲目三编》即云："成化二十三年冬十月，罢传奉官，夺僧道封号。帝用科道言，降黜传奉官通政任杰、侍郎蒯钢、指挥金事王荣等二千余人，罢遣禅师真人等二百四十余人，法王佛子国师等七百八十余人，并追诰敕印仗，遣归本土。"《续文献通考》卷五一《职官考》也说："成化二十三年十月，孝宗已即位，从吏科给事中王质等言，吏部奏汰传升文职带俸右通政任杰等五百六十四人，礼部奏汰传升僧道官二百五十三人，工部奏汰传升匠官工部右侍郎蒯钢等一千三百七十人。"牟复礼、崔瑞德主编的《剑桥中国明代史》根据《明史》的说法进行了如下表述："2000名不合法地任命的官员被断然罢官，另外还有近千名原来受朝廷庇护的佛僧和道士也落得同样的下场。"（中国社会科学出版社，1992，第385页）张显清、林金树主编《明代政治史》也说："经过一番整顿，前朝弊政扫除殆尽，而正人君子充斥于朝。"（广西师范大学出版社，2003，840页）
② 沈德符：《万历野获编》卷一一《吏部·传奉官滥》。
③ 《明孝宗实录》卷二三，弘治二年七月壬戌。

文职官五百六十四员。"①但吏部却是在玩弄数字游戏糊弄皇帝。

按成化末文职传奉官总共为564人（勋戚功升荫授录用者除外），朝廷对其采用了不同的处理办法：任额之内的管事者，仍旧留任；任额之外并在文华殿书办者，降级仍旧办事。原有职位而传升者，七品以上降级，七品以下降杂职调外任；愿意致仕者，照原官致仕；完全由传奉起家的，降边远任杂职。只有受科道官抨击最为激烈的李孜省、邓常恩、赵玉芝、凌中、顾玒、顾经、曾克彰、黄大经、江怀、李成、顾纶、成复亨、萧崇玉、吴猷等十四人，才因"罪恶尤大"被谪戍甘州等卫。②被《明史》点名的任杰，以及当年和他同在御用监办事，又同时由文思院副使传升为中书舍人的李景华、陈敩，只是由正三品右通政或太常寺卿降为正六品都司经历。③

军职传奉官的背景复杂，故留用者更多。如16名皇亲，降职留用12名；8名保姆亲属、14名女户，均降职留用。宦官子侄共131人，或原职留用或降职留用，未被清退一人。匠、艺、舍人、旗校、勇士、监生、军民人等，也多因有背景或一技之长，降职带俸差操。④

对"番僧"则是采取降职的办法，各回本土或本寺，或命在边境居住。教坊司的韶舞、司乐、俳长、色长等，则根据员额量留。

至于1372名匠官，由于都是"技艺精通"者，故和二十一年一

---

① 《明孝宗实录》卷一五四，弘治十二年九月甲戌。
② 《明孝宗实录》卷二，成化二十三年九月丁未；卷四，成化二十三年十月丁卯。
③ 《明孝宗实录》卷四，成化二十三年十月丙子。
④ 《明孝宗实录》卷五，成化二十三年十月戊子。

样，都降职留用，月给米一石。《明史》中与任杰同时被点名的工部右侍郎蒯钢，也并没有"论罪戒斥"，而是降为顺天府治中，照旧管事。①不久复为工部带俸郎中。弘治八年，蒯钢已七十一岁，考满后当致仕，仍由内官监太监李广奏请留任。②

可见，虽然弘治初对传奉官的革除比成化二十一年相对严厉，但并未像《明史》所说的那样被"尽汰"，而是充分考虑各方面的利益进行"量汰"。对明廷来说，通过这一方式扼制了传奉官的膨胀，特别是对李孜省等最为社会关注的传奉官及梁方等对此负有相当责任的宦官的处置，收到了"大快人心"的效果，并成为"弘治中兴"的重要理由。而对于大多数传奉官来说，通过接受降职留用的处罚，其任职由以前的不合法转变为合法，而且只要在弘治年间不通过传升的方式恢复原来的职位，也不再将其视为传奉官。③因此，虽然科道的愿望是"奏汰"，朝廷所做的只是"量汰"或"降黜"，而且大多是"降"，只有少量的是"黜"。这种处理，不仅是对传奉官的"姑息"，也为弘治、正德时传奉官的复兴留了余地。

弘治四年（1491）五月，御药房太监覃文传旨，升御医徐生为太医院院判。④徐生在成化时以鸿胪寺主簿的身份传升为御医，后又传升为院判。成化二十三年十月降黜传奉官时，由院判降御医。

---

① 《明孝宗实录》卷四，成化二十三年十月丁卯。
② 《明孝宗实录》卷一〇〇，弘治八年五月乙酉。
③ 按：弘治初留用的传奉匠官有1000多人，降级留用的文职、军职传奉官在300人以上，而弘治十二年统计出的传奉官人数仅为540余人，显然不包括上述人员在内。也就是说，此时统计传奉官，已不将弘治初接受处置者计算在内，除非在弘治时又通过传升的方式恢复或提升职务者。
④ 《明孝宗实录》卷五一，弘治四年五月辛卯。

这一次传升,是官复原职。这不仅是弘治时期第一位复职的传奉官,而且是采用传升方式恢复职务的传奉官。有了徐生的榜样,成化时由儒士传升为中书舍人、大理寺丞的文华殿书办杜昌等人便也请求复职。①弘治六年,又传旨接回被安置在四川彭县光相寺的法王领占竹（已降为国师）。②据吏部统计,从弘治四年五月至弘治十二年九月,传奉官已达540余人。③正德初,被"奏黜"的传奉官达700余人。④需要说明的是,这700余人只是文职和武职传奉官,并不包括匠官和番僧,更不含勋戚、功升、荫授录用者。可见,虽然弘治时期传奉官的数量不及成化后期,但也十分可观。

比起成化、弘治,正德是一个更没有规矩的时代,但传奉官的人数却比过去大为减少。按正德十六年四月二十二日嘉靖帝即位诏:"自正德元年以来诸色人等传升乞升大小官职尽行裁革。"并命吏、礼、兵、工四部各将传升乞升的文、武、僧、道、匠、艺等官分类查革。⑤六月,吏部奏革正德间传升乞升的中书科、鸿胪寺、钦天监、大医院少卿等官共127名,礼部奏革正德间传升乞升僧录司善世等官182名、道录司真人等官77名、教坊司官106名。⑥总共492人,不仅远远少于成化末,也少于弘治末。由于匠官大抵都予留用,所以未见工部列出人数。至于兵部,先在六月清出锦衣卫

---

① 《明孝宗实录》卷五一,弘治四年五月癸卯。
② 《明孝宗实录》卷八〇,弘治六年九月戊午。
③ 《明孝宗实录》卷一五四,弘治十二年九月甲戌。
④ 《明武宗实录》卷六四,正德五年六月壬辰。另按《明武宗实录》卷四,弘治十八年八月戊寅条载,吏部奉诏查传升乞升官,共763员,留17人,裁革746人。《明史·马文升传》同。
⑤ 《明世宗实录》卷一,正德十六年四月壬卯。
⑥ 《明世宗实录》卷三,正德十六年六月壬寅、丙午。

冒滥旗校三万余名,继在七月清出锦衣等八十卫所及监、局、寺、厂、司诸衙门旗校、勇士、军匠、人役,投充及新设者十四万余人。①这是整个明代一次性被清查或黜退的最多人数,但并不属传奉官性质。

嘉靖初,传奉官仍然间或一见。如上林苑监内臣,嘉靖初由99名减为19名,但不到一年,即通过传升添至62名。②嘉靖四年五月,将被降职的原传奉官锦衣卫千户王邦奇等90余人复为试百户,③但并不是通过传升的方式。作为一种社会现象,传奉官在折腾了六十年后逐渐消亡。所以万历时任江西饶州府管理厂务通判沈榜说:"肃皇帝(按:指嘉靖帝)以来亦四十年,未有传奉之官。"④但传奉官并没有淡出人们的视野和记忆,至清代敕修《文献通考》,仍将其拎出:"明代冗食之员莫如传奉官。"⑤

二、传奉官的社会身份与职业特征

在"目睹"了成化时期传奉升授的"盛况"及其在弘治、正德时期的延续之后,不能不产生这样的疑问:到底是哪些人真正在传奉升授中受益,他们又是由于什么原因获得传奉升授甚至是多次传奉升授?为什么虽然不断受到舆论的抨击并在成化二十一年星变时

---

① 《明世宗实录》卷四,正德十六年七月丙子。
② 《明世宗实录》卷一四,嘉靖元年五月丁未。
③ 《明世宗实录》卷二九,嘉靖四年五月辛巳。
④ 《明神宗实录》卷三四五,万历二十八年三月丙寅。按:沈榜所说特指景德镇御窑厂,但也大抵反映整体情况。
⑤ 《钦定续文献通考》卷三〇《国用考》。

及弘治初、正德初传奉官被部分降黜后，传奉升授仍然得以持续？抑或真像有些研究者认为的那样，这完全是由于万贵妃个人的喜好所决定？为何包括传奉官在内的许多在时人和后人看来都是显然不合理乃至荒唐的事情，在当时却能大行其道？其间是否也存在着时人和后人所未曾察觉或不愿承认的合理性？

虽然当时的社会舆论对传奉授官不经吏部而冲击正常的铨选制度、对传奉授官导致冗官泛滥而使财政开支大幅膨胀进行了持续的批评，但最为集中、最为猛烈的批评，还是针对传奉官的社会身份以及他们所从事的不符合朝廷命官身份的职业。所以，在科道等官关于传奉官的奏疏中，充斥着市井庸流、穿窬小辈、逋逃赃吏、奸邪小人、执鞭贱隶、西番腥膻等人身攻击和奇技淫巧、琴棋书画、扶鸾召鬼、受箓修斋、左道异端、庸医假药等职业歧视的字眼。虽然不免意气用事，却不失为更本质地解读传奉官现象的重要途径。

在成化二十一年正月及二十三年九月的官方统计中，传奉官均达4000余人。但在《明宪宗实录》（简称《实录》）中有明确记载的传奉升授，只有263例、2581人次，共涉及2170人。[①]这个数字按理说应比成化末在任的传奉官数字更大一些，但实际却不到一半，说明有相当多的传奉升授在《实录》中并没有记载。这二千余人第一次传升时的身份如下表。

---

① 这个数字是笔者根据《明宪宗实录》的记载统计而得，或许有个别的遗漏或归类不准确，但并不影响对问题进行分析。

表3：成化时期传奉官的初始身份①*

初始身份	工匠与匠官	医士与医官	道士与道官	僧人与僧官	番僧	画士儒士等	中书舍人等	天文生等	乐舞生等	通政司等官	部院官	府州县等官	军官与军人	舍人余丁等	义官与民人	色长与乐工	吏及听选官	宦官家人等	合计
员数一（位）	675	64	126	47	185	477	23	40	32	66	26	9	180	149	35	4	15	17	2170
员数二（位）	29	18	46	6	略	65	7	3	8	19	2	1	29	12	2	0	6	5	258+

* 按："员数一"为有明确记载的各种身份传奉官的人数，"员数二"为有明确记载的各种身份传奉官传升两次或两次以上的人数。由于音译的原因，番僧数字不十分准确，故两人或两人以上的传升人数从略。

根据表3"员数一"，参以表1、表2，《实录》中有明确记载的传奉官人数与成化二十一年、二十三年的统计数字相比，工匠（匠官）分别少653人、697人，文职官少318人、368人，武职官少323人、534人；番僧比成化二十三年少1041人，道士（道官）少7人，汉僧（僧官）少73人。而表3所列儒士画士等477人、舍人余丁等149人，通过传升后部分为匠官，大多为文职官和武职官；医生（医官）在吏部的统计中被列入文职官。如果考虑这些因素，则有明确记载的文、武职传奉官在1000人以上，这个数字与成化二十一年文、武职传奉官的总数大约相当，比二十三年稍少。由此可见，《明宪宗实录》对于每次传升缺记的主要是番僧和工匠，二者相加而勋戚功升荫授录用者忽略不计，则表3所列的被传升者人数与成

---

① 据《明宪宗实录》并参以《明英宗实录》《明孝宗实录》《明武宗实录》。

化二十一年正月和二十三年十月所统计的传奉官数字大约相当。也就是说，除了番僧和工匠，以及汉僧和教坊司的色长乐工等，其他人员的传奉升授在《明宪宗实录》中大致都有记载。因此，通过这些数据对成化时期传奉官的身份和职业进行具体的分析，至少不会有大失误。

表3显示，至少有以下社会身份或者社会职业的人员得到了传奉升授：工匠、医生、僧道、番僧、画士、儒士、监生、生员、书办、译字师、天文生、阴阳人、乐舞生、勇士旗军、舍人、余丁、义官、吏员、外戚及宦官家人、教坊司色长和乐工、各色"民人"，以及中央、地方文官衙门和都督府、锦衣卫等武职衙门的官员。传奉官成分之复杂，几乎可以囊括所有的社会阶级或阶层，而且大多来自社会底层，故成化十九年十二月监察御史张稷等抨击说："末流贱技，多至公卿；屠狗贩缯，滥居清要。有不识一丁而亦授文职，有不挟一矢而冒任武官，有布韦而骤登金紫者……甚至有在逃军因改易姓名而冒进者、犯赃官吏隐匿罪过而求选者。"[①]

但是，表3所显示的还只是传奉官的公开身份，以及部分传奉官的职业。在这些公开身份或职业的掩盖下，不少传奉官另有其特殊的职业或本领。一般来说，只有具备了特殊的职业或本领的传奉官，才有可能不止一次地得到传升，才可能成为传奉升授的真正受益者。表3"员数二"即为各类身份的传奉官中有过2次乃至2次以上传升经历的人数。真正具有重要影响的传奉官，多在这批人当中。这一栏所显示的各类被传奉者人数的多寡，不仅大异于表1、

---

① 《明宪宗实录》卷二四七，成化十九年十二月甲申。

表2显示的吏、礼、兵三部的统计,其态势也不同于表3"员数一"的数据。但相对来说,它更能反映出到底是哪些职业或本领为皇室所需要、到底是哪些人员处于传奉官的核心地位。

表3列出的《明宪宗实录》中明确记载的有2170名传奉官,其中,258人受到过2次或2次以上的传升(含降黜之后的复职),其中,传升3次者53人、4次者18人、5次6次者各3人,共77人。又,成化二十一年二月裁汰传奉官,成化帝"点留"了陈敎等61名传奉文职官,并点留了"为事妄冒"的传奉官李孜省等5人;成化十九年十二月,因科道的强烈要求,于宝等4人被降职、刘珣器等9人被革职;成化、弘治易代之时,科道集中抨击了僧继晓等24名传奉官,又有李孜省14名因"罪恶尤大"谪戍边卫。除去重复的,以上各项涉及的传奉官共127人,他们可以说是成化时期传奉官的核心人物或者代表人物。成化后期最引人注目、地位最为显赫的传奉官,也大抵在这批人员之中。下文对传奉官身份和职业的分析,将主要围绕着这批人展开。

上述127名核心传奉官,其公开的社会身份可分为13类,而从事的实际职业或真实身份则可归为11种。其间有相吻合者,也有不相吻合者,关系见下表。

表4：核心传奉官公开身份与真实身份、实际职业的关系①

身份＼职业（人数）	文书	医术	方术	道术	书画	器物	军官	外戚	天文	文官	异术	不明	合计
士人	37		3		4	4						2	50
医生		16											16
道士			5	10									15
军人					3		2	2					7
文官		1				3			1	1		1	7
工匠					4	2							6
舍人	1				2			1				1	5
乐舞生			2	3									5
番僧											4		4
吏员			3									1	4
义官	1												1
术士			1										1
僧人			1										1
不明	1					3						1	5
合计	40	17	15	13	13	12	2	3	1	1	4	6	127

表4显示了这样的信息：不少核心传奉官所从事的职业或真实身份与他们的公开身份并不一致。如50名士人出身的传奉官，只有37人从事文书工作，另有13人的真实身份或职业却是书画家、器物

---

① 传奉官的初始身份据《明宣宗实录》《明英宗实录》《明宪宗实录》《明孝宗实录》《明武宗实录》；传奉官职业除上述五种《实录》外，查阅了各相关地方志、明人笔记、文集以及画录、书谱等。

鉴赏家乃至术士。再如7名军官或军人,真正的军官只有2人,另外5人中有3人是画家、1人是外戚、1人为外戚家人而且也是器物鉴赏家。另有7名文官出身的传奉官,其中有3人因器物鉴赏、1人因懂医术而得到传升。核心传奉官如此,其他传奉官也是多有这种情况。

表4也进一步强化了表3的信息:尽管在全部传奉官中工匠和番僧占有极大的比重,但在核心传奉官中,士人则为主要成分,其次是医生和道士,以下依次为军人(含军官)、文官、工匠、舍人、乐舞生、番僧、吏员,以及义官、术士、僧人,另有五人《实录》中没有传升的记载,身份不明。他们用自己的职业或专长为皇帝、贵妃及其他皇室成员,为在宫中服役的宦官、宫女,有的传奉官也同时为相关衙门乃至普通民众提供各种服务,传奉升授正是对他们服务给予的酬劳。按上表所列人数的多寡,核心传奉官们的职业或专长主要有以下数种:文书、医术、方术、道术、书画、器物、邪术、天文等。下文将结合传奉官的身份对这些职业进行逐项分析,以明了传奉官们到底在从事何种服务。

在核心传奉官中,以从事文书工作者最多;在全部的传奉官中,他们也占有相当大的比重。其社会出身主要是儒士、监生、生员,他们属"读书正途";也有在职或罢免的文官,还有被称为"杂流"的义官、工匠、胥吏和各类社会闲杂人员等。但同是文书工作,性质却有两类。一是在文华、武英二殿及内阁制敕、诰敕二房或部院等衙门为书办,可称为书办官。这些衙门的书办本来多由中书舍人充任,但随着事务的增多,遂选儒士、监生、生员等任之,至成化时期,一些"杂流"也被传升为中书舍人。所以成化四年内阁书办中书舍人黄埕等上疏说："本朝置中书舍人纪录纶命，书写诰敕，在朝廷为近侍之臣。永乐宣德间，皆以进士、监生为之，升擢亦异。比年来，有由勋旧录用者，有由技术乞恩报效者，猥以白丁，冒居清秩。名器之滥，莫此为甚。"①"正途"出身者如朱奎，景泰时以监生授中书舍人，直文华殿为书办。成化、弘治时多次传升，去世时带俸为大理寺卿，仍在文华殿为书办。②再如周惠畴，自成化十五年由儒士传升中书科食粮、鸿胪寺序班开始，至正德十四年传升为工部尚书，在内阁为书办整整四十年，为两房领班。③"杂流"出身者，如成化初由文思院副使传升为中书舍人的李景华三人，即属"由技术……冒居清秩"。成化时期，这一类传奉官见于记载的约150人。二是在内府御用监等衙门办事，在仁智等殿专事抄写改编小说、经书及词典、歌谣之类，见于记载的约200人。如成化十二年十月，司礼监太监黄赐"传奉圣旨"升授的监生李英及儒士顾经等共二十人，他们"俱冠带，中书科食粮，御用监办事"。所办之事，是"取释老书及小说不经之语，缮写成帙，标为异名以进"，做得好的，可"骤至美官"。④再如成化十七年二月司礼监太监李荣"传奉圣旨"升授的儒士华岳等十一人，"悉

---

① 《明宪宗实录》卷六一，成化四年十二月辛卯。
② 《明孝宗实录》卷一一一，弘治九年闰三月乙亥。其实，有大量的书办并无任何具体职位，只是予"冠带"，还有一些未予"冠带"，只是以监生、生员或儒士的身份办事。2006年6月8日，笔者在湖北武当山天柱峰见明嘉靖年间的石刻一块，署名为"钦差纂修承天兴都典制办中书事礼部儒士安福汶源山人王顗"，王顗即以儒士的身份在礼部为书办。
③ 《明宪宗实录》卷一九六，成化十五年闰十月丙子；《明武宗实录》卷一七六，正德十四年七月甲寅；王世贞《弇山堂别集》卷九《异典述·内阁制敕两房极品》。
④ 《明宪宗实录》卷一五八，成化十二年十月辛未。

与冠带,中书科食粮,仍旧办事",所办之事,也是在御用监"传录道书佛经及词典小说"。①这类传奉官其实是通俗小说、传奇杂剧或民歌时调的作者或改编者,其中的一些则是佛经故事的翻译家,可并称为文学官,其真实身份或职业可以归类为民间文学家或艺术家。由于受到舆论的歧视,其中不少又有着比较复杂的社会关系,所以常被称为"宦裔市狯"②。如邬存敬本为驿丞,因事罢官;顾经的父亲顾玒是术士,以巫术而为太常寺卿;万燫则是精通星象推命术的传奉官工部侍郎万祺的养子,不一而足。③如果说前一类的书办官尚属政府各部门的公职人员,后一类文学官则完全是为皇帝、后妃及宦官、宫女们提供娱乐服务,但也不能排除他们的作品流传社会为大众服务。需要说明的是,书办官和文学官之间并没有严格的界线。书办官一旦归属御用监(主要在仁智殿或武英殿),也可以编写小说、词典,成为文学官。同样,文学官也可以转为书办官。如周惠畴,沈德符就直指其先在大慈恩寺抄写经书,继入武英殿编写小说杂书,"最为猥贱",其后才入内阁为书办。④正因为来回折腾,周惠畴成了明代传升次数最多、职位也最高的传奉官之一。⑤

---

① 《明宪宗实录》卷二一二,成化十七年二月戊申。
② 《明宪宗实录》卷一五八,成化十二年十月辛未。
③ 王世贞:《弇山堂别集》卷一〇《异典述五·文臣异途》。按:天顺元年正月石亨、徐有贞等人发动夺门之变,英宗复辟,万祺在其中起了关键性作用,故深得英宗宠信。见谈迁《国榷》卷三一景泰八年正月十六日条,又见《明英宗实录》卷三五四天顺七年七月己酉条。
④ 沈德符:《万历野获编》卷九《内阁·仁智等殿官》。
⑤ 据宪、孝、武三朝《实录》,周惠畴在成化、弘治时各传升四次,在正德时传升两次,共传升十次,其间三次降职、一次致仕,皆滞留京师不去,终由儒士而为工部尚书。

虽然在全部传奉官中人数显得单薄，但在核心传奉官中，以医术而获得传升者却占有很大的比重。成化二十一年被成化帝"点留"的61名文职传奉官中，太医院院使、院判就有10人；成化二十三年秋，被点名批评的传奉官中，也有太医院官多人。虽然因为传奉得官或升迁而每每被科道官斥为"庸医"，但其中实不乏名医。如钱宗嗣、钱宗甫，都是江南名医，钱宗甫更在传统医学的发扬光大上有所造诣。①再如方贤，成化十一年由太医院院使传升为通政司左通政仍掌院事，成为明朝第一位出身"杂流"而在显赫衙门带俸的高级官员。②虽然屡遭科道抨击，但方贤在医学的理论和实践上实有造诣。③从事这一职业的传奉官大多出身医生世家，如上列二钱和方贤。也有以其他身份者。如仲兰本以习字儒士在内府为书办官，因其伯父任太医院院判，本人又通医知药，故供事内御药房，得"夤缘乞恩"为中书舍人。④其后又传升为尚宝司丞、尚宝司卿、右通政使，但仍在御药房办事，并一度掌太医院事。与其相类似的是徐生，本为鸿胪寺主簿，成化二十一年十月传升为御医，弘治四年传升为院判。虽然科道官对此反应强烈，认为是"夤

---

① 李东阳《怀麓堂集》卷二五《文稿五·序·赠御医钱宗嗣序》云："丹徒钱宗嗣以医名江南……礼于公卿，下及里巷，皆争为延接。寻被选，供俸内局，以姓名见录上，遂擢官为御医。"倪岳《青溪漫稿》卷一六《记·卷庵记》云："京口有世医曰钱宗甫氏……承累世之学，有声于时……取其所传之书，若神农、岐伯、伊尹及秦越人、张仲景之所授受以至近代张元素、李明之、王好古、朱彦修辈之所绍述者，探赜索隐、旁狩远猎，卷而藏之方寸之间，由是因时而施，随其所遇，以行其道。"
② 《明宪宗实录》卷一四八，成化十一年十二月戊寅条。
③ 《明史》卷九八《艺文志三》及黄虞稷《千顷堂书目》卷一四《医家类》均记其撰有《奇效良方》六九卷，李时珍《本草纲目》也将其与张仲景《伤寒论》、孙思邈《千金方》等历代医学名著并列为"引据古今医家书目"。
④ 《明宪宗实录》卷九六，成化七年闰九月壬戌。

缘求升",但弘治帝明确表示:"御医专以用药有效为功,生用药曾效,因此升职。"①连反对传奉升授态度最为坚决的文官首领吏部尚书王恕也称徐生"颇通脉理",又称同是传奉官的孙泰、许观、黄绥、钱钝、陈公贤等"明通脉理"②。

与医术同源异流的职业应该是方术和道术。虽然表4分列了"方术""道术"两类职业,但除了当事人的身份之外,二者之间的界限实难区分。③无论在核心传奉官中还是在全部传奉官中,这两类人物都居于重要地位,其能量以及所引发的争议也最引人注目。以方术为职业的传奉官各有其出身,就核心传奉官来说,表4列出了士人、道士、乐舞生、吏员、术士、僧人六种,其实远不止于此。如成化二十三年传升为四品散官的米忠,身份是河南钧州"民人",传升的原因则是"善黄白吐纳之术"。④再如成化十八年传升为鸿胪寺序班的周珽,曾为中书舍人,因赃罢职为民,其传升是因为懂"星命"⑤。成化二十年传升为兵科都给事中的张善吉,初因事由兵科左给事中谪耀州通判,其传升也是因为进方术并得到成化帝的召见。⑥同年,另一术士高凤更因星命由工部司务直接传升为都水司员外郎管事。⑦具体地说,成化时期传奉官赖以获得传升的方术或道术主要有:祈祷术,既祈祷风调雨顺、国泰民安,更

---

① 《明孝宗实录》卷五一,弘治四年五月辛卯。
② 王恕:《王端毅奏议》卷一三《吏部·议太医院缺官奏状》。
③ 《明孝宗实录》卷一二四弘治十年四月丁亥条载礼科左给事中叶绅等陈修省八事,其中一条为"黜异端",言太监李广等"召集道流,以致黄白修炼之术、丹药符箓之伎杂进并兴",也将道术和方术并称。
④ 《明宪宗实录》卷二八九,成化二十三年四月庚寅。
⑤ 《明宪宗实录》卷二五五,成化二十年八月乙丑。
⑥ 《明宪宗实录》卷二五九,成化二十年十二月甲戌。
⑦ 《明宪宗实录》卷二五五,成化二十年八月丁卯。

祈祷皇帝身体健康、万寿无疆,这是例行公事的常规性祈祷;应急性的则有祈子、祈雨、弭灾等;代表性传奉官有顾玒及其子顾经、顾纶等。星命术,通过观察天象预测吉凶、查看地貌指点风水,阴阳卜筮等可以归于此类;代表性传奉官有江怀、万祺、周玧等。符箓术,通过画符念咒的方式,役神驱鬼、祛病消灾、五雷法、扶鸾术等可归于此类;代表性传奉官有李孜省、高宗谅等。房中术,通过外服丹药、内行导引等办法,强身健体、强化性功能;代表性传奉官有邓常恩、僧继晓等。当然,这些方术也是相通的,如李孜省不仅擅长符箓术,也同样精通祈祷术、房中术,所以受宠为其他传奉官所不及。虽然刑部员外郎林俊上疏专论继晓"以秘术得幸"[①],沈德符也说邓常恩传升太常寺卿"不过以房中术得之"[②],但不满的只是其得官手段的不正,对其"秘术"和"房中术"本身的效果却并不怀疑。《明孝宗实录》在李孜省死后为其作传,也是既抨击孜省及其侪辈邓常恩、赵玉芝等以"邪术"求进干政,又承认其法术的应验:李孜省"以祈祷术见先帝,试之验",并获赐金冠、法剑及图书印二枚,其文分别为"忠贞和直、妙悟道玄"。邓常恩则"以符愈孝肃太后疾",也获赐图书印一枚,文曰"橐籥阴阳"。《明孝宗实录》还特别记载,李孜省成化十三年就见了成化帝,经过近两年的时间,"试之验",才在十五年传升为太常寺丞。[③]可见,包括祈祷术、符箓术、星命术、房中术等在内的种种

---

① 林俊:《见素集·奏议》卷一《西曹稿·扶植国本疏》。此疏言词较为含蓄,只说继晓进献"邪术"。而郑岳作林俊《行状》则直言"妖僧继晓以秘术得幸"。(《山斋文集》卷一四《行状·故荣禄大夫太子太保刑部尚书林见素公行状》))
② 沈德符:《万历野获编》卷二七《释道·僧道异恩》。
③ 《明孝宗实录》卷八,成化二十三年十二月辛卯。

"法术"，尽管在当时受到诟病，今天也视其为"迷信"，但当时的人们却深信不疑，并且已经成为中国传统文化的重要构成因素。其中的一些方术或道术，在当时其实可堪称先进的科学技术。比如，行祈雨术者必然对气象的变化规律有长期的观察和研究，祈雨的成功其实就是一次准确的天气预报，而不成功则是预报的失败，这在现代天气预报中也是常见的，只是准确率更高而已。再如行房中术者，至少是治疗性生理疾病和性心理疾病的专家，当然，成功与否也不仅要看术士或道士治疗水平的高低，还要看接受治疗者的心理和生理条件。

与这两类职业相类似的，是可以视作专业技能之士的人员：天文生和钦天监官员，他们对天象进行观测并发布预言，并负有修订历书以指导农事的职责；阴阳人，他们通过察看风水为人选择宅基坟地、预言吉凶为人提供祸福信息；乐舞生和太常寺官员，他们通过歌唱舞蹈进行祈祷祝福并与上天对话。他们的职业与术士相近，身份也会相互转化。如邓常恩等人出身都是道士，精通方术，但传升后便在太常寺供职；再如顾玒等人出身是乐舞生并为太常寺官，但又以巫术而知名。不同的是，他们所从事的职业不仅得到政府的许可并向国家领取俸禄，而且主要为中央和地方各级政府及王府提供服务，身份则大多为世袭。

从事器物制作和工程建筑与装修的工匠，是成化时期传奉官的最主要来源。成化二十一年正月吏部奏列匠官达1328名，兵部奏列的军职传奉官中，也有260名"技艺工匠"。虽然缺载过半，但《明孝宗实录》中有记载工匠和匠官出身的传奉官也仍占总数的近三分之一。甚至可以说，工匠和匠官既是成化时期传奉官的始点，也是其终点:第一位传奉官是工匠姚旺,弘治初接受处理的代表性传奉官则是匠官任杰和蒯钢。这一始一终的偶然巧合,反映出匠官在传奉官中所处的地位。但在127位核心传奉官中,仅有6位出身于工匠,而且,从事器物制作者仅两名,一为钱通,一为姚敬,前者在成化十九年十二月因科道的抨击与刘珝等一道被革职,后者一直带俸锦衣卫而在文思院工作。另外四名虽然也是工匠出身,但主要在仁智殿从事书画创作。虽然从事器物制作的核心传奉官仅2人,但从事器物鉴赏和采买的却有10人。著名的有丘伦及黄大经、黄钺父子,均出身儒士,又有外戚万通的家人徐达等。在成化时期引起高度关注的两个人物:一是出身进士因精于篆刻而由刑部主事传升为尚宝司少卿的郭宗,一是本为御用监匠人因擅长制作奇巧玩物并进献宝石而传升为锦衣卫指挥佥事的章瑾,他们都是器物鉴赏专家。工匠出身的传奉官在绝对数字上占有极大的比重,但核心传奉官中却多器物采办而少器物制作,说明随着全国性的商品流通和市场的活跃,皇室所需要的诸多器物特别是精美奇巧的器物,已经由自给自足转变为市场采购。

书画艺术与医术、方术、道术一样,也是成化时期能够得以传奉授官的重要因素。见于记载的187名画士足以说明书画家在传奉官中的分量,但传奉官中的书画家却远不止这个数字。以成化二十一年闰四月初五日恢复全俸的十七位锦衣卫传奉官为例:都指挥使倪端本为锦衣卫军匠、张玘为锦衣卫舍人,都指挥同知殷偕本为府军指挥、袁林为工匠,都指挥佥事刘俊为金吾卫军人、周全为太监金英的义儿同时也是锦衣卫军匠,指挥同知董永昌为金吾卫军人、李璇为金吾卫百户,指挥佥事赵福为锦衣卫舍人、殷顺为府军某指挥的家人、刘节为官匠、毛祥为金吾卫军人，正千户张俸为大兴卫百户；这13人的出身虽然不同，而且公开身份都是锦衣卫及其他京卫的军官，但都是画家。指挥使李应琪本为锦衣卫指挥，指挥佥事李杰本为府军所镇抚；但二人的真实职业是银匠，为银器制作高手。正千户蒋茂、副千户高明出身军匠，却是字画装裱专家。同时恢复全俸的文思院大使张靖、副使杜林出身军匠，但同为画家。①他们之中，倪端工山水人物、周全工画马、殷谐子继父业专攻花果翎毛，均名贯当时。②这一批人的身份和职业，昭示了他们不断得到传升的真正缘由。

在传奉官中，数量仅次于匠官的是番僧。"番僧"是元明时期站在汉人立场上对活动在内地的藏传佛教僧人的称呼。八思巴既被元世祖奉为国师，番僧出入禁帏、长住内地遂成习以为常之事。明兴，虽说是"驱逐鞑虏、恢复中华"，但仍然遣人招谕番僧，赐以封号。永乐、宣德时，赐号有至"法王""西天佛子"者。英宗即位后，礼部奏汰番僧1141人。③虽然成化时期番僧传奉官的人数比起这个数字并没有太多的增加，却通过传奉升授普遍给予封号，成了传奉官，赐法王、西天佛子、国师者数百人，而法王领占竹等人

---

① 《明宪宗实录》卷二六五，成化二十一年闰四月乙酉。
② 按：倪端、周全等人至迟正统间已在宫中服务。《明英宗实录》卷二六七景泰七年六月庚子载："命张靖为正千户，倪端、周全为百户。靖等俱以匠役供绘事于御用监，至是官之，供事如故。"据杨仁恺主编《中国书画》，倪端的传世之作有描写三国故事的《聘庞图》和《扑鱼图》，刘俊的传世之作有描写宋初故事的《雪夜普图》等，周全的传世之作有《射雉图》等。（上海古籍出版社，1991，第410、411页）
③ 《明英宗实录》卷一七，正统元年五月丁丑。另见《明史》卷三三一《西域传·乌斯藏传》、卷三〇七《佞幸传》、卷九〇《兵志二》，又见沈德符《万历野获编》卷二七《释道·僧道异恩》。

的封号竟长达数十字①。《明史·西域传》说,明太祖招徕番僧,目的是"化愚俗,弭边患"。成化时任兵部职方司郎中的陆容对此深有感悟,其《菽园杂记》卷四说:"胡僧有名法王若国师者,朝廷优礼供给甚盛。言官每及之。盖西番之俗,一有叛乱仇杀,一时未能遥制,彼以其法戒谕之,则磨金饮剑,顶经说誓,守信惟谨。盖以驭夷之机在此。故供给虽云过侈,然不烦兵甲刍粮之费,而阴屈群丑,所得多矣。新进多不知此,而朝廷又不欲明言其事,故言辄不报。此盖先朝制驭远夷之术耳,非果神之也。"这段文字就科道官对番僧传奉官的批评进行了反批评,应该说有一定道理,而"番僧"们在加强中原与藏地的文化交流、增强藏族及西北少数民族对中央政权的认同上,确实有不可替代的作用。但是,元世祖及明太祖、太宗礼遇番僧,固然是安定西部边境的策略,而元至正间及明宣德、成化时期皇帝及贵族对番僧的礼遇,更重要的原因却是番僧身怀"秘法"或"异术"。《元史·奸臣传》载:"哈玛尔尝阴进西天僧运气术媚帝(按:指元顺帝),帝习之,号延彻尔法。延彻尔,华言大喜乐也。……其法亦名双修法,曰延彻尔,曰秘密,皆房中术也。"沈德符《万历野获编》说:"西僧以秘教得幸。……考秘密法,即胡元演揲儿法也。元顺帝以此宠信淫秃,致乱天下。至是番僧循用其教,以惑圣主(按:指明成化帝)。……至孝宗而仍还京师。岂秘法真如元人所译,为大喜乐耶?"②《元史》所说

---

① 按:领占竹封号为"万行清修真如自在广善普慧弘度妙应掌教翊国正觉大济法王西天圆智大慈悲佛"(《明宪宗实录》卷二二二,成化十七年十二月壬戌),长达34字,比明太祖的谥号"太祖开天行道肇纪立极大圣至神仁文义武俊德成功高皇帝"还多11字。
② 沈德符:《万历野获编·补遗》卷四《释道·劄巴坚参》。

的"延彻尔法"和《万历野获编》所说的"演揲儿法"都称"大喜乐",即均为房中术。与汉人方士不同,番僧传授的房中术讲究男女双修。这也是番僧在成化时期比汉僧更受宠、传升番僧的数量远远超过汉僧的重要原因。在核心传奉官中,有领占竹等四位"法王""佛子"级的番僧,应该都是"异术"或"秘法"高手。此外,元代以来藏传佛教在内地特别是在宫中的流行、藏传佛教本身的神秘感,以及番僧在健身修行、配药治病、建寺修庙、诵经荐福等方面的功夫,也都是番僧得以传升的重要原因。

当然,还有一些传奉官笔者未能考察出其真实职业。以核心传奉官为例,成化二十一年与李孜省一道被科道官斥为"为事妄冒者",而又被成化帝"点留"的于宝、杨缵,前者由致仕知县传升为太常寺少卿,后者由儒士予冠带。再如任福建同安县丞时被称为"明练政务"[①]的刘珣器,成化十七年八月传升至京为太仆寺丞,两年后被夺职竟使"朝市翕然称快"[②]。他们传升后从事哪些活动,或者说具体专长是什么,却史无明载,但应该不会超出以上列举的职业范围。

从上述分析可以看出,传奉官特别是核心传奉官主要由以下人等构成:擅长书法通达文字的士人、热衷文学爱好词曲的艺人、精于医术通晓药理的医生、能够制作精美器物的工匠、能够识别并采买骨董玩物的鉴赏家、具有一定造诣并能交流技艺心得的书画家、善观天象谙熟地理特别是能驱神捉鬼并精通房中术的术士、以祛病消灾修炼来世祈祷太平自诩的番汉僧道,以及其他能够证实自己有

---

① 李清馥:《闽中理学渊源考》卷一二。
② 《明宪宗实录》卷二四七,成化十九年十二月丙戌。

特殊技能的各色人等。在各自的职业领域里，他们可能是当时顶尖的专家。他们用自己的专长为皇室提供服务，但除了部分书办官及番汉僧道所进行的常规祈祷外，与国家管理事务并无直接关系。

三、传奉官与成化时代的社会需求和价值观念

从传奉官的社会身份、职业特征以及所提供的服务，可以看出当时以皇室为代表的上层社会的需求，以及作为最高统治者的成化帝及其宠妃的个人喜好。但是，如果对明代从正统到成化时期社会风尚的变化有所认识，就不难看出，上层社会的所有需求和喜好，除了程度不同之外，与正在发生的大众需求和喜好其实并没有太大的区别，或者说都是作为普通人的正常需求和喜好。从一定意义上说，恰恰是大众的需求和喜好，以及民间的风尚和追求，影响和刺激了皇室的消费和追求。

天顺元年，刑科都给事中乔毅等上疏，言及京师富豪的追求："近来豪富竞趋浮靡，盛筵宴、崇佛事，婚丧礼文，僭拟王公。"[1]这种风尚很快扩散到社会各个阶层，成化六年户科给事中丘弘等人上疏说："（京师）近来风俗尚侈，亡论贵贱，服饰概用织金宝石，饮宴皆簇盘糖缠，上下仿效，习以成风。……射利之徒屠宗顺等数家，专以贩卖宝石为业，至以进献为名，或邀取官职，或倍获价利。"[2]类似的变化也在各地发生。嘉靖《永丰县志》记载了一个中等经济水平的南方县城从正统到成化间的风气变化："先是男子……

---

[1] 《明英宗实录》卷二七七，天顺元年四月己酉。
[2] 《明宪宗实录》卷八六，成化六年十二月庚午。

仕非达官,员领不得辄用苎丝。女子服饰视贫富以为艳朴。……今不以分制,而以财制。侈富逾节者,亦即多也。先是燕会果肴以四色至五色而止,果取诸土产,肴用家畜所宜,聊且具数而已。于是遇节庆,远亲近邻无弗会者。今一会或费数十金,为品至数十,剪彩目食之华,宛效京师。耻弗称者,率自摈焉,而婚族疏邈如途人者有矣。"① 儒士王锜则亲身体验到家乡苏州从明初到成化时期的城市变化:"吴中素号繁华,自张氏之据,天兵所临,……邑里潇然,生计鲜薄,过者增感。正统、天顺间,余尝入城,咸谓稍复其旧,然犹未盛也。迨成化间,余恒三四年一入,则见其迥若异境。以至于今,愈益繁盛。闾檐辐辏,万瓦甃鳞,城隅濠股,亭馆布列,略无隙地。舆马从盖,壶觞罍盒,交驰于通衢。水巷中,光彩耀目,游山之舫,载妓之舟,鱼贯于绿波朱阁之间,丝竹讴舞与市声相杂。"②

服饰的讲究、宴会的排场、器物的玩赏、市井的繁华,在成化帝即位之前或者即位之初已经在各地悄然发生并引起了人们的关注,而这些都是以物质财富的逐渐积累和政治环境的趋向宽松为前提的。社会风尚的变化通过物质消费表现出来的同时,也通过文化消费即文学艺术的传播表现出来。正统时任北京国子监祭酒的李时勉在一份奏疏中说:"近年有俗儒假托怪异之事、饰以无根之言,如《剪灯新话》之类。不惟市井轻浮之徒争相诵习,至于经生儒士多舍正学不讲,日夜记忆,以资谈论。"③ 其实,当时在社会流行

---

① 嘉靖《(广信)永丰县志》卷二《风俗》。
② 王锜:《寓圃杂记》卷五《吴中近年之盛》。
③ 《明英宗实录》卷九〇,正统七年三月辛未;顾炎武:《日知录之余》卷四《禁小说》。

的明人小说，不仅有瞿佑的《剪灯新话》，还有李昌祺的《剪灯余话》等。但这些还只是文人作品，其读者面也主要是市民中的读书人。大量面向普通民众的文学作品，这时也通过书面的或口头的、版刻的或表演的方式广为流通。景泰、成化年间，著名的学者和政治家叶盛以当时人记当时事："今书坊相传射利之徒，伪为小说杂书，南人喜谈如汉小王、蔡伯喈、杨六使，北人喜谈如继母大贤等事甚多。农、工、商、贩，钞写绘画，家畜而人有之。痴骏女妇，尤所酷好，好事者因目为'女通鉴'，有以也。甚者晋王休徵，宋吕文穆、王龟龄诸名贤，至百态诬饰，作为戏剧，以为佐酒乐客之具。"①一直在社会各阶层中流行的民间时曲也有了新的品种，如《锁南枝》《傍妆台》《山坡羊》等。②已经发现的明代最早时曲刻本，便是成化七年北京书林金台鲁氏所刊《新编四季五更驻云飞》《新编题西厢记咏十二月赛驻云飞》《新编太平时赛赛驻云飞》《新编寡妇烈女诗曲》。③这不仅说明时曲传唱的普遍性，也说明有人正在从事这方面的收集、整理和创作，同时还说明"淫词荡曲"的版刻、发行已不受限制。东南地区本来就是传奇的发源地，此时正在兴起"海盐腔"。陆容《菽园杂记》卷十记："嘉兴之海盐、绍兴之余姚、宁波之慈溪、台州之黄岩、温州之永嘉，皆有习为倡优者，名曰'戏文弟子'，虽良家子不耻为之。……其赝为妇人者名'妆旦'，柔声缓步，作夹拜态，往往逼真。"

虽然陆容将"戏文弟子"们的表演称为"南宋亡国之音"，丘

---

① 叶盛：《水东日记》卷二一《小说戏文》。
② 沈德符：《万历野获编》卷二五《词曲·时尚小令》。
③ 参见拙著《明代城市与市民文学》，中华书局，2004，第187页。

弘也要求对"尚侈"之风"严加禁格",李时勉更请求严厉查禁小说,并拘捕创作者、传播者及收藏者,但是,正如《明史》作者所说,当社会财富逐步积累、社会风俗趋于奢侈、政治环境日渐宽松之时,对于这些现象,非不欲禁,是"不能禁"①即无法禁也。叶盛根据自己的体会,道破了当时的实际情况:"有官者不以为禁,士大夫不以为非;或者以为警世之为,而忍为推波助澜者。"②在"不以为非"乃至"推波助澜"者中,就有曾经的翰林院侍讲、后来的国子监祭酒李时勉。虽然李时勉在正统时要求查禁《剪灯新话》,但他在永乐间为翰林侍讲时,却为同乡也是同年好友的李昌祺的《剪灯余话》作跋,极尽赞美之辞。③当然也包括成化帝及其父正统帝。天顺时乔毅的疏中说了五件事:敦忠孝、黜贪污、举荒政、息刁讼、禁奢侈,正统帝只是"特允"前两项,对于包括禁奢侈在内的后三项只是象征性地表示"令所部斟酌以行"④。而刑部尚书陆瑜提出拘捕屠宗顺等人以为贡献宝石者戒时,成化帝也是反应冷淡:"姑置不问。"⑤这种反应一方面是主观上的敷衍,另一方面也是客观上的"不能禁"而致。政府颁布的有关禁令,在一定意义上只是为了表示姿态和导向而已,其作用甚至是替这些作品做免费广告。

---

① 《明史》卷一八〇《丘弘传》。
② 叶盛:《水东日记》卷二一《小说戏文》。
③ 李时勉《剪灯余话·至正妓人行·跋五》:"吾友广西布政使李公昌祺,示予所为《至正妓人行》,凡千二百余言。观其横放浩瀚,若春泉注壑,浣瀰而不穷;流丽动荡,若纤云行空,变态而难状。自昔文人才士,辞藻之盛,未有过于此者。"(《剪灯新话(外二种)》,上海古籍出版社,1981,第261页)
④ 《明英宗实录》卷二七七,天顺元年四月己酉。
⑤ 《明宪宗实录》卷八六,成化六年十二月庚午。

不仅如此，被丘弘等人视为该当禁废的亡国之音、淫巧之术、不经之书、尚侈之俗，正迅速为最高统治者所接受。在这方面起重要作用的，是成化传奉官的先辈们。他们通过提供上述各项服务，已在前朝和本朝前期或者悄然或者强势地获得升迁。天顺八年五月，户科给事中李森等人即指出："近年以来有无军功而升侯伯都督者，有无才德而升大臣重任者，有因琴棋绘巧而升文职者，有因医卜技能而升军职者。"①其著名者，如木工蒯祥、石工陆祥，先因技艺高超并能制作精巧器物同时升营缮所副，继因督工修城有劳同时升工部主事，成化初又同时因考满升工部左侍郎。②再如书办官兼书画家任道逊，十二岁时以"奇童"荐，宣宗命入国子监读书，后为文华殿书办，景泰元年与朱奎、凌敏、汪景昂等同时升中书舍人，成化初已为尚宝司丞。③再如术士万祺，本为南昌县学书吏，先因善星命擢为鸿胪寺序班，继因在导致英宗复辟的"夺门之变"中指明了"天意"而升迁，成化时已官至礼部左侍郎。④著名画家张靖、倪端、周全等人，也是始"以匠役供绘事御用监"，景泰时已分别升锦衣卫千、百户。⑤而丘弘点名批评陆瑜提请拘捕的"射利之徒"屠宗顺，也早在景泰时就因为"专献宝石以规利"升锦衣

---

① 《明宪宗实录》卷五，天顺八年五月丁丑。
② 《明英宗实录》卷一五三，正统十二年闰四月己卯；《明宪宗实录》卷三二，成化二年七月丙戌。
③ 朱谋垔：《画史会要》卷四《明代》；《明英宗实录》卷一九五，景泰元年八月壬申；《明宪宗实录》卷八六，成化六年十二月戊午。
④ 《明宪宗实录》卷二四八，成化二十年正月甲寅；《明英宗实录》卷三五四，天顺七年七月己酉。
⑤ 《明英宗实录》卷二五七，景泰七年六月庚子。

卫千户，其子屠芝升百户，并予世袭。①任道逊、朱奎、凌敏、汪景昂、万祺、张靖、倪端、周全等人在成化时更通过传升成了传奉官。

  以上列举的都是单个的"例子"，但又是密切相关的例子。正是这无数单个而又相互关联的例子，构成了有可能代表着人的基本需求、社会的基本潮流的现象。这些现象均发生在传奉官出现之前，或者发生在传奉官刚刚出现但尚未形成影响之前。也就是说，即便没有传奉官，传奉官们所从事的职业、所提供的服务也早已由其他人在进行，或者说，早已有人以非传奉官的身份在进行。这些都为传奉官的发生提供了鲜活的例证并成为其社会基础。从这个意义上说，传奉官的发生及其所提供的服务，有其社会的和时代的合理性。

  然而，上述所有现象或"例子"的发生可以说都是渐进的、顺乎自然的。即便是成化前期的传奉升授，虽然最多的一次传升工匠达30人（成化八年），也仍然可以视为渐进性的，甚至可以说是零星的。但从成化十一年开始，传奉升授发生了骤变。一是传升的次数和人数迅速增加。从天顺八年至成化十年的十一年间，见于记载的传升共21例、129人，而成化十一年至十五年的五年中，见于记载的传升达42例、199人。自成化十七年开始，每年传升均达数百人。二是传奉官的身份和职业结构发生了变化。前十一年中，传升的主要是在内府各监局工作的工匠、英宗病重期间参与治疗的医生，以及长期在文华殿、武英殿及仁智殿为书办的儒士。但在成化十一年，传升的几乎全是医生和道士，包括太医院院使方贤为首的

---

① 《明英宗实录》卷二六一，景泰六年十二月戊辰；卷二六八，景泰七年七月辛巳。

御医6人、道录司高士胡守信为首的道士15人。而道士喻道纯前一年刚传升为真人，其父母便在这一年分别追赠太常寺寺丞和安人。接下来的成化十二年，开始传升番僧，包括大隆善护国寺番僧班卓儿藏卜、大能仁寺觉义结瓦领占和锁南舍辣。大德显灵宫道士张道本等9人也在这一年得到传升。至成化十三年，召福建泉州府惠安县知县康永韶至京并传升为钦天监监正；成化十五年，传升兼有祈祷术、符箓术、房中术的听选官李孜省和专门擅长房中术的僧继晓。这一期间也传升了大批的士人，但与前一时期主要传升资深书办官不同，此时传升的主要是从事小说词曲创作的文学官，如前文所说成化十二年传升的监生李英和儒士顾经等即是。同时，也传升了大批的工匠和锦衣卫官，工匠中的大多数仍然在从事器物的制作和工程的营造及装潢，但锦衣卫官除了宦官与外戚家人者外，大多为书画家。

严格地说，传奉官真正引起人们的关注，真正成为一种社会现象，正是从此时开始。在明朝前期被压制而转入地下、正统至成化初大量浮现并正在为上层社会所接受的社会习尚和民间喜好，也通过传奉官的活动而涌动、翻腾起来，先是在北京继而扩散到外地，形成波澜壮阔的社会风潮。处于这个浪潮核心的人物，自然是传奉官们的特殊服务对象成化皇帝及其宠妃万氏。

弘治时修《明宪宗实录》将当时的政治弊端和社会问题都和万贵妃挂上钩，并且特别指出："中贵用事者一忤妃意，辄遭斥逐。而佞幸出外镇守、内备供奉者如钱能、覃勤、汪直、梁方、韦兴辈，皆假以贡献买办、科敛民财，倾竭府库而不恤；委以行事，擅作威福、戕害善良、弄兵构祸而无已。皆由妃主之也。"① 《明史·宦官传》也说,宦官梁方、韦兴、钱能、王敬等人千方百计搜寻奇玩珍宝,并引进方术技艺之士,都是为了"悦妃意"。近人孟森《明清史讲义》则全文照录《明史·宦官传》对万贵妃的批评。②受到这些著作的影响,《剑桥中国明代史》的作者断言:"一切可以追根溯源到成化时期的以后的明代政府的堕落倾向必须归因于万氏的影响。"③将女人视作祸水本是中国传统政治和社会舆论的习惯做法,西方的汉学家们同样接受了这样的理念。暂且不论万贵妃是否真的有如此大的能量,但她广泛的爱好和刚烈的性格,而且能够让成化帝在立后不到两个月便废后,完全有理由相信她在传奉官问题上的作用。但是,就像正史立了《奸臣传》后皇帝的一切劣迹均由奸臣承担一样,成化帝在其中所起的作用也在史学家的描绘中转移到了万贵妃。其实,成化十一年以后传奉升授的骤变,很大程度正是由成化帝本人的人生经历的转变而造成。

　　成化帝即位时,明朝立国已近百年。经过太祖、太宗的长期经营,以及洪熙、宣德、正统时的政策调整,已经形成了比较成熟的政治体制和管理模式;土木之变后,蒙古瓦剌部势力迅速分化,北边无强敌压境,东南的倭寇也尚未形成气候;经过军事力量的打击和因时因地制宜的安抚,闹腾一时的荆襄流民和广西瑶民也得到平息。可以说,这是一个既无内忧也无外患的时期,成化帝继承的正

---

① 《明宪宗实录》卷二八六,成化二十三年正月辛亥。
② 孟森:《明清史讲义》,中华书局,1981,第167页。
③ 牟复礼、崔瑞德主编《剑桥中国明代史》,中国社会科学出版社,1992,第382页。

是这样一个太平家业。①况且,国家的事情有司礼监宦官和以内阁为首的外廷文官代劳,其唯一忧虑的是家事,主要是子嗣之事。据现有史料,成化帝一生共有十四子:成化二年二月万妃生第一子,未及一岁而夭;五年四月柏妃生第二子祐极,立为太子后不久于八年正月而亡;六年三月纪妃生第三子即后来的弘治帝祐樘,但直至十一年五月方为成化帝所知。也就是说,从成化五年四月皇二子祐极出生至成化十一年五月,整整六年,成化帝其实是在对自己性功能的怀疑中度过的,故年方而立便有"老将至而无子"之叹,而且"中外皆以为忧"。②但从成化十二年七月开始,短短的十年时间里,邵妃、张妃、姚妃、杨妃、潘妃、王妃便为其生了十一个儿子,而且个个长成。③成化十一年五月三子祐樘被发现和当年年底邵妃怀孕的惊喜,构成了成化帝人生的一大转折。正是这个转折,使其人生态度发生了变化,对番汉方术的效果更加信服,对自己的身体状况特别是性功能更有信心,因而也更有兴趣沉溺于个人喜好之中。

成化时侍讲东宫的翰林院官程敏政称:"我宪庙以天纵之资,笃意经史,凡稽古礼文之事,必遴选儒臣讨论刊定。而于燕闲之余,游心释典,虽考阅缮写之责,亦不轻畀。乃一时供奉之臣,仰副渊衷,多克以材艺自见者。"④正德、嘉靖年间的著名文人李开

---

① 关于这些的情况,拙著《中国政治制度通史·明代卷》(与杜婉言合著,人民出版社,1996)、《明清中央集权与地域经济》(与欧阳琛合著,中国社会科学出版社,2002)、《(明)成化皇帝大传》(辽宁教育出版社,1994)作了比较详尽的论述。
② 《明史》卷一一三《后妃传·孝穆纪太后传》。
③ 参见《明史》卷一一九《诸王传四·宪宗诸子》《明宪宗实录》《明孝宗实录》《明武宗实录》。
④ 程敏政:《篁墩文集》卷二九《序·应诏挥毫诗序》

先则说："宪庙好听杂剧及散词，搜罗海内词本殆尽。"①崇祯时汪砢玉评点历代书画，称成化帝所作山水小景："潇洒出尘，宛胜国气韵，盖圣能天纵。"②喜读书、乐戏曲、昵方术、擅书画、好收藏，一切太平天子喜欢的东西成化帝都喜欢，而且学有专长。这些喜好或专长，大多是由传奉官们培养出来的，或者说，是因为有了和传奉官们的交流和激发，这些喜好才带来成功的喜悦。但是，也正是因为他和宠妃们的这些喜好，造成了传奉官的泛滥，并且带来了严重的社会后果。一方面是上有所好，下必趋之，迎合或效法皇帝及后妃兴趣爱好蔚然成风，而且这种风气在一定程度上是属于功利性的；另一方面，出身于底层而又身居上层的宦官在皇室贵族和基层社会之间起着桥梁和纽带的作用，成了一切技艺之士的经纪人，中饱私囊自不可免，于是，千方百计打通宦官关节遂成官场的风气。

前文多次提及的李景华、任杰、陈敩，在文字功夫上必有过人之处，但他们是"以夤缘内侍"才能入内府的。精通巫术的道士顾玒，同样是"夤缘中官以达内庭，遂得幸"③。因精通房中术而受到猛烈抨击的"妖僧"继晓，其进由宦官梁方、首辅万安；④而方士邓常恩、赵玉芝之进，则由太监陈喜、太监高谅。⑤因颇通方术而被称为"妖人"的王臣，进见成化帝是得到太监王敬的推荐；⑥而以识别和采买宝石见长的工匠章瑾之进见，则是梁方的引荐。⑦

---

① 李开先：《麓中麓闲居集》卷六《张小山小令后序》。
② 汪砢玉：《珊瑚纲》卷三六《名画题跋十二》。
③ 《明宪宗实录》卷二四〇，成化十九年五月丙申。
④ 廖道南：《殿阁词林记》卷二《殿学·华盖殿大学士万安》。
⑤ 《明孝宗实录》卷八，成化二十三年十二月辛卯。
⑥ 李锜：《寓圃杂记》卷一〇《妖人王臣》。
⑦ 《明孝宗实录》卷一一，弘治元年二月甲子。

即使是万贵妃三个兄弟中最财大气粗的万通,也要"内则仗内臣梁方,外则富民争庀工制为新巧",才能不断得到传升和奖赏。①李孜省是成化时期影响最大也是孝宗继位后第一个被处置的传奉官,给事中韩重等称其:"始则交结太监梁芳、韦兴、陈喜,以为援引之谋。继则依附外戚万喜、万达、万祥,以通幸进之路。"②但史馆为其作传则说:"因太监钱义、柯兴以祈祷术见先帝,试之验,传授太常寺丞。"③其实,李孜省到底是由宦官梁方、钱义抑或外戚万喜引进并不重要,重要的是,任何一位身怀绝技之士要想接近皇帝或贵妃,要想通过传升的方式获得职位,就必须走宦官特别是皇帝和后妃贴身宦官的路子。更为重要的是,可以作为传奉官引荐人或经纪人的,并不只是一两个当权的宦官或外戚,而是一批宦官和外戚。也就是说,只要动脑筋,是可以通过多条路子接近皇帝和贵妃以获得传升机会的。在其中发生作用的,首先固然是技艺,即必须"试之验",同时也需要通过金钱打通关节。万通家人徐达的传升即具典型意义。

徐达本为游民,其妻貌美,万通见而悦之,遂收徐达为家人而纳其妻。不久,徐达以万通家人的身份传升为锦衣卫带俸百户,并受万通的委派往两淮贩盐,获取暴利,同时兼营宝石玩物。可见其既有商业头脑又能识别器物。万通死后,徐达将获利巨资及搜罗的宝石器物上下打点,不到一个月即传升为实授正千户;三年后,传

---

① 《明宪宗实录》卷二二五,成化十八年三月丙申。
② 《明孝宗实录》卷二,成化二十三年九月丁未。《明史·宦官传》也说:"妖人李孜省、僧继晓,皆由(梁)芳进。"《外戚传》则说:"妖人李孜省辈皆缘(万)喜进。"
③ 《明孝宗实录》卷八,成化二十三年十二月辛卯。

升为锦衣卫指挥佥事，并予世袭。而万通的兄弟万喜、万达虽然分别传升为锦衣卫都指挥使、指挥使，却仅为"带俸"。①徐达从游民到锦衣卫实授指挥佥事并世袭，仅用五年时间。在这一过程中，徐达进行了两场交易。第一场是和外戚万通之间的色权交易，第二场是和当权宦官的钱权交易。

这些范例无疑给全社会提供了一种强烈的信息：官可以技得、可以钱得。英雄不论出身，只要能够为皇帝、后妃、宦官提供满意服务，并走通宦官的路子，都可以在科举、军功之外通过传奉升授的方式获得职位、得到升迁。因传奉升授而导致的社会价值观念的变化也由此而起，并迅速由京师辐射到全国各地。

由于"奸民"屠宗顺在景泰时已因进献宝石得官锦衣卫千户，成化时期的传奉官中也有一批人专事器物制作、鉴赏及采买，采买及奉献之风遂因为他们的活动而扩散。游民王臣、御用监工匠章瑾正是被这股风潮掀出，通过贡献宝石玩物并"贿赂中官"而得到传升。传升之后，王臣随太监王敬"采药湖湘、江右、江浙、京东诸郡""以无赖二十余辈，专以攫取财物""所过需索财物，括斥玩器及诸珍怪之物"，因而继续传升得锦衣卫千户。②章瑾开始传升为锦衣卫镇抚，其后变本加厉地采办搜罗，遂传升至本卫指挥使。③器物制作和采买的事情本来多发生在江南，但巡抚甘肃右副都御史罗明在奏疏中却说："甘肃镇守分守内外官，因近有传奉不次之擢，竞

---

① 沈德符：《万历野获编》卷五《勋戚·万通妒死》；《明宪宗实录》卷二二五，成化十八年三月丙申。
② 陆容：《菽园杂记》卷十；王锜：《寓圃杂记》卷十《妖人王臣》。
③ 郑晓：《今言》卷三之二〇五；《明宪宗实录》卷二三三，成化十八年十月丙戌。

尚贡献，各遣人于所属边卫，派取方物。名以采办，其实扣除军士月粮马价，或巧取番人犬马珍奇等物以充。"①可见搜寻珍奇器物以谋求传升之事在各地都有发生。

由于僧道术士可能接近当权宦官甚至宠妃及皇帝，可能通过传奉升授的方式获得职位，所以竞购度牒、私造度牒为僧为道也蔚然成风。一道度牒，在经济发达的江南地区，售价可达数十上百两白银，相当于官价的几倍乃至十倍。②僧继晓回江夏原籍养母，也乞得度牒500道，相当于白银万两。③一些熟悉藏语者更"习学番教"，伪为番僧，以求得更大的传升空间。在京法王、佛子、国师、喇嘛等，也"多诱中国军民子弟，收以为徒"，致使明廷一再严禁"汉人冒充之弊"。④按明初定制，每府僧道不得超过40名、每州不过30名、每县不过20名，僧道总数不超过37090名。⑤鉴于僧道日多，成化二十一年重定僧道数为7万名。⑥虽然这个数字已是明初的两倍，但据成化十五年十月监察御史陈鼎奏称，仅成化二年至十二年，十年间已度僧道14万5千余人。⑦而据时任兵部尚书的马文升估计，从成化二年至二十二年的二十年间，所度僧道当不下50万

---

① 《明孝宗实录》卷一七，弘治元年八月己亥。
② 《明宪宗实录》卷二六○，成化二十一年正月己丑条载，浙江道监察御史汪奎等言："江南富僧，一牒可售数十百两。"另据《明宪宗实录》卷二五九，成化二十年十二月乙卯条载，户部因陕西饥荒，请求发卖度牒6万道，每牒输银12两。
③ 《明史》卷三○七《佞幸传·继晓》。而据《明宪宗实录》卷二六○，成化二十一年正月乙丑御史汪奎等人的奏疏，实给继晓度牒200道。
④ 《明宪宗实录》卷二二六，成化十八年四月丙午；《明孝宗实录》卷四，成化二十三年十月丁卯。
⑤ 马文升：《马端肃奏议》卷三《陈言振肃风纪裨益治道事》。
⑥ 《明宪宗实录》卷二六九，成化二十一年八月戊戌。
⑦ 《明宪宗实录》卷一九五，成化十五年十月庚子。

人。①几乎每20名在册成年男子中就有1人在此期间合法度为僧道。但这仅仅是政府能够掌握的数字,而"私造度牒者尚未知其数"(陈鼎语),"其军民壮丁私自披剃而隐于寺观者,又不知其几何"(马文升语)。

由于不断有冠带儒士、监生、生员及其他人员因在内府或寺院或为书办或抄写经书、编写小说词典而被传升,内府及寺院又需要大批人员从事文书事务,社会上又兴起一股争捐冠带、争为书办的风潮。《明宪宗实录》如实记载了这一现象:"时内府各监局及在外诸寺观皆有书办人员,传录道书佛经及词曲小说,所至有近幸内官一二人领其事,书成上进,侑以珍玩,随其轻重,辄得恩典。"②身为苏州儒士,又生逢成化时代的王锜记载了家乡发生的"盛事":"近年补官之价甚廉,不分良贱,纳银四十两即得冠带,称'义官'。且任差遣,因缘为奸利。故皂隶、奴仆、乞丐、无赖之徒,皆轻资假贷以纳。凡僭拟豪横之事,皆其所为。长洲一县,自成化十七年至弘治改元,纳者几三百人。"③《明武宗实录》也有"江南富室子弟多谋为文华殿书办……皆传奉授官"的记载,其中特别提及"文华殿办事工部右侍郎周惠畴"在成化时期谋为大慈恩寺书办后转入文华殿。这种风气甚至一直延续到嘉靖、万历时期。④

因奉献宝石珍玩而传升、因僧道方术而传升、因书办文学而传升、因宦官外戚家人童仆而传升,毕竟都得通过当权宦官,而一旦

---

① 马文升:《马端肃奏议》卷三《陈言振肃风纪裨益治道事》。
② 《明宪宗实录》卷二一二,成化十七年二月戊申。
③ 王锜:《寓圃杂记》卷五《义官之滥》。
④ 《明武宗实录》卷一七六,正德十四年七月甲寅;沈德符:《万历野获编》卷九《内阁·仁智等殿官》。

为宦官且得宠,则不仅本人富贵,还可能带动家人富贵,于是自宫也成为时髦。弘治《明会典》卷七九载"自宫禁例":"永乐二十二年令,凡自宫者以不孝论。军犯罪及本管头目总小旗,民犯罪及有司里老。"《明太宗实录》卷二三九记:"永乐十九年七月丁卯,严自宫之禁。"可见,明人的自宫现象从永乐时开始引起重视。但直到英宗天顺年间,自宫仍然只是零星发生。最多的一次记载发生在天顺二年五月,当时重申自宫及收留自宫者之禁,总兵官忠国公石亨自首收留了王昇等6名,会昌侯孙继宗自首收留了张通等18名,广宁侯刘安自首收留了蔡友等5名,另有大名等府金吾等卫军民人等于魁等58名各自首,共87人。① 而且,此时自宫者多为逃避兵役的军人。② 但到成化时期,情况大变。其一是自宫者身份和目的的改变。自宫者不再以军人为主,而多为"县民"即普通百姓。其目的既不是逃避兵役甚至也不是逃避徭役赋税,而是"求进"即希望进宫为宦官。以《明宪宗实录》记载的最初两例为证:"成化元年七月丁巳,直隶魏县民李堂等十一名自宫以求进。""成化元年八月己丑,山东即墨县民于旺等七十一人俱自宫求进。"都是"民"而非"军",且都是"求进"。既然是求进,所以用不着像以前那样躲躲藏藏,"自首"求赎,而是成群结队地到礼部衙门"喧诉求进"③。其二是自宫人数急剧增加。成化六年二月,有206位自宫者到礼部"求进"。十年十一月,已经被遣送到边卫充军的314位自宫者集体潜回京师,"复希进用"。十五年二月,自宫以求进者二千人"群赴

---

① 《明英宗实录》卷二九一,天顺二年五月壬寅。
② 《明英宗实录》卷二〇八,景泰二年九月壬戌条载:礼部奏:"近日首自宫者,率多军役。"
③ 《明宪宗实录》卷一三六,成化十年十二月癸卯。

礼部，乞收用"。二十三年六月，有自宫者三千余人"妄引敕谕事例，在部告扰"。①这也是明代有记载的规模最大的一次自宫者聚众滋事。其三是不仅自宫，而且如陆容《菽园杂记》卷二所说，开始阉割幼童："京畿民家，羡慕内官富足，私自奄割幼男，以求收用。亦有无籍子弟，已婚而自奄者。……习以成风如此。"以成化十八年十二月求进的391人为例，有134人不满15岁，更有59人不到10岁。②

可以说，整个社会当时正经历着中国有史以来前所未有的一场各色人等通过各种方式谋求进入仕途的狂潮。而这一狂潮的形成，传奉官在其中起了示范和推动作用。在这种社会需求和价值观念的影响下，作为传统道德维护者的文官们也纷纷放弃自身的原则，通过宦官、外戚乃至传奉官的路子，尝试着为皇室提供特殊服务。万安和康永韶的表现颇具代表性。

万安于成化五年入阁、十三年为首辅、二十三年孝宗即位后被迫致仕，在内阁的连续时间长达十八年之久，创下了三杨去世之后的纪录。《明史》本传描绘了他在仕途中的关键性几步：同科进士李泰为太监李永昌的养子，"安兄事之，得其欢"，所以每次升迁包括成化五年议推阁臣，李泰也推让万安，于是万安入阁预机务。万贵妃虽然得宠，但出身寒微，万安便不失时机地向其献媚，自称子侄辈，并与贵妃的弟弟传奉官万通拉上了关系；而万通妻妹王氏恰恰是万安的小妾，万安和万贵妃一家遂成了真亲戚。有了这层关系，万安于是扶摇直上，成为首辅。此时传奉官江西术士李孜省得

---

① 分见《明宪宗实录》卷七六、一三五、一八七、二九一。
② 《明宪宗实录》卷二三五，成化十八年十二月辛卯。

势,"缙绅之进退,多出其口",万安又通过李孜省的老乡、江西籍翰林院官彭华与其交结,于是官运不衰。不仅如此,弘治帝即位后,在宫中发现一个署名为"臣安进"的小篚,篚中所藏,皆论房中术者。而据廖道南《殿阁词林记》,"妖僧"继晓之进,也是经万安的推荐,目的仍是"固宠"。① 尽管如此,万安却见容于整个成化时期,并与"名相"彭时、商辂共事多年,相安无事。

万安身居首辅,与当权宦官及外戚交往自然便利。官员中没有这种便利条件的,便另辟蹊径。陆容《菽园杂记》卷五披露:"京师巨刹大兴隆、大隆福二寺,为朝廷香火院。余有赐额者,皆中官所建。寺必有僧官主之。中官公出,必于其寺休憩。巧宦者率预结僧官,俟其出则往见之,有所请托结纳,皆僧官为之关节。近时大臣多与僧官交欢者以此。"可见他不仅结交宦官,连和宦官有交往的僧官也是结交的对象。

如果说万安的行为很大程度上与本人的人格及个性有关,那么康永韶的转变则完全受着时代的影响。永韶初为举人,以副榜身份入国子监读书。成化初选授御史,巡按北直隶,首劾户部尚书马昂勒买民地。宪宗生母周太后欲阻钱太后与英宗合葬,永韶率同官争之;吏部考核不公,永韶率同官攻之。成化四年九月,因彗星屡见,永韶又率同官力言时政之弊,而于番僧事措词尤激。② 一段时间内,凡朝政有弊病、大臣有徇私,永韶皆率同官弹劾,声名大振,俨然为言官首领。成化五年二月,因言事得罪,外调福建顺昌县知县,后迁福清、惠安二县,沉寂八年。直到成化十三年,有荐

---

① 廖道南:《殿阁词林记》卷二《殿学·华盖殿大学士万安》。
② 《明宪宗实录》卷五八,成化四年九月己巳。

"传奉官"与明成化时代 223

其知天文者,由司礼监太监怀恩"传奉圣旨",取回京师,先为五官灵台郎,不到半年即为传升为钦天监监正。永韶从此由直臣变为佞臣,"凡有占候,曲为隐蔽,甚者以灾为祥"。成化二十一年正月的星变,传奉官受到制裁,成化帝"方忧天戒",康永韶竟石破天惊地进言:"今春星变,当有大灾。赖陕西等处民多饥死,足应此变。此诚国家无疆之福,无他虑矣。"①因此传升为太常寺少卿。康永韶行为的变化,正与因传奉官问题而带来的社会风尚及价值观念的变化同步发生。

由于直言遭谴、佞言得福,遂导致言官遇事特别是对宫闱事"嗫不敢言"。有人讥讽六科给事中患有"不语症",其"不语唾"可治人疥疮;民间更有"北京科道绵如羊,九年考满升京堂"之嘲。②"挑土中书""洗鸟御史""二字尚书"以及"纸糊三阁老、泥塑六尚书"等带有时代特色的政治笑话,也在这一期间广为流传。连生活在万历时代的沈德符对此也深有感触:"国朝士风之敝,浸淫于正统,而糜溃于成化。"③

四、成化时代与后成化时代

任何新事物的发生,无论被时人视为新奇还是荒谬,也无论被历史证明是进步还是反动,总有其发生的道理。但也应该有一定的限度,一旦超出这个限度,则可能演变成为闹剧。虽然说在传奉官

---

① 《明宪宗实录》卷二六四,成化二十一年四月丙辰。
② 陆容:《菽园杂记》卷七;王士禛:《古夫于亭杂录》卷二。
③ 沈德符:《万历野获编》卷二一《佞倖·士人无赖》。

身上集中体现了正统成化年间上层社会和底层民众的共同喜好和需求,但传奉官的发生特别其泛滥却纯属偶然。如果不是成化帝略带自卑的内向性格而又有口吃的生理缺陷①,如果不是成化帝长年不接见大臣并以宦官作为联络外廷、联络社会的唯一途径②,也就不需要宦官频频"传奉圣旨",那么即使出现传奉升授的方式及传奉官,也不至于弄出一个庞大的传奉官阶层,更不可能形成带有辐射效应的传奉官现象。可以说,是一个内向口吃却具有艺术家气质的皇帝、一个兴趣广泛且敢作敢为的贵妃、一群懂得讨好皇帝和贵妃并同时为自己谋利的宦官、一批能够通过种种办法令皇帝、贵妃、宦官高兴并从中获得利益的三教九流之徒(即传奉官),共同上演了一出闹剧,一出传奉官的闹剧。

一些"深孚众望"的士大夫对于传奉升授持激烈的反对态度,并非只是担心一个皇帝和一群后妃的奢侈,也并非只是担心一批不经科举、没有军功的"杂流"进入官场,而是担心这种奢侈和升授的方式所带来的后果将影响整个社会、将使价值观念变得更为功利、将使社会风尚变得更加奢靡、将使官场变得更加腐败。事实证明,他们的担心很快就变成了事实。从这个意义上说,限制最高统治者及其宠妃们的个人喜好,对于政治的清明和社会的有序具有积极意义。

---

① 陆深《俨山外集》卷一〇《溪山余话》:"我朝君臣隔绝,实以宪庙口吃之故。"《明史·宦官传一》载:刑部员外郎林俊上疏论梁芳及僧继晓下狱,成化帝欲诛之。司礼监太监怀恩固争,帝怒,投以砚曰:"若助俊讪我!"怕人笑话的自卑心理溢于言表。

② 关于这方面的情况,陆容《菽园杂记》、王锜《寓圃杂记》、郑晓《今言》、王世贞《弇山堂别集》、沈德符《万历野获编》等明人笔记及清赵翼《陔余丛考》等多有记载,虽然其间不无掩饰也不无传闻。另见拙著《(明)成化皇帝大传》,辽宁教育出版社,1994。

但是，社会的发展又充满着矛盾。社会风尚的转变、社会制度的变革，恰恰需要有洪水猛兽般的异端力量、荒诞举动以冲击原有的理念、打破原有的秩序，传奉官及其引发的种种社会现象，客观上已经成为明朝从前期的严肃冷酷到后期的自由奔放转变的加速器。

在传奉升授这种不合理的制度及其引发的有些荒唐可笑的社会现象背后，反映出突破科举取士传统、各类专业人才进入政府的合理要求，同时也凸显更为合理的社会运动：一股强劲的经济和文化潮流正席卷着京师北京，大批来自南方的技艺方术之士北上，与三年一度的科举考试、一年一度的南漕北运形成了持续的南风北渐运动，而北京的繁荣、社会风尚和价值观念的更新也正是在这一运动中得到实现。在这一运动中，传奉官所激发的"杂流"入仕风潮无疑起着重要作用。

前文提及的正统至成化前期因技艺或方术入仕（有人在成化时成为传奉官）的著名人物，大都来自南方特别是来自于当时经济文化发达的南直、浙江和江西。如工匠蒯祥、陆祥，前者为南直吴县人、后者为南直无锡人[①]；书画家任道逊为浙江瑞安县人、汪景昂为浙江萧山人[②]，儒士朱奎为南直上海人[③]，术士万祺为江西南昌人[④]。而争买度牒为僧道、争为义官书办的"富户"，也多出于江南。

成化时期的127名核心传奉官中，已知籍贯者40人，按明朝科

---

① 分见《明宪宗实录》卷七四，成化五年十二月辛亥；卷二一三，成化十七年三月辛丑。
② 分见韩昂《图绘宝鉴续编》及《明孝宗实录》卷一七五，弘治六年五月辛未。
③ 雍正《江南通志》卷一三五《选举·荐辟》。
④ 《明宪宗实录》卷二四八，成化二十年正月甲寅。

举的南、北、中三榜进行地域划分："南榜"地区28人，其中南直9人、浙江6人、江西5人、湖广5人、广东2人、福建1人；"北榜"地区10人，其中北直5人、山东3人、陕西1人、河南1人；"中榜"地区2人，贵州、四川各1人。从这些数字可见"南人"特别是南直、浙江、江西、湖广人在传奉官中所处的地位。而在北直隶的5人中，有顾珏、顾经、顾纶父子3人，其先人似为永乐时由南直或浙江强行北徙并附籍北直大兴县的富户，原籍也当在江南。① 如果是这样，则核心传奉官中"南人"所占比例会更大。已知籍贯的核心传奉官，其所处地域与所操职业之间，也有密切的关系。一般来说，从事文学、书画、医生等职业的传奉官多来自文化底蕴深厚、文学艺术发达的南直、浙江②，而从事方术、道术活动者，则多来自同样具有深厚文化底蕴但又盛产僧道术士的江西和直接受江西文化影响的湖广③：9名文书官中，有3名来自南直，他们是上海朱

---

① 按万历《明会典》卷二一《户部六·事例》："洪武二十四年，令选取各处富民充实京师。永乐元年，令选浙江、江西、湖广、福建、四川、广东、广西、陕西、河南及直隶苏、松、常、镇、扬州、淮安、庐州、太平、宁国、安庆、徽州等府无田粮并有田粮不及五石殷实大户，充北京富户，附顺天府籍，优免差役五年。"大兴县有顾姓自此始。又按：据雍正《畿辅通志》，整个明代北直隶顾姓进士仅四人，均为大兴县人：天顺丁丑科黎淳榜顾正、成化丙戌罗伦榜顾福、辛丑王华榜顾景祥、弘治乙丑顾鼎臣榜顾瑄。但除了顾正之外，雍正《江南通志》于顾福、顾景祥、顾瑄三人均有记载，且分别与《畿辅通志》同榜。可见，对于"充"京师者及其子弟中的中式者，《畿辅通志》记了附籍的大兴县下，《江南通志》则分别记了南直吴县、长洲和浙江平湖。笔者尚无确切的资料可以证实三顾为江南人，但顾氏为江南大姓而明代大兴顾氏多由江南迁徙却毫无疑问。
② 参见拙稿《从现存版刻看明代市民文学的地域分布——明代市民文学研究之二》，《明史研究》1999年第6辑。
③ 参见拙稿《明清湘鄂赣地区的"讼风"》，《文史》2004年第3期。

奎、歙县杜昌、吴县周惠畴；1名来自浙江，即萧山汪景昂。①5名医生中，4名来自南直，丹徒钱宗甫、钱宗嗣，武进蒋宗武，江宁黄谦。②3名书画家中，2名来自浙江，瑞安任道逊、鄞县金溥。③12名方士、道士中，4名来自江西，庐陵萧崇玉（一名萧崇一）、周玭，南昌李孜省、丰城邓常恩；2名来自湖广，江夏僧继晓、均州雷普明。从事于器物鉴赏与采买的4名核心传奉官则分别来自于湖广和浙江，麻城黄大经、黄钺父子，浙江龙岩丘伦、仁和孙佐。④这些大都是成化时期赫赫有名的人物。核心传奉官中来自福建和广东的虽然不多，但也不乏重要人物，如广东番禹术士赵玉芝、琼山医生刘文泰，福建莆田术士吴猷等。而将这些人物介绍给成化帝的宦官，如梁方、韦兴、陈喜、覃昌、张敏等，则主要来自广东、广西和福建，由于地域的关系，他们或许更熟悉南方所发生的变化。

  核心传奉官所表现出来的地域分布以及地域与职业的关系在普通传奉官中也同样表现出来。占传奉官三分之一以上的匠官，大多来自南方，尤其是南直、浙江和江西。明代工匠有民匠、军匠、官

---

① 分见雍正《江南通志》卷一三五《选举·荐辟》、王世贞《弇州续稿》卷一一九《文部·墓志铭·中右大夫杭州初初庵方先生墓志铭》、李锜《寓圃杂记》卷九《周中书冢树》、《明孝宗实录》卷一七五，弘治六年五月辛未。
② 倪岳《青溪漫稿》卷一六《卷庵记》、李东阳《怀麓堂集》卷二五《文稿五序·赠御医钱宗嗣序》、雍正《江南通志》卷一三五《选举志·荐辟》、雍正《江南通志》卷一二二《选举志·进士》。
③ 韩昂《图绘宝鉴续编》、卞永誉《书画汇考》卷三〇《书三十·明人合卷》。
④ 萧崇玉、周玭、李孜省、邓常恩、僧继晓、雷普明、黄大经、黄钺、丘伦、孙佐，以及下文的赵玉芝、刘文泰、吴猷，宦官梁方等人的原籍，据宪、孝、武三朝《实录》及相关地方志和文集。

匠之分，以民匠（又称人匠）为主。①民匠分轮班、住坐两种。由于住坐匠长年在内府工作，与管事宦官稔熟，所以匠官中又多为住坐匠。表1所列1328名匠官，除33名隶工部外，其余均在内府各衙门工作。但是，住坐匠主要并不是来自北京当地而是来自南方各省工匠。②军职传奉官中的技艺工匠则多为军匠和官匠。他们的身份多为世袭，其先人也多在永乐、正统间随着锦衣等京卫的北迁，并由江南迁至北京。

大批南方工匠或者被强征北上，或者随军北上，或者在经济利益的驱使和传奉升授的诱惑下进入北京，他们同时也将正在南方复兴或产生的新观念、新式样、新技术带到北京，对明代北京的城市繁荣起了重要的作用。张瀚《松窗梦语·百工纪》说：

今天下财货取于京师而半产于东南，故百工技艺之人亦多出于东南，江右为夥，浙、直次之，闽、粤又次之。……闾里之间，百工杂作奔走衣食者众。以元勋、国戚、世胄、貂珰极靡穷奢，非此无以遂其欲也。……余尝数游燕中，睹百货充溢，宝藏丰盈，服御鲜华，器用精巧，宫室壮丽，此皆百工所呈能而献技，巨室所罗致而取盈。盖四方之货，不产于燕而举

① 《明宪宗实录》卷九九，成化七年十二月丙戌所载军器局民匠戎瑛所奏也称："本局原设官、军、民匠五千七百八十七人。"又《明孝宗实录》卷九〇，弘治七年七月甲寅载：吏部尚书耿裕等言："去岁奉旨大小官员有不由本部推举传乞升授沮坏选法者，许参送法司问黜为民。近御用监官匠李纶及人匠徐原初等，俱以传旨升授。"按李纶时为检校，与其同日传升的官匠还有千户张玘等三人（丁未）。
② 万历《明会典·工部八·工匠二》说："凡住坐人匠。永乐间设有军民住坐匠役。宣德五年，令南京工匠，起至北京者，附籍大兴、宛平二县，仍于工部食粮。成化间额存六千余名。"

"传奉官"与明成化时代

聚于燕。其物值既贵,故东南之人不远数千里乐于趋赴者,为重糈也。

张瀚记载的是嘉靖、万历时的北京,但几乎就是成化时期的写照。传奉官及宦官们的鼓动与引导,"元勋、国戚、世胄、貂珰",特别是皇帝和贵妃的"极靡穷奢",竟然成了工匠美化北京、繁荣北京的动力。张瀚特别指出:"九重贵壮丽,则下趋营建;尚方侈服御,则下趋组绘;法宫珍奇异,则下趋雕刻。上有好者,下必甚焉。"传奉官们为皇室提供的服务、皇帝及后妃的需求和喜好所引发的社会风尚和价值观念的变化也可以由此得到解释。

同是传奉官,其实有上层与下层之分。一般来说,主要为皇室及其侍从人员提供服务的传奉官,更有可能得到传升机会甚至成为核心传奉官,他们应该属于传奉官中的上层。舆论最为关注的传奉官也是他们。大部分传奉官则属于传奉官的下层,其主体则是工匠出身的匠官。从表面上看,匠官也是传奉升授的受益者,但其实是在服劳役,是政府通过给予一定的政治待遇和微薄薪俸而购买的廉价劳动力,是一次对劳动力特别技术性劳动力的能源的掠夺。当然,从传奉官本人来说,除了获得一种公开的身份之外,也有一定的生活保障。他们用自己的劳动和技术,对北京的繁荣作出了贡献。

如果说工匠、匠官们的贡献在于物质财富的创造,那么,文学、艺术、方术之士的贡献则在精神财富或者说文化财富的创造。成化初期至嘉靖初期,既是传奉官产生、泛滥、延续及消亡的时期,也是明代文学艺术在前期基础上取得突破性发展的重要时期。

在《驻云飞》等时曲由坊间版刻之时，有传奉官参与的官方时曲编撰也在进行之中。虽然成化时期没有留下官方时曲编撰刊刻的记载，但据《明史·刘珝传》，教坊司所上奏本中，却夹着一支时曲，名《刘公子曲》，唱的是大学士刘珝的儿子刘熔出入青楼的轶事。弘治十六年，由传奉官周惠畴、李纶领衔纂修的《诗海珠玑》竣工，为此，他们再次得到了传升。周惠畴由鸿胪寺少卿传升为尚宝司卿，李纶由太仆寺少卿传升为太仆寺卿。参与此项工作并同时得到传升的传奉官还有华英、仝泰等。① 正德时期，更为著名的《盛世新声》也被刻印。这是迄今所知的明代最早的一批民歌时调及散曲选集。成化末弘治初李梦阳寓居开封，有求学者，梦阳让其去街市学《锁南枝》《山坡羊》，赞其"可继《国风》之后"。② 可见时曲不仅北京流行，也在各地流行。因此，明代最为著名的散曲高手如杨循吉、王磐、徐霖、陈铎、康海、王九思、金銮等也都出现在这一时期也就不足为怪了。

继《驻云飞》等时曲版刻之后，《花关索传》《包待制出身》等13种现今所知的最早的说唱词话刊本也出现于北京书肆。随后刊刻的说唱词话还有《金统残唐记》《三国志》《水浒传》《西游记》《封神记》等。这些词话是元代各种讲史平话向明代长篇演义小说演进的重要过渡。而被人们认为元末明初问世的《三国演义》《水浒传》，其成书也很可能是在成化至嘉靖时期。③ 据刘若愚《酌中志》卷十七《内板经书》，内府司礼监的书版有164种，大量的当然

---

① 《明孝宗实录》卷二〇四，弘治十六年十月甲寅。
② 沈德符：《万历野获编》卷二五《词曲·时尚小令》。
③ 参见拙著《明代城市与市民文学》，中华书局，2004，第149—150、191—194页。

是经史诗文、政府法令，但也有《四书白文》这样的儒家经典通俗读本、《三字经》这样的浅易启蒙读本、《三国志通俗演义》这样的讲史通俗小说，甚至还有《山歌》《四时歌曲》《词林摘艳》等大众喜闻乐见而又有"诲淫"之嫌的作品。虽然无从考索其中是否有文学传奉官的作品，但大批本来就是民间文学创作者、传奉升授后仍然专门从事小说词曲编写的文学传奉官，与这一现象的发生无疑有着密切的关系。

在社会价值观念变化的过程中，文学艺术作品总是以大众喜闻乐见的方式起着推波助澜乃至攻坚执锐的作用。小说戏曲固然都在宣传和表彰明君贤相、忠臣孝子，但一有机会也行讥讽嘲弄之能事；而民歌时调则从来都是在煽动男欢女爱之情，其中不乏"诲淫诲盗"之词。而维系社会秩序及等级观念的权威、尊严、禁锢、传统，往往就在这嬉笑怒骂、挑情逗乐之中被冲塌。当成化帝、弘治帝、正德帝通过传升的方式将大批文学之士召入宫中编写词曲小说、翻译佛经故事时，自然不可能预见到这种效果。

伴随着传奉官的产生而发生的又一事实是，尽管僧道术士被儒学家斥为"异端"，但在这些"异端"的启发下，儒家学说内部的"异端"也迅猛发展起来。其风也主要来自南方。先是广东新会陈献章，后是浙江余姚王守仁，承前启后地搅动起明代的心学思潮。前者先在家乡、后在京师宣讲自己的观点，布政使彭韶、巡抚朱英皆极力推荐。后者将京师大兴隆寺作为其讲学的场所，上官方献夫等人也折节为徒。王守仁的种种行为，包括新婚之夜在南昌铁柱宫与道士谈养生、科举失利后在南京从道士尹继先修炼养生术、在老家余姚阳明洞对友人的装神弄鬼，以及在贵州龙场驿如禅宗顿悟般的悟道等,与僧道术士并无太大的区别,只是没有以方术为职业、没有出家为僧道而已。[①]至于陈献章因献媚乡宦梁方而得夤缘、得志后的不可一世,则与不少传奉官的行为如出一辙。尹直《琐缀录》记:"陈宪(献)章蚤习举业,领乡荐,上春官,屡不偶,乃卒业成均……益务诡异,高谈阔论。后以举者言,征到京,吏部欲如例试而后授官。乃托病,潜作十绝颂乡宦梁方太监。(梁)方言于上,授检讨。致仕,轩轩然自以为荣。……乘轿出城,辄张盖开道,不胜骄态。"类似的记载也见于《明宪宗实录》。[②]黄宗羲为陈献章进行辩护,认为是尹直和《明宪宗实录》修撰官丘濬对陈献章的歪曲。[③]但陈献章的行为在成化时期其实十分平常。交接宦官、买通宦官固是当日官场的普遍行为,奇装异服、矫姿作态也为当日之时髦。

传奉官及其引发或与其有关的一切现象,无论在时人或今人看来,是有悖于常规的现象还是代表着社会进步的现象,在当时都得到一种正在形成的社会心态的认同,即全社会从上到下所表现出来的宽容或者说包容态度。王恕、马文升等人一再谴责政府对传奉官、对"异端邪术"过于宽容,但成化时代及后成化时代的弘治、正德年间最难能可贵的社会心态恰恰是"宽容"或"包容"。

这种包容既是对洪武、永乐乃至正统、天顺时期严肃冷酷的矫枉过正,也是国家承平日久人们的普遍心态。一方面,经过百余年的休养生息,社会财富积累了,于是追求物质享受的奢靡之风兴

[①] 参见拙著《旷世大儒——王阳明传》,河北人民出版社,2000。据王守仁自述,曾多次动过出家修炼的念头,但均为道士们劝阻。
[②] 《明宪宗实录》卷二四四,成化十九年九月甲午。
[③] 黄宗羲:《明儒学案》卷八《白沙学案·文恭陈白沙先生献章》。

起；社会生活安定了，于是追求身体健康的养生之风兴起；文化生活丰富了，于是追求精神享受的玩物之风兴起；社会环境宽松了，于是追求政治地位的求官之风兴起。人们都打着自己的算盘，追求自己的物质生活和精神生活。另一方面，这种社会心态也影响着最高统治者的心态。陆容《菽园杂记》卷一记成化帝的包容：

> 朝廷每端午节赐朝官吃糕粽于午门外，酒数行而出。文职大臣仍从驾幸后苑，观武臣射柳，事毕皆出。上迎母后幸内沼，看划龙船，炮声不绝。盖宣德以来故事也。丙戌岁（按：成化二年），炮声无闻，人疑之。后闻供奉者云："是日内官奏放炮，上止之云：酸子闻之，便有许多议论也。"

陈洪谟《治世遗闻》下篇卷三记弘治时期的包容：

> 时朝政宽大，廷臣多事游宴。京师富家揽头诸色之人亦伺节令，习仪于朝天宫、隆福寺诸处，辄设盛馔，托一二辞书转邀，席间出教坊子弟歌唱。内不检者，私以比顽童为乐，富豪因以内交。予官刑曹，与同年陈文鸣凤梧辄不欲往，诸同寅皆笑为迂。

两位性格不同却都酷爱艺术的皇帝，其心胸是可以想见的，其为政之宽松也是可以理解的。而正德皇帝的酷爱戏曲和胸怀豁达，也与其行事的荒唐同样著名。在这种气氛下，人们往往将矛盾掩盖，社会上下表现出其乐融融的和谐景象。除了少数视捍卫传统道德为己任的士大夫如王恕等外，只要不涉及自己的根本利益，人人都表现出超常的包容态度。从这个角度出发，似乎更能够合理地解释，为什么人们对那些在洪武、永乐时期甚至是正统、天顺乃至成化初期看来都是完全不可理解的事情表现出漠然、超然乃至欣赏的态度，为什么彭时、商辂这样的"君子"可以和万安、刘吉这样的"小人"长期和谐相处，为什么王恕等坚持传统道德的官员难容于世。

当然，这种社会心态一旦形成，它就是不分青红皂白、不问善恶美丑的。对文学作品包容，便不管这些作品是褒奖忠孝节义还是渲染安逸奢侈；对民歌时曲包容，便不管这些作品是传播民情风俗还是教唆男女偷情；对僧道术士包容，便不管他们是在祈祷太平、消灾治病还是在装神弄鬼、骗人钱财。恩格斯曾经嘲笑费尔巴哈不应该将黑格尔的唯心主义脏水和辩证法小孩一起抛弃，我们也一直试图将中国传统文化中的精华和糟粕分离，但事物的发展从来都是精华与糟粕并存、荒诞和变革共生。无法设想，如果没有成化时代对传奉官、对奇技淫巧、对安逸奢侈、对异端邪术、对番汉僧道的包容，在后成化时代怎么可能发生陈献章、王守仁的心学及王艮、李贽、何心隐的异端？怎么可能出现更为离奇的《西游记》和更为越轨的《金瓶梅》？怎么可能有北京正阳门外和南京秦淮河畔的繁荣及比之"天堂"的明后期苏杭？怎么可能有宦官马堂引利玛窦进献"大西洋"方物，更毋论钦天监中出现西洋传教士并帮助中国制订出在当时堪称先进的历法？

虽然说是包容，但成化、弘治时期最终仍然没有包容一个人，那就是对传奉官一直持反对态度并且是众望所归的王恕。成化后期,朝政有缺失,王恕必上疏。《明史》本传引用当时称赞王恕的民间谚语:"两京十二部,独有一王恕。"虽然王恕所代表的忧国忧民之心及恪守道德的精神不可或缺,但不仅成化帝厌之,弘治帝也厌之,不仅成化时的大学士万安、刘吉等人容不得他,弘治时的大学士徐溥、丘濬等人也容不得他。原因是王恕本身表现出太多的不包容,总是将人人都认为不足挂齿的小事危言耸听地说成关乎国家命运的大事,影响大家好心情,弄得人人不高兴。

经过成化后期的泛滥和弘治、正德时期的延续,至嘉靖初消亡,传奉官和传奉升授最终也没有被社会包容。一方面,社会包容了传奉官,传奉官却突破了社会的包容度。天道物极必反,每年几十次、数百人的传升,传奉官的总数超出在京常额文职官的两倍,因传奉官而发生的直接和间接开支成了政府难以承受的重负。虽然传奉官任职的衙门均为"闲曹",传奉官也是真正意义上的"冗官",但传奉升授对正常铨选制度的冲击、传奉官挑起的地域间的派系斗争,却打破了政局的平静和平衡。为了维系国家机器的正常运行、为了维系业已形成的社会的整体性包容,传奉升授和传奉官必须退出历史的舞台。另一方面,由于上述各种因素而导致的成化二十一年初及弘治初、正德初、嘉靖初的反复革除,既使传奉官在声誉上严重受挫,也使人们认识到通过这种方式进入仕途的风险而选择放弃。[①]而且,随着社会财富的进一步积累、社会环境的进一步宽松,传奉官们所从事的职业以及因传奉官现象而发生的社会需

[①] 《明孝宗实录》卷二〇四载:弘治十六年十月甲寅因《诗海珠玑》成而传升诸文学官周惠畴等二十二人,当时即有光禄寺卿张骏等十三人以"传升非美事"而拒不接受传升。

求和价值观念也更加广泛地为社会所接受。所以，虽然在嘉靖以后仍然有不少技艺之士像成化、弘治时期传奉官那样为皇室及其侍从人员服务，并获得一定的职位和薪俸，但更多有真才实学的技艺之士已经不屑于通过向皇室提供特殊服务来实现自身的价值，他们直接面向社会，既少了政治上的羁绊，又多了个性发展的空间，他们自身固然可能获得更大的经济利益及更高的社会声望，后成化时代也因而产生出一大批特立独行的伟大的散文家、戏曲家、书画家、医学家、药学家、科学家、思想家、器物制作及鉴赏家。

客观地说，与传奉官有关的所有社会现象和社会风尚，与成化帝一样有多方面个人喜好的皇帝，都在中国历史上反复发生过。但并没有给中国社会带来实质性的变化，明代社会也仍然沿着原有的轨迹行进。但是，传奉官及其引发的社会风潮，不管它是正剧还是闹剧，却前无古人后无来者。可以说，传奉官的发生和泛滥搅动并冲塌了因严肃冷酷而造成的心理桎梏，社会对这一现象的长时间包容则培育了见怪不怪的平和心态，而传奉升授制度的被抛弃，更激发了意气用事的洒脱精神。正是这种心态和精神，催生了后成化时代的自由奔放。而且，这种自由奔放不限阶层、不分地域，席卷着整个社会，成为中国历史上难得一见的新气象。如果不是明末的种种意外，更大的社会变革也未必不可能发生。

原载《历史研究》2007年第1期

"山人"与晚明政局

一、问题的提出

20世纪30年代初,毕业于清华研究院的中国青年学者谢国桢推出长篇论文《明清之际党社运动考》,逐个讨论了与晚明政局相关的种种情状,指出明代虽亡于党争,但中国的民族精神"却表现于结社"。① 二十年后,与谢国桢同龄、正成为日本中国史与东洋史研究泰斗的宫崎市定,在《明代苏松地方的士大夫和民众》的宏文中,竟然发表了极为相似的看法:晚明中国文化的精神代表,既不是"乡宦",也不是"中央官场显达之人",而是"市隐",特别是苏松地区的市隐。②

---

① 谢国桢:《明清之际党社运动考》,上海书店出版社,2004,第1页。商务印书馆1934年首次刊行。按:本文引用文献,均在第一次出现时标明版本。
② 宫崎市定:《明代苏松地方的士大夫和民众》,栾成显译,刘俊文主编《日本学者研究中国史论著选译》第六卷,中华书局,1993,第233页。首次发表于《史林》37—3,1954,题为:《明代苏松地方の士大夫と民众——明代史素描の试み》。

他们的研究，提出了一个长期被人们忽视却又值得认真思考的问题：晚明政局的真正决定者、晚明社会行进方向的主导者、晚明中国文化精神的代表者，到底是内阁大学士为首的文官集团、司礼监太监为首的宦官集团，还是万历皇帝、崇祯皇帝？抑或还有其他什么力量？比如谢国桢所说的"结社"、宫崎所说的"市隐"，比如本文将要讨论的"山人"，或者其他？如果是这样，那么，这些来自下层的力量和上层的文官、宦官及皇帝之间是什么样的关系，他们是通过什么方式影响或决定晚明政局，牵引晚明社会的？他们自身又受到哪些社会因素的影响？自清初以来，明朝亡于党争几成定论，但党争无时不有，缘何在晚明发展到如此水火不相容，是哪些力量在推动或者根本就是由于一些偶发因素引起的、因意气用事而导致的误会？又，"结社""市隐"体现的到底是什么样的社会思潮，它们果真像谢国桢、宫崎所说，能够代表中国的正统文化、时代精神？它们代表的是什么样的文化、什么样的精神？这种文化或精神将把中国社会推向何方？

同样从20世纪30年代开始，在社会史论战和"资本主义萌芽"研究的过程中，晚明及晚明政局从另一个角度被广泛关注，众多学者在这方面做出了艰苦的努力并取得了重大研究成果。明代中后期的经济发展、城市繁荣，早已为时人乐道；"仙都"南京、"天堂"苏杭，以及在东南地区所发生的种种新的经济现象，至今为研究者称道并通过教科书成为全民的共识。但是，与唐代开元、天宝时期和北宋庆历、元丰时期一样，明代嘉靖、万历时期的繁荣昌盛和"自由奔放"，以及种种新气象、新现象，不仅没有将明代社会推向更高的历史阶段，相反，却被又一次的农民逃亡和起义、被又一轮的少数民族侵扰和入主所中断、所摧毁。

那么,是什么原因使得中国社会如此相似地一次又一次落入"怪圈"、一次又一次陷入"魔咒"?晚明政局、晚明社会到底发生了什么问题?哪些问题是唐、宋、元、明所共有的,哪些问题又是明代所特有的?是明朝出现了新问题,还是老问题在晚明的再现?其间又存在着什么样的关联?我们从那些主要由经济发达地区文化人遗留的文献中、从那些关于繁荣城镇花天酒地的记载中所得出的结论,是否真正能够反映出嘉靖、万历年间中国整体的经济和社会状况?是否需要对当时的经济社会形势重新作出评价?

所有这些问题,不可能在本文中全部得到解决。但正是这些问题,推动笔者对晚明政局、对晚明社会及中国古代社会的类似问题进行新的思考,并希望在本文中作出一些解释。

二、影响晚明政局的几桩"山人"公案

万历十年六月张居正病逝,朝野震惊,举国哀悼。但几乎所有的头面人物,却感到如释重负。

万历皇帝有重见天日的感慨。从童年到少年再到青年,被张居正管了十多年,想做的事情不能做,不想做的事情被逼着做。如今终于可以真正享受做皇帝的乐趣。但重压之后的释放,是对张居正的清算,以及变本加厉带有恶作剧成分的为所欲为、我行我素。

太后不用再左右为难。首辅欲致君为尧舜,处处高标准、严要求,小皇帝却天生喜欢自由自在。太后既要体谅首辅的良苦用心,又不忍对儿子施以重压,左右为难。所以,尽管时时责备皇帝,但

很大程度却是碍于首辅的面子。张居正既然死去,就不必看别人的脸色了。

大学士们盼到了出头之日。张居正犹如一块巨石,牢牢压在副手们头上。没有票拟权,也鲜有和皇帝乃至司礼监当权太监面对面讨论事情的机会,一切都是张居正说了算。如今算是熬到头,不仅位置可以前移,也重新获取了话语权。

六部、科道从此可以不把内阁放在眼里。六部特别是吏部早就不满于权力的被剥夺,但在张居正的积威之下,敢怒而不敢言;科道言官虽然不避斧钺,冒死进言,但廷杖、贬谪、罢官毕竟不是轻松愉快的事情。张居正一死,六部重新获得法定权力,建言被谴者得到平反,言官们可以放心大胆提意见而不用担心遭受太过严厉的惩罚。

天下读书人松了一口气。明兴以来,自太祖、太宗,至孝宗、武宗,均以创建书院、培育人才为务。嘉靖时虽有禁毁阳明弟子私立书院之议,但少有动作。惟张居正当政,开明代大规模禁毁书院之先。[1]此后能效法者,仅魏忠贤一人而已。就在张居正当政期间,泰州派学者何心隐因讲学下狱致死[2],这是永乐以来第一位因讲学被拘捕并死于狱中的著名学者。张居正一死,何心隐的同乡、江西籍吏科给事中邹元标立即上疏,请求恢复所毁书院。[3]两位浙

---

[1] 《明神宗实录》卷八三,万历七年正月戊辰:"命毁天下书院。……俱改为公廨衙门,粮田查归里甲。"台北"中研院"史语所校勘本(按:本文引用《明实录》材料均据此本),第1752页。至万历九年十月,已有四十六处书院被改作他用或废毁。(《明神宗实录》卷一一七,第2205页)
[2] 黄宗羲:《明儒学案》卷三二《泰州学派·序》,中华书局,1986,第705页。
[3] 《明神宗实录》卷一四二,万历十一年十月癸戌,第2645—2646页。

江籍官员，礼科给事中王士性、山东道监察御史赵崇善则公开要求为何心隐平反，并追究当事人的责任。①

当此之时，内无重患，外无强敌，狱满青草，天下承平。计六奇追忆："操切之后，继以宽大，人皆乐之。府库充实，赋敛不苛。士大夫以气节相矜诩，虽无姚、宋之辅，亦无愧开元间也。"②但是，明代政局正是在这类似"开元"的盛世中急转直下，步入"晚明"。人们陡然发现，江湖上虽然是歌舞升平，庙堂中却隐现血雨腥风。

（一）乐新炉案

万历十九年底，发生了一起蹊跷案子，令张居正死后的"宽大"之政蒙上阴影。时有江西人乐新炉及湖广人胡怀玉、福建人王怀忠、徽州人汪钺，因"影借权贵，诈骗财物"被东厂拘捕。这是一宗十分平常的案件，所以涉案者胡、王、汪三人均"从轻获释"，但乐新炉却被"奉旨拿问立枷"。③"立枷"为万历时期厂卫改造的新刑具，专为对付"罪轻情重"及"得罪禁廷"者。乐新炉与胡怀玉等人看似同罪却独获此刑，竟是出于万历帝的"圣意"。

早在万历十三年初，顺天府通判周弘禴就已经在奏疏中论及这位乐新炉。周弘禴认定，张居正死后，御史李植参劾司礼监掌印太监冯保，其谋主实为乐新炉。并推测，乐新炉为司礼监太监张宏的

---

① 《明神宗实录》卷一四三，万历十一年十一月壬辰，第2670页；卷一六三，万历十三年七月乙亥，第2978页。
② 计六奇：《明季北略》卷二四《五朝大事总论·国运盛衰》，中华书局，1984，第686页。
③ 《明神宗实录》卷四二三，万历十九年十二月辛丑，第4531页。

门客，其指使李植参劾冯保，自然是出自张宏之意；李植则通过乐新炉这层关系，得以交好张宏。①虽然周弘禴的这番议论被万历帝斥为"得逞胸臆，岂成政体"，但乐新炉或许由此便进入了东厂的黑名单。

也就在这前后，京师开始传出关于"七子"的"飞语"，几年后更演绎成了"十子""八犬""三羊"。所谓"十子"，即十君子，指的是邹元标、雒于仁、李沂、梁子琦、吴中行、沈思孝、饶伸、卢洪春、李植、江东之。"八犬""三羊"则分别指赵卿、洪声远、张程、蔡系周、胡汝宁、陈与郊、张鼎思、李春开及杨四知、杨文焕、杨文举。不仅如此，还配以歌谣："若要世道昌，去了八狗与三羊。"人们认为，这些"飞语"及歌谣的编造者，便是乐新炉。②

但是，乐新炉关于君子、犬羊的名单，却颇有讲究。

以"十子"而言。邹元标为江右王门代表人物欧阳德、罗洪先的再传弟子，以气节自励。万历五年中进士，"观政"刑部，即以疏论张居正"夺情"谪贵州都匀卫，在"荒徼蛮域"六年而其志愈锐。召回京师后为吏科给事中后，劾罢内阁首辅申时行的姻亲礼部尚书徐学谟及南京户部尚书张士佩，又因陈"时政六事"触犯万历帝而罢归。雒于仁亦富传奇色彩，万历十六年入京为大理寺评事，第二年便上"四箴"疏，直指万历帝染酒、色、财、气四病，无药可救，只有按照他雒于仁的"四箴"去做，才能根除病源。不仅如此，又力推刚被罢归的邹元标为当代"法家拂士"。"十子"中的其余诸人，吴中行、沈思孝因论劾张居正夺情几乎被杖毙；李沂因疏

---

① 《明神宗实录》卷一五七，万历十三年正月丁酉，第2899页。
② 沈德符：《万历野获编》卷一八《刑部·立枷》，中华书局，1959，第477页。

论权珰张鲸,饶伸因疏论大学士申时行、王锡爵,卢洪春因疏论万历帝久不上朝,皆受廷杖。以上七人,均以直言气节名世。而梁子琦、李植、江东之跻身"君子"之列,或者是为了凑足十人之数,或者是因为与乐新炉本人交好。但乐新炉所列之"十子",除了梁子琦,均被清修《明史》入于正传,可见其识人自有独到之处。

"犬""羊"实为一体,都是与"君子"相对应的"小人"。只是因为有三位"杨"姓,故在"犬"之外单列"羊"。与"十子"以道德自律并律人、专事论劾权贵不同,犬、羊则被视为政府之"私人"。如"八犬"中的胡汝宁,为大学士申时行门生,与"三羊"中的杨文焕、杨文举同为给事中。"十子"中的饶伸疏论申时行,胡汝宁则反讦饶伸,致其获杖几死,因而被南京礼部主事汤显祖等人抨击为"权门鹰犬""蛤蟆给事"。①杨文举在奉诏往浙江视理荒政时,"征贿巨万","日宴西湖,鬻狱市荐以渔厚利",但在内阁申时行、王锡爵等人的庇护下,竟由户科右给事中升吏科左给事中。再如陈与郊因与大学士王锡爵同乡而为其护短,洪声远、杨四知皆"庸昧",蔡系周则希内阁之旨攻击李植、江东之,皆有违"公论"。

在"八犬"的名单中,给事中张鼎思倍感委屈,上疏自白其冤:"身本苏州人,首揆申(时行)为会试大座师,次揆王(锡爵)为庶常时教习师,俱同里人。因在言路伉直,不附二相被贬。今(乐)新炉所指自有人,独臣为人所易,致招词中遂改入臣姓名,不得不辨。"但不辨尚罢,一辨即引出更大的麻烦。苏州人骂

---

① 《明史》卷二三〇《汤显祖传》,中华书局,1974,第6015页。

人刻薄,张鼎思从此遂有"张换狗"之名。①张鼎思在任给事中期间,曾多次抨击当局,应该说不愧"伉直"二字,不仅不应入"八犬",倒应入"十子"。其被列为"八犬"之一,或真如其自言,被人更换,或是因为他的一个奏疏,使一代名将戚继光从蓟州重镇调任广东闲职。②

乐新炉所造"飞语"在当时官场引起了广泛的关注乃至共识。不仅张鼎思一入"犬"类即感到委屈,直至乐新炉死后十年,监察御史陈登云仍用其"飞语"抨击科道"七豺八狗"居半、"背公植党"多有;③礼部尚书于慎行致仕后撰《谷山笔麈》,不仅言及"易犬"之事,且明斥"八犬""三羊""皆时相入幕之宾"。④而"犬""羊"们一有动静,人们竟自然而然将其对号入座为"世所指八狗三羊"。⑤

但是,影响越大,越说明乐新炉"飞语"性质的严重。其一,虽然官场斗争无时不有,君子、小人也是相互攻讦的日常用语,但除了"大礼议"等特殊时期,明代官场政治分野的壁垒并不分明,更多的时候是内廷外廷、君子小人和睦相处。乐新炉公然在中下级官员中划线,使一些在官场中只能意会的"潜规则"公开化,并在舆论上导引了派系的划分。其二,乐新炉的"君子""犬羊"说,既是指名道姓的人身攻击,更提出了一种价值导向:凡抨击皇帝及内阁、内监者,都是君子;凡维护皇帝及内阁、内监者,都斥为

---

① 沈德符:《万历野获编》补遗卷三《刑部·山人薫语》,第873页。
② 《明史》卷二一二《戚继光传》,第5616页。
③ 《明史》卷二三三《陈登云传》,第6072页。
④ 于慎行:《谷山笔麈》卷一一《筹边》,中华书局,1984,第128页。
⑤ 沈德符:《万历野获编》卷一九《台省·吏垣都谏被弹》,第502页。

"犬""羊"。也就是说，谁与"庙堂"作对，谁就是君子；谁为"庙堂"辩护，谁就是小人。这种导向后来竟然成为晚明士大夫"清"与"浊"的分野。其三，这种通过"飞语"裁量人物、议论乃至干预时政的方式，带有明显的意气用事乃至"游戏"政治的色彩，竟然在当时得到普遍的赞赏，这就必然产生另外一种导向，即追求自我感觉的痛快而忽视政治斗争的残酷，只顾意气用事而不负实际责任。明代政局的某些动向通过乐新炉的"飞语"显现出来。而万历帝必欲置乐新炉于死地，则有难为人言的苦衷。

万历十四年正月，皇三子朱常洵出生。万历帝欣喜万分，即进其母郑氏为皇贵妃。没想到的是，这个儿子的出生却给他惹出了无穷的烦恼。皇三子常洵尚未满月，大学士申时行等即上疏，请立皇长子常洛为太子。旷日持久的"国本之争"就此拉开了序幕。如何在外廷咄咄逼人的攻势和太后冷言冷语的嘲讽中保护郑妃母子的利益，成了此后长期困扰万历帝的一大心病。但是，万历帝既无逼退皇后王氏另立宠妃郑氏的手段，又无不顾舆论压力强行废长立幼的气魄，只是与郑贵妃一道，消极与外廷对抗、与太后周旋。

以申时行、王锡爵等人为代表的内阁，对皇帝的处境表现出一定程度的同情，更不希望在这一问题上与皇帝闹得过僵，却因此将自身置于舆论的对立面。于是，本来上下一心向皇帝争"国本"，却演变成激进官员对内阁的批评，以及部分科道官出于各种原因对阁臣的维护。这一态势成为此后一段时间明代官场斗争的基本特征和走向，它与乐新炉们所推导的舆论一道，最终酿成晚明的"党争"。

乐新炉本是国子监监生，到京师后，"以捭阖游公卿间"。所结交的内外官员，有名有姓的便有司礼监太监张宏、张鲸，御史李植、江东之、杨镐，给事中罗大纮、郎中王大用、福建佥事李琯等，又造"飞语"评议时政、臧否人物。万历帝本来就因为"国本"而恶廷臣之多言、"恨游棍之流谤"，且强忍着被雒于仁等人以"酒色财气"相奚落，乐新炉正好撞在刀口上。虽然他小心谨慎地避开"国本"之争，开列的所谓"十君子"也无一人是因为争国本而获罪，但其公开鼓励与朝廷对抗却恰恰犯了争国本的禁忌。

乐新炉被"立枷"致死，在当时并没有引起太多的关注，但后果却十分严重。它说明，最高统治者已经不堪忍受舆论的压迫，正谋求通过暴力对付舆论。就在乐新炉事件的十年之后，因为"流言蜚语"再一次引发了惨案。

（二）皦生光案

万历二十五、六年间，京师市面出现一本由皇贵妃郑氏作序的小册子，名为《闺范图说》。此书本为刑部侍郎吕坤多年前任山西按察使时所编，书中将历代"贤后哲妃""贞妇烈女"的事迹，一人一图、一图一事，编排成册，作为教育妇女知礼守节的读本。郑贵妃认为此书"事核言直、理明词约，真闺壸之箴鉴"，遂"自出宫赀"，亲为作序，命官重刊。[①]郑贵妃此举到底是自作主张，还是受万历帝的指使，已不可知，但可以肯定的是，必定得到万历帝的鼓励。但聪明反被聪明累。且不说《序》中多自我标榜的文字，仅贵妃作序刊书一事，其张扬之态，不仅在明朝，即便在中国历史

---

① 沈德符：《万历野获编》补遗卷三《刑部·戊戌谤书》，第873—875页。

上，也难得一见。特别是当皇储未立、"国本"未定之际，郑贵妃的公开作秀，理所当然被视为居心叵测。

郑贵妃的作序，不仅授人以柄，更启发了有心人的以其道治其身。万历二十六年秋，有人以"朱东吉"为名，为《闺范图说》作"跋"，以配郑贵妃之"序"。此跋又名《忧危竑议》（简称《竑议》），实为一匿名文书或无名招帖，在京师广为流传。招帖以一问一答的方式，称吕坤编《闺范图说》实欲为贵妃夺嫡张目；而贵妃之作序重刊，则为自己母仪天下作舆论准备。①招帖极尽讽刺挖苦之能事，但又丝丝入扣，具有极大的杀伤力。从内阁到部院、科道，无论以前对"国本"的态度如何，在郑贵妃作序刊书特别是《忧危竑议》出现后，几乎都要求册立皇长子常洛，以断贵妃图谋。迫于压力，同时也是为家族的整体利益考虑，贵妃之兄郑国泰被迫连续上疏，请求册立皇长子常洛为太子。

万历帝经过与朝臣的反复讨价还价，不得已于万历二十九年十月十五日立长子常洛为太子；三子常洵则被封为福王，但仍留在京师而未"之藩"洛阳。人们既为"国本"之立感到欣慰，又担心"国本"之事并未最终尘埃落定。他们相信，贵妃及其子福王常洵乃至皇帝本人，时时刻刻都在谋求翻盘。就在这人心猜疑之际，《续忧危竑议》又出现。

事情发生在万历三十一年十一月十二日（甲子）凌晨，从当值朝房到勋戚大臣居所，都有匿名文书投至门首，名为《国本攸关》，副题则是《续忧危竑议》（简称《续竑议》）。这个《续忧危

---

① 《明史》卷一一《后妃传二·贵妃郑氏》，第3538页。

竑议》指名道姓地攻击郑贵妃与大学士朱赓、锦衣都督王之桢等十一人相结,谋易太子。[①]早已被"国本"搅得心烦意乱的万历帝大怒,命厂卫大索京师,必欲得此造"妖书"者。

前后两个《竑议》,都是在郑贵妃重刊《闺范图说》并作序的激发下"出笼"的,虽被斥为"妖言",却代表着"正义"。它们以嘻笑怒骂的匿名招贴方式,引导着社会舆论与政治权势的对抗,从道义上摧毁了郑贵妃母子对皇位的觊觎。从此,"国本"问题淡出晚明政局,但一场具有灾难性的政治争端却在对"妖言"的处置过程中显现出来。

在争"国本"以及对阁部大臣的推举、对内外官员的考察过程中所发生的利益分化与组合,文官们以地域为畛域、以师友为纽带、以小团体利益及脾味相投为归依,正在形成一个个政治派系。与此同时,在《竑议》出现的当年,削籍吏部郎中顾宪成"会吴中同志于二泉";《续忧危竑议》发生不久,顾宪成等人修缮东林书院成,大会四方之士。在晚明政局中,出现了一个公开与庙堂分庭抗礼、公开向当权者骂坐叫板的舆论中心,并且在朝野上下有着广泛的支持者和同情者,其中包括内阁次辅沈鲤、礼部侍郎郭正域等人。特别是郭正域,由于"守正不阿",每每与内阁意见相左,成为当时朝臣中"清流"的旗帜性人物。而此时的内阁首辅沈一贯又颇有个性,"以才自许,不为人下",一个以其为中心、以浙江籍科道官为主要成员的政治派别也在形成,人们称之为"浙党",同样有大批的拥护者,与包括"东林"在内的"清流"渐成水火

---

① 刘若愚:《酌中志》卷一《忧危竑议前纪第一》,北京古籍出版社,1994,第6页。

之势。①

"妖言"事件发生后,沈一贯欲将祸水引向郭正域及内阁同僚沈鲤。在其授意下,名在《续忧危竑议》中的锦衣卫管卫事都督王之祯及御史康丕扬等,大索沈鲤府宅三日。郭正域因他事罢归,已登舟而未行,也被搜检,门下医生沈令誉、琴师钟澄、舍人毛尚文、布衣王忠等及婢仆乳媪皆被执,同时被捕的还有与郭正域交往密切的名僧达观。②王之祯又欲借机倾轧锦衣卫指挥周嘉庆,拘捕其书童袁鲲。上述行动虽然"皆无所得",但在万历帝的严厉督察之下,不断升级。③

乐新炉"飞语"事件发生时,已经有人抨击与乐新炉交好的给事中罗大竑、御史杨镐等。④《忧危竑议》发生后,率先发难指责贵妃的给事中戴士衡及相关人员作为疑犯被下诏狱并永戍边卫,已经落职的大学士张位也受到牵连被斥为民。⑤而在《续忧危竑议》事件中,则动用了厂卫,对大学士沈鲤、侍郎郭正域及其亲属进行侦缉、搜捕。这预示着晚明政局的又一个新动向,不仅仅是最高统治者,在士大夫的派系矛盾与斗争中,也有人开始尝试通过暴力的方式、株连的方式来解决道义上的争执,尝试通过制造恐怖来对付社会舆论。只是因为此时的提督东厂太监陈矩虽然也受到"妖书"的指责,但却因为对郭正域等人保持着高度的敬意而未和内阁、锦

---

① 计六奇:《明季北略》卷二四《门户大略》,第687—689页。
② 刘若愚:《酌中志》卷七《先监遗事纪略》,第39页;《明史》卷二一七《沈一贯传》,第5759页。
③ 谷应泰:《明史纪事本末》卷六七《争国本》,中华书局,1977,第1070—1072页。
④ 《明神宗实录》卷二四三,万历十九年十二月辛丑,第4531页。
⑤ 《明史》卷二三四《戴士衡传》,第6109—6110页。

衣卫首脑达成认识上的一致。①

"斥生"皦生光的出现,使案情有了转机。生光本名杨本,是北直文安县生员,曾游历塞上、出入军门。《续忧危竑议》"妖书"案起后,皦生光因造另一"妖书"为东厂缉获,遂被拉出顶罪,处以极刑。《明史·宦官传》记:

> (皦)生光者,京师无赖人也。尝伪作富商包继志诗,有"郑主乘黄屋"之句,以胁(郑)国泰及(包)继志金。故人疑而捕之,酷讯不承。妻妾子弟,皆掠治无完肤。(陈)矩心念生光即冤,然前罪已当死。且狱(按:指《续忧危竑议》)无主名,上必怒甚,恐辗转攀累无已。礼部侍郎李廷机亦以生光前诗与妖书词合,乃具狱。生光坐凌迟死,(沈)鲤、(郭)正域、(周)嘉庆及株连者皆赖矩得全。

皦生光之凌迟处死,完全是一桩冤案,既是为了应付盛怒之下穷索不已的皇帝,同时也为了阻止沈一贯倾轧沈鲤、郭正域,为了阻止王之祯倾轧周嘉庆。沈一贯对于这个结局显然感到索然,但作为首辅,却不便提出异议,将自己置于舆论和司礼监掌东厂太监的对立面。事实上,真正被蒙蔽的是万历皇帝。

谷应泰《明史纪事本末》记载了时人的推测,《续忧危竑议》的真正炮制者,实为浙江永嘉籍武英殿中书舍人赵士祯,为的是图痛快、泄义愤,未曾想到引发如此事端,所以在临死前深感懊

---

① 刘若愚:《酌中志》卷七《先监遗事纪略》,第37页。

悔。①巡城御史沈裕也在这个事件中起了重要作用,故天启三年四月死后,特赠太仆寺少卿。②

由于掌东厂太监陈矩及李廷机、沈裕等人的共同努力,化解了在皇帝督促下由内阁和锦衣卫首脑共同谋划的一场大狱。但是,"躲得过初一躲不过十五",怨怼越是积累,爆发的方式就越是惨烈,汪文言遂成焦点人物。

(三) 汪文言案

汪文言万历末以"布衣"游京师,输赀为监生,与当时的东宫伴读、后来的司礼监秉笔太监王安相交,深受王安器重,成为继乐新炉等人之后又一个周旋于内外官场并对清流派有着深厚情感的人物。

在清流派官员的记载中,从神宗去世到光宗即位,从泰昌绍统到天启初政,种种危难的化解、种种"善政"的实施,如光宗弥留之际强行让皇长子由校出见大臣并立为太子,如召回万历后期因建言而被斥退的清流派官员,如贬谪与清流作对的齐、楚、浙党要员,等等,都与汪文言对王安施加的影响和当机立断有关。但在反对派看来,所有这些都属于阴谋,目的是控制新皇帝,以便于结党营私、排斥异己,阴谋的策划者,就是汪文言。无论是褒是贬,汪文言都被视为泰昌、天启年间政治斗争中的核心人物。

---

① 谷应泰:《明史纪事本末》卷六七《争国本》,第1072页。但沈德符认为,《续忧危竑议》的真正炮制者,应该是混迹于"无籍棍徒、罢闲官吏、山人游客"之中的郑朴,并为赵士祯申辩。(《万历野获编》补遗卷三《刑部·续忧危竑议附》,第879页)
② 《明熹宗实录》卷三三,天启三年四月己巳,第1699页。

天启元年五月，就在清流派官员因"众正盈朝"弹冠相庆之际，内廷却在不动声色中发生了权力更替。在熹宗乳母客氏的帮助下，熹宗为"皇长孙"时的供奉太监魏忠贤贬杀了即将成为司礼监掌印太监的王安。汪文言因受到牵连，"下吏，得末减"，但仍然留在京师，继续着与清流派官员的密切往来，并被同情清流派的内阁首辅叶向高用为内阁中书。

在明代，几乎每一次内廷核心权力的变更，都会给外廷带来震荡。这一次也不例外。王安的被杀和魏忠贤的突现，不仅被后来的事实证明是带有致命性的，而且在当时就已经引起外廷的高度关注。出于对"文化"宦官王安的感情和对"文盲"宦官魏忠贤的排斥，特别是魏忠贤和客氏已经由男欢女爱发展到了政治结盟，并已经开始控制新皇帝，外廷清流派文官在内阁首辅叶向高等人的纵容、支持下，进行了持续的"倒魏""驱客"运动，其中最激进的便是与汪文言关系密切的杨涟、左光斗、魏大中、高攀龙等人。

但是，"倒魏"活动并没有取得实质性进展，魏忠贤和客氏的结盟却更为紧密，并在外廷寻找支持者；外廷被清流派排斥的官员，也开始将魏、客视为盟友或靠山。这两者的结合，形成了天启朝的"阉党"。清流派批评和排斥的人越多，"阉党"的势力便集结得越迅速；清流派对"阉党"攻击得越猛烈，"阉党"的仇怨也积蓄得越强烈，并直斥清流派为"东林党人"。但首先发难的，却是虽与"阉党"有些瓜葛，却与"清流"并无太多积怨甚至可以算得上是清流的刑科给事中傅櫆。

天启四年四月，傅櫆上疏：

宪臣左光斗、科臣魏大中,色取行违,臣久知其非德类也。如内阁中书舍人汪文言,本歙县库胥,窃赃拟戍,逃京师,父事王安,改名营纳。光斗不能追论,而且引为腹心。大中助其资斧,招摇都市,揽泊升迁。借权珰为名,群奸实收其利;借铨衡为市,而端人反受其名。不惟使叠案之罪夫点污禁近,且令一时之仕路尽出旁蹊。世道陵夷,害且贻国。①

傅櫆抨击的是都察院左佥都御史左光斗、吏科给事中魏大中,但"由头"或突破口却是汪文言。但此时魏忠贤并未完全和"清流"撕破脸,"阉党"也还在集结力量之中,所以左光斗和魏大中并没有立即遭受打击。作为"由头"的汪文言虽然被捕下诏狱,但是在叶向高等人的营救下,廷杖之后被释为民。

天启四年六月,清流派发起了新一轮的进攻。先是左副都御史杨涟上疏,参劾魏忠贤"二十四罪";接着,魏大中等十八名给事中(其中包括傅櫆)、黄尊素等二十三名御史,以及兵部尚书赵彦等,先后上疏声援杨涟,请求罢斥魏忠贤。②魏忠贤则通过杖毙工部郎中万燝、逼迫大学士叶向高致仕进行回击。与此同时,屡受清流指责的内阁大学士魏广微也开始向魏忠贤寻求支持,并向魏忠贤提供了一个自己认为的"邪人""正人"名单。"邪人"首列内阁大学士叶向高、韩爌,其次是吏部尚书赵南星、副都御史杨涟、佥都御史左光斗,以下为科道官魏大中、黄尊素等,共六七十人,全是清流及其同情者;"正人"共五十六位,全是受到清流派排斥的人

---

① 《明熹宗实录》卷四一(梁本),天启四年四月乙巳,第2334页。
② 谷应泰:《明史纪事本末》卷七一《魏忠贤乱政》,第1138—1142页。

物。①也就是说，当清流派还在慷慨激昂地向朝廷表白忠心，还在意气风发、懵懵懂懂地各自为政，还在向他们各自所认为的一切邪恶势力乃至看不顺眼的人和事四处出击、全面挑战时，对手已经在划分敌、我、友，并锁定了主要的打击目标。

叶向高致仕后，与清流派积怨越来越深的顾秉谦、魏广微主持了内阁，和掌东厂太监魏忠贤携起手来，并得到被客氏掌控的天启帝的支持，斗争态势立即发生根本性逆转，清流派成了刀俎之鱼肉。至于魏忠贤、魏广微们以何种口实、何种方式下手，只是时间问题。

天启四年十月，由一个微不足道的官员任命而引起的争执，成为"阉党"反击的导火线。吏科都给事中魏大中在这个事件中被降三级调外任，大学士韩爌、吏部尚书赵南星、左都御史高攀龙被迫致仕，赵南星的副手、吏部侍郎陈于廷及杨涟、左光斗被削籍。"清流"的头面人物被悉数清洗出决策圈，"狼狈去国"。但事情并没有到此了结。长期积累下来的朝野上下对清流派的怨气需要通过魏忠贤的"决断"和"凶狠"脾性发泄出来。汪文言再次成了晚明政局生死搏击的焦点。

天启四年十二月，御史梁梦环追论汪文言交通内外官员、强迫移宫各种情状。得旨："前部院诸臣，自取斥逐，皆由（汪）文言辈肆谗惑听，以致贞邪混淆，即廷杖岂尽其辜？还着锦衣卫差的当官旗，扭解来京穷究，以清祸本。"②

傅櫆攻左光斗、魏大中时，汪文言只是"偶然"地被拎出作为"由头"，并且也确实一直在"主动"地掀起政治波澜。但廷杖

---

① 谷应泰：《明史纪事本末》卷七一《魏忠贤乱政》，第1143页。
② 《明熹宗实录》卷四九（梁本），天启四年十二月乙巳，第2485页。

获释之后，汪文言已隐身局外，此次再行拘捕，则是"被动"地成了"阉党"为铲除清流而"蓄意"选择的"由头"，乃为"罗织之张本"。①

天启五年三月，汪文言被逮至京师，第三次下诏狱，大规模的罗织也就开始了。汪文言是一条铮铮硬汉，上年被捕时，屡经锻炼，宁死不屈，此次下狱，又是"酷刑备加，弗屈如故"。但对于魏忠贤及正在摩拳擦掌的锦衣卫掌刑官们来说，汪文言的屈与不屈都毫无意义。他们所要的，只是汪文言这具皮囊、这个身份、这个由头，根本用不着汪文言开口，株连的名单和罪状都是早就准备好了的。

第一批名单包括赵南星、杨涟、左光斗、魏大中等20人，全在魏广微所开列的"邪人"名单之内，旧账新账一起算。旧账包括"移宫""计典"等，新账则是所谓熊廷弼通过汪文言向杨涟、左光斗等人的行贿案。②汪文言是所有旧账新账的证人。天启五年八月的"圣谕"说得合情合理，汪文言及赵南星、杨涟、熊廷弼诸人死有余辜：

> 自逆奴内犯、辽左戒严，我皇祖时起熊廷弼于田间，授以经略，赐之尚方、赐之蟒玉，宠极人臣，义当尽瘁。乃廷弼欺朕即位之初，始则托病卸担，荐袁应泰而辽阳亡；既则刚愎不仁，望风先逃而河西失。当是之时，不知费国家几百万金钱、丧军民几百万性命。……斯其罪难擢发数矣。迨三尺莫逭，复百计钻求。……托奸徒汪文言内探消息，外入杨涟、左光斗、

---

① 谷应泰：《明史纪事本末》卷七一《魏忠贤乱政》，第1145页。
② 《明熹宗实录》卷七二，天启六年六月壬午，第3486页。

魏大中、袁化中之幕，嘱令遣书求解。诸奸受贿，动以万千，又安问祖宗疆土与祖宗法度哉？①

晚明小政局中的移宫案、计典案与大政局中的丧师失地案、受贿案，由于有汪文言这个周旋于内府外廷的人物而被串联起来。将一起本来上不了台面的打击报复、争权夺利的官场派系斗争，上升成为关系到国家安危、社稷存亡的惊天大案。

本文花费如此大的篇幅，描述晚明时期发生的几桩看似孤立却密切相关、看似尽人皆知却并未真正引起关注的公案，既是因为这几个案子在当时的重要影响，更是因为这几个案子以及一系列类似的事件，显示并推动着晚明政局的走向，其影响所及，远非因纠缠不休而更著名的"梃击""红丸""移宫"三案可比。

乐新炉兴高采烈地编织并传播"犬""羊""飞语"，得到广泛的社会认同，拍手称快者有之，推波助澜者有之，晚明政局中的派系分野由此开始显现。《兖议》和《续兖议》无疑是乐新炉"飞语"的"升级版"，它们以冷嘲热讽、嘻笑怒骂的方式引导舆论，同样产生了出人意料的效果。以"飞语"推动舆论，以舆论左右决策，游戏政治成了晚明政局的重要特征。汪文言上下攀援、左右逢源，直接策动了天启时期清流与阉党的对立；其生死轨迹，则演绎着由"清流"到"东林"、由"浊流"到"阉党"的转化过程，以及二者之间的对垒由相互攻讦到生死搏击，掀起晚明政局中带有致命后果的巨大波澜。

---

① 《明熹宗实录》卷六二，天启五年八月辛丑，第2938—2940页。

不仅如此。中国历史上派系斗争的生死博弈，如东汉因"清议"而引发的"党锢"，如北宋因"濮议""新法"而引发的政争，等等，都是上层人物之间的斗智斗勇，是"大人物"上演的历史大片。即使是明代正德初年外廷大张旗鼓地反对刘瑾等"八狗"、嘉靖初年张璁等人出其不意地向内阁杨廷和等人发难，也仍然是有头有脸人物的正面较量。而可以视为晚明政局演进坐标、展示并推动晚明政局走向死局的类似于上述案子的种种事件，在其中起策划作用、推动作用的竟然大多是微不足道的小人物，如乐新炉、瞰生光、赵士祯（或沈德符说的郑朴）、汪文言等。无怪乎宫崎和谢国桢不约而同地认为，在晚明时期左右政局、影响政局的，未必就是庙堂中的大人物。但乐新炉等小人物既不是宫崎所说的"市隐"，也不是谢国桢所说的"结社"中人，却是既与市隐、与结社，也与庙堂中的大人物都有着广泛联系的一个庞大社会群体中的几位十分普通的人物。他们只是这个庞大群体的冰山一角。

这个群体有一个共同的名称、共同的身份，或者说，有一张共同的名片：山人。①

---

① 近年来，有多位学者从不同角度对晚明山人给予关注，并发表了富有创造性的见解，其中以牛建强《明代山人群体的生成所透射出的社会意义》（《史学月刊》1994年第2期）、陈宝良《晚明生员的弃巾之风及其山人化》（《史学集刊》2000年第2期）、赵轶峰《山人与晚明社会》（《东北师大学报（哲学社会科学版）》2001年第1期）、黄卓越《明正嘉年间山人文学及社会旨趣的变迁》（《文学评论》2003年第5期）、张德建《明代山人文学研究》（湖南人民出版社，2005）及日本学者铃木正《明代山人考》（《清水博士追悼纪念明代史论丛》，1962）具有代表性。商传教授则指出，晚明山人不是一个简单的知识群体，而是一场运动，一股思潮。（《从"口喃耳语"到"抵掌剧谈"——晚明专制政治的松动与早期人文主义》，《学习与探索》2008年第5期）本文的一些思想，也是在上述成果的启示下形成的。

三、"山人"与"山人运动"

(一) 关于"山人"

公开称谓和真实身份的不相吻合,在中国社会并非个别现象,"山人"即如此。中国历史上第一位以"山人"自诩的著名人物,自然是中唐的李泌。因博学多才、奇谋善断,又得到诸多头面人物的欣赏,使得李泌不屑循常格参与科举或通过门荫入仕,而是用不乏神秘色彩的"山人"称谓、"山人"行径包装自己,待价而沽。①经过范文澜先生《中国通史简编》的渲染,李泌的"山人"形象在当代中国的历史爱好者中也得到广泛认同。但是,李泌只是"山人"中的一种类型,即积极谋求入仕、积极参与政治的山人,或者说是政治型山人。

还有一类,即积极谋求享受的山人,或者说是娱乐型山人。这类山人在"正史"中的最早记载,或为南朝萧齐时代的会稽孔珪。孔珪辞官家居,圈地建圃,殆穷其趣。衡阳王萧钧闻而往访。孔珪问曰:"殿下处朱门、游紫闼,讵得与山人交邪?"答曰:"身处朱门而情游江海,形入紫闼而意在青云。"②宾主大乐。一个是有家族财力为后盾、摆脱了官场羁绊谋求自由空间的"山人",一个是同样向往自由并带有一定山人气息的在野派皇室成员,均是富有文人的寻开心。而这一问一答,竟成了千古佳话。

---

① 《旧唐书》卷一三〇《李泌传》,中华书局,1975,第3620—3623页。
② 《南史》卷四一《衡阳元王道度传》,中华书局,1975,第1038页。

可见，在史籍的记载中，在读书人的津津乐道中，"山人"从来就不是真正的山里人，而是那些未入仕而想入仕、身在江湖却积极参与政治，以及虽入仕却处于在野地位的读书人。前者谋求的是入仕、是参与政治，后者谋求的是享受、是暂时逃避政治。历代"山人"大抵都是这样的状况：虽然有入仕及参与政治的愿望，但尚无这种机会时，虽然有进入权力圈子的愿望，却暂时处于在野地位时，便自我标榜远离庙堂、终老江湖，其实仍然保持着广泛的社会交往。在这一阶段，可以视其为娱乐型山人。一旦有了机会，则可能积极谋求入仕、积极参与政治、积极进入权力中心、转化为政治型山人。而这种角色的转换，正符合孟子倡导的"兼济天下"与"独善其身"。

如果这一界定不是过于离谱，那么"山人"，不管是自称为山人的山人，还是自己不认为是山人却被他人认为是山人的山人，也不管是政治型山人还是娱乐型山人，其实无时不有。但没有哪一个时代像明代中后期那样，"山人"成为众多读书人的一种谋生手段、一种生存方式、一种社会身份，并且形成了人数众多、分布极广的山人群体，掀起了一场席卷全国的山人运动、演绎出对近二百年中国历史特别是对晚明政局产生重大影响的山人现象。

乐新炉、汪文言有比较明确的政治目的，在内府和外廷有着广泛的人脉关系，积极参与并推导晚明政局中"清流"的形成及对"浊流"、对"阉党"的斗争，当时就被人们认定为"山人"。而在"妖书"案中被抓来顶罪的皦生光，则是当时活跃在边镇与京师之间的诸多"山人游客"中的一员，也有比较明确的政治倾向，那就是为皇长子常洛抱不平，对郑贵妃母子的"夺嫡"企图极为不满；

而且颇具文采,刻有《怪石轩集》《岸游稿》等行世。①只是因为时时招摇撞骗,成为"斥生",所以清流派绝不称其为"山人",倒不是因为他不具备作为山人的条件,而是不让他玷污山人的称号。但皦生光之类山人的出现,甚至比乐新炉、汪文言具有更加重要的意义,说明关注政局并试图参与政治在当时已经为社会各阶层士人所热衷,不知有多少个皦生光这样的山人游客在干着制造谣言、推动舆论的事情。而《续忧危议》可能的真正作者赵士祯,更是标准的"山人"。按士祯,一作士桢,字常吉,浙江乐清人,因长于诗文、善于书法,"以布衣召入直文华殿"。不仅如此,赵士祯与乐新炉所说的艾穆、沈思孝等"君子"关系密切,当诸人因力阻张居正"夺情"而遭受廷杖时,士祯"楚服橐鋐,持黑羊股,调护于血肉中",由此名声大著;又以喜兵事、擅骑射,被视为"奇士"。②

(二)多元化社会与娱乐型山人

但是,我们所看到的明代第一批具有重要影响并得到普遍认同的山人,却不是李泌及乐新炉、汪文言、赵士祯那样的政治型山人,而是孔珪那样的娱乐型山人,是"太白山人"孙一元之类的山人。

弘治、正德时期的文坛领袖李梦阳,在孙一元死后作《太白山人传》,其略云:

> 太白山人者,吴越间放人也。……善诗,有超逸才。尝出秦四游,浮湘汉,蹑衡庐,逾河涉泗,谒阙里,登岱岳之

---

① 刘若愚:《酌中志》卷二《忧危竑议后纪第二》,第13页。
② 沈德符:《万历野获编》卷二三《士人·金华二名士》,第583页。

峰。……南走吴会。吴会人识山人,又识山人诗,于是争礼敬山人。山人固善说玄虚,又肤莹渥颜飘须,望之如神仙中人,于是愈礼敬山人。而好异之士,踵接于门矣。山人往来越湖间,多在支硎南屏山寺中,巨家则争造寺,馈山人美饮食鞋服,以是饶裕。冠佩之士慕名来访,山人辄供具欢洽,竟日酒酣畅歌,意态超脱,令人起尘外之思。……人说及时事,山人则又善说时事,率凿凿副名实。于是人转相誉,称为"孙山人",闻四方矣。①

李梦阳笔下的孙山人,有足够被人追捧的理由,而且成为此后明代山人的标准形象。有天赋、善作诗、面目俊秀,举止潇洒。这是作为"山人"的先天条件。游踪遍天下、见多识广,善饮高歌、极尽其趣,于养生术、阴阳术,也颇有讲究。这是"山人"能够博得人们欢心,并得到资金上支持的主要原因。见多识广、善于思考、善于谈论,天上的事,人间的事,特别是关于时事政局之事,都有独特见解。这是"山人"能够在明代政局发挥作用的重要原因,甚至是明代山人之为山人的重要理由。但是,在弘治、正德年间享有盛名的孙山人,虽然或有参与政治的能力,却未能利用和发挥这个能力。所以,他仍然只是停留在娱乐型山人的层面而没有能够成为政治型山人。倒不是因为孙山人没有这个想法,而是他所处的时代,尚不具备大批产生政治型山人的社会环境和条件。

明代洪武至正统时期,大抵上属严峻冷酷时期。经过元末长时

---

① 李梦阳:《空同集》卷五八《传·太白山人传》,《四库全书》第1262册,上海古籍出版社,1987,第526页。

间的全国性战争,社会经济遭受严重的破坏。经济需要复苏,社会需要稳定,国家权力强势控制社会。故在当时,被官方及社会所认同的,只有一种普遍的价值标准,那就是仕途。所以读书人只盯住一条出路:举业。这才是最有效最体面特别是最符合国家意志的脱贫道路和展示自我价值的方式。

正统至成化时期,严峻冷酷的政治气氛开始化解。社会经济渐次复苏,社会财富开始积累,各地城市趋向繁荣,人们对物质财富的占有欲变得强烈起来,国家权力对民众的控制也开始松懈,弃学经商开始大量出现。于是出现了第二种价值标准,财富。这种价值标准的发生及被社会逐渐认同,成为明代社会经济发展特别是商品经济发展的重要动力。

成化至正德时期,随着社会经济的持续发展和社会财富的不断积累,文化消费的需求逐渐加强,人们对于精神享受有了更多的追求。第三种价值标准开始出现:文化。不少读书人通过诗文、书画、民歌时曲、说唱词话、通俗小说以及各种各样的技艺,获得了社会地位、政治身份或经济收益。其著名者,如江南四子、弘治七子,形形色色的通俗文学创作者及书商、艺人,以及精通或粗通堪舆、星相、占卜、房中术、黄白术等各种术数的人们。当然也包括孙一元这样的山人。

多重价值标准依次出现及并存,标志着明代多元化社会的开始形成。它是与社会需求的多元化特别是社会财富控制的多元化相伴而来的。景泰以后特别是成化以后,拥有社会财富或者说拥有一定数量可供自由支配财富的,已经不再限于皇室、藩府、富商及各级政府衙门。作为个体的各级各类官员,包括文官、武官、宦官,以及他们的家属、部属，大大小小的商人、手工业者、农民，僧寺、道观的各层人物，乃至樵夫渔父、贩夫走卒、三教九流各色人等，虽然程度不一样，却在以各种方式成为社会财富的拥有者，因而同时也可能成为文化产品、精神产品的购买者。

明代的第一批山人即娱乐型山人正是在这样的社会条件下产生。"太白山人"孙一元，以及和他同时代的"潜虬山人"余育、"昆仑山人"张诗、"雅宜山人"王宠、"霞城山人"程诰、"紫霞山人"沈佑，等等，都是产生于明代多元化社会开始形成之时。而向他们"购买"文化产品、精神产品的，既有和他们身份相似却成为他们"拥趸"的读书人，有各地的富豪及一般民众，也有在职官员和退休官员。向大众演示并出售文化产品，开始并持续成为有一技之长的读书人在科举、工商之外，顺应社会需求而产生的一种新的谋生手段和生存方式。中国近世具有相对的独立意识、不甘作为附皮之毛的知识群体，也在他们之中产生。

（三）"多事之秋"与政治型山人

正德、嘉靖时期，既是明代多元化社会的构成时期，又是各种社会矛盾的多发期，是明代又一个"多事之秋"，从而给了各类人物，同时也给"山人们"提供了施展政治才华的机会。正德、嘉靖时期的"多事"，集中表现为几个突发性及持续性的社会政治变故。首先是"民变"。继正统至成化时期，河南、湖广、四川边境地区的荆襄民变之后，正德时期在江西、福建、广东、湖南边境地区，在北直，在四川，连续发生大规模民变乃至农民起义，以及由此激发而生的"藩变"。其次是"倭变"，即嘉靖中后期东南沿海地区发生的倭寇骚扰，以及伴随而生的沿海民变。再则为"虏变"，嘉靖中后期发生的北方蒙古各部对内地的侵扰乃至兵临北京，以及女真各部对明朝在东北地区统治的抗争。再为"阁变"，嘉靖帝的长期不视朝、不听政、不接见大臣，导致了内阁权力的高度集中，首辅专应对、专票拟，被视为"真宰相"。

明代的第二批山人即政治型山人，正是在这些变故中产生。

明朝政府在正德以前和正德时期对民变的清剿，动用的都是朝廷资源，是朝廷的粮饷、朝廷的命官、朝廷的军队，乃至朝廷调配的"狼兵"。但王守仁在对南赣流民、对宁王宸濠的进剿中，一方面申请截留盐税，拥有相对独立的财力，另一方面，在招募乡兵义勇的同时，还调动了两批非朝廷人力资源：一是当地的生员、耆老、"义民"等，二是聚集在南赣汀韶巡抚衙门的来自全国各地的王学"同志"、王门弟子，通过他们制订对流民的打击方案和对宁王的攻防策略，并对流民首领、宁王部属进行分化、瓦解。其中的核心人物，构成了王守仁巡抚衙门的幕府，如王门弟子冀元亨、致仕县丞龙光、听选官雷济、义官萧瑀等。平时为讲学之"同志"，非常时期为谋划之"幕士"。由师友而为幕友，由讲学而讲时事、讲兵事，成为明代政治型山人的生成轨迹。而政治型山人中的"帅府山人"，也在这里初见端倪。至嘉靖中后期，则同时群发于东南及北边诸镇。

嘉靖三十四年，工部侍郎赵文华奉命祭海并区处海防事务，府中有"醉石山人"朱察卿。察卿为监生时即"慷慨任侠"，与沈明臣、王穉登等著名山人为莫逆之交，是个极有担当的人物。[①]嘉靖三十五年，胡宗宪以兵部侍郎总督军务讨倭，幕府中更有徐渭、沈明臣、王寅、郑若曾等一群"山人"，个个都是响当当的人物。或谓这批山人在赵、胡府中，主要是代写青词讨好世宗。[②]此言有一定根据。如徐渭代胡宗宪所作前后《白鹿》二表，大得嘉靖帝欢心，被称为一时绝作，给胡宗宪攒足了政治资本。但"山人"在帅府中所起的作用，更重要的是出谋划策。《明史·胡宗宪传》云其"性善宾客……至技术、杂流，豢养皆有恩，能得其力"。徐渭自称有四绝：书一、诗二、文三、画四，却同时"知兵好奇计"。沈明臣更是个具有政治头脑的人物，胡宗宪擒徐海、诱王直，多用其谋。而行军理政，又得王寅、郑若曾等人匡扶之力。王寅自称"十岳山人"，既练武术，又多有奇谋。郑若曾则理性地思考"倭变"由来及防御措施，著有《万里海防图论》《江防图考》《日本图纂》《朝鲜图说》《安南图说》《琉球图说》《海防一鉴图》《海运全图》《江南经略》等，开晚清魏源等《海国图志》之先。其有关江防、海防形势者，皆所目击；而日本、朝鲜诸考，则通过咨访考察而得其实据，皆"非剽掇史传以成书，与书生纸上之谈固有殊焉"。[③]督、抚府中有山人，将领府中也有山人，总兵刘显府中之康从理、黄省曾，戚继光府中之郭造卿、王翘等皆是。万恭以大理寺少卿在南京协理戎政抗倭，府中也有"杏山山人"饶某等。

---

① 王世贞：《弇州四部稿》卷四一《哭醉石山人朱察卿》，《四库全书》第1279册，第526页。
② 沈德符：《万历野获编》卷一七《兵部·武臣好文》，第434—435页。
③ 《四库全书总目》卷六九《郑开阳杂著（郑若曾）·提要》，中华书局，1965，第617页上。

北方帅府之有山人活动应该更早一些。嘉靖二十四年初，翁万达以兵部侍郎兼佥都御史总督宣大山西保定军务，立即召来故旧山人胡思岩。这或许是北边帅府最早的一位著名山人。胡思岩为浙江天台人，诗文极佳，且"多奇数"，尤精星相堪舆术。翁万达嘉靖初为广西梧州知府时，胡思岩即来投奔，多能策划，被视为心腹。① 而北方帅府的山人云集则在嘉靖后期。随着东南"倭"事的平息，戚继光等御倭将领北上蓟、辽、宣、大，引来了更多报效军前的山人，其名最著者为郭造卿。郭造卿为福建福清县人，国子监生，曾受业于名儒罗洪先。福建"倭变"时，郭造卿曾入胡宗宪幕，也为戚继光所敬重。戚继光镇蓟州，召造卿入幕，并委以修撰《燕史》。此后叶梦熊巡抚陕西、萧如薰总兵宁夏、顾养谦总督蓟辽，郭造卿皆在幕中，往来塞上十余年，九边三辅险要，指画如在掌中，撰成《燕史》《碣石丛谈》《卢龙塞略》《永平府志》等，其中《燕史》达120卷。② 其于边塞之擘划，与郑若曾之于海域，竟成合璧。其他如林章、黄天全、何璧、沈璜等，也都是这一时期来到北边帅府的著名山人。

　　与"帅府山人"几乎同时出现的，是"相府山人"和"内府山人"。钱谦益《列朝诗集小传》作了如下描述："本朝布衣以诗名者，多封己自好，不轻出游人间，其挟诗卷、携竿牍，遨游缙

---

① 翁万达：《赠胡思岩山人序》，黄宗羲编《明文海》卷二八一《序七十二·赠序》，《四库全书》第1456册，第209—210页。另据雍正《广西通志》卷五五《秩官·明·梧州知府》，翁万达于嘉靖十三年开始为梧州知府，到任不久，胡思岩即由友人荐来。嘉靖初期，一些地方官的幕府中已有山人出入并且不在少数。(《四库全书》第566册，第571页)。
② 李清馥：《闽中理学渊源考》卷四五《郭建初先生造卿》，《四库全书》第460册，第511—512页。

绅,如晚宋所谓山人者,嘉靖间自子充始。在北方则谢茂秦、郑若庸,此后接迹如市人矣。"①吴扩所投奔的,是嘉靖二十一年入阁、二十三年初为首辅的严嵩,其至京师并入严府,当在此之后。吴扩当时实往来于京师与边镇之间,在边镇为"帅府山人",至京师则是"相府山人",所以给自己取了一个十分有气势的称号:"河岳山人"。②沈明臣则先为胡宗宪之"帅府山人",后为徐阶、申时行之"相府山人"。嘉靖、隆庆、万历之际,大学士袁炜府上有王稚登、王逢年,李春芳府上有王叔承,高拱府上有邵方,申时行府上有黄习远、陆应阳,李廷机府上有陈九德、潘纬,等等,也都是赫赫有名的山人。

娱乐型山人以诗文见长,不排斥智术;政治型山人必须以智术见长,但也应该写得出好的诗文,嘉靖时的"相府山人"尤其如此。《明史·袁炜传》云:"自嘉靖中年,帝专事焚修,词臣率供奉青词,工者立超擢,卒至入阁。""斋醮"政治需要有青词高手,撰写"青词"成为嘉靖后期的政治手段,李春芳、严讷、郭朴、袁炜等均以青词入阁,故被视为"青词宰相"。资历高于他们的严嵩、徐阶也同样是青词高手。虽然如此,其中多有假手于山人者。如李

---

① 钱谦益:《列朝诗集小传》丁集上《吴山人扩》,上海古籍出版社,1983,第453—454页。
② 王世贞:《弇州四部稿》卷一二八《文部·书牍·吴子充》,《四库全书》第1281册,第143页。

春芳之青词，即有"昆仑山人"王叔承代笔。① 而袁炜于王稚登之器重，亦多由此。

王稚登是嘉、万之际的诗文大家，《明史·文苑传》说："吴中自文徵明后，风雅无定属。稚登尝及征明门，遥接其风，主词翰之席者三十余年。嘉、隆、万历间，布衣、山人以诗名者十数，俞允文、王叔承、沈明臣辈尤为世所称，然声华烜赫，稚登为最。"万历时相继入阁的申时行、王锡爵、余有丁，是嘉靖四十一年一甲三进士，袁炜为其座师，却独重一介布衣山人王稚登。山人之名不得不重。而山人王逢年公然修书羞辱当朝辅臣袁炜"以时文得会元、以青词博宰相"的故事，也在当时广为流传。②

作为明代国家权力又一核心的司礼监，也不乏山人出入。只是因为嘉靖朝对宦官控制严密，未见张扬而已。万历初年，冯保主持司礼监期间，门下有徐爵者，别号"小野"，名为仆人，实为幕宾身份的山人，刘若愚称其"颇通文理、达事情"。③ 而就是这个徐爵，至迟嘉靖中期已经投身于司礼监太监李彬门下。嘉靖三十六年，李彬因侵盗内府物料银两被处死，门下有多位山人幕宾受到牵连。④ 徐爵先是被发充军，后潜回京师，为冯保收留，用为心腹，

---

① 钮琇：《觚剩续编》卷二《人觚·芙蓉阁》云："昆仑山人（王叔承）……之初入都也，客淮南李公春芳所。时世宗斋居西宫，建设醮坛，敕大臣制青词一联，悬于坛门。春芳使山人为之，山人走笔题曰：'洛水灵龟单献瑞，阳数九，阴数九，九九八十一数，数通乎道，道合元始天尊，一诚有感；岐山威凤两呈祥，雄声六，雌声六，六六三十六声，声闻乎天，天生嘉靖皇帝，万寿无疆。'李以进呈，深加奖赏。由是公卿互相延誉，其本传谓大臣应制青词多假手山人者以此。"《近代中国史料丛刊续编》第九四辑，文海出版社，1982年，第198—199页。
② 沈德符：《万历野获编》卷十《词林·鼎甲召试文》，第265页。
③ 刘若愚：《酌中志》卷五《三朝典礼之臣纪略》，第27页。
④ 《明世宗实录》卷四四四，嘉靖三十六年二月戊子，第7575页。

对外身份则是"锦衣卫指挥"。据御史李植揭露，冯保甚至常携徐爵"晓夜共处直房，披阅章奏，凡重大之机务、紧密之军情，未经御览、未送阁票，而爵已先知"。①人们相信，万历年间以皇帝名义给张居正种种褒奖的敕文，大多出自徐爵的手笔。②徐爵之外，郑如瑾也是冯保门下著名的山人。如瑾曾任南京国子监助教，因为接受魏国公徐氏兄弟的贿赂，为其谋求袭爵，被罢斥为民，遂北上入京，在冯保门下，为其主文，"预议一应机密"，公开身份则是"锦衣卫总旗"。③至于万历前期张宏门下乐新炉、万历后期王安门下汪文言等，在当时已是人人侧目的"内府山人"。

联系到《续忧危竑议》的作者可能是赵士祯、李廷机门下潘纬、天启初年连结内廷和外廷的枢纽人物汪文言，以及将汪文言推荐给王安的黄正宾等，均曾在内阁任中书舍人。作为明代中央最高决策的两大环节，内阁之"票拟"与内监之"批红"，均有"山人"参与其间。由于内外隔绝日趋严重，高层之间的一些政治沟通，竟然常由山人或山人身份幕宾来进行。由此也不难理解，为何在晚明，发生在高层的任何争端和决策，一夜之间可以尽人皆知，从而引发起更大的政治波澜。而在街市中发生的细微政治争端、无根流言蜚语，也有可能加深高层的芥蒂和裂痕。

明代藩府曾经是一个个地域性政治中心、文化中心、娱乐中

---

① 王樵：《方麓集》卷十五《戊申笔记》，《四库全书》第1285册，第425页。
② 王世贞《嘉靖以来首辅传》卷八《申时行传》称："冯保有所私门下笔札人徐爵，居正为擢用之，至锦衣指挥同知，署南镇抚。又使其苍头游七与结为兄弟。居正有所使，游七人以告徐爵，爵以达。冯保有所谋，亦如之。或曰：上之奖慰居正诏旨，皆爵草也。"（《四库全书》第452册，第521页）
③ 王樵：《方麓集》卷一五《戊申笔记》，《四库全书》第1285册，第425页。

心。所以洪武、建文时燕王府有姚广孝、袁珙等，弘治、正德时宁王府中有刘养正、李士实等，策划兵变，图谋"不轨"。而永乐、宣德时的宁献王府，宣德、正统时的周宪王府，则有大量宾客助其编写传奇、杂剧。从某种意义上说，正是开封的文学气场，造就了从陕西落户到这里的文坛巨擘李梦阳。但若论第一位著名的"藩府山人"，却非谢榛莫属。与姚广孝、刘养正等人不同，谢榛不带任何政治野心，也不仅仅服务于一个王府，而是游走在临清、彰德、太原、京师之间，这也是"山人"幕宾与一般意义上具有一定人身依附关系的幕宾的不同处。① 少年时代的谢榛，已是当地著名的民歌时曲创作者。其后"折节读书"，由通俗入于高雅，出入于雅俗之间，所以得到社会各阶层的认可。先入彰德赵王府，为赵康王所礼；后入京师，与李攀龙、王世贞等结诗社；继而复下彰德、入太原，为赵、晋二藩府捧为上宾。又为名士卢柟的冤案奔走呼号，自号"四溟山人"，名噪天下。

当时出入赵王府的山人，不仅有谢榛，还有被谢榛营救出狱的卢柟，以及仲春龙、王叔承、郑若庸等人。王叔承自号"昆仑山人"，先因郑若庸之荐而入赵王府，为"藩府山人"。旋以赵康王并非真心下士，赋诗辞行，纵游楚齐鲁燕。入京师，客大学士李春芳府，为"相府山人"，因青词而受春芳礼遇。顾养谦为蓟辽总督，王叔承又游其帅府，为"帅府山人"，不得意而归。王锡爵为首辅时，"国本"之争犹酣，王叔承因与其为布衣交，遂遗书数千

---

① 按：明代的"帅府山人""相府山人""内府山人""藩府山人"以及依附于其他贵戚官宦的山人，颇似战国时期的"士"，也与历代"幕宾"相似。但由于山人运动影响所及，时人已经难以区分某一"幕宾"为"山人"或非"山人"。或者说，此时的幕宾，即使并非山人，也已经浸染于山人气息之中。

言，劝其毋依违两端，当以去就力争。故四库馆臣认为其非一般山人墨客可比。[①]相对于王叔承总在寻求更适合自己的好环境，其荐主郑若庸却是安心安意地利用赵王府提供的优越条件，从事着学术编撰，历二十年成《类隽》三十卷。郑若庸老乡、另一山人俞安期则编《类函》以配之。两书都被认为"有功艺苑"。[②]其他各藩府，如湖广襄阳的枣阳王府，有"霞城山人"程诰；山东青州的衡王府、山西潞州的沈王府，则有吕时臣。又有顾圣少者，亦客于多个藩府。

（四）"山人遍天下"

如此多的山人向社会展现出自己的人生价值，他们本身就是一个个的"现象"。特别是"四溟山人"谢榛的横空出世，更具有示范意义。一个没有任何背景的"眇目"狂生，只是通过自己的天赋、自己的才华、自己的仗义，便可以游走于赵、晋诸藩府与京师诸贵勋之间，继李梦阳之后在京师引领文学潮流，掀起一股"谢旋风"，"大河南北皆称谢榛先生"，李攀龙、王世贞等人尚附骥其后。人们看到的是，"黄金屋、千钟粟、颜如玉"都在谢榛的"游走"之中纷至沓来。而这些，又是第一代山人孙一元等梦寐以求却没能实现的。

一方面有这些活生生榜样的感召和启示，另一方面，明代中后期的社会内部矛盾，从某种意义上说，表现为两种社会需求剧增和社会资源匮乏之间的矛盾。第一种是物质生活层面上的，集中表现

---

① 《四库全书总目》卷一七八《壮游编（王叔承）·提要》，第1605页上。
② 沈德符：《万历野获编》卷二五《著述·类隽类函》，第637—638页。

为有限的耕地与日益增加的人口之间的矛盾。第二种是政治生活层面上的，教育的普及、科举的风行，培养了大量的各类生员及监生（即"诸生"），作为政府的后备官员，使得明太祖时期以"诸司职掌"固定下来的有限的官员名额更为紧俏。诸生中绝大多数人对科举失望，故从嘉靖末至万历初开始，发生了自隋唐实行科举制以来首次颇具规模的"反科举"运动。大批的生员乃至监生、儒士，纷纷"弃举业""裂秀才冠""着山人服"，或群欢共乐于当地，或招朋呼友而出行，聚集在京师北京、留都南京，游走于蓟、辽、宣、大各边镇，辗转于黄河上下、大江南北，通过"游走"的方式谋求经济利益。

这样，继娱乐型山人、政治型山人之后，开始形成一个庞大的游食型山人群体。这应该是明代的第三批山人，或者说是明代山人的第三种形态，他们与娱乐型山人、政治型山人并存，也不排除在特定的条件下相互转化。

如果说在正德、嘉靖之际，"山人"还只是一部分知识"精英"在科举、工商之外的第三条谋生之道，那么到嘉靖、万历之际，"山人"已经成为扰动经济文化相对发达地区读书人乃至社会各阶层人士的行为方式，成为一场真正的"群众运动"。而且，无论是娱乐型山人还是政治型山人，均以是否能有好诗、好文为基本标准，而此时的游食型山人中，固然也有能够写得出好诗好文者，却"不必皆能诗"，甚至可以"目不识丁"。[1]

万历年间，长居京师的世家子弟沈德符，耳闻目睹了往返于京

---

[1] 钱府：《秋暑赋》，黄宗羲编《明文海》卷八《赋八·时令》，《四库全书》第1453册，第70页。

师与边镇之间的各类"山人":"自隆庆来,款市事成,西北弛备,辇下皆以诸边为外府。山人之外,一切医卜星相,奉荐函出者,各满所望而归。"并回忆说,幼年时期即万历十年前后曾见一故相家童,专事按摩,竟然也仿效山人伎俩,游历北边重镇宣府,捞得二百金而归。至万历三十五年前后,又在礼部主事黄汝亨的府中,见到几位窄袖急装打扮的"小唱"前来辞别,一问,又是效法山人前往边塞的淘金者。①在晚明有着巨大社会影响力的文化人陈继儒也描述当时山人的"游食":"迩来士不得意,多喜游,游多在燕邸公卿间,蜂还蚁往,尘土掬面。"②成群结队的山人墨客,以及效法于山人墨客的各色人等,虚往实归,成为各地至京师北京、北京至北部边关之间的一道道风景线。不仅仅是京师、边镇及各藩府所在地,乃至区域性的政治、经济、文化中心,也都有山人"游食"其中。

但即使在此时,也仍然有大量的"山人"散居在各地,以自己的方式,做适合自己个性的事情,以谋求生存空间。如远离政治中心却是刻书业中心的福建建阳,便是从事通俗小说创作的"山人"们聚集之地。江西抚州的临川、金溪,则会集着一批编写、出版"时文"的"山人"。③他们继承着娱乐型山人向大众销售自己文化产品的传统,可以说是明代多元化社会产生出来的又一批具有相对独立意识及产业的文化人。但只要有了机会,他们不免也到中心地带,包括地域性文化中心、政治中心、经济中心,乃至全国的政

---

① 沈德符:《万历野获编》卷一七《兵部·武臣好文》,第435页。
② 陈继儒:《陈眉公集》卷八《寿文·寿胡玄渚先生姚孺人偕老序》,《续修四库全书》第1380册,上海古籍出版社,2002,第123页。
③ 参见方志远:《明代城市与市民文学》,中华书局,2004,第二章。

治中心北京、全国的文化中心南京，或者全国的经济中心苏州折腾一番。

山人如此之多，如此之杂，"山人运动"如此之强劲，见多识广沈德符不禁感叹："近来山人遍天下！"①

不仅仅是沈德符，万历时期几乎所有的"有识之士"都感受到了"山人"的无处不在，都对存在已久却又似乎突然发生的"山人现象"感到惊讶，都对汹涌而来的"山人运动"感到困惑，并开始对山人的"游食"表示出不同程度的反感。

当正德、嘉靖尚未成为"运动"之时，山人有着极好的社会声誉。虽然他们也有这样那样的毛病，出过这样那样的"洋相"，但这些毛病和洋相不仅不影响其形象，反而衬托出其率真可爱。②人们更多感受到的是"山人"带来的欢乐，是"山人"作出的贡献。正是因为有了他们的本色表演，使得正德、嘉靖时代更加色彩纷呈，使得"山人"成了一张名片、一个符号、一种象征。任何其他的社会身份、其他的符号或名片，都未必有"山人"这张名片更响亮、更受尊重，自称山人、互称山人，以山人为乐、以山人为荣，不知不觉间成了社会的时髦。

政治型山人和娱乐型山人并非不追求经济利益，但这种经济利益是在快乐和担当过程中的"客观"效果；而游食型山人对经济利益的"主观"追求，却贯穿着从初始动机到终极目标之间的全部过程。如果只是个人行为、个体追求，本无可非议，值此"天下熙熙，皆为利来；天下攘攘，皆为利往"之时，这种行为本身就是受

---

① 沈德符：《万历野获编》卷二三《山人·山人愚妄》，第586页。
② 张德建《明代山人文学研究》对此作了精彩的描述，湖南人民出版社，2005。

着生存需求和致富理念的双重推动；但是，当这种追求成为一种群体行为、成为一种示范性谋生方式时，他们的追求就在无限地扩散和强化这种需求和理念。在扩散和强化的过程中，山人这张名片、这个符号也被极大地"泛化""异化"。

既然社会各阶层都不同程度卷入到山人运动之中，那么，无论士、农、工、商，还是僧、道、医、卜，或者游棍、小唱，及至落职官员、潜逃胥吏，凡以"游食"的方式，滞留在京师、边镇及各大都市，周旋于朝野官民之间，以谋求经济利益，就被认为是山人或者是山人行径。所以，尽管仍然有大量的山人在家乡欢声笑语、娱己娱人，如陈继儒、赵宦光，但也仍然有不少山人在孜孜不倦地追寻实现自身的政治抱负，如赵士祯、汪文言、黄正宾，但在人们的总体印象中，却是山人皆在游食，而游食者尽是山人。一场运动扑面而来，人们已经分不清哪些是"山人"、哪些是"墨客"，也分不清哪些是"医卜星相"及"童仆小唱"。"山人"逐渐成为一个泛称，成为一个鱼目混珠、藏污纳垢的社会群体。于是山人名声大坏，从人人尊重、人人向往，变得有些被人厌恶、被人忌讳。

王士性在为"山人"何白的《汲古堂集》作序时，既对"昔日"山人极尽赞美之辞，更对"挽近"山人进行严厉批评："挽近所称山人者，多大贾之余。"[①]李贽也直斥"挽近"山人"名为山人而心同商贾"，乃至不如商人。[②]在他们眼里，山人已经是一个单纯追逐经济利益的群体。在吴中一带与王穉谷齐名的著名文人张凤翼，

---

① 何白：《汲古山堂集·序（王士性撰）》，《四库禁毁书丛刊》第177册，北京出版社，2000，第6—7页。
② 李贽：《焚书》卷二《书答·又与焦弱侯》，中华书局，1974，第137页。

写了著名的"山人歌",对山人进行嘲讽。一直活动在苏松一带的陈继儒则声明自己一生不出书、不出仕、不出游,以明示与当世山人划清界线。更有甚者,"身为太平词客六十年,名重天下"的文化人薛冈,当友人尊称其为"山人"时,竟愤然作《辞友人称山人书》:"山人之名,道是美称,实成丑号。自有好者,请赠其人,勿施我辈。若君侯不谅,必欲概施,不知称名之不善,甚于稽生之不堪。书以绝交,请从此别。"并诅咒道:"人有此类,殃莫大焉;山有此人,辱莫甚焉。"①但是,恰恰是这些谴责山人的著名文化人,至少如张凤翼、陈继儒、薛冈,无论他们怎样试图划清界限,人们仍然将其视为山人。而李贽的游食行径,与山人的游食并没有本质上的区别。

山人的云集京师、游食边关,特别是散布"飞语"、左右舆论,广泛参与乃至推动官场矛盾和斗争,也引起明朝政府的高度关注。万历十二年三月,巡城御史陈汴率先上疏:"请驱逐山人游客。"②万历二十九年十月,因册立皇太子及诸王,以万历帝的名义颁诏大赦天下。此诏对因建言而贬斥的官员重新加以任命,对各种原因拖欠田赋的农户进行减免,对在押的各类囚犯予以宽宥,故被称为"恩诏"。但这个"恩诏"唯独和"山人游客"过不去,明令尽行驱逐:

  近来风俗,专以私揭匿名,或虚捏他人姓名,阴谋巧计,

---

① 薛冈:《天爵堂文集》卷一八《辞友人称山人书》,《四库未收书辑刊》第25册,北京出版社,2001,第658页。
② 《明神宗实录》卷二〇九,万历十七年三月辛未,第3925页。

无所不至。久不申饬,致令四方无籍棍徒、罢闲官吏、山人游客潜住京师,出入衙门,拨置指使,及左道邪术,异言异服,扇惑挟诈,是非颠倒,纪纲陵夷,甚为政蠹。今后缉事衙门,不时驱逐访拏。若赃证的确者,照奇功事例升赏。①

虽然"恩诏"要求驱逐的对象包罗甚广,但在许多场合下,已经一概将其视为"山人游客"。这个"恩诏"也成为此后一切对山人进行口诛笔伐、量罪定刑的法律依据。大凡朝野发生与最高统治者相左的舆论、出现不利于庙堂的"飞语""妖言",乃至对某些决策失误追究责任,均归罪于"山人";大凡政敌之间的相互攻讦,也总是以对方结交山人为说辞。乐新炉、皦生光、汪文言三案即如此。而这三案,仅仅是笔者从诸多同类案子中"随意"提取的几个个案。至于顾宪成、高攀龙等东林"君子",赵南星、魏大中等清流人物,既然与汪文言、黄正宾等人过往密切,也脱不了与山人的干系。

但是,"法律贱商人,商人已富贵",世人厌山人,山人已成众。"恩诏"的颁布并没有能够改变"游食"山人的行为方式,更未能阻挡山人运动的汹涌浪潮。《忧危竑议》固然发生在"恩诏"颁布的三年前,《续忧危竑议》却发生在"恩诏"颁布的两年之后。一边是抨击之声四起、驱逐之令屡下,一边却是新山人的不断涌现,是山人持续地对晚明政局发生作用、对晚明社会产生影响。

---

① 《明神宗实录》卷三六四,万历二十九年十月己卯,第6803—6804页。

顾炎武《日知录》有一段未曾引起人们关注的议论："昔在神宗之世，一人无为，四海少事。……彼其时岂无山人游客干请公卿？而各挟一艺，未至多人；衣食所须，其求易给。自东事既兴，广行召募。杂流之士，哆口谈兵。九门之中，填闉溢巷。至于封章自荐、投匦告密，甚者内结貂珰，上窥嚬笑，而人主之威福且有不行者矣。"①顾炎武没有经历隆庆、万历间的山人运动，感受不到当时山人运动的气势，却深切感受到万历后期及启祯时期山人气场的强劲，并且指出，后来被证明成为明朝梦魇的"东事"，竟然造就了又一波夹带着游食行为的政治型山人。

明人之论"东事"，限于两大事件。先是指万历二十二年前后日本入侵朝鲜及明军入朝事，此后则指明末女真兴起后与明朝的战事。在这两次战争中，明朝政府都实行过"招募"。一是招募义兵、土兵、家丁、武士，以弥补军力之不足；二是招募葡萄牙籍军人及枪炮技师，"师夷之长技以制夷"②；三是招募能够出谋划策或者通晓满语、日语的士人，这就是顾炎武说的"东事既兴，广行召募"中发生的以"布衣"身份"干请公卿"的"山人"。

朝鲜战争时，应召投军的嘉兴"布衣"沈惟敬和名将李如松的"塾师"诸龙光首倡和议。虽然被指为"市中无赖""山人游客"，他们的提议却得到从总兵李如松，到经略宋应昌、总督邢玠及兵部尚书石星的支持。③当属新一代的"帅府山人"。袁崇焕与皇太极

---

① 顾炎武：《日知录》卷一二《人聚》，上海古籍出版社，1985，第965—966页。
② 参见欧阳琛、方志远：《明末购募西炮葡兵始末考》，《文史》2006年第4期。
③ 《明史》卷二三五《王德完传》，第6131页。另见谷应泰《明史纪事本末》卷六二《援朝鲜》，第965页。

的"议款",孙承宗督师抗清,也有山人活跃其中。①而当袁崇焕与崇祯皇帝的关系发生裂痕时,竟然是山人沈自征应召前往袁崇焕军中,劝其入城并被处死。②人们甚至相信,袁崇焕杀毛文龙,与山人陈继儒大有关系。或云袁崇焕是听取了陈继儒的建议而下杀毛文龙的决心,或云大学士钱龙锡误解了陈继儒的建议而批准袁崇焕杀毛文龙。③也正是因为山人在"东事"中的频繁活动,才使得"阉党"在对汪文言、杨涟、左光斗等人罗织罪名时,可以将其与熊廷弼案联系在一起。

不仅政府军的帅府中有山人,叛军的帅府中也有山人。当年宁王宸濠府中的刘养正固不待言,即万历时播州杨应龙叛乱时,其军师孙时泰,本为北直武清县生员,好谈兵,有谋略,混迹于京师,成为诸多山人墨客中的一员,被杨应龙延请播州,叛乱时充任"军师"。④

不仅"东林"与"清流"派官员多与山人交好,"阉党"府中也有山人。置王安于死地的魏忠贤死党刘朝,府中便有山人庄士

---

① 钱谦益:《列朝诗集小传》丁集下《茅待诏仪》,第591页。
② 参见吴秀华:《关于明代戏剧家沈自征经历的一段史实考辨》,《东南大学学报》(哲学社会科学版)2005年7月第4期。
③ 《崇祯记闻录》(佚名)卷一记:"都督同知毛文龙,浙人也,总兵镇守平岛,功罪未定有议。经略袁崇焕受阁臣钱龙锡之旨,巡历其地,俟彼入谒军门,执而斩之。闻钱公又受教于陈眉公,以为袪除海内一大蠹,为奇功秘计也。"(《台湾文献丛刊》第272种,台湾银行出版社,1972,第5页)王应奎《柳南续笔》卷二记:钱龙锡入阁前,曾向陈继儒请教国是,陈赠一句:"拔一毛而利天下。"钱不解其意。适袁崇焕请斩毛文龙疏至,方大悟曰:"此眉公教我者耶?"(中华书局,1983,第159—160页)
④ 李化龙:《平播全书》卷四《献俘疏》,《续修四库全书总目提要·史部》第434册,上海古籍出版社,2003,第409页。

元等。正是这个庄士元,在刘朝被贬时极力为其申辩。①给事中惠世扬、周朝瑞等揭露,刘朝在皇城练"内操",很大程度出于大学士沈潅所遣"门客"晏日华的诱使。②尽管晏日华的身份并不十分清楚,当不外乎又是"山人游客"。同时在内阁的冯铨,府中也是"山人墨客,户履为盈;断梗死灰,望门而至"。③

正德、嘉靖年间的社会变故,造就了早期的政治型山人,是他们的出现使山人成为一大社会现象,并且直接推动了山人运动的形成;而晚明政局的任何变化、任何变故,又都在不断给山人运动注入新的动力、不断在产生新一代的政治型山人。

更加匪夷所思的是,在李自成、张献忠的"大顺""大西"军和皇太极、多尔衮的"大清"军的多重打击下而风雨飘摇的明廷,大臣们连篇累牍向崇祯帝的建议,竟然是亟请"布衣"陈继儒等人出山,为朝廷策划安邦定国、灭贼驱奴之奇谋。崇祯十四年,蓟辽总督曹文衡上平定登州叛军八策,明言皆受教于陈继儒。次年,吏部尚书闵洪学上疏,请召"江南名士"陈继儒、"林下遗贤"舒曰敬,"诚令一吐胸中之奇规、画当世之务,当必有堪备庙堂采择者"。④但就在这朝臣千呼万唤之时,陈继儒已在崇祯十二年去世,时年82岁。舒曰敬自万历二十年在泰兴知县任上罢归林下、赋闲近五十年后,也于几年前在南昌谢世,年79岁。所谓病急乱投医。一个统治着数百万平方公里的土地和上亿人口的大明帝国,最终竟然指望几位老儒、几位山人帮忙转危为安。

---

① 《明熹宗实录》卷三七,天启三年八月己未朔,第1891—1892页。
② 《明史》卷二一八《沈潅传》,第5767页。
③ 《明熹宗实录》卷七二,天启六年六月庚子,第3516页。
④ 《崇祯长编》卷五六,辛巳,第3293页;卷五八,壬午,第3364页。

四、山人"气场"与晚明死局

(一) 无形之手

王世贞的弟弟王世懋对明代山人现象及山人运动的发生作了十分有趣的回顾:

> 我国家右经术,士亡由诗进者。放旷畸世之人,乃始为诗自娱。宜其权在山林而世不乏响。然弘正以前,风气未开,振骚刱雅,实始李、何,其人又皆以进士显。而其间稍稍建旗鼓,菰芦中能与相角者,一孙太初山人而已。山人于诗可称,具体未见其止。嗣是而后,骎骎辈出。六朝尔雅,则俞仲蔚氏标其宗;盛唐渢渢,则谢茂秦氏专其律。亦犹孟襄阳河汉梧桐,为五言之长城也。盖至于今,而登进之门日艰,谭艺之家日广,褒衣古冠,肩摩踵接,皆自称游,则诗道益杂而多端。而猥鄙呕哝之夫,时窜名其中,以奸吏议,至使县官下逐客之令,其为山林辱甚矣。①

王世懋指出了这样一个事实:虽然明代的科举在形式和内容上继承了隋唐以来的传统,但考试科目却沿袭王安石变法后的做法,以经义而非以诗赋取士,故诗歌在明代乃"放旷畸世之人"的自娱

---

① 王世懋:《王承父后吴越游诗集序》,《明文海》卷二六四《序五五·诗集》,《四库全书》第1456册,第96页。

自乐。这也从另一角度解释了为何明代的第一批山人是娱乐型山人。王世懋还指出了一个事实，虽然明代诗歌之"权"在山林，但在弘治、正德年间"振骚创雅"、引领诗歌潮流的，却是"以进士显"的前七子李梦阳、何景明、康海、王九思等人。当然，也应该包括同样"以进士显"或以"举业"显的杨循吉、沈周、祝允明、唐寅等人，以及也是"以进士显"却是以功业而非以诗歌著名的王守仁、顾璘等人。

但是，弘正之前明代"廊庙"之上并非无诗。明太祖曾经是诗歌的爱好者，成祖及仁宗、宣宗也都乐于与群臣以诗唱和。而从杨士奇、杨溥到李东阳、王鏊，也人人有大量的诗文传世。但是，他们所作，大抵上都是沿袭宋人风格的文人诗、"台阁"体。而李、何、杨、唐、王、顾等人之贡献，不仅仅是因为诗学盛唐，更是因为以正在全国流行的民歌时曲为师。他们所传播、所创作的乃是当时最广大民众喜闻乐见的市民文学、大众文学，是可以群歌群舞群欢群乐的"反古俗而变流靡"的通俗文学。①这种文学由悄然而公开、由润物无声而声势浩大，受到包括最高统治在内的全社会的欢迎。②正是民歌时曲、新潮文学的发展，推动了文人创作的革命。李梦阳、何景明为代表的前七子在文学上对李东阳、王鏊为代表的传统文人的胜利，其实是大众文学、市民文学、民间文学对庙堂文

---

① 此语出于康海《康对山先生集》卷二八《溪陂先生集序》："我明文章之盛，莫极于弘治时，所以反古俗而变流靡者。……金辉玉映，光照宇内。"（国家图书馆藏万历十年刻本）
② 李开先《李中麓闲居集》卷六《张小山小令后序》说："人言宪庙好听杂剧及散词，搜罗海内词本殆尽。又武宗亦好之，有进者即蒙厚赏。如杨循吉、徐霖、陈符所进，不止数千本。"（《李开先集》，路工辑校，中华书局，1959，第370页）

学、文人文学、台阁文学的胜利。

以"进士"显的李梦阳们和以"山人"名的孙一元们,恰恰是在这场群众性文学运动中达成共识、结成同盟,并在"诗歌"的创作、交流和传播中各自实现着自己的人生价值。或者说,正是在这场群众性的文学运动中,产生了明代两个有着密切关联的知识群体:娱乐型山人与热衷于新潮文学的官员。

明代的第一批山人无疑都是此类文学的重要创作者、传播者和推动者,而其中成就斐然者,也绝非王世懋所言仅一孙山人而已。只是在"仕途"价值标准积重而"文化"价值标准初兴的时代,民间文人必须经过庙堂文人的点评、褒奖,需要经过"官方"的认可,才可能产生更大的社会影响。孙一元因为不仅在生前得到费宏、顾璘、郑善夫等文化官员的延誉,而且死后还得到当时名气最大的庙堂新潮文人李梦阳为其作传,故而名声大振。孙一元之外,谢榛的诗文不仅有赵康王而且有李攀龙、王世贞捧场,徐渭的青词不仅得到胡宗宪更得到嘉靖皇帝赞赏,郭造卿的文采不仅有戚继光还有后七子"天目山人"徐中行等人识货,王穉登的诗文既为现任大学士袁炜称许且压制未来的大学士申、王、余,陈继儒不仅得到首辅王锡爵父子的敬重而且和著名庙堂文人董其昌相互吹捧数十年。

在李梦阳引领文学风潮时,有多名山人与其交往;在王阳明开府江西、讲学浙东时,追随的山人以数十人计;因为得到王世贞兄弟评点、褒扬而出道的山人,更不下百人。李梦阳及"阳明山人"王守仁、"弇州山人"王世贞,以及其他的新潮文化官员,无疑都是山人运动前赴后继的推动者,正是他们将无数才俊青年引领上山人的道路。

与此同时,明代"以进士显"的著名文人,也由于有广泛的文化交流,有众多的民间文人、众多的山人为其捧场,才可能博得更大的名气,前七子李梦阳等、后七子王世贞等,乃至王守仁及王学诸"大佬"皆然。

可见,他们是完全意义的上下互动。而作为这场群众性文学运动标志性成果的大众体新诗及其他新潮文学艺术品种,如书、画、时文、小品文等,则是他们的联系纽带和认同基础。①这既是明朝人能否将诗歌作为区别"真""伪"山人主要标志的根本原因,也是从戚继光到萧如薰众多将领、从冯保到王安众多"权珰"吟诗作歌、附会风雅的根本原因。能作诗即入流,受到世人的尊重,否则便是不入流。②文化价值标准的影响力逐渐渗透到社会的每个角落,并日益强劲。至晚明,庙堂与江湖之间,强弱完全异势。庙堂文人只有得到诸如赵宧光、薛冈特别是陈继儒这样"虽号隐居,而声气交通实奔走天下"③的山人的褒奖,才被社会认可,才算得上是真文人。

在以"进士"显的官员和以"诗文"显的山人之间,除了

---

① 新潮诗歌之外,其他新潮文学艺术品种如书画也为世人所推崇。林木在《明清文人画新潮》中,对晚明文人画的风格进行了概括,颇有山人个性。(上海人民美术出版社,1991)
② 沈德符《万历野获编》卷一七《兵部·武臣好文》记:"隆万间戚少保(继光)为蓟帅,时汪太函、王弇州并称其文采,遂俨然以风雅自命。幕客郭造卿辈,尊之为'元敬词宗先生',几与缙绅分道扬镳。而世所呼为山人,充塞塞垣,所入不足以供此辈溪壑。""近年萧都督(如薰)以偏裨立功,峻拜宁夏制帅,频更大镇,亦以翰墨自命。山人辈作队趋之,随军转徙,无不称'季馨词宗先生',蚁附蝇集,去而复来。"(《万历野获编》卷一七,第434—435页)当年戚继光之调任令乐新炉迁怒于张鼎思,更多的或者是因为断了山人墨客们财路。
③ 《四库全书总目》卷一九三《寒山蔓草(赵宧光撰)·提要》,第1762页。

诗歌,还有另外一条联系纽带或者说另外一种认同基础,那就是"举业"。在笔者所辑录的直记姓氏且有事迹的"山人"中,出身布衣、处士者占44.6%,府州县官学生员占24.1%,国子监监生占5.9%,举人占3.9%,博士和罢黜官吏均为2.9%,术士和商贾分别为2.5%和1.6%,原始身份不明者占11.6%。考虑到明代学校和科举的发达,"布衣""处士"中,生员、监生居多,而商人、术士中亦多为弃举业者,故山人大抵上由曾经的诸生、监生构成。而且,越是"挽近"或"今世"山人,越是如此。

所以,官员和山人本为同源、实为一体。这个"源"就是"举业",这个"体"就是士人。举业有成者幸而为官员,举业未成者遂"自暴形骸","裂秀才冠""着山人服",或蚁集于南北两京、相约于相府将门,或棹歌于吴下云间、博戏于豪门富室,呼朋唤友,互称"山人"。[①]官员归于故里,即回到了山人之中;山人重操旧业,或许便成了官员。新潮文学使他们之间有更多的共同语言,而晚明50万生员和监生,则是他们的共同后备军。[②]

这样,山人对晚明政局和晚明社会的影响,就远远不限于山人本身。既不限于像乐新炉、汪文言那样推动官场派系的形成并直接参与派系之间的斗争,也不限于像瞰生光、赵士祯那样通过制造社会舆论影响政治决策,而在于山人的行为方式、山人的思维方式如同一只"无形的手"、如同一个强劲的"气场",笼罩、浸润着知识阶层特别是上层社会。

---

① 参见陈宝良:《晚明生员的弃巾之风及其山人化》,《史学集刊》2000年第2期。
② 顾炎武:《顾亭林诗文集·亭林文集》卷一《生员论上》,中华书局,1959,第22页。

如前所述，在明代山人的发展过程中，依次出现了三种类型或三种形态，娱乐型、政治型、游食型。虽然三种类型或形态同时并存且相互转化，但由于出身、地位及所处生存环境的不同，其行为品质也不一样，晚明的娱乐型山人张凤翼、陈继儒、薛冈等和政治型山人汪文言、黄正宾、赵士祯等即对游食型山人嗤之以鼻，以至决不自称山人，也不喜欢别人称其为山人。即使是游食型山人，性情、禀赋也因人而异。尽管这样，各类山人所表现出来的思维方式和行为方式却有其共性，即以自我为中心，我行我素。脾性相投者，亲之爱之、相互标榜；一言不合，或怒目相视、恶语相加。与此同时，山人的"布衣"身份和"闲散"特点，也决定了他们即便参与政治、跻身政坛、成为幕僚，也仍然保持着充分的自由度。他们可以承担责任，也可以不承担责任；可以嘻笑怒骂，也可以剑拔弩张；合则成刎颈之交，不合或拂袖而去。他们追求的是感觉上的痛快和率性，缺乏的是理性上的冷静和淡定，尤其缺乏坚忍不拔的精神和大局意识。

明代山人的这种习性，或者是从其安身立命的"诗"中而来。清人为明代"山人"文学其实是新潮文学归纳了以下特点：第一，率性随意："得乎自然以悦性情，……称心而出，无复锻炼之功"；[①]第二，相互标榜："稍能书画诗文者，下则厕食客之班，上则饰隐君之号，借士大夫以为利，士大夫亦借以为名"；[②]第三，目空一切："自谓天地之大，无不阅历"。[③]

[①] 《四库全书总目》卷一八〇《雅尚斋诗草（高濂撰）·提要》，第1624页中。
[②] 《四库全书总目》卷一八〇《牒草（赵宧光撰）·提要》，第1626页中。
[③] 《四库全书总目》卷一二八《燕居功课（安世凤撰）·提要》，第1104下。

明代山人的这种习性，与风靡一时的王阳明心学及书院讲学应该也有极大的关系。他们既可从王学"心外无事""心外无理"的教条中得到启示、得到鼓励，更在行为上存在共性。在李贽的眼中，讲学的"圣人"与游食的"山人"其实没有什么不同："今之所谓圣人者，其与今之所谓山人者一也，特有幸不幸之异耳。幸而能诗，则自称曰山人；不幸而不能诗，则辞却山人而以圣人名。幸而能讲良知，则自称曰圣人；不幸而不能讲良知，则谢却圣人而以山人称。"①张凤翼更将二者的特点归结为"籍布素以为游扬之计"。②

诗歌可以游戏而成，乃至必须游戏乃成；学术可以率性而出，乃至必须率性乃出。但游戏和率性一旦渗透到山人的血液之中并演绎成群体个性，并扩散到知识阶层，一定程度上成为知识阶层和上层社会的思维方式和行为方式，后果就极其严重。而活跃在晚明政局的各类政治人物、各个政治派别，无论东林、清流，还是浙党、阉党，除了极少数如黄尊素等，恰恰都陷入这种思维方式和行为方式。人人自认为是在捍卫儒学道统、维护祖宗法度，并且有不少人表现出极大的斗争勇气和崇高的精神气节，但在很大程度上却是在进行着不讲斗争策略、不顾国家大局的"斗气"，进而演绎成因脾性不相投、言行不顺眼而发生的党同伐异、利益争夺。一方面是人人都在指责山人，另一方面却人人沾染上山人的习性。

和所有的群众运动一样，山人运动一经发生，也是不以人的意

---

① 李贽：《焚书》卷二《书答》。
② 张凤翼：《处实堂集》卷六《奏记·大宗伯陆师》，《四库全书存目丛书·集部》第137册，齐鲁书社，1995，第381页。

志为转移的。更何况,这场运动并非是由某一两个个人所发动,而是自成化、弘治以来,多元化社会格局形成后政治、经济、文化各种因素综合推动的结果,是多重价值标准并存且相互作用的结果,是无数人在其中推波助澜又随波逐流的结果。这个过程没有任何人有意识地操纵,也没有任何人能够预见结果并控制其运行,一切都是在自然而然中发生,在自然而然中发展。

天启元年,吏科给事中侯震旸上了一道《敬剖和同之旨以销结习疏》,疏中以汉唐及宋代朋党之争为例,指出:"窃惟朋党祸国,人皆知之。而汉唐宋末季皆不免,何也?人默运于风气中,有不自觉者;即觉,有不自持者。"联系到当时,发生了同样的问题:"冲君御极,众正匡扶,虽海宇拭目明良之会,亦群情占望风影之时。无论搢绅,臣见山人墨客,下邑穷乡,亦心各有主,喙各争鸣,喜为左右袒。此真风气所流,有不知其然者。"[①]所谓明代党争、明代结社,晚明政局中结成的种种"梁子"、发生的种种"误会",正是在这"风气所流"、在这"不自觉"或"不自持"中、在这个山人的"气场"中,被一只无形的手推动,愈演愈烈。

崇祯初,文震孟将天启时的"阉党"与正统、正德时进行比较,发现了一个令人不解的现象:王振、刘瑾当道时,"小人附之者犹视为旁门曲径,惟恐人知";而魏忠贤当道时,"小人附之者视为康庄大道,共知共见。"[②]在东林、清流看来,"阉党"皆为小人,这本是毋庸置疑的。但"阉党"在抨击东林、清流时,却也理

---

① 侯震旸:《敬剖和同之旨以销结习疏》,《明臣奏议》卷三六,《四库全书》第445册,第604、606页。
② 文震孟:《黄忠端公(尊素)神道碑铭》,《明文海》卷四六四《墓文三十六·忠义》,《四库全书》第1458册,第620页。

直气壮。故在魏广微的名单中,被清流视为"小人"者皆为"正人",而所谓清流则皆被斥为"邪人"。在这场相互攻讦中,小人之龌龊、君子之隐私,统统被揭露出来,都被对手在灵魂深处挖掘私心歹意。在这种的形势下,是非模糊、清浊混淆,君子小人,难从得辨。张居正曾经给万历初年的明朝带来新的生机,但在东林中以既謇谔敢言又深识远虑著名的黄尊素,却将其与张璁、严嵩乃至王振、刘瑾、魏忠贤相提并论。①魏忠贤在天启、崇祯之际被认为是罪恶滔天,人人得而诛之,然当明末局势无法收拾之时,却得到一些清流派人物的怀念:"魏珰"若在,时局或不至如此?②"东林"既以正义自居,"阉党"又何不自视为康庄大道?"东林"与"阉党"之争,不仅不以崇祯所定"逆案"而告终,却一直延续到南明,延续到清朝顺治、康熙年间,就是因为人人都以正义自居,都自认为是在走一条康庄大道。

魏大中之攻魏广微、杨涟之上魏忠贤二十四大罪,都是清流对阉党的堂堂正正、壮怀激烈的斗争,也是最能体现清流气节的故事,但恰恰表现出意气用事和缺乏责任。杨涟劾疏未上时,黄尊素劝曰:"谏官章入,或听或不听,可姑置之。公大臣也,一击不中,祸移之国矣。"杨涟茫然,仍不顾其言而上疏。魏广微与东

---

① 《明史·黄尊素传》云,魏忠贤杖毙万燝,尊素抗疏曰:"进廷杖之说者,必曰祖制,不知二正之世,王振、刘瑾为之。世祖、神宗之朝,张璁、严嵩、张居正为之。奸人欲有所逞,惮忠臣义士掣其肘,必借廷杖以快其私。"(第6362页)
② 按:1986年10月,笔者携《从明末农民战争看汉族地方阶级》一文,出席在四川绵阳举行的明末农民战争史会。论文撰写过程中,在一册晚明笔记中见到关于"怀念"魏忠贤的记载,惜乎当时急于完成文章,将所见页码折叠而未摘录卡片。从四川回来后,将这一批书还给江西师大图书馆。若干年后反复寻查未见。谨识于此,以俟知者垂示。

林、阉党的关系十分微妙，魏大中以"大享不至"的纤细小事，小题大作，将露章弹劾。黄尊素又力阻之："不可，昔刘瑾之祸，成于焦芳。二魏之交，过于刘、焦。使其无返顾之虑，吾辈何所税驾乎？"大中不以为然，"笑曰"："应山（赵南星）击内魏（忠贤），某击外魏（广微），无论济否，皆后日史册大节目也。"对于魏大中的视政治为儿戏，黄尊素正色道："奈何以国家之事殉兄名节乎？"①一百年后，乾隆皇帝竟然表达了与黄尊素相同的观点："东林诸人，始未尝不以正。其后声势趋附，互相标榜，糅杂混淆，小人得而乘之，以起党狱。是开门揖盗者，本东林之自取，迄明亡而后已。何取乎帝后殉节为有光哉？"②

这种类似于山人思维方式、行为方式的意气用事而不计后果，率性痛快而不顾大局，不幸成了晚明政局的一大特征。作为东林的领袖人物，顾宪成既忧心忡忡地呼吁："天下事，君相同心方可为，其次阁铨同心亦得一半。……使若尽得人，士习民风，庶几小补。"③却又留下了一段与大学士王锡爵的经典对话：

> 娄江谓先生曰："近有怪事，知之乎？"先生曰："何也？"曰："内阁所是，外论必以为非；内阁所非，外论必以为是。"先生曰："外间亦有怪事。"娄江曰："何也？"

---

① 文震孟：《黄忠端公神道碑铭》，《明文海》卷四六四《墓文三十六·忠义》，《四库全书》第1458册，第621—622页。
② 乾隆"御制"：《题东林列传》（乾隆戊戌），陈鼎：《东林列传》，《四库全书》第458册，第173页。
③ 沈佳：《明儒言行录》卷九《顾宪成·行状（高攀龙撰）》，《四库全书》第458册，第928页。

曰:"外论所是,内阁必以为非;外论所非,内阁必以为是。"相与笑而罢。①

这段对话到了谷应泰的《明史纪事本末》中,将"内阁"换成了"庙堂"、将"外论"替换成"天下",于是更加震撼人心:"庙堂之是非,天下必欲反之","天下之是非,庙堂必欲反之"。②

庙堂已无是非,以江湖之是非左右之;而江湖之是非实为意气。朝廷已无主张,以舆论之主张左右之;而舆论之主张实为游戏。虽然王锡爵和顾宪成所处的立场不同,但在对待问题的态度上却高度一致,都是以嘲讽口吻指责对方,却绝不站在全局的立场、国家利益的立场来审视自身的问题、发现对方的合理性。这种态度上承下延,贯穿于晚明政局的种种事端,如京察、如铨选、如党争,政府分化成了一个个追逐自身利益的小团体,整个国家已经没有了统一意志,晚明政局,就在这痛快与率性、意气与游戏之中,日益陷入死局。

(二)"正统文化"与"时代精神"

宫崎市定和谢国桢都说到晚明中国的"精神"和"文化",并且将其与江南特别是苏州及其周边地区的"市隐""结社"联系在一起,认为只有他们才能代表当时中国的"民族精神",才是当时中国"文化的正统者"(见前文)。陈寅恪先生晚年作《柳如是别传》,其实也是在用自己的人生经历,感悟、体验、印证进而探讨

---

① 黄宗羲:《明儒学案》卷五八《东林学案·端文顾泾阳先生宪成》,第1377页。
② 谷应泰:《明史纪事本末》卷六六《东林党议》,第1027—1028页。

明清之际以苏州为中心的江南士风与士大夫的精神特征。

无独有偶，明代"山人"恰恰盛产于"市隐"和"结社"的主要发生地和集结地江南特别是苏州及其周边地区。在笔者所辑录的能够确定地域的明代山人，绝大多数出自南直隶、浙江和福建，分别占总数的50.0%、19.9%、10.2%，其次是江西和湖广，分别占5.34%、4.37%。在南直隶的山人中，苏州独占52.4%、徽州占22.3%，其余则散布在松江、应天、常州诸府。福建山人大抵出于福州、兴化，江西则在南昌、抚州。相对而言，浙江的分布最为均衡，嘉兴、宁波、杭州、绍兴、温州、台州、金华等地均出现成批的山人。

可见，山人的发生是需要"气场"的。而从山人的分布状态可以看出，明代中后期其实存在着若干个产生山人的"气场"，而以苏州为中心的江南一隅最为强劲。虽然山人运动席卷全国，但在严格意义上却是在多元化社会中产生，并最终从以苏州为中心的东南地区涌向全国各地的中心城市，特别是京师北京的文化—经济浪潮。

明代多元化社会的出现，不仅仅表现在仕途、财富、文化三种价值标准的并存，还表现在至嘉靖、万历时期，国内实际上已经形成了三大中心：政治中心北京、经济中心苏松杭嘉湖、文化中心南京—苏州。

明朝迁都北京，以南京为留都，本用以控制江南，这个政治目的确实达到了。但与此同时，却生产出了一个文化"异己"。南京和苏州，本来分别是朱元璋和张士诚两个政治对手的统治中心，朱元璋以军事力量摧毁了张士诚，苏州却以文化力量征服了南京，并和南京一起，成为明代中后期的文化中心。而其依托，则是以苏松杭嘉湖为核心，以徽州、扬州、常州、镇江、绍兴、宁波为外围，包括南直江南地区及浙江、江西、福建、湖广在内的大经济圈。这个经济圈大致相当于南宋的主要统治区，是当时中国经济的命脉所在。经济中心与文化中心连为一体，一方面支持作为政治中心的北京，另一方面又对北京构成经济上和文化上的压制。北京固然可以凭借国家权力进行政治统治，南京和苏州则可以利用它的文化力量凝聚人气、营造气场，更以大江南的经济实力为基础，在文化层面上俯视北京。而且，经济越是发达、社会财富越是积累、社会越是趋于多元化，文化的影响力也越是压制政治的影响力。

这样，所有希望能够在江湖上混出名头，特别是希望能够在北京有所作为的文化人，都必须在苏州、南京交朋会友，取得这个文化圈的认可。明代具有重要影响力的著名山人，从早期的孙一元、王宠，到中期的吴扩、黄省曾、陈鹤、沈明臣、徐渭、郭造卿、王穉登，再到晚期的薛冈、赵宧光、陈继儒，均不例外。即便被谢榛营救的北方山人卢柟，尽管受到赵王府的优礼，也需要"遍走吴会"，在这个文化圈"拜山"，才能获得更大的空间、博得更大的名声。犹如山人"泛化"时的小唱、游棍，欲效山人行径向边镇寻食，必须得到京师文化人的荐书一般。李攀龙、王世贞等人与谢榛"交恶"，并不全在于谢榛没有取得"功名"，或者更是因为他与这个圈子的文化人不同脾性因而得不到认同。

但是，无论站在当时统治者的立场，还是站在今天研究者的立场，这个在明代中后期压制、俯视北京，并且被宫崎认为是"正统文化"代表的南京—苏州文化，都只能属于"江湖文化"，只能是非主流文化。当年的大学士王锡爵虽然是苏州太仓人,但既然身处庙堂,他在和顾宪成争论"内阁"与"外论"、"庙堂"与"天下"的关系时,便理所当然地站在庙堂和正统的立场上,来讨论文化的主流、文化的正统问题;而顾宪成虽然不是苏州人,却是站在苏州的立场、站在江湖的立场上来讨论同一问题的。

严格地说,所谓的苏州文化——山人所代表的正是这种文化——虽然在东南地区强大的经济支持下,引导着当时的社会思潮,也在很大程度上体现着时代的精神,而事实上却是由以苏州、松江为中心形成的江南经济文化发达地区的在野派文化人的思维方式和行为方式,是以从明初杨维桢、高启,到明中期唐寅、文徵明、王穉登,再到晚明赵宦光、陈继儒等人为代表的与庙堂文化、正统文化若即若离乃至分庭抗礼的地域性文人文化。它对于推动明朝前期的严峻冷酷到明代中后期的自由奔放,对于推动明代社会的多元化进程,曾经起着十分重要的作用。但在多元化社会形成之后,要建立起新的文化、经济秩序并引领它向正确的轨道行进,却不是南京—苏州文化所能胜任的。

就在王世贞、陈继儒以"苏松"、以"吴中"沾沾自喜时,处在相邻地域文化圈冷眼相看的"浙人"沈德符却毫不客气地指出"吴吻儇薄"。[1]这未必不是当年"浙党""楚党""齐党"及此后的"阉党"与"清流""东林"为敌的文化层面上的原因。两百年后,常州阳湖学者赵翼仍在讨论苏州文化的这一特征:"才情轻艳,

---

[1] 沈德符:《万历野获编》补遗卷三《刑部·山人蜚语》,第873页。

倾动流辈,放诞不羁,每出名教外。"①谢国桢先生充满向往地描述当年江南士人的结社盛况:"结社会朋,动辄千人。白下、吴中、松陵、淮扬,都是他们集会之所。秦淮河畔桨声灯影,虎丘池边塔影夕阳,桃叶间渡,小院留人。"②但身在海外的宫崎市定却更加客观地指出苏州文化有"太随意性"的缺陷,并认为:"复社虽说是党羽半天下,但另一方面不能忽视它也具有严重的排他性。"③

中国国土辽阔、民族众多,各地域间、各民族间、城市与乡村间,文化习俗都存在着巨大的差异,需要有包容而大气、坚忍而霸气的文化精神进行统驭。但是,通过山人表现出来的以南京—苏州为代表的貌似时代精神的地域性文人文化、以复社为代表的文人结社的排他性小团体主义,缺乏的恰恰是这种包容和大气、坚忍和霸气,这就注定了它不可能上升为主流文化、正统文化。

但是,正是这个既代表不了也不应该代表中国整体文化的以苏松为中心的江南地域性文人文化和小团体主义,却通过山人运动及其他途径向全国传播,将中国的知识阶层、中国的庙堂决策者们笼罩在这带有明显缺陷的文化气场之中,从而获得了太多的话语权,从而造成一种普遍的误解,以为这里发生的一切事情都能够代表中国。只是当在许多时候无声无息、滑出庙堂视野的中国西北和东北地区最终对整体中国构成天崩地裂般影响的时候,人们才陡然发现,就在东南沉浸在莺歌燕舞之中时,西北已经是饿殍遍野;就在国家过

---

① 赵翼:《廿二史札记》卷三四《明中叶才士傲诞之习》,中华书局,1984,第783页。
② 谢国桢:《明清之际党社运动考》,第7页。
③ 宫崎市定:《明代苏松地方的士大夫和民众》,《日本学者研究中国史论著选译》第六卷,第256、258页。

多地把注意力放在东南发达地区时,西北和东北已经不可收拾。

但这既不能怪山人,更不能怪南京—苏州文化。虽然他们从本质上说是"江湖文化",是非主流思潮,并且压制着庙堂文化、压制着正统思潮,但无论它有多少缺陷,却多少代表着一些正义、代表着一些民心;而已经分裂成若干个利益集团的庙堂文化、正统思潮表现出来的却是比山人更甚的私欲,是比结社还要狭隘的小集团利益。王锡爵责怪"外论""天下"不以内阁、庙堂之是非为是非,却没有认识到,代表正义、代表公平、代表民心,本应是庙堂是非的基本属性,既然庙堂之是非无法反映天下之是非、引导天下之是非,又岂能责怪江湖之是非?当读书人通向官场的道路变得越来越狭窄,而内府、相府、帅府、藩府及各级衙门却不断利用国家权力侵夺越来越多的社会财富并成为"杀贫济富"工具时,又岂能责怪山人及其他社会阶层通过"游食"的方式向政府觅食、向同类谋求生存?

当然,最终将晚明政局逼进死局的,并不是山人运动、南京—苏州文化,也不是结社、党争,而是因为长年水利失修、库藏空虚而导致的"赤地千里""饿殍蔽野",是因为严重的贫富不均、荒政不行而导致的西北"流贼"一再死灰复燃、愈演愈烈,是因为几乎完全丧失军事对抗能力而导致的辽东"奴兵"连续攻城掠地、步步进逼。这个国家的"大政局"在明朝的最后数十年中一直制约着庙堂的"小政局"。但是,如果不是小政局接连不断地发生问题,大政局或许不至于如此不可收拾。

晚明政局、晚明社会就这样以自己带有喜剧色彩的悲剧结局,给人们展示出一个自相矛盾的社会发展历程。

多元化社会的形成本来应该是时代进步的标志。但在中国历史上,却每每因财富积累而导致贫富不均,因国家承平而导致因循守旧,因社会开放而导致涣散动荡,因自由过度而导致规矩丧失。与此相伴而生的,则是国家主导作用的日渐缺失和对外防御能力的急剧下降。中国历史上所有有一定规模并且持续相当一段时间的王朝,大抵上都在一遍又一遍地演绎着这个乐极生悲的故事。但是,由于天假时日,使得明朝将这个故事演绎得更为充分:当安史之乱改变唐朝行进方向时,明武宗正德皇帝和孙一元孙山人的表演才刚刚开始;当多尔衮的先人攻占北宋都城汴梁时,嘉靖皇帝尚未退居西内,而山人吴扩也尚未准备好北上的行囊。

从某种意义上说,李自成的取代明朝及清朝的入主中原,倒是在为中国文化注入它正在日渐消损的包容和大气、坚忍和霸气。据称范文澜先生曾说,清朝是带着丰厚嫁妆而来的。[1]但这份嫁妆,不仅仅是广大的国土,更重要的是通过它的坚忍和霸气,改造以苏州、以结社为代表的晚明文化的狭隘和小气,从而建立起更为包容和大气的民族文化。明朝士大夫对李自成的大顺政权及此后进关的清政权的迅速接纳,也不仅仅是出于生命和财产的考虑,同时也是对本朝、本阶级乃至本民族(即汉民族)的文化失去信心。但是,在这个接纳与重建的过程中,付出的代价也是极其惨痛的,甚至是难以逆转的思想和精神层面的倒退。

原载《中国社会科学》2010年第1期

---

[1] 参见刘泽华:《关于倡导国学几个问题的质疑》,《历史教学》2009年第10期。

附　记：本文发表时有一条注释："1986年10月，笔者携《从明末农民战争看汉族地方阶级》一文，出席在四川绵阳举行的明末农民战争史会。论文撰写过程中，在一册晚明笔记中见到关于'怀念'魏忠贤的记载，惜乎当时急于完成文章，将所见页码折叠而未摘录卡片。"此后，有两位朋友和两位学生先后告知他们见到的出处。如今网络和数据库强大，检索也十分方便，记载此事的，有冯梦龙的《甲申纪事》卷六《燕都日记》："（甲申三月）十四日，起复内臣曹化淳，化淳经事故珰魏忠贤，奏言：'忠贤若在，时事必不至此'。"张岱《石匮书后集》卷六一《宦者列传》："甲申三月，贼势甚急，起（曹）化淳管理皇城。化淳奏言：'忠贤若在，时势决不败坏至此。'"此外，徐鼒《小腆纪年附考》、戴笠《怀陵流寇始终录》等也有类似记载。虽然此事的真伪有待考订，却符合当时人们的一种共识，"时势"至此，与明朝上下无统一意志密切相关。

明末购募西炮葡兵始末考

一、明廷购募西炮葡兵之背景

自正德初佛郎机炮传入，迄万历之末，为时已逾百年。据《续文献通考》与《明史稿》所载，此百年中仿造之火器，名目不下百余种。明廷于铸造与使用之方法，自不能与同时期西洋火器并驾齐驱，然以其防御经济文化远较落后之蒙古、女真，当可克敌制胜，则西洋火器再次传入之问题或不至发生。乃万历天启之际，努尔哈赤崛起，辽东名城先后陷没，明军攻守所用之大小火器，悉入敌手。故徐光启称："我之长技，与贼共之，而多寡之数，且不若彼远矣。"① 此一严峻形势，使明廷上下均感内廷仿造之西洋火器已不足适应当时战争之迫切需要，而不得不采纳李、徐之建议，进而直接购募葡炮与葡炮手来华助战，于是西洋火器之输入，乃进入一新时期。此一局面所形成之根本原因，当为明末政治之腐败与濒于崩溃

---

① 沈国元：《两朝从信录》卷六，天启元年五月。又见《徐光启集》卷四《谨申一得以保万全疏》。

之社会经济，习知万历、天启两朝史事者莫不知之。兹仅略举促成购募葡炮、葡炮手之近因，借以说明此一事件之背景。

近因之一为火器铸造之无法。

此点与明代匠役制度有密切关系。明初籍各省工匠为匠户，其中又有轮班匠与住坐匠之分。万历重修《明会典》（以下均据此本）：

> 凡轮班人匠，洪武十九年令籍诸工匠，验其丁力，定以三年为班，更番赴京输作三月，如期交代，名曰轮班匠。仍量地远近以为班次，置勘合给付之，至期赍至部听拨。免其家他役。

> 凡住坐人匠，永乐间设有军民住坐匠役。宣德五年令南京及浙江等处工匠起至北京者，附籍大兴、宛平二县。仍于工部食粮。①

此种工匠，其中须更番赴京服役之轮班匠为数达二十三万余，彼等背井离乡，自非情愿。故抵京后常有逃亡。迄年久弊生，应征时不免少壮巧避，老弱滥竽，反成政府之重负。明廷除不时予以剔除外，于成化时遂创班匠征银代役之法。《明会典》：

> 凡班匠征银，成化二十一年奏准：轮班工匠有愿出银价者，每名每月南匠出银九钱，免赴京。所司类赍勘合赴部批

---

① 《明会典》（万历重修本，下同）卷一八九《工部九·工匠二》。

工。北匠出银六钱，到部随即批放。不愿者仍旧当班。①

征银之法行，轮班匠之技艺遂不可问。其住坐匠之情形，自难例外。据《明会典》，隆庆初清查内官等监各官匠，于原额一万七千余员名内，除逃亡不补外，裁革老弱六百余员名，存留一万五千八百余员名，着为定额。②

明设军器、兵仗二局，于制造盔甲刀枪而外，并分别承造各种火器。隆庆初，兵仗局官匠计一千七百余员名，军器局一千五百余员名，均由上述轮班匠或住作匠中分派而来者也。终明之世，除少数之例外，明廷仍坚持永乐以来禁止火器外造之政策，故大部火器均出于此辈工匠之手。然嘉靖中佛郎机等西洋火器传入，其仿造却赖粤匠。《续文献通考》载：

> 世宗嘉靖三年四月，造佛郎机于南京。南京守备魏国公徐鹏等疏请广东所得佛郎机铳法及匠作。兵部议：佛郎机铳非蜈蚣船不能架，宜并行广东取匠于南京造之。诏可。③

粤匠中又以东莞人造者最佳。严从简《殊域周咨录》引《月山丛谈》：

> 铳制须长，若短则去不远。孔须圆滑，若有歪斜涩碍，则

---

① 《明会典》卷一八九《工部九·工匠二》。
② 《明会典》卷一八九《工部九·工匠二》。
③ 《续文献通考》卷一三四《兵考十四·军器》。

弹发不正。惟东莞人造之与番制同，余造之往往短而无用。①

据《明会典》，军器局于嘉靖二年曾造大样佛郎机三十二副，长二尺八寸五分。七年造小样佛郎机四千副。此后亦间有制造②。可见明廷当时就曾由广东召取此类铳匠至京仿造西洋火器。然整个匠役制度并未予以改良，火器铸造基本上仍由中央包揽。隆庆中，戚继光练兵蓟镇，即叹佛郎机铸造之失法，而上距嘉靖初尚未逾五十年也。《练兵实纪》论火器：

> 今之佛郎机铸造失法，甚有母铳口大、子铳口小，欲将铅子如母铳之口，则小铳之力不能发。盖机铳子母为二，子铳口边有隙泻火气，火气常弱也。如照子铳制子，则子小，母铳腹大，药气先出，子即滚落，即发，去亦不远不中。又子铳之口多与母铳口不合，药发则火气激回于后，不复俱送子向。……求其善用，必将母铳口铸与子铳口合，子铳须深衔于母铳之间。③

同书又论夹把枪：

> 夹把枪之制，即快枪也。但多一铁把，以备急时充铁棍之用耳。缘所制之人，洞晓此中病痛者既少，而又无一毫认真之

---

① 严从简：《殊域周咨录》卷九《佛郎机》。
② 《明会典》卷一九三《工部十三·军器·火器》。
③ 戚继光：《练兵实纪》杂集卷二《原火器》。

心，不过卷成铁筒而已。腹内未曾用钢钻钻光，以致铅子不得到底，出口不直。铳身单卷成器，时有炸损。人手不敢托架于前，却以双手持柄后，又用一手点火。……火未出而手先动，铳已歪斜，铅子何由得准？①

以上描绘当时火器铸造之粗劣，影响火力之发挥，至为详悉。迄万历中，承张居正励精图治、整边选将之后，侈言三大征，务粉饰太平，火器之制造益不可问。万历、天启间，辽东告警，不仅外解火器无可用，即盔甲亦极不堪。《筹辽硕画》载徐光启于己未（万历四十七年）季夏所上《感愤益切疏》有云：

职又见在辽回还人等言，贼兵所带盔甲、面具、臂手，悉皆精铁。马亦如之。我兵盔甲既皆荒铁，胸臂之外，有同徒袒。贼于五步之内专射面胁，每发必毙，岂堪抵敌！②

沈国元《两朝从信录》记天启元年闰二月辽东巡抚袁应泰《夷氛正炽、应援太缓疏》，言及当时所用火器：

以器械言之，御虏长技莫如火器。内府解发铜炮虽多，放辄炸裂，不得不造铁炮。然非一朝夕一手足所成。项臣疏请发

---

① 戚继光：《练兵实纪》杂集卷二《原火器》。
② 程开祐：《筹辽硕画》卷二三。《徐光启集》卷三《练兵疏稿一》作《辽左阽危已甚疏》。

蓟保、宣大、山西督抚料价共五万八千余两（制铁炮）。①

于是廷臣遂竞言设专官、取边匠以改革原有之匠役制度。《两朝从信录》又载：

（天启元年）三月丙子，御史侯恂上言：……器械不精，以卒予敌。今外解者尽属滥恶，厂造者又属虚糜，直欲张拳耶？合精选廉干司官晓畅法制者，一如经臣疏请，久任以董其事。而巡视之职，日省月试，实行举劾。若然则工费自省，器械自精。一有请发，随呼随应。

（同年）四月，刑科董承业敬献目前至计：……一议器械火药往往制造无关于实用。乞敕工部调取各边精巧匠役一二百名赴京，与见在匠役互相指示，并力制造，务求堪用。仍刻期催督，可无玩愒之弊。②

凡此建议，明廷均置若罔闻。迄崇祯时，命广东解送火器见于记载，为数亦甚可观。其中以大粤铳与鸟嘴铳为多。且随来造铳匠作与放炮教师③。于此可见，当时明廷之火器制造已日益仰赖于广东。

---

① 沈国元：《两朝从信录》卷六。另见《明熹宗实录》卷七，天启元年闰十月己酉。
② 沈国元：《两朝从信录》卷六。
③ 《明清史料》乙集第九本兵部题"两广总督熊文灿咨"行稿。同书乙集第八本兵部行"两广总督军门坐班承差廖宗文呈"稿。又乙集第八本兵部行"广督牌委都司何吾媿等呈"稿。

总之，西洋火器之铸造，要求十分精密，有如汤若望在《火攻挈要》中所云："西洋铸造大铳，长短、大小、厚薄、尺量之制，着实慎重，未敢徒恃聪明，创臆妄造，以致误事。必依一定真传，比照度数。"①在明朝窳败匠役制度下挣扎之工匠，自不能以此要求之。

匠役制度而外，当时铸炮所需之原材料，如铁、煤诸物，均稀少而昂贵，就搜括俱穷之明廷而言已成重负，遂亦为火器铸造之大障碍焉。故崇祯六年工部尚书周士朴有移厂就料之奏：

> 主事孙肇兴回称，察得军品所需：一铁料。京局打造必建铁为佳，路远难致，数亦限于应手。查有山西潞安、长治地方所产铁料，细腻堪用，各边成造军需均取于此。以彼地之物而即于彼地成造，非惟铁价贵贱相为倍蓰，而运铁与军器轻重亦相天壤矣。……一造器煤炭。京局用者输于百里之外，至山西出铁地方即出炭与煤□，较京用价值何啻相悬。……一钢铁。京局所用皆来自芜湖、河南，路远价贵。若办之山西，相去亦近，脚价既廉，料价自省。……如谓山西乱尚未平……南京亦甚为相宜者。……奉圣旨，军器宜责成两厂如式制办，不必差官外造，委卸滋扰。②

铸造之另一障碍为官场之政争而导致的官员挟私害公，致火器多炸。天启元年五月徐光启《与李我存（之藻）太仆书》云：

---

① 汤若望授，焦勖述：《火攻挈要》卷上。
② 《崇祯存实疏钞》卷五。

火器一节，少不如法，非止无益，伤害极惨，尤宜慎之。昨与敝同年言一器佳恶，而孙恺老言，不必辨，第须造成试之。此言可谓居要。第试亦有真伪。今之名为试验，实受匠役所欺者多矣。①

光启于此实有所指而云然。《崇祯长编》载：

（崇祯三年）一月庚午朔，丁亥，工部虞衡司郎中王守履以试炮多炸，皆因王建侯求南居益荐升吏部，居益以公论属之孙必显，建侯含恨，乘此为下石之计，敢于故毁若此。臣就发回六十二具言之，中有□体俱全者二十六具，注水其内，得毫无渗漏者一十四具，因无命不敢再试。夫神器又非修怨之资，朝廷岂说谗之所，奈何挟私故损？且于不炸者称炸，坏法罔上，比之造铳不精者罪孰大焉。帝以试验神器，关系重大，借口未谙，犹可矜恕，何云挟私故毁？王建侯其据实毕陈。后建侯遵旨回奏。帝命各部堂官同各科掌印官将二人讦辨情事查明确议奏闻，不得徇隐。议上，下守履法司。②

盖诸臣议不如守履言。工部尚书南居益以疏救，削籍归。后守履杖六十，斥为民③。在明廷臣结党营私、政争不择手段之恶习下，火器铸造自亦不能免于波及也。

---

① 徐光启：《庖言》，录自徐景有《从徐氏〈庖言〉研究李我存、杨淇园与徐文定公》。（载《圣教杂志》廿五卷八期）
② 汪辑等辑《崇祯长编》卷三四。
③ 《明史》卷二六四《南居益传》。

近因之二为火器使用之无法。

此又与明朝京军之日趋腐败密切关联。明初火器集中京营,特加珍秘,盖犹居重驭轻之遗意。永乐、宣德时,京营实为全国军队精锐所萃。谭广、柳升辈均以名将领神机营从征伐,出则有功[①],即与火器有关。正统十四年土木之败,从征京军尽皆陷没。景帝监国,首输南京火器于京师,于谦犹能以在京军马火器却也先于九门之外。谦为兵部尚书,别选胜兵为团营。天顺、成化时,几经罢复,迄于嘉靖,京营遂不可问。《明史稿·兵志一》云:

> (嘉靖)二十九年,俺答入寇,兵部尚书丁汝夔治兵核营伍,不及五六万人。驱出城门,皆泗涕不敢前。诸将领亦惴惴然变色。帝诛汝夔。……吏部侍郎王邦瑞摄兵部事,因言:国初京营劲兵不减七八十万,而元戎宿将不乏人。自三大营变为十二团营,又变为两官厅,虽浸不如初,然原额军尚三十八万有奇,而在营操练者实不过五六万人。户部支料则有,兵部调遣则无。敌骑深入,守城出战,动称无军。即见兵,率老弱疲惫、市井游贩之徒。衣甲器械,取给一旦。团营所理者何事?任其耗散至此极也。此其弊不在逃亡,而在占役;不在军士,而在将领。今提督武臣,即十二团营之总帅;坐营等官,即各营之主帅;而号头把总之类,又古偏裨之官。其间多纨袴世胄,平时占役营军,以空名支饷,临操则四集市人呼舞博笑而已,军安得足且精乎!先年尚书王琼、毛伯温、刘天和尝有意

[①] 《明史》卷一五四《柳升传》、卷一五五《谭广传》。

整饬矣,然将领恶其害己,阴谋阻挠,军士又习骄惰,竟倡流言。事复中止,酝害至今。①

于是悉罢团营、两官厅,复三大营旧制,设总督戎政武臣一、协理文臣一,募精卒四万人实之。然新立之三大营,仍不免世胄纨绔盘踞朘削之苦。万历三十六年,戎政尚书李化龙奏陈京营之十二苦、十一滥、十九宜②,可见改团营、官厅为三大营,不过是名称的变换,并无实质意义。天启初,京营粮饷菲薄,须承担"搬运胖袄军器、抬送银两火药"等差役③。昔日独拥火器、出则有功之京营,竟沦为盔甲器械不全、苦累不堪之搬运队矣。

当京军日趋腐败之时,即火器外造与边军习知使用火器之始。

各边之有火器,始于永乐,然仅得置炮架而已。宣德中以谭广请,颁火器各边,所给亦极为有限④。迄于正统,思机发叛于西南,倭寇骚扰于东南,西北则有瓦剌之入侵,当时明廷既自顾不暇,四川遂于正统十四年自造火器,启火器外造之端。其后湖广、广西、山东、南直、甘肃、山西相率请准自制火器。明廷珍秘火器、不许外造之政策,至是破坏无遗。正德、嘉靖间,南倭北虏,为祸日烈,东北建州,亦悍酋辈出。名将俞大猷、戚继光、李成

---

① 王鸿绪:《明史稿》兵志一《火器》。又沈德符《万历野获编》卷一七《兵部·京营操军》。
② 王鸿绪:《明史稿》兵志一《火器》。
③ 沈国元:《两朝从信录》卷一一,天启二年正月下。
④ 王鸿绪《明史稿》兵志一《火器》:"永乐十年敕开平备御成安侯郭亮等,自开平至怀来、宣府、万全、兴和诸山顶,皆置五炮架。"又列传三〇《谭广传》:"宣德五年敕宣府总兵谭广:神铳国家所重,在边墩堡量给以壮军威,勿轻与人。"《明史》卷六八《兵志四》、卷一五五《谭广传》同。

梁等先后造战车、练火器以御敌,火器益萃集各边。唯北边各军于使用火器,素未讲求。隆庆初,召戚继光为神机营副将,寻奉命练兵蓟镇。继光上疏,谓边军有火器不能用、诸镇入卫之兵漫无纪律。蓟镇为京师近卫,尚且如此,则他可知。旋擢继光总兵官,镇守蓟州、永平、山海关诸处。继光以"边军木强,律以军法,将不堪"为由,"请募浙人一军,用倡勇敢"。①盖练习使用火器,非严军纪不为功也。继光据其实践经验,撰《练兵实纪》一书,书中《兵器解》一卷,于火器虽仅列无敌大将军、佛郎机、鸟铳、虎蹲炮、快枪等数项,然于火器之铸造装放,言之颇为详尽。其论"无敌大将军"云:

此器所以击众也。……旧有大将军、发熕等器,体重千余斤,身长难移。预装则日久必结,线眼生涩,临时装则势有不及。一发之后……又必直起,非数十人莫举。今制名仍旧贯,而体若佛郎机,亦用子铳三,俾轻可移动,且预为装顿。……其放法,先将子铳刷尽,用药线一条燃入,外以布裹之,恐击下马子推动也。次下药三升不等,以纸一层盖之,亦防药被打马子击泛耳。药不过二箍下口。次用木马厚三寸。……子铳口小腹大者不可用。其马者上以少土塞之,所以防木马与铳腹有隙处。次下铁子一层,又下土一层,俾子铳皆以土实之,再用木送筑之,如此五次。如尚不满,土子一层,铁子不拘六七层,以平于上第五层箍下口为止。此层不用生土,就于子药上

---

① 《明史》卷二一二《戚继光传》。

加微湿泥粘，高逼铳口筑实，毋使子覆出。乃将母铳酌量远近，以木枕之高下所至为准。下子准入腹，闩定举放。①

如上所云装放之法，可见欲使火器有效使用，非有严格的训练不为功。继光于当时军士使用火器之弊病，亦知之甚悉。《练兵实纪》论火器使用无法：

> 惟有火器是我所长，但火器又有病痛。且如三千军一营，便一营都是火器，不过三千杆，况一营决无此多。又不敢以六百杆一齐放进，思何以为继。只得分为五班，每班不足百杆。临阵之际，死生只在眼前，又人人面黄口干，心慌手颤，或将铅子先入，或忘记下铅子。铳口原是歪斜，大小不一。铅子原不合口，亦尖斜大小不一。临时有装不入口者，有只在口上者，有口大子小、临放时流出者，有将药线燃不得入、用指引唾而燃者，而将火线灭了者。此类皆放不出，已有二十杆矣。放出高下不准、润湿不燃者，又有四十余杆矣。得中者不过二十杆。内有中其腿及马腿，非致命所在，又不能打他死，其中他致命处而死者不过十余人。夫以敌数千人冲来，岂打死十余人可使之走？②

故继光练兵，首以打放必须如式训练军士，以矫乱放不准之弊。《练兵实纪》又列"练手足"，内云：

---

① 戚继光：《练兵实纪》杂集卷五《原火器》。
② 戚继光：《练兵实纪》杂集卷四《登坛口授》。

鸟铳本为利器，临阵第一倚赖者也。……其在操内并临阵，人众齐发，烟火障蔽，非一目可视、一手可措，俱不平执铳身、贴腮，面对照星放打，却垂手抵执与快枪一同样，此则何贵于鸟铳？况名为鸟铳，谓其能击飞鸟，以其能着准多中也。如此打击，势不由人，不知所向，安得中贼，况求之可中鸟乎？查得各队长只管四铳，又分两层，每层二铳，举目可见，稍有差谬，举手可指。相应责成，以后凡放鸟铳快铳，队总即随铳手监看，若仍前垂手放鸟铳，不贴腮面对照者，及鸟、快等铳或不点放，或扣火门火线、朝天放、向地放者，许队长平时或摘牌，或取药筒，或取帽，务获随军轻便什物一件为证，随操毕送处。如遇真操临阵，或割耳、或割须发，即送本营斩首示众，该队长免其连坐。如互相容隐，阅操查出，定将队长一体连坐；临阵，队长与军同斩。①

手足练成，则继练循环放打，以矫正先放与不继之弊：

夫长兵短用，短兵长用，此所谓势险节短之法也。火器、火箭、弓矢皆长兵也，往往敌在数百步外即已打发，及至敌近，与大队齐来，却称火药放尽，铅子欠缺，或再装已迟，每由此而败。缘其故在于操场素无号令以节制之。临时杀手立不定，铳手居前列，每陷于敌，非此之用也。今当先将铳手交与杀手，临阵放不如法、违令先发，径听杀手割耳，回兵查无耳

---

① 戚继光：《练兵实纪》杂集卷四《练手足》。

者斩。铳手若亡，杀手偿命。平日又操之以定令，每于报贼将近时，铳手虽列于外，专听中军号铳。……中军放号铳一个，向敌一面才许放铳。分番如期，每一声喇叭放一次。看中军放起火（箭）一支，方许一体放火箭。如无号铳，便敌到营下，亦不许轻放。若违令放铳打敌者，即一铳打死二敌，亦以违令诛之。如此而更番有法，放铳必能打敌，打敌必能多中，敌亦不能冲我矣。①

更番打放之法，首须铳手与杀手相互之间建立相依为命、存亡与共之纪律，次则打放必听从号令，更番不乱。二者缺一，必为敌所乘。明末军队使用火器与擅长骑射之北方部族作战，每多溃败，多以此故。时继光方立车营，佐以马兵，即所以防敌军冲突而利于火器更番打放也。《练兵实纪》言使用火器诸法，与传教士汤若望《火攻挈要》所言常不谋而合。《火攻挈要》论中国使用与铸造火器之无法有四：

奈何近来徒有火攻之虚名，并无火攻之实效，其故何也？盖因承平日久，疲将骄兵，粉饰虚文，罔计实用。铸铳无法：不谙长短、厚薄、度数之节，不能命中致远；或横颠倒坐，及崩溃炸裂，而反伤我军。造药无法：不谙分两轻重之数、配合研捣之工，不能摧坚破锐；或损枪坏铳，及收晾失事，而延祸极惨。装放无法：不谙远近之宜、众寡之用、循环之术；或先

---

① 戚继光：《练兵实纪》杂集卷二《原用器》。

期妄发，贼至而反致缺误；或发而不继，乘间而冲突可入；或仓皇失火，未战而本营自乱。此贻害莫大，胜着果安在哉!①

戚继光《练兵实纪》较汤若望《火攻挈要》约早七十年，而所言精辟着实，较后者并无逊色。唯言铸造则不如汤氏之精密，则不仅是时代所限，也是当时中国火器发展缓慢而西洋火器进步神速的主要差距所在。

火器铸造之无法，亦给火器使用以不良影响。有如汤氏所言，火器、火药每易炸裂与延烧，遂令使用火器之军士见而生畏，惧不敢用，以致对此克敌利器完全失去信心，反而酿成失败的预感。《两朝从信录》载天启二年正月辽东监军道御史方震孺所上《筹辽五要疏》云：

> 一曰用短不如用长。……何谓用长？奴长弓矢，我长火器。昔者辽阳火器如山，尽以资敌。此用者之不善，非器之不善也。而辽将辽兵遂言火器不得力，不如短棍腰刀之便。今车营火器，仅杜学伸一营。其余火器摆列城堡，可以为守不可以攻也。辽将既不知火器为何物矣，西将习火器者，大将独李秉诚，偏将独谭克从、鲁之由一二人。夫以火器如此之多，而习者如此之少，自舍其长以趋短，岂有幸乎!②

---

① 汤若望授，焦勖纂：《火攻挈要》卷上"详察利弊诸原以为改图"节。
② 沈国元：《两朝从信录》卷一一，天启二年正月。另见《明熹宗实录》卷一八，天启二年正月丙辰。

综观上述铸造无法与使用无法及其相互之影响，吾人于万历、天启间，以拥有各种火器之明军而屡败于徒恃弓矢之努尔哈赤之事实，不难理解。辽东一再败衄，名城尽失，原来萃集关外之火器，尽入敌手。明廷遂不能不急求铸造更精、威力更大、为数更多之西洋火器以为制胜之策。诚如《火攻挈要》中《审量敌情斟酌制器》一节所云：

> 今之大敌，莫患于彼之人壮马波、箭利弓强，既已胜我多矣。且近来火器又足与我相当。此时此际，自非更得迅利猛烈、万全精技，每事务求胜彼一等，或如何以大胜小、以长胜短、以多胜寡、以精胜粗、以善用胜不善用，则胜斯可必矣。如目前火器所贵西洋大铳，则敌不但有，而今且广有矣。我虽先得是铳，奈素未多备，且如许要地竟无备焉。自此而下，其火器不过神威、发煩、灭虏、牙蹲，小器不过三眼快枪。……似此粗恶疏瑕，反足取害，安能以求胜哉？①

且明末将懦兵逃、民穷财尽，募兵措饷，均告无策。而使用新式大炮则可敌众，可守城，可不需多兵，亦即当时徐光启等强兵精器之主张之由起也。

---

① 汤若望授，焦勖纂：《火攻挈要》卷上"审量敌情斟酌制器"节。

二、耶稣会士在华传教与赴澳购募西炮葡兵

此时耶稣会士在华传教事业之发展，亦为西炮再度传入之重要条件，而此一时期之传教活动又与澳门葡人有密切关系。葡人自嘉靖初被明廷宣布驱逐以来，借沿海华人与倭寇之合作，以及明官吏之默许，仍得从事半公开之贸易。明廷虽屡图禁绝，终以当时葡船贸易抽分之所得，已成明廷与广东官府之重要收入，而无法实行。《明史稿·佛郎机传》载：

> 初，广东文武官月俸，多以番货代。至是货至者寡，有议复许佛郎机通市者。给事中王希文力争，乃定令：诸番贡不以时，及勘合差失者，悉行禁止。由是番舶几绝。巡抚林富上言，粤中公私诸费多资商税，番舶不至则公私皆窘。今许佛郎机互市有四利焉：祖宗时诸番常贡外原有抽分之法，稍取其余，足供御用，利一。两粤比岁用兵，库藏耗竭，藉以充军饷、备不虞，利二。粤西素仰给粤东，小有征发，即措办不前，若番舶流通，则上下交济，利三。小民以懋迁为生，持一钱之货，即得辗转贩易，衣食其中，利四。助国裕民，两有所赖。此因民之利而利之，非开利孔为民梯祸也。部议又从之。①

---

① 王鸿绪：《明史稿》列传一九九《佛郎机传》。《明史》卷三二五《佛郎机传》同。

嘉靖二十六年，朱纨为浙闽巡抚，以严海禁及上疏言大姓通倭状，为浙闽诸势家所恶，竟被劾仰药死。传言纨死前曰："纵天子不欲死我，闽浙人必杀我。"[①]纨死，中外摇手不敢言海禁事。当时沿海私商与浙闽势家对明廷之政治影响，于此可见。葡人于嘉靖十四年即以纳贿指挥黄庆，每岁输银二万两，得移居濠镜（即今澳门）。初犹为贸易其间之栖泊所。嘉靖三十六年，又以贿海道副使汪柏，遂获定居权。时濠镜已"高栋飞甍，栉比相望，闽粤商人趋之若鹜"[②]。迄万历之末，葡人来者日众，他国人至畏而避之，濠镜遂成为葡人垄断对华贸易之门户。万历四十一年，刑科给事中郭尚宾疏言濠镜葡人对广州之影响：

> 闽广亡命之徒因之为利，遂乘以肆奸。有见夷人之粮米牲菜等物尽仰于广州，则不特官澳之运济，而私澳之贩米于夷者更多焉。有见广州之刀环、硝磺、铳弹等物尽中于夷用，则不特私买往贩，投入为夷人制造者更多焉。……夷人忘我兴市之恩，多方于抗衡自固之求。我设官澳以济彼饔飧，彼设小艇于澳门海口，护我私济之船以入澳，其不受官兵之盘诘若此。我设提调以稍示临驭，彼纵夷丑于提调衙门，明为玩弄之态以自

---

① 王鸿绪：《明史稿》列传八三《朱纨传》。沈德符《万历野获编》卷一二《户部·海上市舶司》有云："我朝书生辈不知军国大计，动云禁绝通番，以杜寇患。不知闽广大家正利官府之禁，为私占之地。如嘉靖间闽浙遭倭祸，皆起于豪右之潜通岛夷。始不过贸易牟利耳，继而强夺宝货，靳不与直。以故积愤称兵，抚臣朱纨语谈之详矣。今广东市舶，公家尚收其羡以助饷。若闽中海禁日严，而滨海势豪全以通番致素封。频年闽南士大夫亦有两种议论：福、兴二府主绝，漳、泉二府主通，各不相下。则何如官为之市，情法可并行也。况官名市舶，明示以华夷舟楫俱得住泊，何得宽于广而严于闽乎？"
② 王鸿绪：《明史稿》列传一九九《佛郎机传》。

恣，其不受职官之约束如此。番夷无杂居中国之理，彼且蓄聚倭奴若干人、黑番若干人、亡命若干人，以逼处此土。夷人负固怀奸之罪不可掩也。①

郭尚宾为广东南海人，时以敢言称，其所论可以反映当时一般士大夫对葡人逼处广州、进行走私活动之忧虑与反对态度。然使葡人最为苦恼者，厥为明廷对外来贡舶由市舶司征收商税之外，其经管官吏之额外勒索。周率炜《泾林续记》云：

粤中惟广州各县悉富庶。……广属香山为海舶出入咽喉，每一舶至，常持万金并海外珍异诸物，多有至数万者。先报本县，申达藩司，令市舶提举司、县官盘验，各有长例。而额外隐漏，所得不赀。其报官纳税者不过十之一二而已。②

葡人为其时在华贸易最盛之国家，自思有以改善此种不利之现状，而唯一有效办法，则为取得入贡京师之机会，直接诉请于明朝皇帝，以取得正式通商之关系。如此不仅可减少官吏之额外勒索，且可使其入居澳门合法化。唯自正德以来，葡人即以曾强占满剌加而被屏入贡③。而葡人为博取明廷之好感，曾于嘉靖中两次协助明

---

① 郭尚宾：《郭给谏疏稿》卷一。
② 周玄炜：《泾林续记》，引自梁方仲《明代国际贸易与银的输出入》，载台北"中研院"社会科学研究所《中国社会经济史集刊》六卷二期。
③ 参见张维华《明史欧洲四国传注释·佛郎机传》"正德中，据满剌加地，逐其王"条注释。

军平定海寇①。嗣乃易名蒲都丽家入贡。《明史稿·佛郎机传》：

> （嘉靖）四十四年伪称满剌加入贡，已改称蒲都丽家。守臣以闻，下部议，言必佛郎机假托，乃却之。②

是贡事仍未有成。可以推知当时明廷中代表粤中官吏商人之利益而力图阻挠葡人此种企图者当大有人在也。时值西方耶稣会士相继东来，未几伊等即在澳门葡人之竭力赞助下进入中国，开展传教活动。

16世纪耶稣会士最初企图进入中国传教者，为西班牙人方济各·沙勿略（S.Francois Xavier）。费赖之（Aloys Pfister）《入华耶稣会士列传·沙勿略传》述其企图传教中国之动机云：

> 沙勿略最初思及传教中国之日，似在居留日本之时。彼与有学识的日本人，尤其僧人辩论之中，辄惊日本人对比邻大国之文学哲理深致敬佩，盖此为日本全部文化之所本也。
> "汝教如独为真教，缘何中国不知有之？"与辩者以此语作答不只一次。宗徒于是自思，使日本归依之善法，莫若传播福音于中国。彼在一五五二年曾记述云："中国乃一可以广事传播耶稣基督教理之国。若将基督教理输入其地，将为破坏日本诸教派之一大根据点。"……复有人向其誉扬此国之统一，

---

① 藤田丰八《葡萄牙占据澳门考》第八节称，嘉靖二十六、七年平海寇林剪、嘉靖四十三年平柘林海兵叛变，均有葡萄牙人相助。
② 王鸿绪：《明史稿》列传一九九《佛郎机传》。

君主一人治之。若使此君主归依基督之教，其广大领土将必从之也。①

十五六世纪以来，中国声威文物随郑和之宝船而远被东南海诸岛国。如能使中国信基督教，不仅中国本土地大人众，影响所及，将使整个东方区域之传教活动均能较易推行，实不独日本为然也。然欲使此古老帝国皈依基督教之方法，首先在使皇帝信教。沙勿略此一认识，成为此后数百年耶稣会士在华传教活动之总目标。沙勿略虽抱宏愿，然以不获澳门葡方官吏之合作，未能进入中国。而嘉靖三十一年病卒于上川岛②。嗣后耶稣会士巴莱多、培莱思、黎伯腊、黎耶腊、加奈罗等，虽较沙勿略为幸运，得从澳门设法进入广州，然其一无所有而返则一也③。于万历六年来澳之耶稣会东方总视察员范礼安（Alexandre Valignani）曾"目睹陆地而大声呼曰'岩石岩石，汝何时得开？'"④颇可代表当时东来教士对此"古老顽强"、可望而不可即之帝国之共同感想也。

万历九年，耶稣会士利玛窦（Mathieu Ricci）抵澳门⑤；翌年，耶稣会士罗明坚（Michel Ruggieri）与巴范济（Francois Pasio）以获

① 费赖之：《入华耶稣会士列传·沙勿略传》。
② 费赖之：《入华耶稣会士列传·沙勿略传》。
③ 费赖之《入华耶稣会士列传》之马莱多、培莱思、黎伯腊、黎耶腊、加奈罗诸传。
④ 费赖之：《入华耶稣会士列传·范礼安传》。
⑤ 按：《明史稿》列传二〇〇《意大里亚传》曰："万历九年辛巳，利玛窦始泛海九万里抵广州之香山澳。"《明史》卷三二六《意大里亚传》同。艾儒略《大西西泰利先生行迹》云："万历辛巳，始抵广东香山澳。"亦作万历九年。唯费赖之《入华耶稣会士列传·利玛窦传》谓："一五八〇年七月二十六日授司铎，一五八二年四月，范礼安神甫召之赴澳门。是年八月抵澳门。"作万历十年，今从九年说。

两广总督陈某许可,入居肇庆①。未几,陈去职,二人被迫返回澳门。万历十一年,罗明坚再获新任总督郭应聘之准许②,偕利玛窦同赴肇庆,遂定居焉。是为基督教进入中国内地传教之开始。万历二十九年,利玛窦偕庞迪我(Didace de Pantoja)入觐献方物③,并许留居京师。自是大西洋与大西教之名遂上达于明帝。是为基督教与明朝正式发生关系之始。

耶稣会士最初发愿入中国者为圣方济各·沙勿略,最早夤缘入中国内地者为罗明坚,然最先为基督教在中国传教奠定基础者则当推利玛窦。利玛窦于肇庆时即开始从事于"研究、认识中国之精神与性质"④,且"不久感到传道必须先获华人之尊敬,以为最善之法莫若渐以学术收揽人心,人心既附,信仰必定随之"⑤。此一认识虽脱胎于沙勿略之见解,而其含意之深入与透彻则犹过之。盖沙勿略以传教中国为克服整个东方异教精神之要着,以争取皇帝为说服整个中国人民之号召。而利玛窦则进而认取中国士大夫之社会政治的力量,实为此古老而顽固之"岩石"之外壳与核心,而思以

---

① 费赖之《入华耶稣会士列传·罗明坚传》:"1582年2月18日,明坚偕巴范济神甫又修士一人,中国青年数人,于12月27日抵肇庆,得许居东关佛寺中。"
② 费赖之《入华耶稣会士列传·罗明坚传》:"总督黜后,二神甫被迫重返澳门。范济入中国内地之望既绝,遂奉视察命,登舟赴日本。明坚、玛窦……请命于新总督郭某皆未获准。已而新督意转,二神甫于1583年9月首途赴肇庆。"据本书译者冯承钧注:新督郭某即郭应聘,莆田人,《明史》卷二二一有传。
③ 费赖之《入华耶稣会士列传·利玛窦传》:"1600年初,玛窦偕迪我,依某权阉之庇,首途入京。权阉某狡诈人也,行至山东,唆使其党马堂截夺贡物,遂携诸神甫至天津,扣留六月。有幸臣某以其事上闻……遂命人召诸神甫入京。1601年1月,玛窦等抵北京。"《明史稿》《明史》亦均谓利玛窦于万历二十九年(1601)入京师。
④ 费赖之:《入华耶稣会士列传·利玛窦传》。
⑤ 费赖之:《入华耶稣会士列传·利玛窦传》。

其"学术"之新武器首先予以征服。基于这一认识，利玛窦遂在留华之二十余年中，以其宗教家之精神，科学家之智慧，以及外交家之机智，对中国士大夫层努力作西学与西教之宣传。结果不仅为基督教在中国之传播奠定基础，且为封闭而日趋空疏之明末思想界传入西方之神学。此则尤为言明末耶稣会士传教运动者不可予以忽视者也。

万历三十八年，利玛窦卒于北京，其在中国当时之重要影响，可概括为如下两点：一为西学与西学方面之影响。由徐光启、李之藻等述之《几何原本》《同文算指》《测量法义》《浑盖通宪图说》等著作先后出版①。利玛窦且曾手制万国舆图、天体仪、地球仪、计时日规等。西士历算制造之精，遂为中国士大夫所倾服。时西学与西教几不可分，名士大夫徐光启、李之藻、杨廷筠等不仅为西学之译述者、传播者，同时亦为西教之虔诚教徒。当时名公巨卿如叶向高、沈一贯、冯琦等莫不于西教西学寄以深厚之同情与敬佩。此于晚明学术思想的演进，影响至为深远。一为传教实践方面之影响。利玛窦为西士易华名、衣华服，及用汉文著书之首倡者。同时又是最先从理论上承认中国教徒祭祀祖先与孔子之中国教区会督。利玛窦以上措置，虽曾引起此后中国教会中许多纠纷，然从此后传教活动之开展而言，不得不承认利玛窦观察之敏锐与创制之得宜。盖不如是即不能使其传教活动有所成就也。利玛窦逝世时，中国之

---

① 费赖之《入华耶稣会士列传·利玛窦传》《几何原本》六卷，徐光启笔述，欧几里德书前六卷之译文也，万历卅三年刻于北京。《同文算指》一一卷，李之藻笔述，应用算术也，万历四十二年刻于北京。《测量法义》一卷，徐光启笔述，应用几何也，刻年不详。《浑盖通宪图说》二卷，李之藻笔述，万历卅五年刻于北京。

教徒逾二千人，北京一地即达五六百人①。传教之会所，遍设于广东、浙江、江西、南京各地。耶稣会中国教区于利玛窦入华后始告成立（万历二十四年）。迄万历四十八年金尼阁（Nicolas Trigaull）自罗马返华，中国传教会已取得耶稣会会长之批准，与日本教区分离，而为完全独立之教区②。时距利玛窦去世已十年，然实利玛窦之功绩也。

利玛窦上述业绩虽足称道，然若以之与中国广土众民及悠久之文化传统相较，则其影响所及实属有限。即就其力加宣传之西学而言，亦仅有少数好学深思、体国经世之士大夫如徐光启等予以重视与接受，而非一般空疏守旧、醉心利禄、热衷党争之辈所愿问津。一部分士大夫且于西士违反常情、舍己为人之生活态度，目为矫情，斥为邪说。杨廷筠于其《代疑编》列举此类怀疑之说："西来诸士皆童贞。人有五伦，止守朋友一伦，尽废其四，未信也。""从来衣食资给本邦，不受中国供给，未信也。""窘难益德，大远于人情，未信也。"③甚至有疑其收揽人心、别有企图者。费赖之《入华耶稣会士列传·郭居静（Lazare Cattaneo）传》有曰：

> 有士人某撰一小说，诬居静欲窃居大位，约日本人、马来人共举事。内地党羽甚多，只待战船之至，即发动。其书流

---

① 德礼贤：《中国天主教传教史》，肖司铎：《天主教传行中国考》卷三。
② 费赖之《入华耶稣会士列传·金尼阁传》："耶稣会长Aquaviva同时将中国传教会与日本教区分离。"按金尼阁于1614年终抵罗马，耶稣会长Aquaviva之决定当为1615年。又同书《龙华民传》："1618年耶稣会长Vitelleschi命将中国分区与日本教区分判为二。"按：Vitelleschi为Aquaviva的继任，故中国传教会与日本教区的分离，其正式宣布当在1618年。
③ 杨廷筠：《代疑编·总论》。

行甚广，人心因大惶惧。澳门之华人尽徙之大陆。广州城聚战船、调民壮以备。……澳门官吏遣使者赴广东疏解。及其归也，两广总督亦遣一聪明华官至澳门察看情形。此官至澳门，先召居静未见，居静延之往视其武库。所谓武库，即其书室也。官入室，居静语之云："我恃以谋据中国之武器，即此是也。"①

郭居静所言虽为隽语，其涵义实至深也。时中国人士于教会之内容既从无所知，且常以西士与澳门葡人混为一谈。沿海倭祸之记忆犹新，宜其杯弓蛇影、易滋疑猜。此其一。时明神宗深居不朝，大臣竞结内廷，政事日非。"国本""楚王""妖书""梃击"诸案相继起，而党争日烈②。利玛窦生前所与往来较密之廷臣，如叶向高、冯琦、冯应京、杨廷筠等，均以謇谔立朝、疏劾税监获罪③，实与明廷当时之清流——东林党人为近。万历末，清流罢斥殆尽，方从哲独相，是政局之形势不利于西士。此其二。故万历四十四年

---

① 费赖之：《入华耶稣会士列传·郭居静传》。
② 神宗万历三十一年，楚宗、妖书二案先后起，大臣中浙人沈一贯、朱赓与郭正域、沈鲤、温体纯等相恶，党争乃烈。万历四十三年梃击事起，敢言诸臣动辄被指为东林党人，遂贻此后魏阉之祸。参见《明史》卷二一八《沈一贯传》、卷二二六《郭正域传》。
③ 叶向高当国时，尝右东林，为阉党所嫉，天启四年罢归，延艾儒略至闽开教。冯琦累官至礼部尚书，数上疏请减赋额、撤税监。王应麟撰《利玛窦碑记》有云："是时太宗伯冯公琦讨其所学，则学事天主，俱吾人禔躬缮性，据义精确。因是数疏义，排击空幻之流，欲彰其教。"又《明史·冯琦传》云："时士大夫多崇释氏教，教士子作文，每窃其绪言，鄙弃传注。……琦乃极陈其弊。"可相参证。冯应京于万历二十八年官湖广佥事。税监陈奉恣横，应京上疏劾其九大罪，忤旨被逮。士民数万人围奉廨，伤缇骑。应京逮入京，诏狱拷系久不释。肖司铎《天主教传行中国考》谓应京在狱中得读利玛窦《天主实义》（初名《大学实义》），出狱后乃劝利玛窦重刻此书，并为作序，后遂入教。杨廷筠

南京礼部侍郎沈㴶《参远夷疏》三上，而明廷禁教之旨遂下[①]，教难以起。第一疏有云：

> 京师为陛下日月照临之所，即使有神奸潜伏，犹或上惮于天威之严重，而下怵于举朝之公论，未敢显肆猖狂、公行鼓煽。若南京根本重地……而杜绝夫异言异服者，尤不可不竟也。……若士夫峻绝不与往还，犹未足为深虑。然二十年来，潜住既久，结交亦广，不知起自何人何日。[②]

沈㴶浙人，《明史稿》本传谓其"素乏时誉，与大学士从哲同里闬相善"。天启初以从哲荐入阁，遂结纳魏忠贤、刘朝倡内操。故其疏论西士之动机，端在迎合权阉、打击清流也。然其疏上，"识

---

① 王鸿绪《明史稿》列传二〇〇《意大里亚传》："（万历）四十四年，（徐如珂）与侍郎沈㴶、给事中晏文辉等合疏斥其（按：指传教士）邪说惑众，且疑其为佛郎机假讬，乞急行驱逐。礼科给事中余懋孳亦言：自利玛窦东来而中国复有天主之教，乃留都王丰肃、阳玛诺等煽惑群众，不下万人。朔望朝拜，动以千计。夫通番、左道并有禁，今不然，夜聚晓散，一如白莲、无为诸教。且往来濠镜，为澳中诸番通谋，而所司不为遣斥，国家禁令安在！帝纳其言，至十二月，令丰肃及迪我等俱遣赴广东，听还本国。"按肖司铎《天主教传行中国考》载，沈㴶参远夷第一疏上于万历四十四年五月。七月，南京开始逮捕西士与教友。八月、十二月，沈㴶上二疏。十二月二十八日，明廷正式颁谕，将在北京之洋人庞迪我、熊三拔与在南京之王丰肃、谢务禄一并押解出国，不准逗留内地。又据费赖之《入华耶稣会士列传·阳玛诺传》，教难发生时，阳玛诺正受命在广东南雄巡视诸传教所，《明史稿·意大里亚传》中所说的阳玛诺疑为谢务禄之误。

于万历三十九年由郭居静神甫授洗于杭州，以李之藻为代父，圣名弥克尔（Michael），与徐光启、李之藻同为天主教中国开教之三大柱石。然在受洗之前，廷筠即与利玛窦交善，曾上疏谏阻矿税、劾税监。以上参见《明史》各人本传、黄伯禄《正教奉褒》、肖司铎《天主教传行中国考》、费赖之《入华耶稣会士列传·艾儒略传》、杨振锷《杨淇园先生年谱》。

② 杨振锷：《杨淇园先生年谱》。

者韪其言"①。足见当时一般士大夫对西教西士之成见。沈疏中所指与西士往还之士夫，其用意至为明显。时徐光启曾上疏力辩，谓"远人学术最正，愚臣知见最真"，针对沈㴶等的攻击与诘难，提出"试验之法"与"处置之法"各三条②。但未被采纳。此时南京正发动"教难"，未几即波及全国。曾被荐修历留京之庞迪我、熊三拔被逐返澳门。传教南京之王丰肃（后改名高一志）与谢务禄（后改名曾德昭）被捕入狱，王且遭严刑拷打、用囚笼押还澳门。内地教士相率走避杭州杨廷筠等人家中，以托庇荫③。华籍教徒多有被捕者。各地教堂被封闭，教务陷于停顿。利玛窦多年辛勤培植之西教幼芽，遭此打击，几告摧折。

万历四十六年，即南京教难发动后越一年，努尔哈赤陷抚顺。翌年春，杨镐四路师败，京师大震。徐光启以少詹事兼河南道御史专练京兵。未几而购西铳、募葡炮手、召教士襄助制造之说起。耶稣会士曾德昭《中国通史》记西士被召还之经过云：

各教士谋能在国内公开传教，然最大困难即无皇帝之许可不能反其上谕而行。吾教友与吾教之学人乃拟乘此对满抗战

---

① 《明史稿》列传九七《沈㴶传》；《明史》本传同。
② 徐光启为西士辩正事，《明史稿》《明史》本传均不载。据增订《徐文定公集》与黄伯禄《奉教正褒》，万历四十四年七月光启上疏，疏头为"远人学术最正、愚知见甚真，恳乞圣明表章隆重，以永万年福祉，以贻万世义安事"。其言试验之法：一是验证其书；二是考辨其说；三是验明其文。详见《徐光启集》卷九《杂疏·辨学章疏》。
③ 南京逮捕西士情形，参见费赖之《入华耶稣会士列传》之高一志、曾德昭二传。关于在北京之庞迪我与熊三拔，《明史稿·意大里亚传》谓："命下久之，迁延不行，所司亦不为督发。四十六年四月，迪我等奏，乞并南都诸处陪臣一体宽假。不报。乃怏怏而去。"费赖之《入华耶稣会士列传·庞迪我传》："甫抵澳门，得疾死。时在一六一八年之一月也。"

之机会，向皇帝进奏。……诸教士因并不通晓军事，亦不知使用武器，故对教友所采用之方法竭力反对，且欲教士重来，尚有其它理由可资借口也。李之藻彼为此剧中主要角色之一，闻此非难，即答曰："苟有以军事相委者，请勿急，当如制衣者之用针。迨线既穿过，布已成衣，针即无用。军职之衔，不妨以针视之，但使君等能藉帝命，公然入华，则此后自可放下刀剑，换上笔墨，以著述代从军，乃可以破迷信而传真教。"①

读此当可了然于耶稣会士传教运动与西洋炮再输入之关系。同时，吾人亦不应忽略明末边防之危殆及西洋炮输入之其他背景。徐光启、李之藻等之所为，其爱国心与爱教心初无轩轾也。

三、徐光启等精兵精器之主张与赴澳购募经过

万历四十六年四月抚顺失陷后，明廷起用宿将，四出征兵，仓皇筹饷，窘态皆露。翌年正月，援辽师十万始克集中辽阳，而粮饷仍有不继之虞。神宗"恐师老财匮，谕兵部驰议方略"，"大学士方从哲亦移书促战"②。二月，杨镐誓师。三月，败报至。举朝气索。盖一时名将与精锐器甲隐没殆尽也。十月，徐光启受命专练

---

① 曾德昭：《中国通史》，或译为《中国全史》。原为葡萄牙文，于1641年刻于马德里，书凡二卷。方豪（杰人）司铎曾为译成中文，与方氏所译有关明廷购募西炮葡兵的其他西文材料，均以《明末西洋火器流入我国之史料》为题刊载于《东方杂志》第四十卷第一号。以下关于该书的引文，均依方氏译文。按方氏译文当系译自葡文，唯所据版本未予说明。

② 沈国元：《皇明从信录》卷四十，己未正月。又见《明神宗实录》卷五七八，万历四十七年正月癸卯载兵部尚书黄嘉善题云云。

京兵①,即有意购西炮、募炮手以佐教演,贻书李之藻、杨廷筠商之。万历四十八年,之藻门人张焘与孙学诗遂赴澳门②。耶稣会士金尼阁(Nicolas Trigault)于其1621年报告中记云:

> (徐光启)在未知葡萄牙是否愿来并能来援助中国之先,亦不欲在帝前特有此言。……乃致函中国教会之二大闻人,即李之藻与杨廷筠,嘱即派遣一二新教友赴澳门,告以此行必大利于国家,尤能为教会树大功。张弥额尔与孙保禄遂膺此命。二人抵澳门后,下榻于吾公学(按:指耶稣会公学)。葡人欲以正式官礼接待,而教中上司不允。盖二人乃朝廷官员以私人名义所遣,并非奉旨而来也。二人乃直陈来意。时葡人虽可托词不允,然二人竟未遇丝毫困难,乃捐赀将所得四尊大炮寄送光启,以便转献于帝以为军援。然二人仍不以此为足,复以自费聘请炮手四人,盖欲以此表示效忠于君也。③

---

① 沈国元《皇明从信录》卷四十,万历四十七年七月载:"左赞善徐光启愿使朝鲜宣谕应援,有旨留用。"又八月载:"上以辽数告急,超擢赞善徐光启以少詹事兼河南道,专练京兵。"又,增订《徐文定公集》卷三《练兵疏稿》首载万历四十七年二月二十三日命徐光启练兵敕谕,是练兵之命下于十月。而《徐光启集》卷三《练兵疏稿一·恭承新命谨陈急切事宜疏》下注日期为是年九月十五日,则练兵之命于九月即下矣。
② 增订《徐文定公集》卷三所收李之藻《制胜务须西铳、乞敕速取疏》仅提及张焘一人之名。《徐光启集》卷四《练兵疏稿二·附录二》亦载之藻此疏。
③ Nicolas Trigault: *Relatione delle Cose Piu Notabile Relatione Dell'Anno M. DC.XXI* pp.139–140. 译文亦蒙方豪司铎寄,又载《东方杂志》第四十卷第一号。此文当是金尼阁1621年8月21日在南京所作致耶稣会长Vetelleschi者,文中首述中国政治状况,次述鞑靼战争即明与后金的战争,而传教士在各传教所之事业,亦得于此类信件中见其崖略。(先师早年就读于清华研究院,曾与方豪司铎书信往来并蒙其惠赠资料。——方志远谨识)

张弥额尔为张焘圣名，孙保禄为孙学诗圣名，二人皆为新进教徒。天启元年，李之藻请取西铳疏中虽未提及孙学诗，然观天启初赴江西广信取铳，及张焘再赴澳召致葡籍炮手，学诗均参与其事，则金尼阁所记当属可信。此次由徐光启等私人购致之西炮，因光启辞职而运置江西广信，葡籍炮手则于抵粤后不久即返澳门。据金尼阁报告，彼等系因广东官吏阻其入内地之故①。事遂中辍。

天启元年，沈辽相继陷没，数年来萃集于辽东之火器尽入后金之手，京师益无可恃。时光启被召还京，五月封事有云：

> 今之兵将皆明知以我与敌，谁肯向前。既不能战，便合婴城自守，整顿火炮，待其来而歼之，犹为中策。奈何尽将兵民炮位置之城外，一闻寇至，望风瓦解。列营火炮，皆为敌有。返用攻城，何坚不破。俾无守兵，人知必破，合城内溃，自然之势。是讳婴城自守之名，而甘丧师失地之辱，臣不能为在事诸臣解也。……臣之愚见，以为广宁以东一带大城，只宜坚壁清野，急备大小火器，待其来攻，凭城击打。……关以西只合料简火铳，制造火药，陆续运发。再用厚饷招募精兵能守城放炮者，令至广宁、前屯、宁远诸城，助之为守。……今京师固本之策莫如速造大炮。盖火攻之法无他，以大胜小，以多胜

---

① 金尼阁的报告续云："顾广州之地方官以此举适足以显示彼等之不能为国尽力，乃宣称不奉上谕，不得准外国炮手入境。于是遂遣回澳门。惟大炮则仍得通过。"李之藻于疏中追述张焘等自澳购铳情况，则谓炮手亦随同诣广，"欲请勘合应付催促前来，旋值光启谢事，虑恐铳到之日，或以付之不可知之人，不能珍重。万一反为夷虏所得。……因停至今，诸人回澳"。虽未明言地方官拦阻，但已有暗示。

寡，以精胜粗，以有捍卫胜无捍卫而已。连次丧失中外大小火铳，悉为奴有，我之长技，与贼共之，而多寡之数且不若彼远矣。今欲以大、以精胜之，莫如光禄少卿李之藻所陈，与臣昨年所取西洋大炮。欲以多胜之，莫如即令之藻与工部主事沈㮮等鸠集工匠，多备材料，星速鼓铸。欲以有捍卫胜之，莫如依臣原疏，建立附城敌台，以台护铳，以铳护城，以城护民。万全无害之策，莫过于此。……盖其法即西洋诸国所谓"铳城"也。臣昔闻之陪臣利玛窦，后来诸陪臣皆能造作，闽广商民亦能言之。①

光启于当时将懦、兵弱、器弊诸情知之甚悉，故力主凭城击打，而力斥袁应泰等将火器列城外之不当。盖兵士立足不住，火器即不免资敌也。疏中提及之藻所陈，即是年之藻所上《制胜务须西铳、乞敕速取铳疏》。对万历四十八年遣张、孙二人赴澳门购致西洋火炮情况，李之藻亦有较详之陈述：

昨臣在原籍时，少詹事徐光启奉敕练军，欲以此铳在营教演，移书托臣再觅。臣与原任副使杨廷筠合议捐赀，遣臣门人张焘间关往购。至则澳禁方严，无由得达。具呈按察司吴中伟。中伟素怀忠耿，一力担当。转呈制、按两台，拨船差官伴送入澳。西商闻谕感悦，捐助多金，买得大铳四门，议推善艺头目四人与僆伴通事六人，一同诣广。此去年十月间事也。时

---

① 沈国元：《两朝从信录》卷六，天启元年五月下。见《徐光启集》卷四《练兵疏稿二·谨申一得以保万全疏》。

臣复命南京，欲请勘合应付，催促前来。旋值光启谢事，虑恐铳到之日，或以付之不可知之人，不能珍重，万一反为敌人所得，攻城冲阵，将何抵挡？是使一腔报国热心，反启百年无穷杀运。因循至今，诸人回澳。臣与光启、廷筠惭负西商报效之志。今辽阳暂失，畿辅惊疑，光启奉旨召回，摩厉以须。而臣之不才，又适承乏军需之事，反复思维，此器不用，更有何器？此时不言，更待何时？募兵之难，乃此铳不须多兵；征饷之难，乃此铳不须多饷。近闻张焘自措资费，将铳运至江西广信地方。程途渐近，尤宜驰取。兵部马上差官，不过月余可得。但此秘密神铳，虽得此器，苟无其人，铸炼之法不传，点放之术不尽，差之毫厘，失之千里，总亦无大裨益。……合用饷饩，原议澳工头目，每名每年安家银一百两，日用衣粮银一百三十六两。余人每名每年银四十两。缘此善艺澳工等众，澳商倚藉为命，资给素丰，不施厚糈，无以劝之使来。……忆昔玛窦伴侣尚有阳玛诺、毕方济等若干人，……大抵流寓中土。其人若在，其书必存，亦可按图揣摩，豫资讲肄。是应出示招徕，抑以隐致在澳夷商，昭示国家广大茹涵之意，令毋疑阻，愈坚效顺之忱者也。①

之藻除请速取已在江西广信之葡制大炮，并进而请召澳门炮匠，以传铸炼点放之法。疏上，是年五月一日，兵部尚书崔景荣等题请允如之藻所请，并云：

---

① 增订《徐文定公集》卷三所收李之藻《制胜务须西铳、乞敕速取疏》。

臣部便马上差官同加衔守备孙学诗，勒限一月，搬运入都，到日验之果效，就其原价、盘费倍数偿补。再移咨广东巡抚诸臣，征取原来善制火器数人，并盔甲火器数件，度有工匠曾在澳中打造者，亦调二十余人，星夜赴京。……所议粮饷既已彼中定额，当悉如其数。……惟是诸澳工素所信服者西洋陪臣阳玛诺、毕方济等，皆博学通才，深明度数，并敕同来商略制造，兼以调御诸工。①

《明熹宗实录》是年十二月载：

先是光禄少卿李之藻建议，谓城守火器必得西洋大铳，练兵词臣徐光启因令守备孙学诗赴广，于香山澳购得四铳，至是解京。仍令赴广取红夷铜铳，及选募惯造惯放夷商赴京。②

是为明廷首次决定购募西洋大炮与葡籍炮手并召致西士之记载。关于张焘、孙学诗抵澳及购募火炮与炮手之情况，巴笃里（Bartoli）《中华耶稣会史》记：

其时群议派遣葡国武装精良者前往声援明帝。又另派百人为助手，此百人固亦从军者。又委Laurent de Lis Veglio 统率全军，同于陆军中尉，固骁勇有为之人。伊之所以欣然接受此

---

① 《徐光启集》卷四《练兵疏稿二·附录二》。
② 转引自张维华《明史·欧洲四国传注释》；又见《明熹宗实录》卷一六，天启元年十二月丙戌。

艰巨之任，固不在虚荣。其惟一目的乃出于宗教热忱，欲借此伴送教士入京也。关于此举，吾人当归功于李之藻。……皇帝乃下诏至澳门，并颁谕孙学诗及张焘二人。皇帝钦派使臣至澳门，实属创举。当二人出现于澳门时，因侍卫之盛，民众夹道而观，群欲一睹丰采。澳门士绅亦全体率仪仗相迎，并在一华美大厅接待。钦使因不久以前某英船为飓风飘至中国东岸，舟已破损，舟中所有巨炮三十尊遂为中国所获，故要求聘请优良炮手十人。盖前所聘四人已被迫回澳也。①

书中提及之陆军中尉 Laurent de Lis Veglio，与日后在登州之变中与公沙的西劳（Gonzales Texeira）同时阵殁之副统领鲁未略译音与地位均极相近，疑即同一人②。文中所谓英船中巨炮三十尊，与上引《明实录》赴广取红夷铜铳可相印证。至于崔景荣等题请召取之耶稣会士，虽提名为阳玛诺、毕方济，然据巴笃里书记载，应召者则为龙华民与阳玛诺二人。伊等于天启二年抵京。巴笃里记云：

龙华民及阳玛诺二司铎遂被指定前往，自南京携巡抚之公文北上。甫抵京，即到兵部引见，并受殊礼款待，以澳门援兵事相询，继又问及二人之军事学及炮术。二人乃据实以告，谓对军事及火器实无所知。……但在此军务倥偬之时，伊等亦非无可为力者。盖伊等可以约束自澳门招募而来之士兵与炮手，

---

① 巴笃里：《中华耶稣会史》，译文见《东方杂志》第四十卷第一号，载方豪《明末西洋火器流入我国之史料》。
② 汪辑等辑《崇祯长编》卷五八，崇祯五年四月丙子，兵部尚书熊明遇疏言赠恤守澳人。

使生活检点、服从命令、效忠皇上。诸大臣闻此,亦颇欣慰。乃出示赐宅第一所,并按宫中仪式各赐一马,以便访客及其它事务之用。未几,反对武装外人入京之奏纷然而至……葡人则除炮手之外,一概不许入境。时有教士十二人已准备偕葡军同来,以便分赴各省成立新教区,至是遂被剔除。①

黄伯禄《正教奉褒》亦载:"天启二年,上依部议敕罗如望(葡萄牙国人)、阳玛诺、龙华民等制造铳炮,以资戎行。"是龙华民等此行,事实上即无异教禁之解除。然当时反教首领沈㴶入阁,结魏阉倡内操,势张甚。其党竟称基督教与白莲教同类,企图重兴教难②。巴笃里所记臣下反对武装外人入京事,当即指此。张焘等在澳门所募之葡兵,迄天启三年四月始抵京。《明熹宗实录》

① 巴笃里:《中华耶稣会史》,见《东方杂志》第四十卷第一号,方豪译文。按下文引黄伯禄《正教奉褒》载:"天启二年,上依部议,敕罗如望(原注:葡萄牙国人)、阳玛诺、龙华民等制造铳炮,以资戎行。"又载:"天启三年,艾儒略、毕方济(原注:俱意大理国人)奉召至京听用。"另据费赖之《入华耶稣会士列传·罗如望传》,如望于一六二二年即天启三年受命为会督,次年卒于杭州杨廷筠家。是如望并未偕阳、龙二人至京。或以其为会督而列于敕首耶?又据同书艾儒略与毕方济二传,天启三年儒略由瞿太素之子召赴常熟开教。翌年又由叶向高延往福建开教。方济时在上海管理附近一带城乡教务。二人均无曾奉召入京迹象。而二人奉召入京事,抑因黄伯禄据明廷指名召取敕书即以为二人已成行之误。实际奉召入京者仅龙华民、阳玛诺二人。

② 按天启二年五月,山东白莲教徐鸿儒起事,十月为官军所平。《天主教传行中国考》谓:"沈㴶之党以为有机可乘,遂诬天主圣教与白莲邪教同,不同者仅名称耳。南京部员徐如珂、余懋孳等迎合上官沈㴶意,或受其唆使,拘拿教友三十余名,收禁监中。……直指徐光启、杨廷筠、李之藻为邪教魁首,舍家为堂,窟藏西洋教士,请革职交部议处。"又费赖之书《罗如望》:"其后未久,被迫而避难杭州杨廷筠家中。如望在杭州曾与徐光启草疏辩明南京礼部侍郎沈㴶诬陷。疏未上,沈㴶被劾不自安,致仕归。仇教事遂解。"二书所记,大抵是事实。惟沈㴶此时已入阁,以与刑部尚书王纪互攻,于天启二年七月致仕云。徐如珂亦于天启元年迁川东兵备副使。而西士记载犹以沈㴶为南京礼部侍郎,称徐如珂为南京部员,不免与万历四十四年之南京教案相混淆。

是月条下记："至是两广总督胡应召遣游击张焘解送夷目七名、通事一名、傔伴十六名赴京听用。"①巴笃里所记赴京助战之葡兵百人，并未入京。唯来京之葡人颇受明廷优礼。《明熹宗实录》续记：

> 兵部尚书董汉儒等言："澳夷不辞八千里之程远赴神京，臣等窃嘉其忠顺。又一一阅其火器刃剑等，械俱精利，其大铳尤称猛烈神器。若一一仿其式样精造，仍以一教十，以十教百，分列行伍，卒与贼遇，原当应手糜烂矣。今其来者，夷目七人、通事一人、傔伴十六人，应仿贡夷例赐之朝见，犒之酒食，赉以相应银币，用示优厚。臣等□试其技，制造火药，择人教演。稍俟精熟，分发山海，听辅臣收用。"上俱允行。②

据巴笃里《中华耶稣会史》载，此辈葡炮手入京后，却因试炮炸裂而被迫返澳：

> 后又有葡国炮手七人之不幸事件发生。……时中国人不知炮术。葡兵固不难一现其技，讵当第一次试炮时，不知是否因炮身制造不坚，抑因点放不得其当，炮忽炸裂。碎片飞入天空，葡籍炮手一人及其它若干乡人竟因而殒命。……华人迷信最重，往往以一例他，故试炮之举不能继续。而文武官及皇上自己，亦以葡军之来，原为增援，乃竟伤其所志愿保护之人，乃断其有害无利，立命返澳，毫无挽回余地。至龙华民与阳玛

---

① 转引自张维华《明史·欧洲四国传注释》。
② 转引自张维华《明史·欧洲四国传注释》。

诺二人，则除若干沈㴶之心腹仇视天主教者以外，亦无人主张伊等出京。①

巴笃里所记，实为中国科技难以发展之重要原因。而试炮炸裂事，在当时或为沈潅党徒嫉视而设计加以陷害，亦属可能。天启六年宁远守城之役，即赖有此次解京之西洋炮，且由明廷敕封为"安国全军平辽靖虏大将军"②。是为此项西炮确曾发往宁远之明证。天启五年，徐光启以阉党智铤劾罢而归；前一年，杨廷筠已致仕；光启弟子孙元化于辽东紧急时以举人赞画军前，天启七年亦被削夺闲住。购募西炮葡兵进行教练之计划遂以无人主持而告中辍。

综观此首次购募计划之结果，虽半途而废，未能如徐光启等之理想予以实现，然宁远奏捷，努尔哈赤被创，辽局暂告稳定，则成为以后两次购募西炮葡兵之张本，此其一。龙华民等入京后，耶稣会士如邓玉函（Jean Terrenz Terentio）、汤若望（Jean Adam Schall von Bell）、罗雅各布（Giacomo Rho）等相继奉召入京，万历末之教禁完全解除，此其二。以上二点均有利于此后两次购募计划之进行。

熹宗崩，思宗立，首去魏忠贤，朝政为之一新。徐光启蒙召还。是时边备日亟而国力益不支。崇祯二年，徐光启上疏重申练兵制器之主张。《崇祯长编》载其疏曰：

---

① 巴笃里：《中华耶稣会史》，见《东方杂志》第四十卷第一号，方豪译文。
② 沈国元：《两朝从信录》卷二九，天启六年三月；又见《明熹宗实录》卷六九，天启六年三月甲子。

皇上所深忧者，在兵弱、财匮、民穷、治窳四事而已。臣之愚计以为，方今急务，先在强兵。兵强则战必胜、守必固，而费可省。费省而民足，然后饬纪纲、修政教，万年长治之策可次第举行矣。……但时穷势促，二三万精兵恐不可得。乞先与臣精兵五千或三千，一切用人选士、车甲兵仗、大小火器等事，悉依臣言，如法制备，再加训练，择封疆急切之处，惟皇上所使。臣请身居行间，或战或守，必立效以报命。既有成效，然后计算增添。……然马步战锋精兵终不过三万人。……此为用寡节费、万全必效之计，不然而欲措饷以足今之岁出，是无米责炊之喻也。欲厉民以增今之岁入，是反裘负薪之计也。……帝嘉纳之。[①]

徐光启以强兵为当时第一急务，纪纲政教犹在其次，初视之似有本末倒置之嫌，自不为明末一般泥古不化之士大夫所首肯。然明末政局、民生均濒绝境，而东北边备尤无从谈起。光启此疏高瞻远瞩，切中时弊，实为其练兵制器主张之根据所在。以之与当时沉溺于纲纪清浊之争、至死不悟之士大夫较，益见其体国经世之大怀抱，远非当世流辈所能望其项背者也。

天启而后，中国朝野于西洋炮之威力已有所认识。崇祯之世，

---

① 汪辑等辑《崇祯长编》卷一七，二年己巳正月甲戌。按：此疏《徐光启集》未收入。

为边索炮与臣民献炮者史不绝书①。而两广官吏解送铳炮尤多,盖以其邻近澳门,制造较精也。

崇祯元年,两广大吏奉命购募西炮与炮手,并以之转托澳门葡商。葡人遂踊跃捐献西炮十门,并葡籍炮手、炮匠伯多录、金答等多人,以耶稣会士陆若汉(Joannes Rodrigrez Tcuzzu)与葡将公沙的西劳(Gonzales Texeira)统领北上。是为明廷第二次购募西炮葡兵之举。伊等于崇祯二年二月自广州取道水路出发,十一月抵涿州②。适清太宗皇太极率师由龙井关南下,进围北京。陆若汉等遂以大炮守涿州。十二月,徐光启上《控陈迎铳事宜疏》,请给鸟铳

---

① 参见《崇祯长编》二年、三年、四年、五年有关各条。当时除两广不时解送火器外,福建、云南、山西均造炮进上,但此类杂进之火器,自难免失事。另外,当时的火器不仅用于对后金的战争,更用以对付农民起义军。如三年十一月甲午条载:"山西总兵王国梁追贼于河曲,发红彝炮,炮炸,官兵自乱,贼乘之。参将李春芳先逃,兵遂大溃。"

② 《熙朝崇正集》卷二《奏疏略》载陆若汉、公沙的西劳《遵旨贡铳效忠疏》有云:"臣汉自本国与先臣利玛窦辈前后航海至澳,已五十余年。臣公沙自本国航海,偕妻孥住澳,已贰拾余载。……是以崇祯元年两广军门李逢节、王瘴德奉旨购募人铳。查照先年靖寇援辽、输饱和输铳,悉皆臣汉微劳,遂坐名臣汉劝贡大铳、点放铳师前来。而臣公沙亦因受恩同教,不顾身命妻孥,欢喜报效,挺身首出。故该澳臣委黎多等,付臣以统领铳师诸人之任,责臣公沙以管约铳师、匠役诸人之任也。臣等从崇祯元年九月上广献铳修车,从崇祯二年二月广省河下进发,一路勤劳,艰辛万状,不敢备陈。直至十月初二日始至济宁州。哄传房围遵化,兵部勘合奉旨催趱,方得就陆,昼夜兼程,十一月二十二日至涿州。闻房薄都城,暂留本州岛制药铸弹。二十六日,知州陆燧传言,邸报奉圣旨:西铳先发兵将护运前来,仍侦探的确,相度进止。你部万分加慎,不得疏忽。钦此。十二月初一日,众至琉璃河,警报复已破,退回涿州。回车急拽,轮轴损坏,大铳几至不保。于时州城内外士民咸思窜逃南方。知州陆燧、旧辅冯铨一力担当,将大铳分布城上。臣汉、臣公沙亲率铳师伯多禄、金答等,造药铸弹修车,城上演放大铳,昼夜防御,人心稍安。奴房闻知,离涿二十里,不敢南下。咸称大铳得力,臣等何敢居功。兹奉圣旨,议留大铳肆四位保涿,速催大铳陆位进保京城。臣等荷蒙天主至尊、皇上恩庇,于今年正月初三日同旧辅冯铨护送到京。除臣等恭进该澳臣委黎多等《历陈报效始末》一疏,并送部预先恭进大铳车架式样貳具呈览。"

二千门，亲往涿州迎取西炮，以资御敌①。嗣未果行而清兵退走。翌年正月初三日，陆若汉等留大炮四位保涿，以大炮六位抵京。若汉等之《遵旨贡铳疏》除报告贡铳与守涿经过而外，并陈战守事宜：

> 臣念本澳贡献大铳，原来车驾只堪城守，不堪行阵。……如持此大铳保守都城，则今来大铳陆位，并前礼部侍郎徐光启取到留保京都大铳伍位，听臣等相验城台，对照处措，置大铳得宜，仍传授点放诸法，可保无虞。如欲进剿奴巢，则当听臣等另置用中等神威铳及车架，选练大小鸟铳手数千人，必须人人皆能弹雀中的。仍请统以深知火器大臣一员，总帅一员，臣等愿为先驱。仰仗天威，定能指日破虏，以完合澳委任报效至意。②

据陆若汉此疏及崇祯十二年毕方济所上疏，若汉于天启元年明廷首次至澳募购人铳时已随同入京。此为其第二次随军贡铳。西炮抵京之翌日（甲申），思宗即"命京营总督李守锜同提协诸臣，设大炮于都城冲要之所，精选将士习西洋点放法。赐炮名'神威大将

---

① 增订《徐文定公集》卷三《控陈迎铳事宜疏》有云："此器之来，系非细，必得车营步兵数千，内又须鸟铳手二千，骑兵不论多寡，相翼而进，乃可十全。若只用骑兵，亦不论多寡，定然见敌而溃，此则至危至险，以国之大事侥幸，万万不可也。……如蒙皇上欲令速至……臣请率之以行，到彼料理，刻期前来。……所以须臣自行者，臣前疏言，假兵以赚铳，假铳以赚兵，贼之远计无所不有，倘以不识面目之人将兵前往，涿人与西人俱不能无疑故也。倘步兵、火器又不可得，不若仍遵前旨，暂留守涿。"观此后光启并未前往迎铳，当系无步兵、鸟铳可资护送。参见《徐光启集》卷六《守城制器疏稿》。
② 《熙朝崇正集》卷二《奏疏略》。

军'"①。未几，光启上《西洋神器既见其益宜尽其用疏》，请留葡人制造教演②。思宗许之，即以光启为监督。光启于制造教练大炮之外，并重鸟铳。盖大炮仅宜守城，临阵野战则当推鸟铳为利器。故主张急选大号鸟铳千门，选兵精练，以为进取之准备。时教练事宜之进行，表面似乎顺利，然臣下多觊其功，献火器者杂进。思宗之性，刚卞急功，于光启之精器精兵主张渐失耐心。是年九月，以光启等所造炮"工费颇奢，为何受药不多"，责光启"从实来说"。光启于《奉旨复奏疏》云：

> 窃照大铳之法，来自海外西洋诸国。东事以来，西商屡次献铳效劳，流传入于天朝。近年海寇猖獗，两广督臣王尊德、福建抚臣熊文灿依效其法，大兴鼓铸，恭进应用。然其原法止用合口弹一丸，药又与弹丸对准。即今西商见译，审其法亦皆如此。但书皆夷文，不敢用以为据。所据督臣王尊德刻有《大铳事宜》一册，曾经达部。并以遗职。……"药少则弹不远，如至一斤半斤，即恐不虞。系打造者，药俱不可多。"据尊德之说，亦与葡商相合。盖海外相传成法也。职依仿制造，若如原法，则弹药一斤四两，该铳重五百斤。今职所造止重

---

① 汪辑等辑《崇祯长编》卷三〇，三年正月甲申。按：甲申日为初四日，若汉偕大铳于初三日抵京，翌日即赐封号。
② 增订《徐文定公集》卷三。疏上于崇祯三年正月二十二日，内云："臣窃见东事以来，可以克敌制胜者，独有神威一器而已。一见于宁远之歼敌，再见于京都之固守，三见于涿州之阻截。所以然者，为其及运命中也。所以及运命中者，为其物料真、制作巧、药性猛、法度精也。……臣昨见外城守臣，言身至战地，博询土人，言满桂之败，贼亦用火攻。……今又陷永平、建昌等处，所得炮位更多。惟尽用西术，乃能胜之。欲尽其术，必造我器尽如彼器、精我法尽如彼法、练我人尽如彼人而后可。"

三百二十斤，亦用弹药一斤四两，则分两已满。倘若或多加，则尊德所云恐不虞者，职不敢不深虑之也。再惟火攻之法，一在铳坚，二在弹药相称，三在人器相习。相称相习，可以连发不损，不损则其益多矣。若多加弹药，恐一二发后，不能再用。所以西人传有秘法云："数发之后，铳体既热，便须稍减其药。"盖铳体热，药性自猛，虽少与多同力也。……至工费颇奢，臣亦自觉其然。然炼铁欲熟，不得不费料；制造欲如式，不得不费工。加以料物食用，悉皆腾贵，诸司并造，工匠亦少。……近日臣工亦有建言制造于山西者，盖彼产铁之地，工料易得，煤价亦贱，亦可加精故也。①

可见当时广东已成仿造西洋炮之中心。光启所监造者，因力求体式一如葡炮，致工费甚昂。此亦明廷宁购葡炮与粤铳而不欲自造之因也。

陆若汉等抵京后不久（崇祯三年春），光启曾上《闻风愤激直献刍荛疏》，代陆若汉等转请赴澳招募炮手炮匠来京助战。盖有见于中国制、练均不凑手，不如借用葡炮葡兵得以及时进取也。疏中于招募人数、装备以及往返时间均有陈述：

> 本月初七日，据西洋劝善掌教陆若汉、统领公沙的西劳等呈："……顷入京都，叨蒙奏荐，曾奏闻战守事宜，奉旨留用，方图报答。而近来边镇亦渐知西洋火器可用，各欲请器请

---

① 增订《徐文定公集》卷三；又见《徐光启集》卷六《守城制器疏稿》。

人。但汉等止因贡献而来,未拟杀敌,是以人器俱少,聚亦无多,分益无用,赴镇恐决无裨益,留守亦花无究竟。且为时愈久,又恐为敌所窥,窃用我法。……汉等居王土、食王谷,应忧皇上之忧,故请容汉等悉留统领以下人员教演制造,保护神京,止令汉偕通官一员、傔伴二名,董以一二文臣,前往广东濠镜澳,遴选铳师、艺士常与红毛对敌者二百名、傔伴二百名,统以总管,分以队伍。令彼自带堪用护铳盔甲、枪刀牌盾、火枪火标诸色器械,星夜前来。往来不过四阅月可抵京都。缘澳中火器日与红毛火器相斗,是以讲究愈精,人器俱习,不须制造器械及教演进止之烦。且闻广东王军门借用澳中大小铳二十门,照样制造大铳五十门、斑鸠铳三百门,前来攻敌。汉等再取前项将卒器具,愿为先驱。不过数月,可以廓清畿甸。不过二年,可以恢复全辽。即岁费四五万金,较之十二年来万万之费,多寡悬悬。谅皇上所不靳也。计汉等上年十二月守涿州时,……登城巡守十五昼夜,敌闻之遂弃良乡而走遵化。当此之际,有善用火器者尾其后,敌必不敢攻永平,而无奈备之未预也。今幸中外军士知西洋火器之精,渐肯依傍立脚。倘用汉等所致三百人前进,便可相藉成功,为之此其时矣。"等因。到臣。据此,看得臣奉旨制铳,匠役极少,成就最艰。若广东工匠甚众,铁料尤精,价亦可省三分之一。臣欲待工完之日,请于彼处置造,不过数月,数千门可致也。而汉等所言适与臣合。又贼中甚畏火器,模仿制用,刻意求工,岂无奸细窥窃、依式成造者?臣故加意防范,且未敢遽造中铳。而汉等亦恐时久形露,翻成后着,诚为确论。……彼人不作谎语，臣近与议论，深入兵家阃奥，益知此辈必能破贼。其统领总率人等难以擅离，掌教陆若汉年力虽迈，而德隆望重，尤为彼中素所信服，是以众共推举，以求必济。如蒙圣明采择，臣愿与之星夜遄发，疾驰至彼，以便拣选将卒，试验铳炮，议处钱粮，调停中外，分拨运次，催攒驿递。秋高马肥，兹事已就，数年国耻，一朝可雪耳。①

疏上，思宗允行。崇祯三年四月，遂"遣中书姜云龙同掌教陆若汉、通官徐西满等祗领勘合，前往广东香山澳置办火器，及取善炮西洋人赴京应用"②。是为明廷第三次赴澳购募西炮葡兵之举。其规模之大，亦属空前。徐光启于疏中，直欲以火器自成一军，赴前线作战，其杀敌报国之忠诚，跃然纸上。乃姜云龙等甫出国门，礼科给事中卢兆龙反对此举之《王者有必胜之兵疏》即上。此疏代表明末部分顽固守旧士大夫之思想与态度。然其所持观点，则颇能起耸动朝野听闻之作用。疏中有云：

中国尊则四裔服，内忧绝则外患清。未闻使骄夷酿衅挈毂也。堂堂天朝，精通火器、能习先臣戚继光之传者，亦自有人，何必外夷教演，然后能操威武哉。臣生长香山，知澳夷最悉，其性悍桀，其心叵测。其初来贸易，不过泊船于浪白外洋耳，厥后渐入澳地。初犹搭蓬厂栖止耳，渐而造房屋，渐而筑青洲山，又渐而造铳台、造坚城，为内拒之计。蓄夷众、聚兵

---

① 增订《徐文定公集》卷三；又见《徐光启集》卷六《守城制器疏稿》。
② 汪辑等辑《崇祯长编》卷三三，崇祯三年四月。

粮，为颜行之谋。……粤人不得安枕，数十余年于兹矣。其岁输课税虽二万金，然设将添兵以为防御，所费过之。时而外示恭顺，时而肆逞凶残。其借铳与我也，不曰彼自效忠，而曰汉朝求我。其鸣得意于异域也，不曰寓澳通商，而曰已割重地。悖逆之状，不可名言。粤地有司与之为约，入城不得佩刀，防不测也。今以演铳招此异类，跃马持刀、弯弓挟矢于帝都之内，将心腹信之乎？将骄子养之乎？犹以为未足。不顾国体，妄奏差官，而夷目三百人是请。夫此三百人以之助顺则不足，以之酿逆则有余。奈之何费金钱、骚驿递而致之也？谓其铳可用乎，则红夷大炮闽粤之人有能造之者。昨督臣王尊德所解是也。其装药置铅之法与点放之方，亦已备悉矣。臣计三百夷人自安家犒劳以及沿途口粮夫马，到京供给，所费不赀。莫若止之不召，而即以此钱粮鸠工铸造，可得大铳数百具。孰有便焉？中国将士如云，貔貅百万，及今教训练习，尚可鞭挞四裔，攘斥八荒。何事外招远夷、贻忧内地，使之窥我虚实、熟我情形。更笑我天朝之无人也。且澳夷专习天主教，其说幽渺，最易惑世诬民。今在长安大肆讲演，京师之人信奉邪教，十家而九。浸淫滋蔓，则白莲之乱可鉴也。……礼臣徐光启夙擅谈兵，臣嘉其志。……而今忽取夷人入京，岂子仪借回纥之兵，但与夷人说天主也。以古况今，无乃不可。……前东兵未退，臣言之恐夷目生心，致有他变。今各城已复，内患宜防。辇毂之下，非西人杂处之区。未来者当止而勿取，见在者当为防闲。①

---

① 汪辑等辑《崇祯长编》卷三四，崇祯三年五月丙午。

卢兆龙追述葡人占据澳门一节，此时犹能耸人听闻，成为反对葡人入京之论据。至指基督教为白莲，则拾沈㴶党徒之余唾耳。疏上，思宗已为之动："朝廷励忠柔远，不厌防微。此奏亦为有见，所司其酌议以闻。"可以想见，当时拥护卢兆龙之说者大有人在。徐光启与孙元化均上疏辩驳，并以去就力争。六月初一，卢兆龙再上疏；十二月，三上疏，竟谓葡人要挟澳门筑城撤将，并诬姜云龙授意其勒索安家银两等事，而思宗停召葡兵来京之旨遂下。姜云龙遭革职回籍处分[①]。时陆若汉偕所召葡兵已抵江西南昌，闻命遂遣葡兵返澳，仅若汉一人于崇祯四年三月抵京复命，续进西洋盔甲刀铳等物，并疏白葡人绝无筑城撤将要挟诸款[②]。此最后一次购募西炮葡兵之举竟功败垂成。忠诚谋国而曲高和寡之徐光启之失望可知也。巴笃里《中华耶稣会史》对在澳招募葡兵之情况记述较详，并说明陆若汉与葡人新献之西炮则由京转赴登州：

  的西劳被留在京，而决定派陆若汉回澳门招请三百人并率领前来。……澳门葡人亦极需要明帝之额外垂青，俾澳门已往所得之特典，可一变而为永久之权利。故皆以此为千载难逢之机，亟愿立功报效。故数日间即有一百五十葡人，服装军器

---

① 汪辑等辑《崇祯长编》卷三五，三年六月辛酉条载卢兆龙第二疏；同书卷四一，三年十二月丙辰载其第三疏，末谓："帝谓澳夷听唆要挟诸款，着巡按查明，云龙革任回籍，其拨置瓜分情罪，俟按奏明议夺。"

② 汪辑等辑《崇祯长编》卷四四，四年三月己卯条载："西洋往澳劝义报效耶稣会掌教陆若汉自广东回京陛见。先是若汉奉命招募澳夷精艺铳师、傔伴三百人，费饱和四万余两，募成一旅，前至江西。奉旨停取回澳。独若汉以差竣复命，续进西洋盔甲刀铳等式，且白其绝无筑城台、撤参将要挟诸款。所造器械未贡，理当奏明。乞怜鉴孤忠，抚安澳众。"

俱极充实。侍役之数亦如之。陆若汉暨上述五位神甫亦同时登程，前往明帝指定之北京。此外复有巨炮一大队，亦随同运入中国。但不知是否因清军已在距北京数里处退却，抑因有若干大臣向皇帝奏言容许武装外人入境之危险，当葡军行抵江西省城南昌时，皇帝所派之捷足即来阻止前进，并令折回澳门。惟因澳门有新献明帝之军火一批，故陆若汉及其它若干人，仍得继续前行，北上入都，并由北京而往登州（Timceu）。①

巴笃里所记澳门葡人对明廷之希冀，为既成事实之承认。即包括准其入贡京师一问题在内，并无其他企图。揆之当时澳门葡人所处情况与远东之国际形势，此说当属可信。盖自葡人入澳后，明廷虽收其所交纳之租金，然迄未予以明令之承认。故皇帝一念之动，或廷臣一纸之疏，即可重申讨伐，或加以封锁，而后者尤使葡人深具戒心。同时，17世纪以来，荷兰东印度公司在远东之商业发展一日千里，大有凌驾葡人之势。英人东来，亦咄咄逼人。葡人垄断远东贸易之局面已难于维持②。为杜绝他国对此紧靠中国大陆小岛澳门之觊觎计，葡人迫切希望取得明廷对其在澳门特殊地位之承认，自在情理之中。明廷数次遣使赴澳购募西炮与炮手，葡人均主动贡

---

① 巴笃里：《中华耶稣会史》，译文见《东方杂志》第四十卷第一号，载方豪《明末西洋火器流入我国之史料》。
② 按荷兰人于1595年（即万历二十三年）开始参与印度及香料群岛之贸易。1601年曾图攻占西班牙据有之吕宋，不果。1603年荷兰东印度公司成立，遂与葡人在锡兰、爪哇、苏门答腊、摩鹿加群岛（即香料群岛）等地作剧烈之争夺。1619年荷人建立巴达维亚城于爪哇岛上。葡人之势力除澳门等地外，南洋各地商业均被荷人所取代。荷人又于1623年（即天启三年）曾禁止英国东印度公司与香料群岛的贸易。1637年（即崇祯十年六月），英舰至澳门请示通市，以葡人阻挠未果。是崇祯初年正葡人远东贸易处四面楚歌时也。

献与踊跃应募，其原因即在此。

关于招募葡兵之数目，卢兆龙疏与巴笃里书所记均为三百人，巴笃里书则谓其中包括傔伴百五十人。而徐光启疏所引陆若汉呈中，则谓遴选铳师艺士二百人、傔伴二百人。又曾德昭《中国通史》所载，亦作四百人，且云："多数为葡人，余为中国人，亦曾受葡人训练而善知使用大炮者。"不知孰是。《中国通史》并谓："葡军之容姿与武器及其服装方式，在在引人注意。又以彼等之服装多经剪裁，观者窃窃私议，以为大好之布，何必四分五裂，若以为不可解者。"当时偕葡军北上者尚有耶稣会士五人，伊等为谢贵禄、聂伯多、林本笃、方德望、金弥格。此五教士并未随葡军返澳，而是散至各省传教。

关于卢兆龙上疏反对葡兵入京，据曾德昭《中国通史》之记述，尚有地方经济利益之背景：

> 在广州中国人之与葡人贸易及作经纪人者，获利甚巨，均恐葡军入国后，通商事业必因之发达，葡商亦易于入境，且可亲自经营，不必假乎于中国人，免受剥削。职是之故，在葡人未离澳门前，彼等即入奏于廷，说明武装夷人入国之危险。据云彼等并以厚礼赂大臣。

卢兆龙为粤之香山人，揆诸嘉靖间浙闽势家与部分浙闽籍官员合倾朱纨之事例，蛛丝马迹，则曾德昭之说实有可能。时广州贸易日趋繁盛，居中经纪之当地商人与各级官吏均获利甚巨，自乐于维持澳门葡人之现状，势必与需要明帝额外垂青、借图改善贸易现状之葡人，形成尖锐之利害冲突也。此第三次招募葡兵之计划虽告失败，而徐光启秉其忠贞为国、锲而不舍之精神，犹冀其精器精兵之主张终有实现之日，于崇祯四年十月再上《钦奉明旨敷陈愚见疏》，吁请再召葡兵，言之颇为痛切：

> 窃自东事以来，累次建言，皆以实选实练、精卒利兵、车营火器为本，不意荏苒至今，未获施用，而贼反用之，以至师徒挠败。甚而西洋火炮所首称长技、前无横敌者，并得而有之也。岂可不为之深计乎？……夫兵器至于大炮，至猛至烈，无有他器可以逾之。今特当以多胜寡、以精胜粗、以习熟命中胜其妄发而已。然多矣、精矣、习熟矣，而非有坚固车营、精良甲胄及技力之士以相佐助，恐利器仍为敌有，如向来故事。臣所言宜求必胜之策者，盖为此也。……夫车营者，束伍治力之法也。昔人谓步不胜骑、骑不胜车。古时未有铳炮，其言如此，况今有极大之火器，而不为保护持久之法，则何因得尽其用乎？……臣言"三聚"当用六万人，若欲悉取招募，费必不赀，亦未可遽得。宜先用今之见兵及各路援兵先行选练，更行设法罗致技勇。……若先练一营之人，先办一营之器，两者齐备，即成营矣。一营既成，更办次营，六万人当为十五营。若成就四五营，可聚可散，则不忧关内；成就十营，则不忧关外；十五营俱就，则不忧进取矣。倘止完一二营，仅可协助大城为守，未堪野战也。……其见在之兵，则速召孙元化于登州，令统兵以来，可成一营矣。盖教练火器，必用澳商；广中所解军需，悉皆精好。而同来工匠又可令董率造作，则此一营

或可不劳余力。若尽撤旅顺兵以来，可更成一营矣。……若臣所谓三聚者，一在关外，一在关内，一在近畿，盖取见兵所居之处，欲移练以就兵，不欲移兵以就练，庶无往来之扰，亦免安插之难。……一、速召孙元化、王征于登州，令先发见兵，即撤旅顺兵俱至畿南，团练一二营，渐次增广。其西洋统领公沙的等，宜差官星夜伴送前来。广东军火器械，宜令原解官林铭作速解运听用。其皮岛事宜当令登州道臣暂管，以待钦命。一、速如旧年初议，再调澳商。昔枢臣熊明遇议辍调者，恐其阻于人言未必成行耳。后闻已至南昌，旋悔之矣。顷枢臣熊明遇以为宜调，冢臣闵洪学等皆谓不宜阻回，诚以时势宜然。且立功海外足以相明也，况今又失去大炮乎？盖非此辈不能用炮、教炮、造炮，且当阵不避敌，已胜不杀降、不奸淫、不房掠。……待我兵尽得其术，又率领大众，向前杀贼。胜贼数次，胜力既定，便可遣归。此辈皆系商贩，止欲立效以明忠顺，非能万里久戍，亦不必其久戍也。①

光启此疏，实有见于思宗对铸炮练兵之多疑与当时战局之紧迫而发。疏中谓登州葡兵"立功海外足以相明"，且盛赞其勇敢善战、纪律严明，实指是年六月公沙的西劳等击败后金入扰海岛之役②。时西炮与葡兵集中于登州孙元化军中，故光启请即召回元化及葡兵先成一营，施以训练以为之倡。惜光启此请尚未蒙采纳而"登州之变"作。孙元化、王征为叛将所掳，公沙的西劳战死，集

---

① 增订《徐文定公集》卷三；又见《徐光启集》卷六《守城制器疏稿》。
② 《明清史料》乙编第一本《兵部题行稿簿》第一则。

中于登州之西洋大炮尽为叛将孔有德等携以投后金。徐光启用先进火器先练精卒以制敌复辽之计划与理想，至此完全破灭。崇祯六年十月，此忠贞为国并为西学传入做过卓越贡献之思想家，遂赍志以殁。

大规模购募西炮葡兵进行教练之计划，虽因徐光启之去世而无人再行提出，然耶稣会士在铸炮与历法两方面，仍为明廷所倚重。崇祯二年，徐光启奉命监修历法，耶稣会士继龙华民、阳玛诺之后，被召入京修历者有邓玉函、罗雅各布、汤若望等。罗雅各布等于崇祯九年以指授开放铳炮诸法有功，蒙旨优给田宅[①]。崇祯末，边事益亟，汤若望遂受命铸炮。据西士之记载，此事尚有一段饶有趣味之插曲。英译本于格之 *Chritianity in China, Tartany and Tibet* 有云：

> 一日某尚书过晤若望，与言国势颠危及鞑靼即将迫近都城之可虑，因及防卫之方法，并谓如能有大口径之大炮，则当大有裨益。此尚书盖奉命往觇此多才多艺之人究否谙悉铸炮术也。若望毫未觉及此为彼所设之陷井，乃于铸炮之法，言之甚为详明。尚书乃立即出示皇帝之上谕，命汤若望迅即开工铸造大炮。……若望虽力言其所知铸炮术悉得之于书本，理论究与实际有殊，然一切逊谢均属徒然，尚书之回答仅为此一上谕必须遵行。……铸炮厂设于皇宫之近旁，……若望制成大炮二十

---

① 黄伯禄《正教奉褒》载："崇祯九年，兵部疏称：罗雅各布等指授开放铳炮诸法，颇为得力。但西士守素学道，不愿官职，无以酬功。上遂降旨优给田房，以资传教应用。"

门，大部均能发射重达四十磅之炮弹。……已而又制长炮若干门，每门均须力夫二人或骆驼一头始克负之以行。若望工作于此炮厂者时亘二载，且须不断与盗卖材料之官吏进行斗争。①

是为教士主持铸炮之始。证之以尤侗初修《明史·外国传·欧逻巴传》，汤若望铸炮在崇祯十五年，而奉命过访汤若望之尚书即为本兵陈新甲：

> （崇祯）十五年，上传兵部尚书陈新甲至东阁，言西洋炮有大将军名号，命若望铸造传习。共大小炮二十余位，大者重一万二千余斤，次者三千余斤。又为空心炮台式，并望远镜二具。②

按汤若望曾撰《火攻挈要》三卷，据笔述者焦勖序，题为崇祯癸未孟夏③。癸未为崇祯十六年，盖即成书于铸炮时也。其时廷臣中反对西士者仍不乏其人。《明史稿·刘宗周传》云：

> 入对，御史杨若桥荐西洋人汤若望善火器，请召试。宗周曰："边臣不讲战守屯戍之法，专恃火器。近来陷城破邑岂无火器而然。我用之制人，人得之亦可制我。不见河间反为火

---

① Huc: *Chritianity in China, Tartany and Tibet* Vol.Ⅱ pp.317–317. 参见费赖之《入华耶稣会士列传·汤若望传》。
② 尤西堂（侗）：《初修〈明史·外国传〉佛郎机、吕宋、和兰、欧逻巴四传原稿》，转引自张维华《明史·欧洲四国传注释》附录一。
③ 汤若望《火攻挈要》之焦勖序。

器所破乎！若望作奇巧惑主心，乞放还本土，永绝其教。"帝曰："火器乃中国长技，若望特令监制耳。"①

时为崇祯十五年闰十一月之事。又文秉《烈皇小识》载：

> （崇祯十四年）会试天下士，命大学士陈演、魏藻德为试官。……阁臣循序，应以蒋德璟为副。时上究心天象，凡日月见食及星宿躔犯，取中国历验之不甚应，以公历验之辄应。遂加西人汤若望尚宝司卿，专理历法。先是召对，德璟奏及之，曰："汤若望有何好处，皇上如此优礼？"上曰："古皇帝招徕远人，汤若望远夷慕化，朕故优待之有加。卿言清兵屡次内犯，震惊宗庙，卿何不撑之使去？"及是，遂抑德璟而用藻德。而棘闱之役亦止于此。②

时内忧外患，交相煎迫，思宗无奈，乃乞灵于天象。当时被目为贤士大夫之刘宗周、蒋德璟等人，不思脚踏实地，以匡救危亡，乃犹闭目摇头，侈夸天朝，亟辨邪正，宜思宗之出言愤懑而叹文臣皆可杀也。崇祯十六年，大学士周延儒出督师，请火器，汤若望

---

① 王鸿绪：《明史稿》列传一四一《刘宗周传》。《明史》本传无"若望作奇巧惑主心"以下语。李逊之《三朝野记》卷七，崇祯十五年下："闰十一月二十九日召对百官……御史杨若槁举西洋人汤若望制大炮御敌。左都御史刘宗周奏：'国之大事，以仁义为本。若望向来倡说邪教，堂堂中国，若用其小技以御敌，岂不贻笑！'上曰：'火器是中国长技，若望比不得外夷。'"

② 文秉：《烈皇小识》卷八。

奉命随往①。是年冬，若望又赴蓟督军前传习采矿并火器、水利诸法②。崇祯十七年，大学士李建泰赴晋督师，又以若望随往。至真定征还。若望盖忠诚服务以迄明亡。

崇祯一朝，购募西炮葡兵之计划虽未底于成，而耶稣会士之传教运动，则甚形活跃。汤若望以供京师，时得出入禁中传教，太监宫嫔多有入教受洗者③。各省会所亦大有增加。最著者为高一志（原名王丰肃）之开教于山西、艾儒略之开教于福建④。迄明亡时，全中国基督教徒竟达十五万人⑤。相传汤若望且曾上疏劝思宗皈依天主⑥，虽未成为事实，然沙勿略、利玛窦来华之志愿至是已

---

① 张维华：《明史·欧洲四国传注释·欧逻巴传》引尤侗《西堂余集·初修明史欧逻巴传》："十六年，大学士周延儒出督师，请诸火器，命若望随往。十月，又命赴蓟辽军前调度。十七年，遣大学士李建泰出山西剿抚，同若望行。晋王审烜亦疏请之。方至真定，而贼逼都城，遂征还。"按《明史·周延儒传》未及火器与汤若望事。又痛史本《崇祯长编》卷一："崇祯十六年癸未十二月乙巳，户部疏请开采。……汤若望着赴蓟督军前传习采法，并火器、水利等项，所司知之。"
② 张维华：《明史·欧洲四国传注释·欧逻巴传》引尤侗《西堂余集·初修明史欧逻巴传》。
③ 费赖之：《入华耶稣会士列传·汤若望传》载："有老中官名若瑟（Joseph）者，曾经若望授洗，若望赖其力得获入宫禁。1632年遂在禁中举行第一次弥撒。1631年，重要中官受洗者十人，中有庞天寿者，教名亚基楼（Achillee），后以忠勇辅卫明末诸王见称于世。……入教者有三人居后妃位。……1640年宫中有信妇女五十人、中宫四十余人。皇室信教者一百四十人。当时朝野以为崇祯帝亦有信心，特未敢入教耳。"冯承钧注谓庞天寿之授洗人似是龙华民。（参见《西域南海史地考证译丛三编》，第112页）肖司铎《天主教传行中国考》卷四云，据某神父记载，明末禁中领洗者达五百四十人。
④ 费赖之：《入华耶稣会士列传·艾儒略、高一志传》。
⑤ 德礼贤：《中国天主教传教史》。
⑥ 肖司铎《天主教传行中国考》卷四载，汤若望给思宗上了《解说天主道理疏》，并云："若望上疏后，适有以军饷乏绝告急者，皇上毫不迟疑，即命将宫中累年供奉之金银佛像不知凡几，尽数捣毁，以充军饷。……此事远近哄传，金谓崇祯帝业已弃绝异端，或将奉天主教亦未可知。此虽揣测之词，于教会之推行则大有神益。一时风声所感，奉教者日增月盛。"

几底于成矣。

四、登州之变与明末购募西炮葡兵之终结

明崇祯五年登州之变,集中于该地之西洋大炮为叛将孔有德等携投后金,军中之葡籍将士亦伤亡惨重,不仅使明末购募西炮葡兵进行练兵制炮之计划宣告结束,且于此后明清军事力量之消长、后金兵制之变革有重大影响。洵为明清之际一大政治事件。

登变内容错综复杂,实为明王朝对辽东地区长期以来之军事政治腐败统治的一次总爆发,而其中尤集中表现为后金占领辽东后之辽人问题。关于此一事件官方及野史之记载,大都以信用辽人、因循败事归咎于登抚孙元化。而在华之耶稣教士则竟言其冤。兹就登变史事略加钩稽,冀能于登变原委得其梗概,借作本文之结束。

前节述及,徐光启于第三次赴澳购募西炮葡兵之计划因卢兆龙上疏反对而失败,遂于崇祯四年十月再上疏,除陈请重召葡兵外,并建议召孙元化于登州,先成一营进行选练。其奉命赴澳招募之掌教陆若汉,则于返京复命并贡上澳商捐献之一批军火后,即往登州。然观登变史实,则由京赴登者,陆若汉而外,实包括第二次从澳应募赴京之葡将公沙的西劳及葡籍炮手、炮匠多人。而为练习点放计,并将一批葡制炮铳随同运登。吾人可以推知,由于思宗对招募葡兵选练主张之突变,徐光启等亦处无能为力之境地。西炮葡兵遂亦奉命往孙元化所在之登州,冀于抗击后金有所补益也。至此,吾人应于登抚孙元化之政治阅历、军事主张、与徐光启及在华传教西士之关系,先作概括之说明。

关于孙元化之事迹，《明史稿》《明史》均附见《徐从治传》，辞亦简略，且间不免错误。唯《明史稿》于元化抚登前之出处，记述较《明史》详实：

> 元化字初阳，嘉定县人。登乡科。从徐光启游，得西洋火器法。天启六年会试入都，值广宁覆没，条《备京防二策》告当事。给事中侯震阳着之朝。又以孙承宗请，使主建炮台及教练法，赞画经略军前。元化固请据宁远、前屯，以策干王在晋，不能用。又与袁崇焕争在晋建重关之非。承宗还，奏授兵部司务。已而承宗代在晋，筑台制炮如元化言。召还为职方主事。崇焕守宁远，复命元化为赞画。崇焕与在晋及满桂相失。元化还朝，请以关外事专委崇焕。恶崇焕者谱之魏忠贤，罢其官。崇祯元年起武选员外郎，进职方郎中。崇焕乞以自辅。改山东右参议、整顿宁前兵备。京师戒严，崇焕入援，及下狱，祖大寿溃还，元化调剂令复入关。朵颜乘虚犯宁、锦，遣将击却之。时永平失守，关内外隔绝者半年余，军食久虚，将士单弱，列城得无虞，元化力也。三年六月，皮岛副将刘治为乱，廷议复设登莱巡抚，遂擢元化右佥都御史任之，驻登州。[①]

广宁失陷，系天启二年正月事，元化于此前即天启元年十月抵京会试[②]。《明史稿》记为六年，误。元化登乡科，《明史》作天启

---

① 王鸿绪：《明史稿》列传卷一四〇《徐从治传附孙元化传》；又见方豪《中国天主教史人物传·孙元化》。
② 沈国元：《两朝从信录》卷一三，天启二年四月孙元化上言。

间,亦当指天启元年。文秉《烈皇小识》谓元化与宜兴周延儒同举于乡①。据《明史稿》,延儒于万历四十一年以第一名成进士,则中举当在万历四十年可知。二说矛盾,不知孰是。元化与徐光启于学为师生,于信仰则为同教。元化于天启元年受洗于北京,圣名依纳爵(Ignace)。而当万历四十四年南京教难发生时,元化已与光启及李之藻、杨廷筠等竭力保护西士②。元化在京受洗后不久即返里,且自杨廷筠家延耶稣会士郭居静、曾德昭至嘉定传教,出赀建圣堂一座及房屋一所,以寓西士。其后邓玉函等西士初抵中国时,均曾先至嘉定学习华语③,嘉定遂成耶稣会总堂之一所在地④。故元化在当时中国耶稣教中之地位及贡献,实仅亚于光启、之藻、廷筠三人而已。天启二年春,元化于应试下第后被着授职,是年四月曾上一疏,即略陈其对辽事之军事主张,并表示用其言则留、不用其言则去之态度。《两朝从信录》是年四月下载其疏有云:

> 臣下第之后,臣宜去矣。而科臣侯震阳疏荐、部臣沈棨

---

① 文秉:《烈皇小识》卷三。
② 费赖之《入华耶稣会士列传·高一志传》谓:"万历四十四年沈潅疏上,徐光启、李之藻、杨廷筠、孙元化诸人上疏辩护,终终不免。"又同书《毕方济传》谓:"一六一六年南京仇教之事起,(方济)被逐南还。山东巡抚教名纳爵者留之居嘉定。"此处纳爵即指元化,山东巡抚当为登莱之误。时元化尚未入仕,传中云巡抚,乃事后追述其职。又同书《郭居静传》:"一六一六年仇教之事起,居静深居简出。一六二〇年又辟新教区于嘉定,进士纳爵之故乡也。纳爵入教未久,曾建筑房屋一所,内设礼拜堂,并附设学校一处。其地甚幽静,有园林鱼塘,于奉教讲学均宜。……时受洗者有六十人。"此处以元化为进士,亦误。
③ 费赖之:《入华耶稣会士列传·郭居静传》。
④ 肖司铎《天主教传行中国考》卷四谓:"崇祯三四年中,向化领洗者以数百计。"厥后西士即以嘉定为总堂,比于杭州,常有教士驻足。1628年在华耶稣会士讨论Deus译名及礼仪问题之会议,亦于嘉定召开。

苦留。……臣非不知相度时势、揣量人情。忌功者多，任事者少，必不容青衿之子得效涓矣。顾臣生平力学，尚可待时，而疲羸之士卒、单薄之边墙，危如累卵，不能待也。今蒙兵部题复，明旨允行。……容臣不受职衔，使得以葛巾布衣，周旋囊鞬，斯诚旷古之希迹，亦当世之妒招也。第臣学有渊源，行无虚饬。如其法则能成其功，行其志则能竟其业。……用兵莫如火器，急守莫如铳台，议论戒于二三，赏罚期于信必，此四言者莫能易也。……践臣之言，而后责臣之自践其言，臣死不悔。万一材料不应臣手而谓工作之迟，兵将不由臣练而谓器法之病，是旁人改方而罪医、操刀受伤而诛匠也，非臣所敢承。……惟是既不受官，又无专敕，不过为谋画相度之人。……臣言之而当于用则臣留，若言之不当于用则臣去，亦不敢逡巡苟且、虚俸冒差以干误国之罚也。①

时魏忠贤用事，朝政日非，党庇公行。熊廷弼以本兵张鹤鸣袒王化贞而一筹莫展，广宁败没，竟同遭逮问，天下冤之。且明代仕途，重进士而轻举贡，若以举贡受知，不傍门户，鲜有不被排得罪以去者。元化以举人钦差赞画，虽急公敢任，对此亦不能无所顾虑。故言之如此。此为元化任辽事之始。此后佐孙承宗、袁崇焕筑台制炮。天启五年，元化辞归京师，会试再不第②。《明史稿》所谓召还为职方主事即是时也。宁远告急，再赴崇焕军中赞画，并监制

---

① 沈国元：《两朝从信录》卷一三，天启二年四月。
② 《明清史料》乙编第八本《宁前道孙元化奏本》中有辞归会试之语。见下引原疏。

西洋大炮以资防御。天启六年六月,元化二次还朝,翌年二月遂削夺闲住①。七月,袁崇焕亦乞休归。徐光启则已于五年为阉党劾去矣。天启七年冬或崇祯元年春,耶稣会士会议于嘉定,徐光启、杨廷筠及元化均与会②。崇焕被召督师,遂请以元化为宁前兵备。崇祯二年闰四月,元化于出关前上疏有云:

> ……惟是臣乡科也,又无异能,恐小心不足以当大用、实事不足以博虚声、远虑不足以希近效。且臣自赞画关宁以迄于今,所建白者无非坚城、精器、选将、清兵、核饷、查工之事,极板极实,取畏赠憎。畏则欲其去,憎则幸其巡。况废弁棍徒,拥众辇毂,往来边塞,不异飘风。或讨缺乞官而所求不得,即曰私用匪人;或发奸正罪而营脱无门,即曰需索不遂。飞谤兴谗,伏机不测。臣又素甘驽钝,引分自安,道义正交,不求亲昵。即新临上司,一切故套文移,通行礼节,臣尚拟禀请裁简,以身率下,欲使关东将吏,自仪物至于呈揭,自宴会至于迎送,谢绝虚糜,惜时省费,以共图实事。则臣迂疏又可概见。夫地重则倾忌已多,任难则称塞不易,才拙则奥援必

---

① 沈国元:《两朝从信录》卷二九,天启六年二月下:"命员外孙元化制西洋炮以资防御。"按是年正月二十四日,袁崇焕以西洋炮守宁远却敌。又同书卷三十:"六月,辽东巡抚袁崇焕以贼情暂缓,题请赞画孙元化回部。元化以所颁赏银五十两缴还贮库助饷,上嘉其急公,准令回部。"又同书卷三三,天启七年三月:"削夺陈以瑞、孙元化闲住。"另参见《明熹宗实录》卷六天启六年二月戊戌、卷七二天启六年六月戊子、卷八一天启七年二月丙午。
② 费赖之:《入华耶稣会士列传·骆入禄传》:"1621年,入禄为东亚一切传教区之视察员。同年,集资深学优之传教师七人,共议中国礼仪问题,及天与上帝名称问题。1627年诸神甫重在嘉定集议,主持其事者乃入禄之后任Palmeiro神甫也。"盖元化于天启七年六月削职,是年冬遂得参加此次集议也。

少,格卑则摇撼无难。有此四可虑者集于臣躬,能无惧乎!用敢预恳圣明,洞鉴主持,使绝塞孤臣,得以安其位而行其志,竟其事而成其功。微臣幸甚,封疆幸甚。①

读之可见明代腐败政风,即辽东边塞亦不能免。元化秉其忠贞为国之热情,竟欲独行改革,宜其言之切而虑之深也。崇祯二年冬,后金铁骑迫近京师,袁崇焕入援,中间下吏,祖大寿东溃,关内外隔绝,形势危迫。说祖大寿回军及力谋关外诸城者,时皆以为孙承宗、马世友之力,而不及元化。实则居中调剂、独力苦撑者,元化之功不可泯②。崇祯三年五月,东江刘兴治为乱,杀陈继盛,与后金通声气③。明廷议复设登莱巡抚,擢元化为之。元化于是年七月上疏辞登抚新命,曾追述独守关外八城事,可资佐证。疏中于登莱所处情势之恶劣,描述颇详,为了解此后登州之变提供了基本情况。《崇祯长编》三年七月丙戌条载其疏曰:

> 六月二十八日接邸报,忽有登抚之命。臣叩头流涕,伏念此地何地、此官何官也。以臣备就之器甲、练就之营伍、安就

---

① 《明清史料》乙编第八本《宁前道孙元化奏本》。
② 参见《明史》卷二五〇《孙承宗传》、卷二七〇《马世龙传》,王鸿绪《明史稿》列传卷一四〇《徐从治传附孙元化传》。又《崇祯长编》卷三十,三年三月己酉云:"以深入敌营功,加孙元化为山东按察副使。"按:崇祯三年三月正遵化等四城不守、关内外隔绝之时,所谓深入敌营功者,当系指元化独守关外、力拒后金而言也。
③ 参见《明史》卷二七一《黄龙传》、王先谦《东华录》天聪五年三月甲午条。又《国学丛编》第一期第六册(民国二十一年五月出版)载谢国桢《满清初期之继嗣问题》,文中引天聪四年七月十一日金国汗黄太吉等与刘兴治兄弟之誓书,及同年八月岛中刘府来书。

之土民、修就之城堡，统此战必胜、守必固、攻必克之将卒，朝廷咫尺，呼吸易通，邮递通行，本折俱近。臣又曾为皇上三次发援恢复数城，斩馘无算。且独守八城、二十四堡、四百里，凡七阅月。东西二敌，数万饥兵、百万饥民，加以民噪、兵归两大变，自谓险难历尽，轻熟渐来，尚不敢以病躯误事。今登莱与金复隔海，军机缓急，风汛难凭，接济调发，俱不可必。向者敌在蓟门，阁部即以异域视关宁，缺饷五月，千辛万苦，告语无人。今乃为东省之赘抚，抚辽地之赘岛，无一城可据，无一事可因。将知领兵而不知备器，兵知领饷而不知对敌。养济院中之孤独、长安道上之乞儿，合为一人。而强者则窝纵掘参、把持开市，明知内治不及，兔窟可营。此刘兴治之所以养夷八百、造甲制铳，便四顾无忌、小霸自雄也。盖内廷向以登莱为虚抚、东岛为虚兵。今欲以臣实其虚，而户部不给全饷、工部不给军需、兵部不给马匹，则兵仍虚。兵虚而援恢亦虚，援恢虚而抚亦虚。是欲以臣实东之虚，而无乃以东虚臣之实。且勿论岛将之反侧，戎索又未易言已。臣即不病，尚不敢承，况病而且甚，不能跨鞍、不能捉笔者乎。敌未退而言为惜身，敌退而不言为窃位。新命忽临，事更难而责更大。伏冀圣明洞鉴，登抚之设，无益于国；以责病臣，更有损于国。即以登莱海防仍归东抚，以四卫恢复仍归辽抚。鉴臣积瘁，允臣生还，庶边事无误而中兴之治更有光矣。[1]

---

[1] 汪辑等辑《崇祯长编》卷三六，崇祯三年七月丙戌。

登莱巡抚，始于熊廷弼再出经略时之三方布置策。即所谓以广宁缀敌全力，于天津、登莱置舟师，伺机直捣后金心脏是也。然毛文龙镇江奏捷、经抚不和，登岛即成赘地。至是刘兴治乱东江，乃欲以登控诸岛，复设登抚，实则形势已非昔比。而明廷兵饷日益不支，元化疏中所言登兵之窘况，均为实情，且为辽东军兵之普遍情况也。元化辞疏既不获准，只带得病赴任。受事之后，即请济粮饷、更岛将，并以恢辽为己任。

孙元化抚登后之诸多举措中，最值关注者，为集火器、用辽人二事。而后者则为登变之主要症结之所在。

元化之主张精兵精器，与乃师徐光启同，此可于上引各疏见之。元化受任登抚时，即陆若汉赴澳门招募葡兵之日。寻卢兆龙疏上，所募葡兵数百人至赣被阻返澳，元化曾上疏力争。其疏虽不可见，然当即引起卢兆龙以专疏劾元化。则元化之言激切可知也。崇祯四年三月，陆若汉返京复命后随即转去登州。至葡将公沙的西劳及其统率下之葡籍炮手何时赴登，虽无记载，然彼等至迟亦当于是年三月前后，因元化之请而去登，则可推知。与此同时，张焘以参将、王徵以辽海监军道皆在元化军中。二人均为虔诚之教徒，徵与元化尤莫逆①。焘则为李之藻门人，于万历末首次去澳购募西炮葡兵者。故是时西洋大炮与葡籍炮手均集中登州。而登州遂成明廷西

---

① 肖司铎《天主教传行中国考》卷四云："按陕西倡首奉教伟人为王徵与蒋姓某大员。王徵字葵心，又字良甫（按：良当作艮），泾阳县人，天启二年进士。奉教后自号了一道人。名其所建圣堂为崇一堂。盖表其信仰惟一真神、钦崇惟一天主也。"按王徵圣名斐理伯（Philippe），据徐景贤《明孙火东先生致王葵心先生手书考释》云：王徵与孙元化虽同为教徒，然以地域远隔，迄未谋面。后得西士之介绍，遂成莫逆。

洋火器毕集之中心①。盖孙元化与徐光启欲以此最后之精器精兵建功辽海,借以实现其理想也。

辽东海中各岛,自毛文龙为袁崇焕所杀后,后金搜剿各岛之师,一岁数出②。崇祯四年五月,张焘与公沙的西劳以水师西炮击败经由朝鲜图扰南海岛之后金兵。前引徐光启《请再调葡兵疏》中所谓"立功海外,足以相明也",即指此捷。《明清史料》乙编所收《兵部题行稿簿》有崇祯四年八月残稿一件,于此役有所记述。虽残缺,然其经过犹依稀可见:

> (上缺)张焘禀报:卑职奉文过御宣川达贼,于十九日未奉申令之前,连日与奴酋攻打,贼死无数。但见□四集,沿海筑墙,屡筑屡攻,屡毁屡修,坚□不去。于十七日,职令西洋统领公沙的西劳等用辽船架西洋神炮,冲其正面。令各官兵尽以三眼鸟铳驰架三板唬船,四面攻打。而西人以西炮打□□□筑墙。计用神器十九次,约打贼六七百。官兵□□□□□杀伤。至晚鸣金收兵,当夜贼却五十里存札。二十三日据坐营副总兵沈世魁、参将黄蜚、游击谢太□□□□□□,回乡难民高四、陈国元等各供称:"小的原□□□□□□□□□四日被达子拿在营内与他打□□□□□□□□。只听得南山炮响。至二更时候,□□□□□□□□□,打死孤山

---

① 《明清史料》乙编第一本有崇祯四年八月十九日准登抚孙元化咨文,一次即由广东运登火器鹰铳二百门、鸟嘴铳一千门,以及造铳匠作并放炮教师五十三名。
② 据蒋良骐《东华录》天聪三年(明崇祯二年)五月、九月条:搜剿毛文龙所属诸岛之师,一年三出。王先谦《东华录》略同。

一名，喇憨牙□□□□□□□□□。达子死过千余，被伤达子不知□□□□□□□□……"又据……差往丽地水清烧盐逃回兵士金汝贵口供："达子在宣川砍木造船，必要攻岛。二十一日□□□□□死尸一个。闻说往沈阳是个王子。众达子说：'□□□多达兵，我等尚好回话，打死我王子，我等怎么回话？'"……二十六日据朝鲜兼八道都体参副使中军材庆业呈为驰报事："六月初四日奴酋潜浙放兵四募，诘朝未明，已过宣城。……步骑数万，任□冲突。……有张副总前初九日与贼遇战于身弥岛时，贼将一人中丸即死，别置一处而烧尸。……以后复大战于宣沙浦，战舰蔽海，连日进击，炮烟四塞，声震天地。贼将一名两腮中丸，颐领破□，以巾裹结载来宣川，未几亦死。军兵之死者填满□□□尸数日。……畏缩奔于八十里之外，不敢复近海岸。但见步步移营，渐次过江。小邦之人不胜忻贺"等情。……当查节次□□有功员役：赞画副总兵张焘、坐营副总兵沈世魁……西客公沙的西劳等大小各官，次第甄别，量赏花红以示鼓励。……看得奴酋因结连刘贼之计未售，遂尔倡率大举。揆其情势，必欲长驱入岛，虎视登、津，必不肯安心苟退者。幸职敕命初膺，义勇鼓奋。……则此捷为十年以来一战，其出于丽人岛人之口者，信不诬也。……等因塘报到臣……次日接兵部咨称：辽东巡抚邱禾嘉塘报回乡供说：东奴五月内抢岛，六月初回来，被炮打死两牛鹿、一孤山。又偷船三百名，止回一百。……今辽东先报贼攻岛，复报败回，往返日期与所杀酋首数目不期而合。……此海外从来一大捷。伏乞圣明敕部优叙。①

此为明末购募之西炮葡兵参加对后金战事之仅见记载。稿中谓奴酋结连刘贼,指刘兴治乱东江与后金私通事。又据后金方面官书记载,此役之出师规模颇大。王先谦《东华录》天聪五年五月载:

> 庚子,命总兵官冷格里、喀克笃礼征南海岛。谕曰:……朝鲜为交好之国,秋毫不可有犯。至于招降岛中汉人,尔等勿与其事。可令副将石廷柱、高鸿中,游击佟三、李思忠等往。如不降,则向朝鲜索舟攻取。倘朝鲜不与船只,可令阿朱户马福塔往谕。

按冷格里(或作楞额礼)时为正黄旗固山额真,喀克笃礼为正白旗固山额真②,且征舟朝鲜,其志实不在小。既而朝鲜拒不与舟,又遭张焘等迎击,遂于七月还师。王氏《东华录》是年六月及七月载:

> (六月)戊辰征南岛,总兵官冷格里、喀克笃礼奏:"我兵因朝鲜不与船,于二十六日还。擒明人讯之,言'黄总兵率兵五千于五月五日自内地来岛中矣'。我兵获小船,察哈喇率兵监守,明兵来犯,穆世屯阵亡。我兵奋击败之,沉其小船三,明兵溺死者半。"七月甲戌,冷格里、喀克笃礼师旋。

---

① 《明清史料》乙编第一本《兵部题行稿簿》第一则。
② 王先谦:《东华录》,天聪五年五月辛丑。

此次师旋未言俘获，可为战败佐证。察哈喇为正红旗调遣大臣[①]，所谓获小舟云云，可与前引明兵部残稿中"偷船三百名、止回一百名"相参。《东华录》谓仅穆世屯及二卒阵亡，证以其他记载，实为讳败之笔。据《清史稿·李思忠传》，思忠于此役中曾被炮伤额，或即为明兵部残稿据朝鲜驰报中"两腮中丸、颐颔破□"之"贼将"，唯思忠未死，当系误传。又随征之游击佟三，据《清史稿·刘清泰传附佟岱传》记载：父佟三于清太祖时归顺，任梅勒额真，系佟养性、养真从父。至明兵部残稿所云击毙孤山一名，竟无可考，或系捷报有意夸张亦属可能[②]。当时登州既成西洋火器萃集之中心，且于南海岛阻击后金之役中以之获胜，故徐光启吁请再召葡兵之疏中请首召登州孙元化统兵以来，加以选练，犹欲以之为精兵精器之倡导也。

孙元化官辽久，尝主用辽人。吴桥变起又主抚议。故登州之变，元化以此备受指责，后竟与张焘同弃市。盖吴桥之变实由辽兵发难，而登州之陷由辽人内应也。唯远自努尔哈赤起兵，抚、铁奔溃，辽人入关与浮海赴登莱者日众，流离失所，已成为当时一大社会问题。故论元化用辽人、主抚议，必先检视辽人问题之由来及日后发展为一极复杂社会问题之情况，始能于登州之变之原因得其要领焉。

---

① 并见蒋、王二氏《东华录》天命十一年九月太宗即位条下。又《清史稿·常书传附察哈喇传》云："五年五月偕总兵官冷格里、喀克笃礼伐明南海岛。师次海滨，掠敌舟以渡。舟未足，驻师待之。明兵渡海来击，牛录额真穆世屯战死。察哈喇力战，别遣人沉其舟。敌还，求舟不得，溺死大半。"

② 按：天聪五年后金从征南海岛者，除冷格里、喀克笃礼二人为固山额真、均无恙外，余如石廷柱、高鸿中、李思忠等亦皆生还。明人所云击毙一孤山，竟无从证实。

明初，辽东视同羁縻，卫所而外，不置民官。虽时设巡抚，亦务剿抚、专兵事，一切民政率由山东布政司遥领，其不被明廷重视可知①。是以辽东自官吏以至胥役，多山东人。《明武宗实录》载：

> 正德四年闰九月，兵科给事中屈铨奏：辽东地方虽称边境，其分巡分守等官以至钱粮吏役俱出山东。近年巡抚都御史多山东人。土壤相连，行事不便，后宜推别省人。万一边情重大，急于用人，即不在回避之例。吏部复议，从之。②

辽东饶参貂之利，贡夷边民，朴鲁易欺，至是遂成鲁人猎利之薮。故辽鲁之情同吴越者，其由来已久矣。嘉靖十二年，明廷以交通艰远、往来不易，令辽东士子改附顺天乡试，然其后应试及中式名额亦递减③。可见辽东于内地固感隔膜，而与山东则扞格之情实有加无已也。万历末，努尔哈赤崛起，辽左用兵，列城灰烬，其与

---

① 按：此遵先师愿意。然以山东布政司遥领辽东，以及辽东官吏及胥役多山东人，似不能视为明廷不重辽东，恰恰相反，当是历代汉人政权管辖范围向辽东延伸之表现。可参见汉唐时对辽东地区之政策及辽、金、元各代对辽东之管理制度。——方志远谨识。
② 孟森：《明元清系通纪》正编卷一四引《明武宗实录》。见《明武宗实录》卷五五，正德四年闰九月己巳。
③ 沈国元：《皇明从信录》卷三九，万历三十七年五月云："诏顺天增中辽东举人五名。辽东原属山东，士子赴试艰远。嘉靖甲午，改附顺天。是年应试者四百人，中九人。次科八人，又次科五人。以后渐减至一二人。至万历己酉（即三十七年）从言官请，定额五名。以火字编号。着为令。"

女真狃习者辄转入建州为"虏"用，遁入朝鲜及海岛者亦甚众①。其入内地之辽人，始则流离失所、安插为艰，渐则主客势成、备遭歧视，而辽人问题起。

时辽人入关者率赴京师，越海者多至登莱，均为数甚多。故辽人问题亦以此二地为严重。当时内外臣工奏疏中可窥一斑。《两朝从信录》天启二年四月载大学士叶向高等之《切要事务疏》有云：

> 臣观边臣奏报，辽民避难入关者，至二百余万。彼其仓皇奔走，既不能有所挟持，即有微资，亦随手立尽。糊口之计既穷，走险之谋必起。自来流民之乱，殷鉴昭然，及今不为处置，悔将无及。臣闻自天津至山海关一带，旷地甚多，处处可以屯种。……今宜仿古屯田之意，分布逃民，量给资本，使之力耕。二三年后，可变荒芜为成熟，亦可联保甲为戎行，固国家无穷之利也。……至山东登莱一带，辽民亦有数万，并责成抚按官一体布散安插，以消乱萌。此实今日第一之急务耳。②

明廷于此屯田安插辽民之建议，当于采纳，遂以太仆卿董应兴管理直隶、天津至山海关等处屯田，安插辽民③。疏中所举进入登

---

① 王鸿绪《明史稿》列传一九四《朝鲜传》云："天启五年，朝鲜主李倧请撤辽民，安插中土。"六年十月李倧又上疏曰："毛镇当全辽沦没之后，孤军东渡，寄寓海上，招集辽民，襁负而至者前后数十万。……顾以封疆褊小，土瘠民贫。……生谷有限，支给实难。辽民迫于饥馁，散布村落。强者攫夺，弱者丐乞。小邦兵民被挠不堪，抛弃乡井，转徙内地。辽民逐食，亦随而入。自昌义以南，安肃以北，客居六七，主居三四。……臣之请刷辽民，因力不足济，初非虑及遍处也。"
② 沈国元：《两朝从信录》卷一三，天启二年四月。
③ 沈国元：《两朝从信录》卷一三，天启二年四月。

莱辽民之数目，当系臆测，实际当不止此数。此最早关于辽人之对策即重京师而忽登莱，颇值注意。同年七月，明廷以行边兵部尚书孙承宗《请安辽人疏》，降旨戒各地官吏抚绥辽民，勿"徒驱逐出境，终至失所"①。则逃入内地辽人处境之窘迫可知也。天启三年闰十月，辽东巡抚张凤翼于阅视关外诸城后所上《谨陈赈恤消弭大计疏》，言辽人之四可悯、五可虑。其"五可虑"中有云：

……至辽人避难入关，如飞鸟依人。争入州而州不见怜，投县而县不任受，甚且挟骗者指为逆党、佩剑者目为劫徒。以致愤懑出关，但（按：似应作"倡"）言报复。倘奴氛再炽，恐其有倒辽阳之戈者已。此可虑者三也。……彼奴酋贿用汉人，尝闻关探事，迹从水来者以万计，投陆者以千计，不纳恐伤王度，纳之俱蔽奸人，即尽城之内，短发成群。倘奸细匿中，恐有习三岔之续者已。此可虑者四也。……②

时努尔哈赤善用间，故辽人所至，群遭猜疑，而辽人遂成奸人挟诈之资。辽人于颠沛流离之余，复遭猜忌敲索，为状极惨。天启四年三月，督师孙承宗上《弭边衅疏》，揭露关内外地方官吏对流亡辽人苛索滥捕，势必迫之铤而走险、转为后金所用，语甚痛切：

---

① 沈国元：《两朝从信录》卷一四，天启二年七月云："行边尚书孙承宗请急安辽人。奉圣旨：'辽穷困至极，甚轸朕心。安插事宜，关臣董应兴亟行招集。经、督并各巡抚官严饬道府，各设法抚绥，毋徒驱逐出境，终至失所。其在登莱朝鲜者，行文刘国缙、毛文龙，作何分插，一体矜恤。余俱如议行。'"
② 沈国元：《两朝从信录》卷二〇，天启三年闰十月下。

臣于视部时，曾见捕获奸细，纷然见告。而左袒经略者，捕皆巡抚之人；左袒巡抚者，捕皆经略之人。此岂奸细分曹而应？抑岂游徼捕人而捕？……甚至喑哑之孤儿，立杀受赏；卖刀之残卒，以跆相获。……大约反侧之窥伺，岂尽无因；而番快之捶楚，何求不得？……诚知城中陷溺者窘辱已极，又见脱身来归者流离更甚。至其携有家口，栖顿岁时，方且中怀犹豫；乃更迫以惨杀，死岂择音，铤或走险。诚念陷身于外者，未必尽是甘心；而脱身于中者，岂其愿为恶党？无奈衣冠大列尚以苟全，岂鞣鞈庸流尽责慷慨！况东省之疮痍未定，或并生心；辽西之栖泊甫安，时为惊骨。而大姓豪族，流落中原，日绕三匝，人摇未定之魂。垂橐而靡室靡家，既苦奇穷；挟赀而相亲相傍，动遭奇祸。宁惟中土狡豪居奇踪迹，抑且同来流冗相告要挟。……臣抵关即严海禁于津登，严越冒于山海。……向来自备资本、借官批上纳者，概行严禁。盖法严于防，而未敢概苛于搜索。且自杨文岳通盖州，而陷溺之民心日动；自刘兴治通归滨，而残暴之贼杀日烦。我方开一面之网，借贼之杀机以散其不附之心；岂更密罗织之条，失我之宽政以断归来之路？……且令关外十六万兵民，一闻讹言，惊奔不定。……伏乞皇上酌察人心，敕所调宽严，无以辽民之在苦而疏于防，无以流民可疑而苛于诛。①

读之可知当时对辽民之处置，确为一极为错综复杂的社会问

---

① 沈国元：《两朝从信录》卷二一，天启四年三月。

题,重以吏治之腐败、任事者措置之失当,辽民问题乃益趋严重。

明廷于入关辽民之流寓京城者,采取召集屯种之办法,分处辽人一万三千余户于顺天、永平、河间、保定等地①。屯田虽有成效,然以受惠之万余户与入关之二百余万口相较,不啻杯水车薪。于是有编军之议。《两朝从信录》载:

> 天启三年六月,时科臣黄承昊欲散遣辽人出关,抚臣袁崇焕欲藉辽人以复辽。兵部议曰:此不无可商者。彼既托足内地,幸免踩躏,一旦驱之出关,能无生心?应行各抚按、各州县有司,通查境内辽民若干,其老弱者留之,中有壮者堪籍为兵者,量捐俸薪,给与衣粮,并给批文,赴宁远抚院拨隶某将某营,食粮操演,或另立一营。……其有家属相随者,设法安插,资其屯牧。……久而南兵可汰回、边兵可陆续放归。……前朝鲜刷还辽民之请,臣部复令毛帅收之以成牵制之一旅,今恐蚁聚鸟散,无裨军声。合无檄令彼中,简其强壮,咨赴宁远,一体安置,以备耕练。②

名虽编练,实为军屯。在当时实际情况下,此议实施既难,而未几袁崇焕亦罢归,恐未获推行也。以上屯田安插,均着重于京师附近辽人之处置。至登莱沿海则鞭长莫及。明廷亦恬然置之。该地区之辽人与土著,最初即发生主客之对立,此乃辽鲁间特殊历史关系有以致之。《两朝从信录》又载:

---

① 王鸿绪:《明史稿》列传一二四《董应兴传》。
② 沈国元:《两朝从信录》卷二九,天启六年三月。

天启四年三月，先是潍县获奸细谋逆张迩心等，辽人皆重足而立矣。时论者言辽人必乱之势，以及解散之策：若以辽于太平日，尽天下之金钱以奉辽，故辽之人泥沙用之，鲜衣美食、怒马挽强以为常。……今习气已重，牢不可回，不耕不织，坐食粱黍，富者难保无常余，贫者已见无不足。此辽人自处于难继之势也。不安一也。辽人新集，自属流寓，而东人之暴无赖者，往往怙民土著，凌逼客子。此潍与辽不相长也。不安二也。三韩之众，淹海之卒，潍者近三万。民中自不无贫富，自不无借贷而施者，武弁求民未已。是辽贫富与比，不相安三也。……斗大一潍，茕茕侨居，欲请托而无可请，欲居间而无可居，唇舌是非，辽人则曰潍人欲甘心我也，而潍人则曰某某拥百万将不利地方。……不安四也。夫此四不安，犹逆谋未发以前之情形也。而今何如哉。计所解散之大县百人、小县七十人，隶之两直、山东、河南之间，任其情之所便，官为给引，士农随之，勿以冒籍花诡苛求焉，是抚按有司加之意耳。①

潍县为当时登、莱二府所属十余州县之一，且距海较远，竟有辽人三万。则萃集登莱之辽人总数当十倍于此。登莱地方官吏所采之对策，为使辽人解散分赴两直、山东、河南各县。实施此一办法，遂发生下列后果：辽人之强有力者及奸滑无赖，或抗违不行，或乘间逃还，仍聚集于登州、莱州各大县城，照旧横行。此其一。

---

① 沈国元：《两朝从信录》卷二一，天启四年三月下。

善良无力者分散各县，心本不甘，若官吏未加抚辑，土著复加凌逼，一时虽俯首就范，积久则横决可虞。此其二。此后吴桥之变一发即迅速涉及登莱各地而不可收拾，皆上述解散政策为之厉阶也。且自毛文龙纠集辽人，开府东江，并私商内地以来，登州一跃而为饷运与商业之中心。去登辽人常倚毛帅之势与土著不相下，而登莱主客之矛盾乃愈演愈烈。《崇祯长编》五年正月记事曾追述之：

> 初登州僻在海隅，素称荒阻。自万历戊午以来，辽人渡海避处各岛及诸州县间。毛文龙号召为一军，岁饷八十万皆从登州达皮岛中；而辽地一切参貂之属潜市中土者，亦由登州内输。由是商旅之往来，云集登海上，登之繁富遂甲六郡。辽人恃其强，且倚帅力，与土人颇不相安，识者久忧之。[①]

崇祯初，袁崇焕出督师，诛毛文龙，其部下辽将星散而潜居各岛及登莱各地。迄袁崇焕磔，文龙旧部稍稍出。时陕西民变已起，边警日亟，此辈武弁，均出身无赖，素行恣睢，不甘为人下，至是遂狡焉思乱。而为悍将弁兵及久受土著凌迫之辽民所麇集之登莱各地，乃成一触即发之势。

自辽东告警以来，任辽事者如孙承宗、袁崇焕，莫不倡以辽人守辽土之议。即素主辽人不可用之熊廷弼，于再出经略时，亦议用辽人以收拾辽人心。盖当时辽东形势日趋恶化，当事者不得不然耳[②]。孙元化官辽久，且尝为孙承宗、袁崇焕僚佐，于辽东局势知

---

① 汪辑等辑《崇祯长编》卷五五，五年正月辛丑。
② 《明史》卷二五九《熊廷弼传》。

之素稔，故亦力主用辽人。崇祯三年刘兴治乱东江，廷议复设登莱巡抚以收控制辽海诸岛之效，并以元化为登抚。元化自辽赴登，率兵八千往，强半皆辽人①。寻复录用毛文龙旧部毛承禄、孔有德、李九成、耿仲明等为将。有德等均辽人，于文龙被杀后走入登州者。此为元化主用辽人之明证。元化于崇祯三年七月受登抚命；十月，东江又发生乱兵绑拿总镇黄龙之变。同年八月，清兵围大凌河急，元化一面疏请岛饷、更置岛将，一方面即遣孔有德、张焘及葡将公沙的西劳等从海岛北驶声援。会援师为北风所阻，张焘等援船遇飓风折桅坏舵，军品辎重尽失。在明廷屡旨严督之下，元化遂将孔有德等调回登州，改由陆路赴援。崇祯四年十一月丁卯，而吴桥哗变作②。《明史稿·徐从治传》载：

> 是年（按：指崇祯四年）大凌河新城被围，部檄元化发劲卒泛海趋耀州盐场示牵制。有德诡言风逆逗留。乃命从陆赴宁远。十月晦，有德及（李）九成子千总应元，统千余人以行。径月抵吴桥。县人罢市，众无所食宿。一卒与诸生角，有德笞之，众大哗。九成先赍元化银市马塞上，用尽，无以还。适至吴桥，闻众怨，遂与应元谋率部卒劫有德。有德从之，还兵大掠。陷陵县、临邑、商河，残齐东，围德平。既而复去，陷青城、新城。剽掠厌，乃整众东。③

---

① 《明史》卷二七〇《张大可传》。
② 《明史》卷二三《庄烈帝纪一》："（崇祯四年）闰（十一）月丁卯，登州游击孔有德帅师援辽，次吴桥，反。"按：闰月丁卯为闰十一月二十八日。
③ 王鸿绪：《明史稿》列传一四〇《徐从治传》。

清光绪重修《登州府志》记吴桥之变较详：

> （崇祯四年）八月，大凌河告急，元化遣有德等赴援，逗留不前。十一月始成行。抵直隶吴桥，大雪，众无所得食。新城绅士王象春有庄在吴桥。一卒攫鸡犬食之，王氏子怒诉于有德。有德笞卒，贯耳以徇。众大哗。①

其下文与《明史稿》略同。明廷其时粮饷两匮，器甲窳败，将士无不视援辽为畏途。孔有德等自不免趑趄。而严冬长征，县人罢市，士卒无所食宿，至攫民鸡犬，说明援辽兵卒待遇之恶劣。再加以辽人遭受歧视之积愤、士人之激辱，辽卒饥饿与愤恨之心乃一发而不可遏。《明史稿》徐从治、张可大等传均咎元化之主抚与缓兵，以致叛卒势日獗。殊不知吴桥变起之时，元化所部之辽将辽卒，人人思变，已无法驱之以御有德矣。《明史稿·徐从治传》云：

> （余）大成（按：时为山东巡抚）虽久居兵部，军旅非所长。……及闻有德叛，托疾数日，始遣中军沈廷谕、参将陶廷龙往御。廷谕遇贼而走，廷龙复大败。大成……以抚自愚，而元化亦力主抚，檄贼所过郡县无邀击，贼长驱无敢加一矢者。贼佯许元化降。元化师次黄山馆而返。贼兵遂抵登州。元化遣将张焘率辽兵驻城外。总兵张可大发南兵拒贼。元化犹招贼

---

① 清增修《登州府志》卷一三《兵事》。

降。贼不听。五年正月战城东，可大兵方胜，焘遽退，可大兵遂败。焘兵半降贼，贼遣归为内应。士民争请勿容入，元化不从，贼俱阑入。中军耿促明、都司陈光福等夕举火导贼自东门入，城遂陷。①

可大所部皆南兵，而张焘所率为辽卒，此即二者胜败之关键，亦即元化主抚之根据。元化深知登州辽人潜在危机之严重，犹欲假以时日，饵以爵禄，怠叛卒之心而缓辽人之愤，冀有以挽此危局。奈主客之积怨既深，安辑与防范之措施无当。当时登州城内激杀辽人，遂陷入无法维持之混乱状态。故叛军一呼而坚城立陷。王征《登州被陷前后情形折》，于此有较详之记载：

惟是辽人……诸卫避难来登者不下十数万，寄寓登莱地方已十余年矣。登城之内，僦居者大半辽人，性桀傲，登人又以伧荒遇之，揸勒欺侮，相仇已久。征至任之初，访知其情，乃以俚言细细劝谕登民，仍以俚言再四晓解辽人。间遇材官猛士，及辽官辽士寄俸廪于登莱者，每以忠义劝勉，激起仇奴大恨，消磨忿登小嫌，颇渐渐相安。不意大凌围急，部檄撒调登兵入援。……不意鼓噪之报又至矣。遂严备城守。无奈村屯激杀辽人于外，外党愈繁；登城激杀辽人于内，内变忽作。初三

---

① 《明史稿》列传一四〇《徐从治传》。又列传一四四《张可大传》：" 岁将晏，贼兵暮薄城，可大将击之，元化持抚议不许。可大陈利害切，元化意稍回，期明岁元日发兵合击。至期，元化兵不发。明日合兵战城东，可大兵屡胜。元化部卒皆辽人，与贼亲，故无斗志，其将张焘先走，可大兵亦败。"

之夜，内溃外应而城已破矣。①

王征亦素主以辽人守辽土②，至是思以口舌之功，弭主客十余年之积隙，殊嫌视之过易耳。观其所描述，当时登城内外已成双方互相仇杀之战场，实不待元化纳败兵而始不守也。守城之役，辽卒既不用命，所恃者唯葡将公沙的西劳统率之炮兵。故公沙的西劳与葡籍炮手九人战死，重伤葡兵达六十五人③。巴笃里《中华耶稣会史》载此次事迹云：

此事之发生，乃因三千士兵在若干官吏辖境内所受待遇恶劣。……士兵为饥寒所逼，愤恨不平，遂出而抢劫。凡落彼等之手者俱为所杀。……又因出走时城内尚留下自卫之人员及武器甚多，恐贻后患，遂冒险于午夜袭城。……元化与的西劳各率士卒出而抗拒，终于不支。在极短时间中，的西劳因立于城上，一手执灯，一手向叛兵发炮。某叛兵遂向执灯之目标放箭，箭中心胸，遂在士兵前倒地。不幸箭已穿透胸部，次日身死。居民为免祸起见，乃开门而降。渠等虽奋勇抵抗，但亦徒

---

① 王征：《登州兵变情形折》，见《国立北平图书馆图刊》第8卷第6期所载《王徵遗文抄》。
② 汪辑等辑《崇祯长编》四年六月戊申载辽海监军金事王征疏云："臣谓兵贵精不贵多，贵土著不贵客兵。……计莫如收集现在辽人，令善将兵者择其精壮而训练之。……即辽人补辽兵，便省征调招募之费。……即辽兵守辽地，可坚故乡故土之思。……即以辽地储辽粮，渐可减辽饷和新增之半。"按此疏已收入《王征遗著》，题为《仰谢天恩恭请明命》奏本，辞句与《崇祯长编》略异。
③ 据《崇祯长编》卷五八，五年四月丙子，兵部尚书熊明遇《请赠恤登城死难受伤澳人疏》云，葡籍将士战死统领公沙的西劳外，尚有副统领鲁未略、铳师拂朗亚兰达，傔伴方斯谷等九名；重伤获全者十五名，或为一般士兵。

使城中人增加死亡而已。况其中葡人人数亦复不少。于是陆若汉乃偕炮手三名自城上一跃而下，直奔北京。时地上积雪甚厚，一望皆白。①

作者于登变之复杂内容，未加记述。而作为西人，亦无从得知。唯所载吴桥哗变之起因，可与中国方面记述相参证。至孔有德返攻登州，除垂涎城内子女财富而外，夺取西洋火器与拔救城内辽人均为其目的。《崇祯长编》五年正月辛丑条载：

> 城中旧兵六千人，援兵千人，马三千匹，饷银十万，红彝大炮二十余具，西洋炮三百具，其它火器甲仗不可胜数，及城中金帛子女，皆为贼有。凡辽人在城者悉授以兵，共屠登民甚惨。贼遂部署营伍，伪授官爵，铸都元帅印，推李九成居其位，有德自为之副，称耿仲明都督。用巡抚关防檄取州县饷银。以万金犒岛兵诱令同反。旅顺营守备陈有时攘臂而起，杀周、卫二将，率众七八千渡海附之。广鹿岛副将毛承禄，文龙义子之首也，亦率其众入登从贼，与有时并称总兵。②

是登州之变乃引起屯驻辽海诸岛辽籍将士反明总爆发之导火线。唯叛军于孙元化以下诸官吏均未加害。王征之《登州兵变情形折》中云："叛将不肯加害，且令士兵卫守。少刻孙抚台乘马而至，

---

① 巴笃里：《中华耶稣会史》，见方豪《明末西洋火器流入我国之史料》。
② 汪辑等辑《崇祯长编》卷五五，五年三月辛丑。又增修《登州府志》卷一三《兵事》记述辽人屠杀登民之惨状："驱城中居民出东门外尽杀之，濠堑皆平。"

见城已破，辄自刎仆地。叛兵细搜征身，恐亦自刎，防范愈严。"据《登州府志》记载，当时被执者除元化、征与张焘外，尚有海防道宋光兰、知府吴维诚、同知贾名杰、知县秦世英等，均安然无恙①。自吴桥哗变迄登州之陷，其间登莱各地辽人与土著相互仇杀之情况，虽以记载缺乏，无人籍考，然由上引巴笃里之记述，"凡落彼等之手者俱为所杀"，及登城内外之屠杀惨状观之，则此种情况必不限于登城，可断言也。凡此种种，足以说明，辽人问题实为登州之变的主要原因。

当吴桥哗变时，孔有德等本无远志。陷登后，有德并都元帅亦让与哗变主谋之李九成，己副之，且屡向明廷乞和。据西士记载，有德等且欲奉孙元化为主。奥尔来盎《鞑靼人两次征服中国记》云：

> 孙（元化）自持严谨，卒以此见忌于人，廷臣屡以恶计害之。故虽数以无饷上闻，廷臣亦不之理。幸素为士卒爱戴，虽或有怨声，终赖其德威而平息焉。然所部终不能忍，乃劫某城，尽取所有。变后，知公必膺惩处，且不可救，遂以叛国为劝，愿追随勿去，并许以不奉为王必不解甲。将军知众请必能自全，顾仍峻拒不允，且斥劫城之非，更执为首者治以罪。孙公所行，虽光明磊落，然朝廷仍命入朝自辨，且委人代率其军。部属闻之大惊，咸以抗命为言，曰："将军毋离去，苟有害将军者，愿以身护。此吾辈分内事也，将军其俯允所求。"

---

① 增修《登州府志》卷一三《兵事》。

清军闻其事,亦遣人相告曰:"降则必获安全。"将军处诱惑中不为动。竟论死。惜哉。①

清方招降之说,于史无征,殊不足信。叛将拥戴,证之以文秉《烈皇小识》所载:"登城之变,孙元化自刎不死。孔有德等欲奉以为主,亦不可。"②当属可信。孙元化等于正月辛丑(初三日)被执,拘留一月。二月初三日始获释。于二月初八日航海抵津。《崇祯长编》是年二月载:

> 二月丙子,天津巡抚郑宗周疏报:登抚孙元化、海防道宋光兰、监军道王征、登州知府吴维诚、同知贾名杰、蓬莱知州秦世英、副总兵张焘等,俱挈家口航海至津,请赐发遣。帝命缇骑逮元化、光兰、征、焘四人下诏狱。……先是,贼既破登州,抚道下各官俱幽系一室,惟贼所指授为遗书东抚,令具疏招安。其大意欲朝廷畀以登州八县,方释甲投顺。自此当年年纳赋,立功展报。当时皆切齿其语。……是月初三日,贼用耿仲明计,尽放元化等还。各官知罪不可逭,淹延未即前,至是始达。③

自吴桥哗变迄登城之变,明廷士大夫逐渐认识登变与当地辽人问题之关联,故本兵熊明遇等均主抚:"命主事张国臣为赞画往抚,

---

① 奥尔来益:《鞑靼人两次征服中国记》,译文见方豪《与向觉明先生论孙元化及毛文龙事》,载重庆《益世报》文史副刊第八期(民国三十年六月四日)。
② 文秉:《烈皇小识》卷三。
③ 汪辑等辑《崇祯长编》卷五六,五年二月丙子。

并安辑辽人之在山东者。以国臣辽人也。"①而言官及莱人之在朝者，则力排抚议②。于是言抚者既因有所顾忌而不敢自任，言战者复以每战必败而无以成功。终之抚剿两失，叛军势日张。迨明廷调集大军，以雄狮搏兔之势围登城，而有德遂携带大批西洋火器折而入清矣③。上有急功严刑之君主，下有吹毛求疵之言官，任事者动辄得咎，进退失据，欲不败事不可得也。

孙元化被逮至京，《明史稿·孙元化传》谓："首辅周延儒谋脱其死不得，则援其师徐光启入阁共图之。卒不得。"是年七月己未，元化竟与焘同弃市。宋光兰、王征发附近卫所充军。在华西士于元化之死深致悼念。巴笃里《中华耶稣会史》记述汤若望化装入狱为元化作死前告解礼云：

> 元化与焘因同僚嫉妒被判斩首，征则削职。……汤若望司铎乃以煤烟将面部漆黑，并全身改装为炭夫，又以其能操纯粹华语，遂得混入孙、张二举被拘之所，一若真为炭夫者然。若望在狱内凡一日半，为二人举行告解赦罪礼，并加以鼓励。元化奉教虔诚，为诸神甫服务已历年。故能于临终时获此殊恩

---

① 王鸿绪：《明史稿》列传一四〇《徐从治传》。
② 增修《登州府志》卷一三《兵事》载："莱人户部侍郎刘重庆等皆力排抚议，又请兵告急疏四五上。"《明史》卷三〇八《奸臣传·周延儒传》云：登州陷，兵部侍郎刘宇烈无功，主抚议。"言路咸指延儒庇宇烈。于是给事中孙三杰、冯元飙，御史余应桂、卫景瑗……等屡劾延儒。"
③ 《明清史料》乙编第二本《孔有德、耿仲明遁海残稿》。关于孔、耿等所携西洋炮铳数量，中国第一历史档案馆藏明档（科奏）第251号卷第9号，崇祯四年闰十一月兵部呈于兵科抄出孙元化奏《为恭报续发援兵启行事》载，共中西大小铳炮一千零三十四门、西洋箭角一千二百个，并火绳、火药、铅弹无数，"窃自意从来援兵未必若此之盔甲器械锅帐辎重悉全者"。此为孔、耿离登援辽时拥有之火器。至自登入海降清，其所携西洋火器之数量当远过于此。

也。其人有大德。此次部下哗变,本可以上邀皇帝之矜宥。盖不独其以往屡立大功而有光荣之劳绩,即此次叛军曾拥立为王,彼以此举为不忠于天主、不忠于皇上,毅然拒绝。……元化慷慨就死之情形,亦为人所惊奇。教中人则以其护法甚力,尤为痛哭哀悼。盖元化之死,在教会实为一巨大之公共损失。①

上引之《鞑靼人两次征服中国记》与此引之《中华耶稣会史》二书所谓忌害元化之廷臣或同僚,当系指欲藉元化以倾周延儒之言官余应桂与卫景瑗等。时周延儒为首辅当国,为清流所不喜。元化与延儒有旧,且元化以乙榜擢登抚,廷臣遂疑延儒有私。余应桂曾劾延儒纳元化参貂②。登州陷,诸欲快意延儒者遂力攻元化以倾之,而元化遂不免③。延儒奸佞不足责,至明季言官党同伐异、不择手段之风气,于此可见一斑。

至于守登殉职及受伤之葡籍将士,崇祯五年四月兵部尚书熊明遇为之奏请赠恤:

> 澳人慕义输忠,见于援辽守涿之日,垂五年矣。若赴登教练以供调遣者,自掌教而下,统领铳师,并奋灭贼之志。登城失守,公沙的、鲁未略等十名捐躯殉难,以重伤获全者十五名。总皆同心共力之人,急应赠恤。请将死事公沙的赠参将,副统领鲁未略赠游击,铳师弗朗亚兰达赠守备,傔伴方斯谷、

---

① 巴笃里:《中华耶稣会史》,见方豪《明末西洋火器流入我国之史料》。
② 《明史》卷二六〇《余应桂传》。
③ 参见《明史》周延儒、温体仁、徐从治、路振习诸传。

额弘略、慕撒录、安尼柯、弥额尔、萨琮、安多兀、若望、伯多录各赠把总职衔，仍各赏银十两给其妻孥。其现存诸员，万里久戍，各给行粮十两，令陆若汉押回。而若汉倡导功多，更宜优厚，荣以华衮，量给路费南还。仍于澳中再选强干数十人入京教铳。庶见国家柔远之渥，兼收异域向化之功。①

至是应募来华之葡籍士兵遂全部撤回澳门。兵部尚书熊明遇疏中再召葡兵之建议，虽蒙报可，其后竟无闻焉。陆若汉于崇祯七年卒于澳门。崇祯十二年，耶稣会士毕方济疏陈明历法、辨矿脉、通西商、购西铳四事，并为陆若汉请赐葬地。明廷准给地安葬②，然于购西铳等事似亦未予采纳也。

综观上述，孙元化实不失为忠君爱国、有识敢任之士大夫，同时亦为一抱有理想而感情热烈之基督教徒。登州之变，实为以辽人问题为核心、与悍将饥兵交织而成之武装暴动。殆亦明末政治、经济濒临崩溃之集中反映。

孙元化任登抚仅年余，于已形成之危局，显已无能为力。谓其守土有责、不能辞其咎可，至无视登莱各地辽人问题之严重事实，而以用辽人、主抚议，诿元化为登变之祸首，则有失公允也。明人之评论明末辽事者，尝谓熊廷弼、袁崇焕之罪死，为辽局日坏以至不可收拾之主因。殊不知登州之变，致明廷拥有当时最为精锐之西洋大炮与中葡炮手，大部均落入后金之手，此后清军攻坚与野战力量明显加强，羁身海岛与关外本存观望之辽人均转为清人所用，其

---

① 汪辑等辑《崇祯长编》卷五八，五年四月丙子。
② 黄伯禄：《正教奉褒》，崇祯十二年十二月初六日毕方济所上疏。

影响则关系明清衰兴之大局，又远非熊、袁之死所可比拟者矣。

日本学者薮内清认为："中国近代输入西欧科学，自明末起至鸦片战争为一段落。……汉译事业在明末达到极盛，所译以数理科学特别是天文学为主。……到清朝康熙帝时代，虽然法国耶稣会士很活跃，不断引进其他新科学，但从整体上看，以皇帝为首的学者们愈益重视汉族传统文化，而对西欧急速进步的科学却忽视了，以至中国在科学方面更形落后。……西欧科学的引进过程虽非结束于明末，但学者官吏对西欧科技的关心期则在明末。"[1]由此立场而论，明末购募西炮葡兵运动之失败，所系不唯朝代之兴亡，实关国运之兴衰。晚清之洋务运动，亦可作如是观。而当政治腐败、民心涣散之际，欲仅倚精兵奇器以抗强悍之敌、以挽垂败之局者，古今中外似无成功之例。

原载中华书局《文史》2006年第4期

附　记：清末魏源首倡"师夷之长技以制夷"，其说实有先例。战国时赵武灵王"胡服骑射"，已开"师胡之长技以制胡"先河；明永乐时得交址火器制造法，建"神机营"以御蒙古，可谓"师越之长技以制胡"。迨明末因抵御后金，徐光启等力主购募西炮葡兵，是可为"师夷之长技以制胡"。先师欧阳琛教授生前撰有长篇论文《明末购募西炮葡兵始末考》（为西南联大硕士毕业论文），专论此事，1990年曾行修订，自以为"颇有心得"。1994年11月临终前，嘱我删繁就简、再行整理。因杂事丛脞，2001年秋方着手此事，翌春克成，即为现稿。全文依先师旧制。文字处理方面的问题，由我个人负责。方志远谨识。

---

[1] 薮内清：《西欧科学与明末》，《日本学者研究中国史论著选译》一〇卷，中华书局，1992，第81页。

壹卷
YE BOOK

洞 见 人 和 时 代

官方微博：@壹卷YeBook
官方豆瓣：壹卷YeBook
微信公众号：壹卷YeBook
媒体联系：yebook2019@163.com

壹卷工作室
微信公众号